企业会计人员继续教育培训教材

主 编 李 娟 朱 莉

新 华 出 版 社

图书在版编目（CIP）数据

企业会计人员继续教育培训教材. 2018／李娟，朱莉主编.

北京：新华出版社，2018.7

ISBN 978-7-5166-4276-4

Ⅰ.①企… Ⅱ.①李… ②朱… Ⅲ.①企业管理–会计–继续教育–教材

Ⅳ.①F275.2

中国版本图书馆 CIP 数据核字（2018）第 171070 号

企业会计人员继续教育培训教材

主　编：李娟　朱莉

出 版 人：要力石　　　　　　　　　　责任编辑：董朝合
封面设计：高　丽

出版发行：新华出版社
地　　址：北京石景山区京原路 8 号　　　邮　　编：100040
网　　址：http：//press. ×inhuanet. com
　　　　　http：//www. ×inhuapub. com
经　　销：新华书店
购书热钱：010-63077122
中国新闻书店购书热线：010-63072012

印　　刷：北京市兴怀印刷厂印刷

成品尺寸：145mm×210mm
印　　张：16. 5　　　　　　　　　　字　　数：429 千字
版　　次：2018 年 7 月第一版
印　　次：2018 年 7 月第一次印刷

书　　号：ISBN 978-7-5166-4276-4
定　　价：50. 00 元

　　图书如有印装问题，请与印刷厂联系调换　电话：（010）69623742

前　言

　　财政部和人力资源社会保障部于 2018 年 5 月 19 日印发了《会计专业技术人员继续教育规定》，强调会计专业技术人员继续教育应当紧密结合经济社会和会计行业发展要求，以能力建设为核心，突出针对性、实用性，兼顾系统性、前瞻性，为经济社会和会计行业发展提供人才保证和智力支持。会计专业技术人员继续教育面向会计专业技术人员，引导会计专业技术人员更新知识、拓展技能、完善知识结构、全面提高素质。希望广大会计从业者把握会计行业发展趋势和会计专业技术人员从业基本要求，树立诚信理念、提高职业道德和业务素质，全面提升专业胜任能力。

　　会计信息是现代经济运行和企业管理的基础。会计信息可分为两大类：第一类是服务于企业外部投资者和资本市场的财务会计，第二类是为企业投资、协调、控制、业绩评价和激励等战略决策服务的管理会计。财务会计准则体系在与国际会计准则的趋同趋势下不断修订完善；管理会计作为会计的重要分支，主要服务于单位内部管理需要，以服务"管理者"为根本，运用管理会计工具方法，参与单位规划、决策、控制、评价活动并为之提供有用信息，提升内部管理水平，增强企业价值创造力，提高行政事业单位资金使用效益，推动单位实现战略规划。

　　为了在企业和行政事业单位宣传普及、推广会计法规，帮助广大财务工作者学习财政部最新会计系列准则、文件，笔者编著了这本《企业会计人员继续教育培训教材》。本书分为三篇内容，第一篇为企业会计准则解读，涉及新修订的收入准则、政府补助准则以及相关准则解释；第二篇为小企业内部控制（规范）试行解读；第三篇为管理会计系列文件解读，具有内容的完整性、先进性和权威性，并且本书按照文件印发的先后顺序和文件内容顺序解读文件，便于读者循序渐进更好地学习，同时，本书增加了最近财政部发布的管理会计应用指引征求意见稿，并整理出公开发表的管理会计案例进行索引，以便于大家查阅原文，从中借鉴。

希望本书能够受到广大财务工作者的欢迎，需要时拿出来查阅，轻松掌握会计前言理论与实务，系统学习财务会计与管理会计业务知识，并指导会计实践，帮助读者成长为一名优秀的会计工作者，为我国经济转型升级，为增强企业价值创造力、为提高行政事业单位资金使用效益贡献自己的智慧和力量！

由于水平所限，书中不足之处，恳请读者指正。

编著者

2018 年 07 月

目　　录

第一篇　企业会计准则解读

第二篇　小企业内部控制规范（试行）解读

第三篇　管理会计解读

第一篇　企业会计准则解读

第一章　企业会计准则第 14 号——收入

为了适应社会主义市场经济发展需要，规范收入的会计处理，提高会计信息质量，根据《企业会计准则——基本准则》，财政部对《企业会计准则第 14 号——收入》进行了修订，在境内外同时上市的企业以及在境外上市并采用国际财务报告准则或企业会计准则编制财务报表的企业，自 2018 年 1 月 1 日起施行；其他境内上市企业，自 2020 年 1 月 1 日起施行；执行企业会计准则的非上市企业，自 2021 年 1 月 1 日起施行。同时，允许企业提前执行。

第一节　总体要求

收入，是指企业在日常活动中形成的、会导致所有者权益增加的、与所有者投入资本无关的经济利益的总流入。其中，日常活动，是指企业为完成其经营目标所从事的经常性活动以及与之相关的活动。例如，工业企业制造并销售产品、商品流通企业销售商品、咨询公司提供咨询服务、软件公司为客户开发软件、安装公司提供安装服务、建筑企业提供建造服务等，均属于企业的日常活动。日常活动所形成的经济利益的流入应当确认为收入。《企业会计准则第 14 号——收入》（以下简称"本准则"）主要规范了收入的确认、计量和相关信息的披露要求。根据本准则，企业确认收入的方式应当反映其向客户转让商品或提供服务（以下简称"转让商品"）的模式，收入的金额应当反映企业因转让这些商品或提供这些服务而预期有权收取的对价金额，以如实反映企业的生产经营成果，核算企业实现的损益。企业应用本准则，

3

应当向财务报表使用者提供与客户之间的合同产生的收入及现金流量的性质、金额、时间分布和不确定性等相关的有用信息。除非特别说明，本应用指南中所称商品，既包括商品，也包括服务。

本准则规范的是企业与客户之间的单个合同的会计处理。但是，为便于实务操作，当企业能够合理预计，将本准则规定应用于具有类似特征的合同（或履约义务）组合或应用于该组合中的每一个合同（或履约义务），将不会对企业的财务报表产生显著不同的影响时，企业可以在合同组合层面应用本准则，此时，企业应当采用能够反映该合同组合规模和构成的估计和假设。根据本准则，收入确认和计量大致分为五步：第一步，识别与客户订立的合同；第二步，识别合同中的单项履约义务；第三步，确定交易价格；第四步，将交易价格分摊至各单项履约义务；第五步，履行各单项履约义务时确认收入。其中，第一步、第二步和第五步主要与收入的确认有关，第三步和第四步主要与收入的计量有关。

第二节 适用范围

本准则适用于所有与客户之间的合同，但下列各项除外：一是由《企业会计准则第 2 号——长期股权投资》《企业会计准则第 22 号——金融工具确认和计量》《企业会计准则第 23 号——金融资产转移》《企业会计准则第 24 号——套期会计》《企业会计准则第 33 号——合并财务报表》以及《企业会计准则第 40 号——合营安排》规范的金融工具及其他合同权利和义务，分别适用上述相应准则；二是由《企业会计准则第 21 号——租赁》规范的租赁合同，适用《企业会计准则第 21 号——租赁》；三是由保险合同相关会计准则规范的保险合同，适用保险合同相关会计准则。根据上述规定，企业对外出租资产收取的租金、进行债权投资收取的利息、进行股权投资取得的现金股利等，不适用本准则。企业以存货换取客户的存货、固定资产、无形资产等，按照本准则的规定进行会计处理；其他非货币性资产交换，按照《企业会计准则第7号——非货币性资产交换》的规定进行会计处理。企业处置固定资产、无形资产等，在确定处置时点以及计量处置损益时，按照本准则的有关规定进行处理。

本准则所称客户，是指与企业订立合同以向该企业购买其日常活动产出的商品并支付对价的一方。如果合同对方与企业订立合同的目的是共同参与一项活动（如合作开发一项资产），合同对方和企业一起分担（或分享）该活动产生的风险（或收益），而不是获取企业日常活动产出的商品，则该合同对方不是企业的客户，企业与其签订的该份合同也不属于本准则规范范围。

此外，当企业与客户之间的合同部分属于本准则规范范围，而其他部分属于上述其他企业会计准则规范范围时，如果上述其他企业会计准则明确规定了如何对合同中的一个或多个组成部分进行区分或初始计量，企业应当首先按照这些规定进行处理，并将按照上述其他准则进行初始计量的合同组成部分的金额排除在本准则规定的交易价格之外；否则，企业应当按照本准则对合同中的一个或多个组成部分进行区分和初始计量。

第三节　应设置的相关会计科目和主要账务处理

企业应当正确记录和反映与客户之间的合同产生的收入及相关成本费用。本部分仅涉及适用于本准则进行会计处理时需要设置的主要会计科目、相关会计科目的主要核算内容以及通常情况下的账务处理，企业在核算适用于其他企业会计准则的交易和事项时也需要使用本部分涉及的会计科目的，应遵循其他相关企业会计准则的规定。收入的会计处理，一般需要设置下列会计科目。

（一）"主营业务收入"

1. 本科目核算企业确认的销售商品、提供服务等主营业务的

5

收入。

2. 本科目可按主营业务的种类进行明细核算。

3. 主营业务收入的主要账务处理。

（1）企业在履行了合同中的单项履约义务时，应按照已收或应收的合同价款，加上应收取的增值税额，借记"银行存款""应收账款""应收票据""合同资产"等科目，按应确认的收入金额，贷记本科目，按应收取的增值税额，贷记"应交税费—应交增值税（销项税额）""应交税费—待转销项税额"等科目。

（2）合同中存在企业为客户提供重大融资利益的，企业应按照应收合同价款，借记"长期应收款"等科目，按照假定客户在取得商品控制权时即以现金支付而需支付的金额（即现销价格）确定的交易价格，贷记本科目，按其差额，贷记"未实现融资收益"科目；合同中存在客户为企业提供重大融资利益的，企业应按照已收合同价款，借记"银行存款"等科目，按照假定客户在取得商品控制权时即以现金支付的应付金额（即现销价格）确定的交易价格，贷记"合同负债"等科目，按其差额，借记"未确认融资费用"科目。涉及增值税的，还应进行相应的处理。

（3）企业收到的对价为非现金资产时，应按该非现金资产在合同开始日的公允价值，借记"存货""固定资产""无形资产"等有关科目，贷记本科目。涉及增值税的，还应进行相应的处理。

4. 期末，应将本科目的余额转入"本年利润"科目，结转后本科目应无余额。

（二）"其他业务收入"

1. 本科目核算企业确认的除主营业务活动以外的其他经营活动实现的收入，包括出租固定资产、出租无形资产、出租包装物和商品、销售材料、用材料进行非货币性交换（非货币性资产交换具有商业实质且公允价值能够可靠计量）或债务重组等实现的收入。企业（保险）经营受托管理业务收取的管理费收入，也通过本科目核算。

2. 本科目可按其他业务的种类进行明细核算。

3. 其他业务收入的主要账务处理。企业确认其他业务收入的主要账务处理参见"主营业务收入"科目。

4. 期末，应将本科目的余额转入"本年利润"科目，结转后本科目应无余额。

（三）"主营业务成本"

1. 本科目核算企业确认销售商品、提供服务等主营业务收入时应结转的成本。

2. 本科目可按主营业务的种类进行明细核算。

3. 主营业务成本的主要账务处理。

期末，企业应根据本期销售各种商品、提供各种服务等实际成本，计算应结转的主营业务成本，借记本科目，贷记"库存商品""合同履约成本"等科目。

采用计划成本或售价核算库存商品的，平时的营业成本按计划成本或售价结转，月末，还应结转本月销售商品应分摊的产品成本差异或商品进销差价。

4. 期末，应将本科目的余额转入"本年利润"科目，结转后本科目无余额。

（四）"其他业务成本"

1. 本科目核算企业确认的除主营业务活动以外的其他经营活动所发生的支出，包括销售材料的成本、出租固定资产的折旧额、出租无形资产的摊销额、出租包装物的成本或摊销额等。除主营业务活动以外的其他经营活动发生的相关税费，在"税金及附加"科目核算。采用成本模式计量投资性房地产的，其投资性房地产计提的折旧额或摊销额，也通过本科目核算。

2. 本科目可按其他业务成本的种类进行明细核算。

3. 其他业务成本的主要账务处理。

企业发生的其他业务成本，借记本科目，贷记"原材料""周转材料"等科目。

4. 期末，应将本科目的余额转入"本年利润"科目，结转后本科目无余额。

（五）"合同履约成本"

1. 本科目核算企业为履行当前或预期取得的合同所发生的、不属于其他企业会计准则规范范围且按照本准则应当确认为一项资产的成本。企业因履行合同而产生的毛利不在本科目核算。

2. 本科目可按合同，分别"服务成本""工程施工"等进行明细核算。

3. 合同履约成本的主要账务处理。

企业发生上述合同履约成本时，借记本科目，贷记"银行存款""应付职工薪酬""原材料"等科目；对合同履约成本进行摊销时，借记"主营业务成本""其他业务成本"等科目，贷记本科目。涉及增值税的，还应进行相应的处理。

4. 本科目期末借方余额，反映企业尚未结转的合同履约成本。

（六）"合同履约成本减值准备"

1. 本科目核算与合同履约成本有关的资产的减值准备。

2. 本科目可按合同进行明细核算。

3. 合同履约成本减值准备的主要账务处理。

与合同履约成本有关的资产发生减值的，按应减记的金额，借记"资产减值损失"科目，贷记本科目；转回已计提的资产减值准备时，做相反的会计分录。

4. 本科目期末贷方余额，反映企业已计提但尚未转销的合同履约成本减值准备。

（七）"合同取得成本"

1. 本科目核算企业取得合同发生的、预计能够收回的增量成本。

2. 本科目可按合同进行明细核算。

3. 合同取得成本的主要账务处理。

企业发生上述合同取得成本时，借记本科目，贷记"银行存款""其他应付款"等科目;对合同取得成本进行摊销时,按照其相关性借记"销售费用"等科目,贷记本科目。涉及增值税的,还应进行相应的处理。

4. 本科目期末借方余额,反映企业尚未结转的合同取得成本。

(八)"合同取得成本减值准备"

1. 本科目核算与合同取得成本有关的资产的减值准备。

2. 本科目可按合同进行明细核算。

3. 合同取得成本减值准备的主要账务处理。

与合同取得成本有关的资产发生减值的,按应减记的金额,借记"资产减值损失"科目,贷记本科目;转回已计提的资产减值准备时,做相反的会计分录。

4. 本科目期末贷方余额,反映企业已计提但尚未转销的合同取得成本减值准备。

(九)"应收退货成本"

1. 本科目核算销售商品时预期将退回商品的账面价值,扣除收回该商品预计发生的成本(包括退回商品的价值减损)后的余额。

2. 本科目可按合同进行明细核算。

3. 应收退货成本的主要账务处理。

企业发生附有销售退回条款的销售的,应在客户取得相关商品控制权时,按照已收或应收合同价款,借记"银行存款""应收账款""应收票据""合同资产"等科目,按照因向客户转让商品而预期有权收取的对价金额(即,不包含预期因销售退回将退还的金额),贷记"主营业务收入""其他业务收入"等科目,按照预期因销售退回将退还的金额,贷记"预计负债——应付退货款"等科目;结转相关成本时,按照预期将退回商品转让时的账面价值,扣除收回该商品预计发生的成本(包括退回商品的价值减损)后的余额,借记本科目,按照已转让商品转让时的账面价值,贷记"库存商品"等科目,按其差额,借记"主营业务成本"。"其他业务成本"等科目。涉及增值税的，还应进行相应处理。

4. 本科目期末借方余额，反映企业预期将退回商品转让时的账面价值，扣除收回该商品预计发生的成本（包括退回商品的价值减损）后的余额，在资产负债表中按其流动性计入"其他流动资产"或"其他非流动资产"项目。

（十）"合同资产"

1. 本科目核算企业已向客户转让商品而有权收取对价的权利。仅取决于时间流逝因素的权利不在本科目核算。

2. 本科目应按合同进行明细核算。

3. 合同资产的主要账务处理。

企业在客户实际支付合同对价或在该对价到期应付之前，已经向客户转让了商品的，应当按因已转让商品而有权收取的对价金额，借记本科目或"应收账款"科目，贷记"主营业务收入""其他业务收入"等科目；企业取得无条件收款权时，借记"应收账款"等科目，贷记本科目。涉及增值税的，还应进行相应的处理。

（十一）"合同资产减值准备"

1. 本科目核算合同资产的减值准备。

2. 本科目应按合同进行明细核算。

3. 合同资产减值准备的主要账务处理。

合同资产发生减值的，按应减记的金额，借记"资产减值损失"科目，贷记本科目；转回已计提的资产减值准备时，做相反的会计分录。

4. 本科目期末贷方余额，反映企业已计提但尚未转销的合同资产减值准备。

（十二）"合同负债"

1. 本科目核算企业已收或应收客户对价而应向客户转让商品的义务。

2. 本科目应按合同进行明细核算。

3. 合同负债的主要账务处理。

企业在向客户转让商品之前，客户已经支付了合同对价或企业已经取得了无条件收取合同对价权利的，企业应当在客户实际支付款项与到期应支付款项较早时点，按照该已收或应收的金额，借记"银行存款""应收账款""应收票据"等科目，贷记本科目；企业向客户转让相关商品时，借记本科目，贷记"主营业务收入""其他业务收入"等科目。涉及增值税的，还应进行相应的处理。

企业因转让商品收到的预收款适用本准则进行会计处理时，不再使用"预收账款"科目及"递延收益"科目。

4. 本科目期末贷方余额，反映企业在向客户转让商品之前，已经收到的合同对价或已经取得的无条件收取合同对价权利的金额。

第四节　收入的确认

企业应当在履行了合同中的履约义务，即在客户取得相关商品控制权时确认收入。取得相关商品控制权，是指能够主导该商品的使用并从中获得几乎全部的经济利益，也包括有能力阻止其他方主导该商品的使用并从中获得经济利益。企业在判断商品的控制权是否发生转移时，应当从客户的角度进行分析，即客户是否取得了相关商品的控制权以及何时取得该控制权。取得商品控制权同时包括下列三项要素：

一是，能力。企业只有在客户拥有现时权利、能够主导该商品的使用并从中获得几乎全部经济利益时，才能确认收入。如果客户只能在未来的某一期间主导该商品的使用并从中获益，则表明其尚未取得该商品的控制权。例如，企业与客户签订合同为其生产产品，虽然合同约定该客户最终将能够主导该产品的使用，并获得几乎全部的经济利益，但是，只有在客户真正获得这些权利时（根据合同约定，可能是在生产过程中或更晚的时点），企业才能确认收入，在此之前，企业不应当确认收入。

二是，主导该商品的使用。客户有能力主导该商品的使用，是指客户在其活动中有权使用该商品，或者能够允许或阻止其他方使用该商品。

三是，能够获得几乎全部的经济利益。客户必须拥有获得商品几乎全部经济利益的能力，才能被视为获得了对该商品的控制。商品的经济利益，是指该商品的潜在现金流量，既包括现金流入的增加，也包括现金流出的减少。客户可以通过使用、消耗、出售、处置、交换、抵押或持有等多种方式直接或间接地获得商品的经济利益。

（一）识别与客户订立的合同

1. 合同的识别

（1）合同的含义。本准则所称合同，是指双方或多方之间订立有法律约束力的权利义务的协议。合同包括书面形式，口头形式以及其他形式（如隐含于商业惯例或企业以往的习惯做法中等）。企业与客户之间的合同同时满足下列五项条件的，企业应当在履行了合同中的履约义务，即在客户取得相关商品控制权时确认收入；一是合同各方已批准该合同并承诺将履行各自义务；二是该合同明确了合同各方与所转让商品相关的权利和义务；三是该合同有明确的与所转让商品相关的支付条款；四是该合同具有商业实质，即履行该合同将改变企业未来现金流量的风险、时间分布或金额；五是企业因向客户转让商品而有权取得的对价很可能收回。企业在进行上述判断时，需要注意下列三点：

①合同约定的权利和义务是否具有法律约束力，需要根据企业所处的法律环境和实务操作进行判断。不同的企业可能采取不同的方式和流程与客户订立合同，同一企业在与客户订立合同时，对于不同类别的客户以及不同性质的商品也可能采取不同的方式和流程。企业在判断其与客户之间的合同是否具有法律约束力，

以及这些具有法律约束力的权利和义务在何时设立时，应当考虑上述因素的影响。合同各方均有权单方面终止完全未执行的合同，且无需对合同其他方作出补偿的，在应用本准则时，该合同应当被视为不存在。其中，完全未执行的合同，是指企业尚未向客户转让任何合同中承诺的商品，也尚未收取且尚未有权收取已承诺商品的任何对价的合同。

②合同具有商业实质，是指履行该合同将改变企业未来现金流量的风险、时间分布或金额。关于商业实质，应按照《企业会计准则第7号——非货币性资产交换》的有关规定进行判断。

③企业在评估其因向客户转让商品而有权取得的对价是否很可能收回时，仅应考虑客户到期时支付对价的能力和意图（即客户的信用风险）。当对价是可变对价时，由于企业可能会向客户提供价格折让，企业有权收取的对价金额可能会低于合同标价。企业向客户提供价格折让的，应当在估计交易价格时进行考虑。

【例1】甲房地产开发公司与乙公司签订合同，向其销售一栋建筑物，合同价款为100万元。该建筑物的成本为60万元，乙公司在合同开始日即取得了该建筑物的控制权。根据合同约定，乙公司在合同开始日支付了5%的保证金5万元，并就剩余95%的价款与甲公司签订了不附追索权的长期融资协议，如果乙公司违约，甲公司可重新拥有该建筑物，即使收回的建筑物不能涵盖所欠款项的总额，甲公司也不能向乙公司索取进一步的赔偿。

乙公司计划在该建筑物内开设一家餐馆，并以该餐馆的收益偿还甲公司的欠款。但是，在该建筑物所在的地区，餐饮行业面临激烈的竞争，且乙公司缺乏餐饮行业的经营经验。

本例中，乙公司计划以该餐馆产生的收益偿还甲公司的欠款，除此之外并无其他的经济来源，乙公司也未对该笔欠款设定任何担保。如果乙公司违约，则甲公司可重新拥有该建筑物，但是，根据合同约定，即使收回的建筑物不能涵盖所欠款项的总额，甲公司也不能向乙公司索取进一步的赔偿。因此，甲公司对乙公还款的能力和意图存在疑虑，认为该合同不满足合同价款很可能收回的条件。甲公司应当将收到的 5 万元确认为一项负债。

【例 2】A 公司向国外 B 公司销售一批商品，合同标价为 100 万元。在此之前，A 公司从未向 B 公司所在国家的其他客户进行过销售，B 公司所在国家正在经历严重的经济困难。A 公司预计不能从 B 公司收回全部的对价金额，而是仅能收回 60 万元。尽管如此，A 公司预计 B 公司所在国家的经济情况将在未来 2-3 年内好转，且 A 公司与 B 公司之间建立的良好关系将有助于其在该国家拓展其他潜在客户。

本例中，根据 B 公司所在国家的经济情况以及 A 公司的销售战略，A 公司认为其将向 B 公司提供价格折让，A 公司能够接受 B 公司支付低于合同对价的金额，即 60 万元，且估计很可能收回该对价。A 公司认为，该合同满足"有权取得的对价很可能收回"的条件；该公司按照本准则的规定确定交易价格时，应当考虑其向 B 公司提供的价格折让的影响。因此，A 公司确定的交易价格不是合同标价 100 万元，而是 60 万元。

实务中，企业在对合同组合中的每一份合同进行评估时，均认为其合同对价很可能收回，但是，根据历史经验，企业预计可能无法收回该合同组合中的全部对价。此时，企业应当认为这些合同满足"因向客户转让商品而有权取得的对价很可能收回"这一条件，并以此为基础估计交易价格。同时，企业应当考虑这些合同下确认的合同资产或应收款项是否存在减值。

对于不符合本准则第五条规定的五项条件的合同，企业只有在不再负有向客户转让商品的剩余义务（例如，合同已完成或取消），且已向客户收取的对价（包括全部或部分对价）无需退回时，才能将已收取的对价确认为收入；否则，应当将已收取的对价作为负债进行会计处理，该负债代表了企业在未来向客户转让商品或者支付退款的义务。其中，企业向客户收取无需退回的对价的，应当在已经将该部分对价所对应的商品的控制权转移给客户，并且已经停止向客户转让额外的商品，也不再负有此类义务时；或者，相关合同已经终止时，将该部分对价确认为收入。

需要说明的是，没有商业实质的非货币性资产交换，无论何时，均不应确认收入。从事相同业务经营的企业之间，为便于向客户或潜在客户销售而进行的非货币性资产交换（例如，两家石油公司之间相互交换石油，以便及时满足各自不同地点客户的需求），不应当确认收入。

（2）合同的持续评估。企业与客户之间的合同，在合同开始日即满足本准则第五条规定的五项条件的，企业在后续期间无需对其进行重新评估，除非有迹象表明相关事实和情况发生重大变化。合同开始日，是指合同开始赋予合同各方具有法律约束力的权利和义务的日期，通常是指合同生效日。例如，企业与客户签订一份合同，在合同开始日，企业认为该合同满足本准则第五条规定的五项条件，但是，在后续期间，客户的信用风险显著升高，企业需要评估其在未来向客户转让剩余商品而有权取得的对价是否很可能收回，如果不能满足很可能收回的条件，则该合同自此开始不再满足本准则第五条规定的相关条件，应当停止确认收入，并且只有当后续合同条件再度满足时或者当企业不再负有向客户转让商品的剩余义务，且已向客户收取的对价无需退回时，才能将已收取的对价确认为收入，但是，不应当调整在此之前已经确认的收入。

【例3】甲公司与乙公司签订合同，将一项专利技术授权给乙公司使用，并按其使用情况收取特许权使用费。甲公司评估认为，该合同在合同开始日满足本准则第五条规定的五项条件。该专利技术在合同开始日即授权给乙公司使用。在合同开始日后的第一年内，乙公司每季度向甲公司提供该专利技术的使用情况报告，并在约定的期间内支付特许权使用费。在合同开始日后的第二年内，乙公司继续使用该专利技术，但是，乙公司的财务状况下滑，融资能力下降，可用资金不足，因此，乙公司仅按合同支付了当年第一季度的特许权使用费，而后三个季度仅按象征性金额付款。在合同开始日后的第三年内，乙公司继续使用甲公司的专利技术。但是，甲公司得知，乙公司已经完全丧失了融资能力，且流失了大部分客户，因此，乙公司的付款能力进一步恶化，信用风险显著升高。

本例中，该合同在合同开始日满足本准则第五条规定的五项条件，因此，甲公司在乙公司使用该专利技术的行为发生时，按照约定的特许权使用费确认收入。合同开始后的第二年，由于乙公司的信用风险升高，甲公司在确认收入的同时，按照《企业会计准则第22号——金融工具确认和计量》的要求对乙公司的应收款项进行减值测试。合同开始日后的第三年，由于乙公司的财务状况恶化，信用风险显著升高，甲公司对该合同进行了重新评估，认为不再满足"企业因向客户转让商品而有权取得的对价很可能收回"这一条件，因此，甲公司不再确认特许权使用费收入，同时，按照《企业会计准则第22号——金融工具确认和计量》对现有应收款项是否发生减值继续进行评估。

企业与客户之间的合同，不符合本准则第五条规定的五项条件的，企业应当在后续期间对其进行持续评估，判断其能否满足本准则规定的五项条件。如果企业在此之前已经向客户转移了部分商品，当该合同在后续期间满足五项条件时，企业应当将在此之前已经转移的商品所分摊的交易价格确认为收入。

（3）合同存续期间的确定。合同存续期间是合同各方拥有现时可执行的具有法律约束力的权利和义务的期间。实务中，有些合同可能有固定的期间，有些合同则可能没有（如无固定期间且合同各方可随时要求终止或变更的合同、定期自动续约的合同等）。企业应当确定合同存续期间，并在该期间内按照本准则规定对合同进行会计处理。

在确定合同存续期间时，无论该合同是否有明确约定的合同期间，该合同的存续期间都不会超过已经提供的商品所涵盖的期间；当合同约定任何一方在某一特定期间之后才可以随时无代价地终止合同时，该合同的存续期间不会超过该特定期间；当合同约定任何一方均可以提前终止合同，但要求终止合同的一方需要向另一方支付重大的违约金时，合同存续期间很可能与合同约定的期间一致，这是因为该重大的违约金实质上使得合同双方在合同约定的整个期间内均具有有法律约束力的权利和义务；当只有客户拥有无条件终止合同的权利时，客户的该项权利才会被视为客户拥有的一项续约选择权，重大的续约选择权应当作为单项履约义务进行会计处理。

【例4】A公司与客户签订合同，每月为客户提供一次保洁服务，合同期限为3年。

情形一：3年内，合同各方均有权在每月末无理由要求终止合同，只需提前5个工作日通知对方，无需向对方支付任何违约金。

情形二：3年内，客户有权在每月末要求提前终止合同，且无需向A公司支付任何违约金。

情形三：3年内，客户有权在每月末要求提前终止合同，但是客户如果在合同开始日之后的12个月内要求终止合同，必须向A公司支付一定金额的违约金。

本例中，对于情形一，尽管合同约定的服务期为3年，但是在已提供服务的期间之外，该合同对于合同双方均未产生具有法律约束力的权利和义务，因此该合同应被视为逐月订立的合同。对于情形二，该合同应视为逐月订立的合同，同时，客户拥有续约选择权，A公司应当判断提供给客户的该续约选择权是否构成重大权利，从而应作为单项履约义务进行会计处理。对于情形三，A公司需要判断合同约定的违约金是否足够重大，以至于使该合同在合同开始日之后的12个月内对于合同双方都产生了具有法律约束力的权利和义务，如果是，则该合同的存续期间为12个月；否则，与情形二相同，该合同应视为逐月订立的合同。

2. 合同合并

企业与同一客户（或该客户的关联方）同时订立或在相近时间内先后订立的两份或多份合同，在满足下列条件之一时，应当合并为一份合同进行会计处理：（1）该两份或多份合同基于同一商业目的而订立并构成一揽子交易，如一份合同在不考虑另一份合同的对价的情况下将会发生亏损；（2）该两份或多份合同中的一份合同的对价金额取决于其他合同的定价或履行情况，如一份合同如果发生违约，将会影响另一份合同的对价金额；（3）该两份或多份合同中所承诺的商品（或每份合同中所承诺的部分商品）构成本准则第九条规定的单项履约义务。两份或多份合同合并为一份合同进行会计处理的，仍然需要区分该一份合同中包含的各单项履约义务。

3. 合同变更

本准则所称合同变更，是指经合同各方批准对原合同范围或价格作出的变更。合同变更既可能形成新的具有法律约束力的权利和义务，也可能是变更了合同各方现有的具有法律约束力的权利和义务。与合同初始订立时相同，合同各方可能以书面形式、口头形式或其他形式（如隐含于企业以往的习惯做法中）批准合同变更。

某些情况下，合同各方对于合同范围或价格的变更还存在争议，或者合同各方已批准合同范围的变更，但尚未确定相应的价格变动，企业应当考虑包括合同条款及其他证据在内的所有相关事实和情况，以确定该变更是否形成新的有法律约束力的权利和义务，或者变更了现有的有法律约束力的权利和义务。合同各方已批准合同范围变更，但尚未确定相应价格变动的，企业应当按照本准则有关可变对价的规定对合同变更所导致的交易价格变动进行估计。

【例5】甲公司与乙公司签订合同，在乙公司厂区内为其修建一座大型综合性仓库。根据合同约定，乙公司应当在合同开始日起 30 天内允许甲公司进场施工，导致甲公司未能及时开始施工的任何事件（包括不可抗力的影响），甲公司均能够获得补偿，补偿金额相当于甲公司因工程延误而直接发生的实际成本。由于当地连降暴雨对施工场地造成了破坏，甲公司直到合同开始日后的 60 天才开始进场施工，甲公司根据合同约定向乙公司提出了索赔申请，但是，直到会计期末，乙公司尚未同意对甲公司进行补偿。

本例中，甲公司对于提出索赔申请的法律依据进行了评估，虽然乙公司直到会计期末尚未同意该索赔申请，但是，由于该申请是依据合同约定而提出，是一项有法律约束力的权利。因此，甲公司将该索赔作为合同变更进行会计处理，由于该项变更没有导致向客户提供额外的商品，因此，该合同变更没有变更合同范围，只是变更了合同价格，甲公司在估计交易价格时应当考虑这一合同变更的影响，并遵循将可变对价计入交易价格的限制要求。

企业应当区分下列三种情形对合同变更分别进行会计处理：

（1）合同变更部分作为单独合同。合同变更增加了可明确区分的商品及合同价款，且新增合同价款反映了新增商品单独售价的，应当将该合同变更部分作为一份单独的合同进行会计处理。此类合同变更不影响原合同的会计处理。

判断新增合同价款是否反映了新增商品的单独售价时，应当考虑为反映该特定合同的具体情况而对新增商品价格所做的适当调整。例如，在合同变更时，企业由于无需发生为发展新客户等所须发生的相关销售费用，可能会向客户提供一定的折扣，从而适当调整新增商品的单独售价，该调整不影响新增商品单独售价的判断。

【例6】甲公司承诺向某客户销售 120 件产品，每件产品售价 100 元。该批产品彼此之间可明确区分，且将于未来 6 个月内陆续转让给该客户。甲公司将其中的 60 件产品转让给该客户后，双方对合同进行了变更，甲公司承诺向该客户额外销售 30 件相同的产品，这 30 件产品与原合同中的产品可明确区分，其售价为每件 95

元（假定该价格反映了合同变更时该产品的单独售价）。上述价格均不包含增值税。

本例中，由于新增的30件产品是可明确区分的，且新增的合同价款反映了新增产品的单独售价，因此，该合同变更实际上构成了一份单独的、在未来销售30件产品的新合同，该新合同并不影响对原合同的会计处理。甲公司应当对原合同中的120件产品按每件产品100元确认收入，对新合同中的30件产品按每件产品95元确认收入。

（2）合同变更作为原合同终止及新合同订立。合同变更不属于上述第（1）种情形，且在合同变更日已转让的商品或已提供的服务（以下简称"已转让的商品"）与未转让的商品或未提供的服务（以下简称"未转让的商品"）之间可明确区分的，应当视为原合同终止，同时，将原合同未履约部分与合同变更部分合并为新合同进行会计处理。

未转让的商品既包括原合同中尚未转让的商品，也包括合同变更新增的商品。新合同的交易价格应当为下列两项金额之和：一是原合同交易价格中尚未确认为收入的部分（包括已从客户收取的金额）；二是合同变更中客户已承诺的对价金额。

【例7】沿用【例6】，甲公司新增销售的30件产品售价为每件80元（假定该价格不能反映合同变更时该产品的单独售价）。同时，由于客户发现甲公司已转让的60件产品存在瑕疵，要求甲公司对已转让的产品提供每件15元的销售折让以弥补损失。经协商，双方同意将价格折让在销售新增的30件产品的合同价款中进行抵减，金额为900元。上述价格均不包含增值税。

本例中，由于900元的折让金额与已经转让的60件产品有关，因此应当将其作为已销售的60件产品的销售价格的抵减，在该折让发生时冲减当期销售收入。对于合同变更新增的30件产品，由于其售价不能反映该产品在合同变更时的单独售价，因此，该合同变更不能作为单独合同进行会计处理。由于尚未转让给客户的产品（包括原合同中尚未交付的 60 件产品以及新增的 30 件产品）与已转让的产品是可明确区分的，因此，甲公司应当将该合同变更作为原合同终止，同时，将原合同的未履约部分与合同变更合并为新合同进行会计处理。该新合同中，剩余产品为 90 件，其对价为 8 400 元，即原合同下尚未确认收入的客户已承诺对价 6 000 元（100×60）与合同变更部分的对价 2 400 元（80×30）之和，新合同中的 90 件产品每件产品应确认的收入为 93.33 元（8 400÷90）。

【例8】 A 公司与客户签订合同，每周为客户的办公楼提供保洁服务，合同期限为 3 年，客户每年向 A 公司支付服务费 10 万元（假定该价格反映了合同开始日该项服务的单独售价）。在第 2 年末，合同双方对合同进行了变更，将第 3 年的服务费调整为 8 万元（假定该价格反映了合同变更日该项服务的单独售价），同时以 20 万元的价格将合同期限延长 3 年（假定该价格不反映合同变更日该 3 年服务的单独售价），即每年的服务费为 6.67 万元，于每年年初支付。上述价格均不包含增值税。

本例中，在合同开始日，A 公司认为其每周为客户提供的保洁服务是可明确区分的，但由于 A 公司向客户转让的是一系列实质相同且转让模式相同的、可明确区分的服务，因此，根据本准则第九条，应当将其作为单项履约义务。在合同开始的前 2 年，即合同变更之前，A 公司每年确认收入 10 万元。在合同变更日，由于新增的 3 年保洁服务的价格不能反映该项服务在合同变更时的单独售价，因此，该合同变更不能作为单独的合同进行会计处理；由于在剩余合同期间需提供的服务与已提供的服务是可明确区分的，A 公司应当将该合同变更作为原合同终止，同时，将原合同中未履约的部分与合同变更合并为一份新合同进行会计处理。该新合同的合同期限为 4 年，对价为 28 万元，即原合同下尚未确认收入的对价 8 万元与新增的 3 年服务相应的对价 20 万元之和，新合同中 A 公司每年确认的收入为 7 万元（28÷4）。

（3）合同变更部分作为原合同的组成部分。合同变更不属于上述第（1）种情形，且在合同变更日已转让的商品与未转让的商品之间不可明确区分的，应当将该合同变更部分作为原合同的组成部分，在合同变更日重新计算履约进度，并调整当期收入和相应成本等。

【例9】2×18年1月15日，乙建筑公司和客户签订了一项总金额为1 000万元的固定造价合同，在客户自有土地上建造一幢办公楼，预计合同总成本为700万元。假定该建造服务属于在某一时段内履行的履约义务，并根据累计发生的合同成本占合同预计总成本的比例确定履约进度。

截至2×18年末，乙公司累计已发生成本420万元，履约进度为60%（420÷700）。因此，乙公司在2×18年确认收入600万元（1 000×60%）。

2×19年初，合同双方同意更改该办公楼屋顶的设计，合同价格和预计总成本因此而分别增加200万元和120万元。

在本例中，由于合同变更后拟提供的剩余服务与在合同变更日或之前已提供的服务不可明确区分（即该合同仍为单项履约义务），因此，乙公司应当将合同变更作为原合同的组成部分进行会计处理。合同变更后的交易价格为1 200万元（1 000+200），乙公司重新估计的履约进度为51.2%［420÷（700+120）］，乙公司在合同变更日应额外确认收入14.4万元（51.2%×1 200-600）。

综上所述，判断合同变更的会计处理的步骤如图1所示。

如果在合同变更日未转让的商品为上述第（2）和第（3）种情形的组合，企业应当分别相应按照上述第（2）或第（3）种情形的方式对合同变更后尚未转让（或部分未转让）的商品进行会计处理。

（二）识别合同中的单项履约义务

合同开始日，企业应当对合同进行评估，识别该合同所包含的各单项履约义务，并确定各单项履约义务是在某一时段内履行，

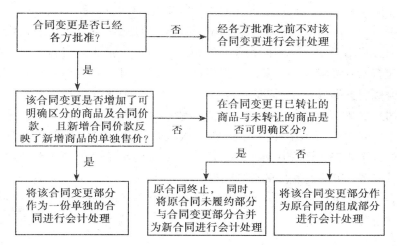

图 1　判断合同变更的会计处理步骤

还是在某一时点履行，然后，在履行了各单项履约义务时分别确认收入。履约义务，是指合同中企业向客户转让可明确区分商品的承诺。下列情况下，企业应当将向客户转让商品的承诺作为单项履约义务：一是企业向客户转让可明确区分商品（或者商品的组合）的承诺。二是企业向客户转让一系列实质相同且转让模式相同的、可明确区分商品的承诺。

企业承诺向客户转让的商品通常会在合同中明确约定，然而，在某些情况下，虽然合同中没有明确约定，但是企业已公开宣布的政策、特定声明或以往的习惯做法等可能隐含了企业将向客户转让额外商品的承诺。这些隐含的承诺不一定具有法律约束力，但是，如果在合同订立时，客户根据这些隐含的承诺能够对企业将向其转让某项商品形成合理的预期，则企业在识别合同中所包含的单项履约义务时，应当考虑此类隐含的承诺。例如，企业向客户销售商品，虽然合同没有约定，但是，企业在其宣传广告中宣称，对于购买该商品的客户，企业将为其提供为期 5 年的免费保养服务，如果该广告使客户对于企业提供的保养服务形成合理预期，企业应当考虑该项服务是否构成单项履约义务；又如，企业向客户销售软件，根据企业以往的习惯做法，企业会向客户提供免费的升级服务，如果该习惯做法使得客户对于企业提供的软件升级服务形成合理预期，则企业应当考虑该项服务是否构成单项履约义务。这里的客户既包括直接购买本企业商品的客户，也包括向客户购买本企业商品的第三方，即"客户的客户"，也就是说，企业需要评估其对于客户的客户所做的承诺是否构成单项履约义务，并进行相应的会计处理。

【例10】甲公司与其经销商乙公司签订合同，将其生产的产品销售给乙公司，乙公司再将该产品销售给最终用户。乙公司是甲公司的客户。

情形一：合同约定，从乙公司购买甲公司产品的最终用户可以享受甲公司提供的该产品正常质量保证范围之外的免费维修服务。甲公司委托乙公司代为提供该维修服务，并且按照约定的价格向乙公司支付相关费用；如果最终用户没有使用该维修服务，则甲公司无需向乙公司付款。

情形二：合同开始日，双方并未约定甲公司将提供任何该产品正常质量保证范围之外的维修服务，甲公司通常也不提供此类服务。甲公司向乙公司交付产品时，产品控制权转移给乙公司，该合同完成。在乙公司将产品销售给最终用户之前，甲公司主动提出免费为向乙公司购买该产品的最终用户提供该产品正常质量保证范围之外的维修服务。

本例中，对于情形一，甲公司在该合同下的承诺包括销售产品以及提供维修服务两项履约义务；对于情形二，甲公司和乙公司签订的合同在合同开始日并未包含提供维修服务的承诺，甲公司也未通过其他明确或隐含的方式承诺向乙公司或最终用户提供该项服务，因此，甲公司在该合同下的承诺只有销售产品一项履约义务，甲公司因承诺提供维修服务产生的相关义务应当按照

《企业会计准则第 13 号——或有事项》进行会计处理。

企业为履行合同而应开展的初始活动，通常不构成履约义务，除非该活动向客户转让了承诺的商品。实务中，企业可能会为订立合同而开展一些行政管理性质的准备工作，这些准备工作并未向客户转让任何承诺的商品，因此，不构成单项履约义务。例如，某俱乐部为注册会员建立档案，该活动并未向会员转让承诺的商品，因此不构成单项履约义务。

在识别合同中的单项履约义务时，如果合同承诺的某项商品不可明确区分，企业应当将该商品与合同中承诺的其他商品进行组合，直到该组合满足可明确区分的条件。某些情况下，合同中承诺的所有商品组合在一起构成单项履约义务。

1. 可明确区分的商品

实务中，企业向客户承诺的商品可能包括企业为销售而生产的产品、为转售而购进的商品或使用某商品的权利（如机票等）、向客户提供的各种服务随时准备向客户提供商品或提供随时可供客户使用的服务（如随时准备为客户提供软件更新服务等）、安排他人向客户提供商品、授权使用许可、可购买额外商品的选择权等。其中，企业随时准备向客户提供商品，是指企业保证客户在其需要时能够随时取得相关商品，而不一定是所提供的每一件具体商品或每一次具体服务本身。例如，健身俱乐部随时可供会员健身，其提供的是随时准备在会员需要时向其提供健身服务的承诺，而并非每一次具体的健身服务。企业向客户承诺的商品同时满足下列两项条件的，应当作为可明确区分的商品：

（1）客户能够从该商品本身或从该商品与其他易于获得资源一起使用中受益，即该商品本身能够明确区分。当客户能够使用、消耗或以高于残值的价格出售商品，或者以能够产生经济利益的其他方式持有商品时，表明客户能够从该商品本身获益。对于某些商品而言，客户可以从该商品本身获益，而对于另一些商品而言，客户可能需要将其与其他易于获得的资源一起使用才能从中获益。其他易于获得的资源，是指企业（或其他企业）单独销售的商品，或者客户已经从企业获得的资源（包括企业按照合同将会转让给客户的商品）或从其他交易或事项中获得的资源。表明客户能够从某项商品本身或者将其与其他易于获得的资源一起使用获益的因素有很多，例如，企业通常会单独销售该商品等。

需要特别指出的是，在评估某项商品是否能够明确区分时，应当基于该商品自身的特征，而与客户可能使用该商品的方式无关。因此，企业无需考虑合同中可能存在的阻止客户从其他来源取得相关资源的限制性条款。

（2）企业向客户转让该商品的承诺与合同中其他承诺可单独区分，即转让该商品的承诺在合同中是可明确区分的。企业确定了商品本身能够明确区分后，还应当在合同层面继续评估转让该商品的承诺是否与合同中其他承诺彼此之间可明确区分。这一评估的目的在于确定承诺的性质，即根据合同约定，企业承诺转让的究竟是每一单项商品，还是由这些商品组成的一个或多个组合产出。很多情况下，组合产出的价值应当高于或者显著不同于各单项商品的价值总和。

在确定企业转让商品的承诺是否可单独区分时，需要运用判断并综合考虑所有事实和情况。下列情形通常表明企业向客户转让商品的承诺与合同中的其他承诺不可单独区分：

一是，企业需提供重大的服务以将该商品与合同中承诺的其他商品进行整合，形成合同约定的某个或某些组合产出转让给客户。换言之，企业以该商品作为投入，生产或向客户交付其所要求的组合产出。因此，企业应当评估其在合同中承诺的每一单项商品本身就是合同约定的各项产出，还是仅为一个或多个组合产出的投入。

【例11】沿用【例9】，不涉及合同变更。本例中，乙公司向客户提供的单项商品可能包括砖头、水泥、人工等，虽然这些单项商品本身都能够使客户获益（如客户可将这些建筑材料以高于残值的价格出售，也可以将其与其他建筑商提供的材料或人工等资源一起使用），但是，在该合同下，乙公司向客户承诺的是为其建造一栋办公楼，而并非提供这些砖头、水泥和人工等，乙公司需提供重大的服务将这些单项商品进行整合，以形成合同约定的一项组合产出（即写字楼）转让给客户。因此，在该合同中，砖头、水泥和人工等商品彼此之间不能单独区分。

二是，该商品将对合同中承诺的其他商品予以重大修改或定制。如果某项商品将对合同中的其他商品作出重大修改或定制，实质上每一项商品将被整合在一起（即作为投入）以生产合同约定的组合产出。例如，企业承诺向客户提供其开发的一款现有软件，并提供安装服务，虽然该软件无需更新或技术支持也可直接使用，但是企业在安装过程中需要在该软件现有基础上对其进行定制化的重大修改，为该软件增加重要的新功能，以使其能够与客户现有的信息系统相兼容。在这种情况下，转让软件的承诺与提供定制化重大修改的承诺在合同层面是不可明确区分的。

【例12】乙公司与客户签订合同，向客户出售一台其生产的设备并提供安装服务。该设备可以不经任何定制或改装而直接使用，不需要复杂安装，除乙公司外，市场上还有其他供应商也能提供此项安装服务。

本例中，客户可以使用该设备或将其以高于残值的价格转售，能够从该设备与市场上其他供应商提供的此项安装服务一起使用中获益，也可从安装服务与客户已经获得的其他资源（例如设备）一起使用中获益，表明该设备和安装服务能够明确区分。此外，在该合同中，乙公司对客户的承诺是交付设备之后再提供安装服务，而非两者的组合产出，该设备仅需简单安装即可使用，乙公司并未对设备和安装提供重大整合服务，安装服务没有对该设备作出重大修改或定制，虽然客户只有获得设备的控制权之后才能从安装服务中获益，但是企业履行其向客户转让设备的承诺能够独立于其提供安装服务的承诺，因此安装服务并不会对设备产生重大影响。该设备与安装服务彼此之间不会产生重大的影响，也不具有高度关联性，表明两者在合同中彼此之间可明确区分。因此，该项合同包含两项履约义务，即销售设备和提供安装服务。

假定其他条件不变，但是按照合同规定只能由乙公司向客户提供安装服务。在这种情况下，合同限制并没有改变相关商品本身的特征，也没有改变企业对客户的承诺。虽然根据合同约定，客户只能选择由乙公司提供安装服务，但是设备和安装服务本身仍然符合可明确区分的条件，仍然是两项履约义务。

此外，如果乙公司提供的安装服务很复杂，该安装服务可能对其销售的设备进行定制化的重大修改，即使市场上有其他的供应商也可以提供此项安装服务，乙公司也不能将该安装服务作为单项履约义务，而是应当将设备和安装服务合并作为单项履约义务。

三是，该商品与合同中承诺的其他商品具有高度关联性。也就是说，合同中承诺的每一单项商品均受到合同中其他商品的重大影响。合同中包含多项商品时，如果企业无法通过单独交付其中的某一单项商品而履行其合同承诺，可能表明合同中的这些商品会受到彼此的重大影响。例如，企业承诺为客户设计一种实验性的新产品并负责生产 10 个样品，企业在生产和测试样品的过程中需要对产品的设计进行不断的修正，导致已生产的样品均可能需要进行不同程度的返工。当企业预计由于设计的不断修正，大部分或全部拟生产的样品均可能需要进行一些返工时，在不对生产造成重大影响的情况下，由于提供设计服务与提供样品生产服务产生的风险不可分割，客户没有办法选择仅购买设计服务或者仅购买样品生产服务，因此，企业提供的设计服务和生产样品的服务是不断交替反复进行的，两者高度关联，在合同层面是不可明确区分的。

【例 13】甲公司与客户签订合同，向客户销售一款软件，提供软件安装服务，并且在两年内向客户提供不定期的软件升级和技术支持服务。甲公司通常也会单独销售该款软件、提供安装服务、软件升级服务和技术支持服务。甲公司提供的安装服务通常也可由其他方执行，且不会对软件作出重大修改。甲公司销售的该软件无需升级和技术支持服务也能正常使用。

本例中，甲公司的承诺包括销售软件、提供安装服务、软件升级服务和技术支持服务。甲公司通常会单独销售软件、提供安装服务、软件升级服务和技术支持服务，该软件先于其他服务交付，且无需经过升级和技术支持服务也能正常使用，安装服务是常规性的且可以由其他服务供应商提供，客户能够从该软件与市场上其他供应商提供的此项安装服务一起使用中获益，也能够从安装服务以及软件升级服务与已经取得的软件一起使用中获益，因此，客户能够从单独使用该合同中承诺的各项商品和服务中获益，或从将其与易于获得的其他商品一起使用中获益，表明这些商品和服务能够明确区分；此外，甲公司虽然需要将软件安装到客户的系统中，但是该安装服务是常规性的，并未对软件作出重大修改，不会重大影响客户使用该软件并从中获益的能力，软件升级服务也一样，合同中承诺的各项商品和服务没有对彼此作出重大修改或定制；甲公司也没有提供重大服务将这些商品和服务整合成一组组合产出；由于甲公司在不提供后续服务的情况下也能够单独履行其销售软件的承诺，因此，软件和各项服务之间不存在高度关联性，表明这些商品在合同中彼此之间可明确区分。因此，该合同中包含四项履约义务，即软件销售、安装服务、软件升级服务以及技术支持服务。

【例14】丙公司与客户签订合同，向客户销售一台其生产的可直接使用的医疗设备，并且在未来3年内向该客户提供用于该设备的专用耗材。该耗材只有丙公司能够生产，因此客户只能从丙公司购买该耗材。该耗材既可与设备一起销售，也可单独对外销售。

本例中，丙公司在合同中对客户的承诺包括销售设备和专用耗材，虽然客户同时购买了设备和专用耗材，但是由于耗材可以单独出售，客户可以从将设备与单独购买的耗材一起使用中获益，表明设备和专用耗材能够明确区分；此外，丙公司未对设备和耗材提供重大的整合服务以将两者形成组合产出，设备和耗材并未对彼此作出重大修改或定制，也不具有高度关联性（这是因为，尽管没有耗材，设备无法使用，耗材也只有用于设备才有用，但是丙公司能够单独履行其在合同中的每一项承诺，也就是说，即使客户没有购买任何耗材，丙公司也可以履行其转让设备的承诺；即使客户单独购买设备，丙公司也可以履行其提供耗材的承诺），表明设备和耗材在合同中彼此之间可明确区分。因此，该项合同包含两项履约义务，即销售设备和提供专用耗材。

需要说明的是，在企业向客户销售商品的同时，约定企业需要将商品运送至客户指定的地点的情况下，企业需要根据相关商品的控制权转移时点判断该运输活动是否构成单项履约义务。通常情况下，控制权转移给客户之前发生的运输活动不构成单项履约义务，而只是企业为了履行合同而从事的活动，相关成本应当作为合同履约成本；相反，控制权转移给客户之后发生的运输活动则可能表明企业向客户提供了一项运输服务，企业应当考虑该项服务是否构成单项履约义务。

2. 一系列实质相同且转让模式相同的、可明确区分的商品

当企业向客户连续转让某项承诺的商品时，如每天提供类似劳务的长期劳务合同等，如果这些商品属于实质相同且转让模式相同的一系列商品，企业应当将这一系列商品作为单项履约义务。其中，转让模式相同，是指每一项可明确区分的商品均满足本准则第十一条规定的在某一时段内履行履约义务的条件，且采用相同方法确定其履约进度。

【例15】企业与客户签订为期一年的保洁服务合同，承诺每天为客户提供保洁服务。

本例中，企业每天所提供的服务都是可明确区分且实质相同的，并且，根据控制权转移的判断标准，每天的服务都属于在某

一时段内履行的履约义务。因此，企业应当将每天提供的保洁服务合并在一起作为单项履约义务进行会计处理。

企业在判断所转让的一系列商品是否实质相同时，应当考虑合同中承诺的性质，当企业承诺的是提供确定数量的商品时，需要考虑这些商品本身是否实质相同。例如，企业与客户签订2年的合同，每月向客户提供工资核算服务，共计24次，由于企业提供服务的次数是确定的，在判断每月的服务是否实质相同时，应当考虑每次提供的具体服务是否相同，由于同一家企业的员工结构、工资构成以及核算流程等相对稳定，企业每月提供的该项服务很可能符合"实质相同"的条件；当企业承诺的是在某一期间内随时向客户提供某项服务时，需要考虑企业在该期间内的各个时间段（如每天或每小时）的承诺是否相同，而并非具体的服务行为本身。例如，企业向客户提供2年的酒店管理服务，具体包括保洁、维修、安保等，但没有具体的服务次数或时间的要求，尽管企业每天提供的具体服务不一定相同，但是企业每天对于客户的承诺都是相同的，即按照约定的酒店管理标准，随时准备根据需要为其提供相关服务，因此，企业每天提供的该酒店管理服务符合"实质相同"的条件。

（三）履行每一单项履约义务时确认收入

企业应当在履行了合同中的履约义务，即客户取得相关商品控制权时确认收入。企业将商品的控制权转移给客户，该转移可能在某一时段内（即履行履约义务的过程中）发生，也可能在某一时点（即履约义务完成时）发生。企业应当根据实际情况，首先应当按照本准则第十一条判断履约义务是否满足在某一时段内履行的条件，如不满足，则该履约义务属于在某一时点履行的履约义务。对于在某一时段内履行的履约义务，企业应当选取恰当的方法来确定履约进度；对于在某一时点履行的履约义务，企业应当综合分析控制权转移的迹象，判断其转移时点。

1. 在某一时段内履行的履约义务

（1）在某一时段内履行履约义务的条件。满足下列条件之一的，属于在某一时段内履行履约义务，相关收入应当在该履约义务履行的期间内确认：

①客户在企业履约的同时即取得并消耗企业履约所带来的经济利益。企业在履约过程中是持续地向客户转移企业履约所带来的经济利益的，该履约义务属于在某一时段内履行的履约义务，企业应当在履行履约义务的期间确认收入。对于例如保洁服务的一些服务类的合同而言，可以通过直观的判断获知，企业在履行履约义务（即提供保洁服务）的同时，客户即取得并消耗了企业履约所带来的经济利益。对于难以通过直观判断获知结论的情形，企业在进行判断时，可以假定在企业履约的过程中更换为其他企业继续履行剩余履约义务，当该继续履行合同的企业实质上无需重新执行企业累计至今已经完成的工作时，表明客户在企业履约的同时即取得并消耗了企业履约所带来的经济利益。例如，甲企业承诺将客户的一批货物从 A 市运送到 B 市，假定该批货物在途经 C 市时，由乙运输公司接替甲企业继续提供该运输服务，由于 A 市到 C 市之间的运输服务是无需重新执行的，表明客户在甲企业履约的同时即取得并消耗了甲企业履约所带来的经济利益，因此，甲企业提供的运输服务属于在某一时段内履行的履约义务。

企业在判断其他企业是否实质上无需重新执行企业累计至今已经完成的工作时，应当基于下列两个前提：一是不考虑可能会使企业无法将剩余履约义务转移给其他企业的潜在限制，包括合同限制或实际可行性限制，在上述甲企业提供运输服务的例子中，甲企业为客户提供运输服务时，双方可能会在合同中约定，合同双方均不得解除合同，在进行上述判断时不需要考虑这一约定；二是假设继续履行剩余履约义务的其他企业将不会享有企业目前已控制的、且在剩余履约义务转移给其他企业后仍然控制的任何资产的利益。

②客户能够控制企业履约过程中在建的商品。企业在履约过程中在建的商品包括在产品、在建工程、尚未完成的研发项目、正在进行的服务等，由于客户控制了在建的商品，客户在企业提供商品的过程中获得其利益，因此，该履约义务属于在某一时段内履行的履约义务，应当在该履约义务履行的期间内确认收入。

【例16】甲企业与客户签订合同，在客户拥有的土地上按照客户的设计要求为其建造厂房。在建造过程中客户有权修改厂房设计，并与甲企业重新协商设计变更后的合同价款。客户每月末按当月工程进度向甲企业支付工程款。如果客户终止合同，已完成建造部分的厂房归客户所有。

本例中，甲企业为客户建造厂房，该厂房位于客户的土地上，客户终止合同时，已建造的厂房归客户所有。这些均表明客户在该厂房建造的过程中就能够控制该在建的厂房。因此，甲企业提供的该建造服务属于在某一时段内履行的履约义务，企业应当在提供该服务的期间内确认收入。

③企业履约过程中所产出的商品具有不可替代用途，且该企业在整个合同期间内有权就累计至今已完成的履约部分收取款项。

一是，商品具有不可替代用途。具有不可替代用途，是指因合同限制或实际可行性限制，企业不能轻易地将商品用于其他用途。当企业产出的商品只能提供给某特定客户，而不能被轻易地用于其他用途（例如销售给其他客户）时，该商品就具有不可替代用途。在判断商品是否具有不可替代用途时，企业既应当考虑合同限制，也应当考虑实际可行性限制，但无需考虑合同被终止的可能性。企业在判断商品是否具有不可替代用途时，需要注意下列四点：

第一，判断时点是合同开始日。企业应当在合同开始日判断所承诺的商品是否具有不可替代用途，此后，除非发生合同变更，且该变更显著改变了原合同约定的履约义务，否则，企业无需重新进行判断。

第二，考虑合同限制。当合同中存在实质性的限制条款，导致企业不能将合同约定的商品用于其他用途时，该商品满足具有不可替代用途的条件。在判断限制条款是否具有实质性时，应当考虑企业试图把合同中约定的商品用于其他用途时，客户是否可以根据这些限制条款，主张其对该特定商品的权利，如果是，那么这些限制条款就是实质性的；相反，如果合同中约定的商品和企业的其他商品在很大程度上能够互相替换（例如企业生产的标准化产品），而不会导致企业违约，也无需发生重大的成本，则表明该限制条款不具有实质性。此外，如果合同中的限制条款仅为保护性条款，也不应考虑。例如，企业与客户约定，当企业清算时，不能向第三方转让代客户销售的某商品，该限制条款的目的是在企业清算时为客户提供保护，因此，应作为保护性条款，在判断该商品是否具有可替代用途时不应考虑。

第三，考虑实际可行性限制。虽然合同中没有限制条款，但是，当企业将合同中约定的商品用作其他用途，将导致企业遭受重大的经济损失时，企业将该商品用作其他用途的能力实际上受到了限制。企业遭受重大经济损失的原因可能是需要发生重大的返工成本，也可能是只能在承担重大损失的情况下才能将这些商品销售给其他客户。例如，企业根据某客户的要求，为其专门设计并生产了一套专用设备，由于该设备是定制化产品，企业如果将其销售给其他客户，需要发生重大的改造成本，表明企业将该产品用于其他用途的能力受到实际可行性的限制，因此，该产品满足"具有不可替代用途"的条件。

第四，基于最终转移给客户的商品的特征判断。当商品在生产的前若干个生产步骤是标准化的，只是从某一时点（或者某一流程）才进入定制化的生产时，企业应当根据最终转移给客户时该商品的特征来判断其是否满足"具有不可替代用途"的条件。例如，某汽车零部件生产企业，为客户提供定制零部件的生产，该生产通常需要经过四道工序，前两道工序是标准工序，后两道工序是特殊工序，处于前两道工序的在产品，可以用于任一客户的需要，但是，进入第三道工序后的产品只能销售给某特定客户。在企业与该特定客户之间的有关最终产品的合同下，最终产品符合"具有不可替代用途"的条件。

二是，企业在整个合同期间内有权就累计至今已完或的履约部分收取款项。有权就累计至今已完成的履约部分收取款项，是指在由于客户或其他方原因终止合同的情况下，企业有权就累计至今已完成的履约部分收取能够补偿其已发生成本和合理利润的款项，并且该权利具有法律约束力。需要强调的是，合同终止必须是由于客户或其他方而非企业自身的原因所致，在整个合同期间内的任一时点，企业均应当拥有此项权利。企业在进行判断时，需要注意下列五点：

第一，企业有权收取的该款项应当大致相当于累计至今已经转移给客户的商品的售价，即该金额应当能够补偿企业已经发生的成本和合理利润。企业有权收取的款项为保证金或仅是补偿企业已经发生的成本或可能损失的利润的，不满足这一条件。补偿企业的合理利润并不意味着补偿金额一定要等于该合同的整体毛利水平。下列两种情形都属于补偿企业的合理利润：一是根据合同终止前的履约进度对该合同的毛利水平进行调整后确定的金额作为补偿金额。二是如果该合同的毛利水平高于企业同类合同的毛利水平，以企业从同类合同中能够获取的合理资本回报或者经营毛利作为利润补偿。此外，当客户先行支付的合同价款金额足够重大（通常指全额预付合同价款），以致能够在整个合同期间内任一时点补偿企业已经发生的成本和合理利润时，如果客户要求提前终止合同，企业有权保留该款项并无需返还，且有相关法律法规支持的，则表明企业能够满足在整个合同期间内有权就累计至今已完成的履约部分收取款项的条件。

第二，该规定并不意味着企业拥有现时可行使的无条件收款权。企业通常会在与客户的合同中约定，只有在达到某一重要时点、某重要事项完成后或者整个合同完成之后，企业才拥有无条件的收取相应款项的权利。在这种情况下，企业在判断其是否有权就累计至今已完成的履约部分收取款项时，应当考虑，假设在发生由于客户或其他方原因导致合同在该重要时点、重要事项完成前或合同完成前终止时，企业是否有权主张该收款权利，即是否有权要求客户补偿其累计至今已完成的履约部分应收取的款项。

第三，当客户只有在某些特定时点才有权终止合同，或者根本无权终止合同时，客户终止了合同（包括客户没有按照合同约定履行其义务），但是，合同条款或法律法规要求，企业应继续向客户转移合同中承诺的商品并因此有权要求客户支付对价，此种情况也符合"企业有权就累计至今已完成的履约部分收取款项"的要求。

第四，企业在进行判断时，既要考虑合同条款的约定，还应当充分考虑适用的法律法规、补充或者凌驾于合同条款之上的以往司法实践以及类似案例的结果等。例如，即使在合同没有明确约定的情况下，相关的法律法规等是否支持企业主张相关的收款权利；以往的司法实践是否表明合同中的某些条款没有法律约束力；在以往的类似合同中，企业虽然拥有此类权利，却在考虑了各种因素之后没有行使该权利，这是否会导致企业主张该权利的要求在当前的法律环境下不被支持等。

第五，企业和客户之间在合同中约定的付款时间进度表，不一定就表明企业有权就累计至今已完成的履约部分收取款项，这是因为合同约定的付款进度和企业的履约进度可能并不匹配。此种情况下，企业仍需要证据对其是否有该收款权进行判断。

【例17】甲公司与乙公司签订合同，针对乙公司的实际情况和面临的具体问题，为改善其业务流程提供咨询服务，并出具专业的咨询意见。双方约定，甲公司仅需要向乙公司提交最终的咨询意见，而无需提交任何其在工作过程中编制的工作底稿和其他相关资料；在整个合同期间内，如果乙公司单方面终止合同，乙公司需要向甲公司支付违约金，违约金的金额等于甲公司已发生的成本加上 15% 的毛利率，该毛利率与甲公司在类似合同中能够赚取的毛利率大致相同。

本例中，在合同执行过程中，由于乙公司无法获得甲公司已经完成工作的工作底稿和其他任何资料，假设在执行合同的过程中，因甲公司无法履约而需要由其他公司来继续提供后续咨询服务并出具咨询意见时，其需要重新执行甲公司已经完成的工作，表明乙公司并未在甲公司履约的同时即取得并消耗了甲公司履约所带来的经济利益。然而，由于该咨询服务是针对乙公司的具体情况而提供的，甲公司无法将最终的咨询意见用作其他用途，表明其具有不可替代用途；此外，在整个合同期间内，如果乙公司单方面终止合同，甲公司根据合同条款可以主张其已发生的成本及合理利润，表明甲公司在整个合同期间内有权就累计至今已完成的履约部分收取款项。因此，甲公司向乙公司提供的咨询服务属于在某一时段内履行的履约义务，甲公司应当在其提供服务的期间内按照适当的履约进度确认收入。

【例18】甲公司是一家造船企业，与乙公司签订了一份船舶建造合同，按照乙公司的具体要求设计和建造船舶。甲公司在自己的厂区内完成该船舶的建造，乙公司无法控制在建过程中的船舶。甲公司如果想把该船舶出售给其他客户，需要发生重大的改造成本。双方约定，如果乙公司单方面解约，乙公司需向甲公司支付相当于合同总价 30% 的违约金，且建造中的船舶归甲公司所有。假定该合同仅包含一项履约义务，即设计和建造船舶。

本例中，船舶是按照乙公司的具体要求进行设计和建造的，甲公司需要发生重大的改造成本将该船舶改造之后才能将其出售给其他客户，因此，该船舶具有不可替代用途。然而，如果乙公司单方面解约，仅需向甲公司支付相当于合同总价 30% 的违约金，表明甲公司无法在整个合同期间内都有权就累计至今已完成的履约部分收取能够补偿其已发生成本和合理利润的款项。因此，甲公司为乙公司设计和建造船舶不属于在某一时段内履行的履约义务。

综上所述，商品具有不可替代用途和企业在整个合同期间内有权就累计至今已完成的履约部分收取款项这两个要素，在判断是否满足在某一时段履行的履约义务的第③种情况时缺一不可，且均与控制权的判断有关联。这是因为，当企业无法轻易地将产出的商品用于其他用途时，企业实际上是按照客户的要求生产商品，在这种情况下，如果合同约定，由于客户或其他方的原因导致合同被终止时，客户必须就企业累计至今已完成的履约部分支付款项，且该款项能够补偿企业已经发生的成本和合理利润，那么企业将因此而防止终止合同时企业未保留该商品或只保留几乎无价值的商品的风险。这与商品购销交易中，客户通常只有在取得对商品的控制权时才有义务支付相应的合同价款是一致的。因此，客户有义务（或无法避免）就企业已经完成的履约部分支付相应款项的情况表明，客户已获得企业履约所带来的经济利益。

（2）在某一时段内履行的履约义务的收入确认。对于在某一时段内履行的履约义务，企业应当在该段时间内按照履约进度确认收入，但是，履约进度不能合理确定的除外。企业应当考虑商品的性质，采用产出法或投入法确定恰当的履约进度，并且在确定履约进度时，应当扣除那些控制权尚未转移给客户的商品和服务。企业按照履约进度确认收入时，通常应当在资产负债表日按照合同的交易价格总额乘以履约进度扣除以前会计期间累计已确认的收入后的金额，确认为当期收入。

①产出法。产出法是根据已转移给客户的商品对于客户的价值确定履约进度的方法，通常可采用实际测量的完工进度、评估已实现的结果、已达到的里程碑、时间进度、已完工或交付的产品等产出指标确定履约进度。企业在评估是否采用产出法确定履约进度时，应当考虑具体的事实和情况，并选择能够如实反映企业履约进度和向客户转移商品控制权的产出指标。当选择的产出

指标无法计量控制权已转移给客户的商品时，不应采用产出法。例如，当处于生产过程中的在产品在其完工或交付前已属于客户时，如果该在产品对本合同或财务报表具有重要性，则在确定履约进度时不应使用已完工或已交付的产品作为产出指标，这是因为处于生产过程中的在产品的控制权也已经转移给了客户，而这些在产品并没有包括在产出指标的计量中，因此该指标并未如实反映已向客户转移商品的进度。又如，如果企业在合同约定的各个里程碑之间向客户转移了重大的商品的控制权，则很可能表明基于已达到的里程碑确定履约进度的方法是不恰当的。实务中，为便于操作，当企业向客户开具发票的对价金额与向客户转让增量商品价值直接一致时，如企业按照固定的费率以及发生的工时向客户开具账单，企业直接按照发票对价金额确认收入也是一种恰当的产出法。

【例19】甲公司与客户签订合同，为该客户拥有的一条铁路更换100根铁轨，合同价格为10万元（不含税价）。截至2×18年12月31日，甲公司共更换铁轨60根，剩余部分预计在2×19年3月31日之前完成。该合同仅包含一项履约义务，且该履约义务满足在某一时段内履行的条件。假定不考虑其他情况。

本例中，甲公司提供的更换铁轨的服务属于在某一时段内履行的履约义务，甲公司按照已完成的工作量确定履约进度。因此，截至2×18年12月31日，该合同的履约进度为60%（60÷100），甲公司应确认的收入为6万元（10×60%）。

产出法是根据能够代表向客户转移商品控制权的产出指标直接计算履约进度的，因此通常能够客观地反映履约进度。但是，产出法下有关产出指标的信息有时可能无法直接观察获得，企业为获得这些信息需要花费很高的成本，这就可能需要采用投入法来确定履约进度。

②投入法。投入法是根据企业履行履约义务的投入确定履约进度的方法，通常可采用投入的材料数量、花费的人工工时或机

器工时、发生的成本和时间进度等投入指标确定履约进度。当企业从事的工作或发生的投入是在整个履约期间内平均发生时，企业也可以按照直线法确认收入。

【例20】乙公司经营一家健身俱乐部。2×18年2月1日，某客户与乙公司签订合同，成为乙公司的会员，并向乙公司支付会员费3 600元（不含税价），可在未来的12个月内在该俱乐部健身，且没有次数的限制。

本例中，客户在会籍期间可随时来俱乐部健身，且没有次数限制，客户已使用俱乐部健身的次数不会影响其未来继续使用的次数，乙公司在该合同下的履约义务是承诺随时准备在客户需要时为其提供健身服务，因此，该履约义务属于在某一时段内履行的履约义务，并且该履约义务在会员的会籍期间内随时间的流逝而被履行。因此，乙公司按照直线法确认收入，即每月应当确认的收入为300元（3 600÷12），截至2×18年12月31日，乙公司应确认的收入为3 300元（300×11）。

需要说明的是，如果客户购买的是确定数量的服务，如在未来12个月内，客户可随时来健身俱乐部健身100次，则乙公司的履约义务是为客户提供这100次健身服务，而不是随时准备为其提供健身服务的承诺。因此，乙公司应当按照客户已使用健身服务的次数确认收入。

投入法所需要的投入指标虽然易于获得，但是，投入指标与企业向客户转移商品的控制权之间未必存在直接的对应关系。因此，企业在采用投入法确定履约进度时，应当扣除那些虽然已经发生、但是未导致向客户转移商品的投入。例如，企业为履行合同应开展一些初始活动，如果这些活动并没有向客户转移企业承诺的服务，则企业在使用投入法确定履约进度时，不应将为开展这些活动发生的相关投入包括在内。

实务中，通常按照累计实际发生的成本占预计总成本的比例（即，成本法）确定履约进度，累计实际发生的成本包括企业向客户转移商品过程中所发生的直接成本和间接成本，如直接人工、直接材料、分包成本以及其他与合同相关的成本。在下列情形下，企业在采用成本法确定履约进度时，可能需要对已发生的成本进行适当的调整：

一是，已发生的成本并未反映企业履行履约义务的进度。例如，因企业生产效率低下等原因而导致的非正常消耗，包括非正常消耗的直接材料、直接人工及制造费用等，不应包括在累计实际发生的成本中，这是因为这些非正常消耗并没有为合同进度做出贡献，但是，企业和客户在订立合同时已经预见会发生这些成本并将其包括在合同价款中的除外。

二是，已发生的成本与企业履行履约义务的进度不成比例。当企业已发生的成本与履约进度不成比例，企业在采用成本法确定履约进度时需要进行适当调整，通常仅以其已发生的成本为限确认收入。对于施工中尚未安装、使用或耗用的商品（本段的商品不包括服务）或材料成本等，当企业在合同开始日就预期将能够满足下列所有条件时，应在采用成本法确定履约进度时不包括这些成本：第一，该商品或材料不可明确区分，即不构成单项履约义务；第二，客户先取得该商品或材料的控制权，之后才接受与之相关的服务；第三，该商品或材料的成本相对于预计总成本而言是重大的；第四，企业自第三方采购该商品或材料，且未深入参与其设计和制造，对于包含该商品的履约义务而言，企业是主要责任人。

【例21】2×18年10月，甲公司与客户签订合同，为客户装修一栋办公楼，包括安装一部电梯，合同总金额为100万元。甲公司预计的合同总成本为80万元，其中包括电梯的采购成本30万元。

2×18年12月，甲公司将电梯运达施工现场并经过客户验收，客户已取得对电梯的控制权，但是，根据装修进度，预计到2×19年2月才会安装该电梯。截至2×18年12月，甲公司累计发生成本40万元，其中包括支付给电梯供应商的采购成本30万元以及因采购电梯发生的运输和人工等相关成本 5 万元。

假定：该装修服务（包括安装电梯）构成单项履约义务，并属于在某一时段内履行的履约义务，甲公司是主要责任人，但不参与电梯的设计和制造；甲公司采用成本法确定履约进度；上述金额均不含增值税。

本例中，截至 2×18 年 12 月，甲公司发生成本 40 万元（包括电梯采购成本 30 万元以及因采购电梯发生的运输和人工等相关成本 5 万元），甲公司认为其已发生的成本和履约进度不成比例，因此需要对履约进度的计算作出调整，将电梯的采购成本排除在已发生成本和预计总成本之外。在该合同中，该电梯不构成单项履约义务，其成本相对于预计总成本而言是重大的，甲公司是主要责任人，但是未参与该电梯的设计和制造，客户先取得了电梯的控制权，随后才接受与之相关的安装服务，因此，甲公司在客户取得该电梯控制权时，按照该电梯采购成本的金额确认转让电梯产生的收入。

2×18 年 12 月，该合同的履约进度为 20%［（40-30）÷（80-30）］，应确认的收入和成本金额分别为 44 万元［（100-30）× 20%+30］和 40 万元［（80-30）×20%+30］。

企业为履行属于在某一时段内履行的单项履约义务而发生的支出并非均衡发生的，在采用某种方法（例如成本法）确定履约进度时，可能会导致企业对于较早生产的产品确认更多的收入和成本。例如，企业承诺向客户交付一定数量的商品，且该承诺构成单项履约义务，在履约的前期，由于经验不足、技术不成熟、操作不熟练等原因，企业可能会发生较高的成本，而随着经验的不断累积，企业的生产效率逐步提高，导致企业的履约成本逐步下降。这一结果是合理的，因为这表明企业在合同早期的履约情况具有更高的价值，正如企业只销售一件产品的售价可能会高于销售多件产品时的平均价格一样。如果该单项履约义务属于在某一时点履行的履约义务，企业则需要按照其他相关会计准则对相关支出进行会计处理（例如，按照《企业会计准则第 1 号——存货》，生产商品的成本将作为存货进行累计，企业应选择适当方法计量存货）；不属于其他相关企业会计准则规范范围的，应当按照本准则第二十六条和第二十七条的规定判断将其确认为一项资产还是计入当期损益。

每一资产负债表日，企业应当对履约进度进行重新估计。当客观环境发生变化时，企业也需要重新评估履约进度是否发生变化，以确保履约进度能够反映履约情况的变化，该变化应当作为会计估计变更进行会计处理。对于每一项履约义务，企业只能采用一种方法来确定其履约进度，并加以一贯运用。对于类似情况下的类似履约义务，企业应当采用相同的方法（例如，成本法）确定履约进度。

对于在某一时段内履行的履约义务，只有当其履约进度能够合理确定时，才应当按照履约进度确认收入。企业如果无法获得确定履约进度所需的可靠信息，则无法合理地确定其履行履约义务的进度。当履约进度不能合理确定时，企业已经发生的成本预计能够得到补偿的，应当按照已经发生的成本金额确认收入，直到履约进度能够合理确定为止。

2. 在某一时点履行的履约义务

对于不属于在某一时段内履行的履约义务，应当属于在某一时点履行的履约义务，企业应当在客户取得相关商品控制权时点确认收入。在判断客户是否已取得商品控制权（即客户是否能够主导该商品的使用并从中获得几乎全部的经济利益）时，企业应当考虑下列五个迹象：

（1）企业就该商品享有现时收款权利，即客户就该商品负有现时付款义务。当企业就该商品享有现时收款权利时，可能表明客户已经有能力主导该商品的使用并从中获得几乎全部的经济利益。

（2）企业已将该商品的法定所有权转移给客户，即客户已拥有该商品的法定所有权。当客户取得了商品的法定所有权时，可能表明其已经有能力主导该商品的使用并从中获得几乎全部的经济利益，或者能够阻止其他企业获得这些经济利益，即客户已取得对该商品的控制权。如果企业仅仅是为了确保到期收回货款而保留商品的法定所有权，那么该权利通常不会对客户取得对该商品的控制权构成障碍。

（3）企业已将该商品实物转移给客户，即客户已占有该商品实物。客户如果已经占有商品实物，则可能表明其有能力主导该商品的使用并从中获得其几乎全部的经济利益，或者使其他企业无法获得这些利益。需要说明的是，客户占有了某项商品实物并不意味着其就一定取得了该商品的控制权，反之亦然。

①委托代销安排。这一安排是指委托方和受托方签订代销合同或协议，委托受托方向终端客户销售商品。在这种安排下，企业应当评估受托方在企业向其转让商品时是否已获得对该商品的控制权，如果没有，企业不应在此时确认收入，通常应当在受托方售出商品时确认销售商品收入；受托方应当在商品销售后，按合同或协议约定的方法计算确定的手续费确认收入。表明一项安排是委托代销安排的迹象包括但不限于：一是在特定事件发生之前（例如，向最终客户出售商品或指定期间到期之前），企业拥有对商品的控制权。二是企业能够要求将委托代销的商品退回或者将其销售给其他方（如其他经销商）。三是尽管受托方可能被要求向企业支付一定金额的押金，但是，其并没有承担对这些商品无条件付款的义务。

【例22】甲公司委托乙公司销售 W 商品 1 000 件，W 商品已经发出，每件成本为 70 元。合同约定乙公司应按每件 100 元对外销售，甲公司按不含增值税的销售价格的 10% 向乙公司支付手续费。除非这些商品在乙公司存放期间内由于乙公司的责任发生毁损或丢失，否则在 W 商品对外销售之前，乙公司没有义务向甲公司支付货款。乙公司不承担包销责任，没有售出的 W 商品须退回给甲公司，同时，甲公司也有权要求收回 W 商品或将其销售给其他的客户。乙公司对外实际销售 1 000 件，开出的增值税专用发票上注明的销售价格为 100 000 元，增值税税额为 16 000 元，款项已经收到，乙公司立即向甲公司开具代销清单并支付货款。甲公司收到乙公司开具的代销清单时，向乙公司开具一张相同金额的增值税专用发票。假定甲公司发出 W 商品时纳税义务尚未发生，手续费增值税税率为 6%，不考虑其他因素。

本例中，甲公司将 W 商品发送至乙公司后，乙公司虽然已经实物占有 W 商品，但是仅是接受甲公司的委托销售 W 商品，并根据实际销售的数量赚取一定比例的手续费。甲公司有权要求收回 W 商品或将其销售给其他的客户，乙公司并不能主导这些商品的销售，这些商品对外销售与否、是否获利以及获利多少等不由乙公司控制，乙公司没有取得这些商品的控制权。因此，甲公司将 W 商品发送至乙公司时，不应确认收入，而应当在乙公司将 W 商品销售给最终客户时确认收入。根据上述资料，甲公司的账务处理如下：

（1）发出商品。

借：发出商品——乙公司　　　　　　　　　70 000

　　贷：库存商品——W 商品　　　　　　　　　　70 000

（2）收到代销清单，同时发生增值税纳税义务。

借：应收账款——乙公司　　　　　　　　　116 000

　　贷：主营业务收入——销售 W 商品　　　　　100 000

　　　　应交税费——应交增值税（销项税额）　 16 000

借：主营业务成本——销售 W 商品　　　　　70 000

　　贷：发出商品——乙公司　　　　　　　　　　70 000

借：销售费用——代销手续费　　　　　　　　10 000

　　应交税费——应交增值税（进项税额）　　　 600

　　贷：应收账款——乙公司　　　　　　　　　　10 600

（3）收到乙公司支付的货款。

借：银行存款　　　　　　　　　　　　105 400
　　贷：应收账款——乙公司　　　　　　　　　105 400

乙公司的账务处理如下：

（1）收到商品。

借：受托代销商品——甲公司　　　　　　100 000
　　贷：受托代销商品款——甲公司　　　　　　100 000

（2）对外销售。

借：银行存款　　　　　　　　　　　　116 000
　　贷：受托代销商品——甲公司　　　　　　　100 000
　　　　应交税费——应交增值税（销项税额）16 000

（3）收到增值税专用发票。

借：受托代销商品款——甲公司　　　　　100 000
　　应交税费——应交增值税（进项税额）　16 000
　　　　贷：应付账款——甲公司　　　　　　　116 000

（4）支付货款并计算代销手续费。

借：应付账款——甲公司　　　　　　　　116 000
　　贷：银行存款　　　　　　　　　　　　　　105 400
　　　　其他业务收入——代销手续费　　　　　10 000
　　　　应交税费——应交增值税（销项税额）　　600

②售后代管商品安排。售后代管商品是指根据企业与客户签订的合同，已经就销售的商品向客户收款或取得了收款权利，但是直到在未来某一时点将该商品交付给客户之前，仍然继续持有该商品实物的安排。实务中，客户可能会因为缺乏足够的仓储空间或生产进度延迟而要求与销售方订立此类合同。在这种情况下，尽管企业仍然持有商品的实物，但是，当客户已经取得了对该商品的控制权时，即便客户决定暂不行使实物占有的权利，其依然有能力主导该商品的使用并从中获得几乎全部的经济利益。因此，企业不再控制该商品，而只是向客户提供了代管服务。

在售后代管商品安排下，除了应当考虑客户是否取得商品控制权的迹象之外，还应当同时满足下列四项条件，才表明客户取得了该商品的控制权：一是该安排必须具有商业实质，例如，该安排是应客户的要求而订立的；二是属于客户的商品必须能够单独识别，例如，将属于客户的商品单独存放在指定地点；三是该商品可以随时交付给客户；四是企业不能自行使用该商品或将该商品提供给其他客户。实务中，越是通用的、可以和其他商品互相替换的商品，越有可能难以满足上述条件。

需要注意的是，如果在满足上述条件的情况下，企业对尚未发货的商品确认了收入，则企业应当考虑是否还承担了其他的履约义务，例如，向客户提供保管服务等，从而应当将部分交易价格分摊至该履约义务。

【例23】2×18 年 1 月 1 日，甲公司与乙公司签订合同，向其销售一台设备和专用零部件。设备和零部件的制造期为 2 年。甲公司在完成设备和零部件的生产之后，能够证明其符合合同约定的规格。假定在该合同下，向客户转让设备和零部件是可明确区分的，因此，企业应将其作为两项履约义务，且都属于在某一时点履行的履约义务。

2×19 年 12 月 31 日，乙公司支付了该设备和零部件的合同价款，并对其进行了验收。乙公司运走了设备，但是，考虑到其自身的仓储能力有限，且其工厂紧邻甲公司的仓库，因此，要求将零部件存放于甲公司的仓库中，并且要求甲公司按照其指令随时安排发货。乙公司已拥有零部件的法定所有权，且这些零部件可明确识别为属于乙公司的物品。甲公司在其仓库内的单独区域内存放这些零部件，并应乙公司的要求可随时发货，甲公司不能使用这些零部件，也不能将其提供给其他客户使用。

本例中，2×19 年 12 月 31 日，设备的控制权已转移给乙公司；对于零部件而言，甲公司已经收取合同价款，但是应乙公司的要求尚未发货，乙公司已拥有零部件的法定所有权并且对其进行了验收，虽然这些零部件实物尚由甲公司持有，但是其满足在售后代管商品的安排下客户取得商品控制权的条件，这些零部件的控制权也已经转移给了乙公司。因此，甲公司应当确认销售设备和零部件的相关收入。除此之外，甲公司还为乙公司提供了仓储保管服务，该服务与设备和零部件可明确区分，构成单项履约义务。

【例24】A公司生产并销售笔记本电脑。2×18年，A公司与零售商B公司签订销售合同，向其销售1万台电脑。由于B公司的仓储能力有限，无法在2×18年底之前接收该批电脑，双方约定A公司在2×19年按照B公司的指令按时发货，并将电脑运送至B公司指定的地点。2×18年12月31日，A公司共有上述电脑库存1.2万台，其中包括1万台将要销售给B公司的电脑。然而，这1万台电脑和其余2 000台电脑一起存放并统一管理，并且彼此之间可以互相替换。

本例中，尽管是由于B公司没有足够的仓储空间才要求A公司暂不发货，并按照其指定的时间发货，但是由于这1万台电脑与A公司的其他产品可以互相替换，且未单独存放保管，A公司在向B公司交付这些电脑之前，能够将其提供给其他客户或者自行使用。因此，这1万台电脑在2×18年12月31日不满足售后代管商品安排下确认收入的条件。

（4）企业已将该商品所有权上的主要风险和报酬转移给客户，即客户已取得该商品所有权上的主要风险和报酬。企业向客户转移了商品所有权上的主要风险和报酬，可能表明客户已经取得了主导该商品的使用并从中获得其几乎全部经济利益的能力。但是，在评估商品所有权上的主要风险和报酬是否转移时，不应考虑导致企业在除所转让商品之外产生其他单项履约义务的风险。例如，企业将产品销售给客户，并承诺提供后续维护服务的安排中，销售产品和提供维护服务均构成单项履约义务，企业将产品销售给客户之后，虽然仍然保留了与后续维护服务相关的风险，但是，由于维护服务构成单项履约义务，所以该保留的风险并不影响企业已将产品所有权上的主要风险和报酬转移给客户的判断。

（5）客户已接受该商品。如果客户已经接受了企业提供的商品，例如，企业销售给客户的商品通过了客户的验收，可能表明客户已经取得了该商品的控制权。合同中有关客户验收的条款，可能允许客户在商品不符合约定规格的情况下解除合同或要求企业采取补救措施。因此，企业在评估是否已经将商品的控制权转移给客户时，应当考虑此类条款。当企业能够客观地确定其已经按照合同约定的标准和条件将商品的控制权转移给客户时，客户验收只是一项例行程序，并不影响企业判断客户取得该商品控制权的时点。例如，企业向客户销售一批必须满足规定尺寸和重量的产品，合同约定，客户收到该产品时，将对此进行验收。由于该验收条件是一个客观标准，企业在客户验收前就能够确定其是否满足约定的标准，客户验收可能只是一项例行程序。实务中，企业应当根据过去执行类似合同积累的经验以及客户验收的结果取得相应证据。当在客户验收之前确认收入时，企业还应当考虑是否还存在剩余的履约义务，例如设备安装等，并且评估是否应当对其单独进行会计处理。

相反，当企业无法客观地确定其向客户转让的商品是否符合合同规定的条件时，在客户验收之前，企业不能认为已经将该商品的控制权转移给了客户。这是因为，在这种情况下，企业无法确定客户是否能够主导该商品的使用并从中获得其几乎全部的经济利益。例如，客户主要基于主观判断进行验收时，该验收往往不能被视为仅仅是一项例行程序，在验收完成之前，企业无法确定其商品是否能够满足客户的主观标准，因此，企业应当在客户完成验收并接受该商品时才能确认收入。实务中，定制化程度越高的商品，越难以证明客户验收仅仅是一项例行程序。

此外，如果企业将商品发送给客户供其试用或者测评，且客户并未承诺在试用期结束前支付任何对价，则在客户接受该商品或者在试用期结束之前，该商品的控制权并未转移给客户。

需要强调的是，在上述五个迹象中，并没有哪一个或哪几个迹象是决定性的，企业应当根据合同条款和交易实质进行分析，综合判断其是否将商品的控制权转移给客户以及何时转移的，从而确定收入确认的时点。此外，企业应当从客户的角度进行评估，而不应当仅考虑企业自身的看法。

第五节　收入的计量

企业应当首先确定合同的交易价格，再按照分摊至各单项履约义务的交易价格计量收入。

（一）确定交易价格

交易价格，是指企业因向客户转让商品而预期有权收取的对价金额。企业代第三方收取的款项（例如增值税）以及企业预期将退还给客户的款项，应当作为负债进行会计处理，不计入交易价格。合同标价并不一定代表交易价格，企业应当根据合同条款，并结合以往的习惯做法确定交易价格。在确定交易价格时，企业应当考虑可变对价、合同中存在的重大融资成分、非现金对价以及应付客户对价等因素的影响，并应当假定将按照现有合同的约定向客户转移商品，且该合同不会被取消、续约或变更。

1. 可变对价

企业与客户的合同中约定的对价金额可能是固定的，也可能会因折扣、价格折让、返利、退款、奖励积分、激励措施、业绩奖金、索赔等因素而变化。此外，企业有权收取的对价金额，将根据一项或多项或有事项的发生有所不同的情况，也属于可变对价的情形，例如，企业售出商品但允许客户退货时，由于企业有权收取的对价金额将取决于客户是否退货，因此该合同的交易价格是可变的。企业在判断交易价格是否为可变对价时，应当考虑各种相关因素（如企业已公开宣布的政策、特定声明、以往的习惯做法、销售战略以及客户所处的环境等），以确定其是否会接受一个低于合同标价的金额，即企业向客户提供一定的价格折让。

【例25】甲公司为其客户建造一栋厂房，合同约定的价款为100万元，但是，如果甲公司不能在合同签订之日起的120天内竣工，则须支付10万元罚款，该罚款从合同价款中扣除。上述金额均不含增值税。

本例中，该合同的对价金额实际由两部分组成，即90万元的固定价格以及10万元的可变对价。

企业在判断合同中是否存在可变对价时，不仅应当考虑合同条款的约定，在下列情况下，即使合同中没有明确约定，合同的对价金额也是可变的：一是根据企业已公开宣布的政策、特定声明或者以往的习惯做法等，客户能够合理预期企业将会接受低于合同约定的对价金额，即企业会以折扣、返利等形式提供价格折让。二是其他相关事实和情况表明，企业在与客户签订合同时即打算向客户提供价格折让。例如，企业与一新客户签订合同，虽然企业没有对该客户销售给予折扣的历史经验，但是，根据企业拓展客户关系的战略安排，企业愿意接受低于合同约定的价格。合同中存在可变对价的，企业应当对计入交易价格的可变对价进行估计。

（1）可变对价最佳估计数的确定。在对可变对价进行估计时，企业应当按照期望值或最可能发生金额确定可变对价的最佳估计数。这并不意味着企业可以在两种方法之间随意进行选择，而是应当选择能够更好地预测其有权收取的对价金额的方法，并且对于类似的合同，应当采用相同的方法进行估计。

期望值是按照各种可能发生的对价金额及相关概率计算确定的金额。如果企业拥有大量具有类似特征的合同，企业据此估计合同可能产生多个结果时，按照期望值估计可变对价金额通常是恰当的。

【例26】甲公司生产和销售电视机。2×18年3月，甲公司向零售商乙公司销售1 000台电视机，每台价格为3 000元，合同价款合计300万元。甲公司向乙公司提供价格保护，同意在未来6个月内，如果同款电视机售价下降，则按照合同价格与最低售价之间的差额向乙公司支付差价。甲公司根据以往执行类似合同的经验，预计各种结果发生的概率如表1-1所示。

表1-1

未来6个月内的降价金额（元/台）	概率
0	40%
200	30%
500	20%
1 000	10%

上述价格均不包含增值税。

本例中，甲公司认为期望值能够更好地预测其有权获取的对价金额。假定不考虑本准则有关将可变对价计入交易价格的限制要求，在该方法下，甲公司估计交易价格为每台2 740元（3 000×40%+2 800×30%+2 500×20%+2 000×10%）。

最可能发生金额是一系列可能发生的对价金额中最可能发生的单一金额，即合同最可能产生的单一结果。当合同仅有两个可能结果（例如，企业能够达到或不能达到某业绩奖金目标）时，按照最可能发生金额估计可变对价金额可能是恰当的。

【例27】沿用**【例25】**，甲公司对合同结果的估计如下：工程按时完工的概率为90%，工程延期的概率为10%。

本例中，由于该合同涉及两种可能结果，甲公司认为按照最可能发生金额能够更好地预测其有权获取的对价金额。因此，甲公司估计的交易价格为100万元，即为最可能发生的单一金额。

需要说明的是，对于某一事项的不确定性对可变对价金额的影响，企业应当在整个合同期间一致地采用同一种方法进行估计。但是，当存在多个不确定性事项均会影响可变对价金额时，企业可以采用不同的方法对其进行估计。企业在对可变对价进行估计时，应当考虑能够合理获得的所有信息（包括历史信息、当前信息以及预测信息），并且在合理的数量范围内估计各种可能发生的对价金额以及概率。通常情况下，企业在估计可变对价金额时使用的信息，应当与其在对相关商品进行投标或定价时所使用的信息一致。

【例28】甲公司与乙公司签订固定造价合同，在乙公司的厂区内为其建造一栋办公楼，合同价款为500万元。根据合同约定，该项工程的完工日期为2×18年3月31日，如果甲公司能够在该日期之前完工，则每提前一天，合同价款将增加2万元；相反，如果甲公司未能按期完工，则每推迟一天，合同价款将会减少2万元。此外，合同约定，该项工程完工之后将参与省级优质工程奖的评选，如果能够获奖，乙公司将额外奖励甲公司20万元。

本例中，产生可变对价的事项有两项：一是是否按期完工，二是能否获得省级优质工程奖。甲公司可以采用不同的方法对其进行估计：对于前者，甲公司按照期望值进行估计；对于后者，甲公司按照最有可能的金额进行估计。

（2）计入交易价格的可变对价金额的限制。企业按照期望值或最可能发生金额确定可变对价金额之后，计入交易价格的可变对价金额还应该满足限制条件，即包含可变对价的交易价格，应当不超过在相关不确定性消除时，累计已确认的收入极可能不会发生重大转回的金额。企业在评估与可变对价相关的不确定性消除时，累计已确认的收入金额是否极可能不会发生重大转回时，应当同时考虑收入转回的可能性及转回金额的比重。其中，"极可能"是一个比较高的门槛，其发生的概率应远高于"很可能（即，可能性超过50%）"，但不要求达到"基本确定（即，可能性超过95%）"，其目的是避免因为一些不确定性因素的发生导致之前已经确认的收入发生转回；在评估收入转回金额的比重时，应同时考虑合同中包含的固定对价和可变对价，也就是说，企业应当评估可能发生的收入转回金额相对于合同总对价（包括固定对价和可变对价）而言的比重。企业应当将满足上述限制条件的可变对价的金额，计入交易价格。

导致收入转回的可能性增强或转回金额比重增加的因素包括但不限于：一是对价金额极易受到企业影响范围之外的因素影响，例如市场波动性、第三方的判断或行动、天气状况、已承诺商品存在较高的陈旧过时风险等。二是对价金额的不确定性预计在较长时期内无法消除。三是企业对类似合同的经验（或其他证据）有限，或者相关经验（或其他证据）的预测价值有限。四是企业在以往实务中对于类似情况下的类似合同，或曾提供了多种不同程度的价格折扣，或曾给予不同的付款条件。五是合同有多种可能的对价金额，且这些对价金额分布非常广泛。需要说明的是，将可变对价计入交易价格的限制条件不适用于企业向客户授予知识产权许可并约定按客户实际销售或使用情况收取特许权使用费的情况。

每一资产负债表日，企业应当重新估计可变对价金额（包括重新评估对可变对价的估计是否受到限制），以如实反映报告期末存在的情况以及报告期内发生的情况变化。

【例29】2×18年12月1日，甲公司与其分销商乙公司签订合同，向乙公司销售1 000件产品，每件产品的售价为100元，合同总价为10万元，乙公司当日取得这些产品的控制权。乙公司通常在取得产品后的90天内将其对外售出，且乙公司在这些产品售出后才向甲公司支付货款。上述价格均不包含增值税。该合同中虽然约定了销售价格，但是基于甲公司过往的实务经验，为了维护与乙公司的客户关系，甲公司预计会向乙公司提供价格折扣，以便于乙公司能够以更加优惠的价格向最终客户销售这些产品，从而促进该产品的整体销量。因此，甲公司认为该合同的对价是可变的。

甲公司已销售该产品及类似产品多年，积累了丰富的经验，可观察的历史数据表明，甲公司以往销售此类产品时会给予客户大约20%的折扣。同时，根据当前市场信息分析，20%的降价幅度足以促进该产品的销量，从而提高其周转率。甲公司多年来向客户提供的折扣从未超过20%。

本例中，甲公司按照期望值估计可变对价的金额，因为该方法能够更好地预测其有权获得的对价金额。甲公司估计的交易价格为80 000元［100×（1−20%）×1 000］。同时，甲公司还需考虑有关将可变对价计入交易价格的限制要求，以确定能否将估计的可变对价金额80 000元计入交易价格。根据其销售此类产品的历史经验、所取得的当前市场信息以及对当前市场的估计，甲公司预计，尽管存在某些不确定性，但是该产品的价格将可在短期内确定。因此，甲公司认为，在不确定性消除（即，折扣的总金额最终确定）时，已确认的累计收入金额80 000元极可能不会发生重大转回。因此，甲公司应当于2×18年12月1日将产品控制权转移给乙公司时，确认收入80 000元。

【例30】沿用【例29】，甲公司虽然有销售类似产品的经验。但是，甲公司的产品较易过时，且产品定价波动性很大。根据以往经验，甲公司针对同类产品给予客户的折扣范围较广（约为销售价格的20%−60%不等）。根据当前市场情况，降价幅度需要达到15%−50%，才能有效地提高该产品周转率。

本例中，甲公司按照期望值估计可变对价的金额，因为该方法能够更好地预测其有权获得的对价金额。甲公司采用期望值法估计将提供40%的折扣，因此估计的交易价格为60 000元［100×（1−40%）×1 000］。同时，甲公司还需考虑有关将可变对价计入交易价格的限制要求，以确定能否将估计的可变对价金额60 000元计入交易价格。由于甲公司的产品价格极易受到超出甲公司影响范围之外的因素（即，产品陈旧过时）的影响，并且为了提高该产品的周转率，甲公司可能需要提供的折扣范围也较广，因此，甲公司不能将该60 000元（即，提供40%折扣之后的价格）计入交易价格，这是因为，将该金额计入交易价格不满足已确认的累计收入金额极可能不会发生重大转回的条件。

但是，根据当前市场情况，降价幅度达到 15%-50%，能够有效地提高该产品周转率，在以往的类似交易中，甲公司实际的降价幅度与当时市场信息基本一致。在这种情况下，尽管甲公司以往提供的折扣范围为 20%-60%，但是，甲公司认为，如果将 50 000 元（即，提供 50% 折扣之后的价格）计入交易价格，已确认的累计收入金额极可能不会发生重大转回。因此，甲公司应当于 2×18 年 12 月 1 日将产品控制权转移给乙公司时，确认 50 000 元的收入，并在不确定性消除之前的每一资产负债表日重新评估该交易价格的金额。

【例 31】2×18 年 1 月 1 日，甲公司与乙公司签订合同，向其销售 A 产品。合同约定，当乙公司在 2×18 年的采购量不超过 2 000 件时，每件产品的价格为 80 元，当乙公司在 2×18 年的采购量超过 2 000 件时，每件产品的价格为 70 元。乙公司在第一季度的采购量为 150 件，甲公司预计乙公司全年的采购量不会超过 2 000 件。2×18 年 4 月，乙公司因完成产能升级而增加了原材料的采购量，第二季度共向甲公司采购 A 产品 1 000 件，甲公司预计乙公司全年的采购量将超过 2 000 件，因此，全年采购量适用的产品单价均将调整为 70 元。

本例中，2×18 年第一季度，甲公司根据以往经验估计乙公司全年的采购量将不会超过 2 000 件，甲公司按照 80 元的单价确认收入，满足在不确定性消除之后（即乙公司全年的采购量确定之后），累计已确认的收入将极可能不会发生重大转回的要求，因此，甲公司在第一季度确认的收入金额为 12 000 元（80×150）。2×18 年第二季度，甲公司对交易价格进行重新估计，由于预计乙公司全年的采购量将超过 2 000 件，按照 70 元的单价确认收入，才满足极可能不会导致累计已确认的收入发生重大转回的要求。因此，甲公司在第二季度确认收入 68 500 元 [70×（1 000+150-12 000]。

【**例32**】2×18 年 10 月 1 日，甲公司签订合同，为一只股票型基金提供资产管理服务，合同期限为 3 年。甲公司所能获得的报酬包括两部分：一是每季度按照本季度末该基金净值的 1% 收取管理费，该管理费不会因基金净值的后续变化而调整或被要求退回；二是该基金在 3 年内的累计回报如果超过 10%，则乙公司可以获得超额回报部分的 20% 作为业绩奖励。2×18 年 12 月 31 日，该基金的净值为 5 亿元。假定不考虑相关税费影响。

本例中，甲公司在该项合同中收取的管理费和业绩奖励均为可变对价，其金额极易受到股票价格波动的影响，这是在甲公司影响范围之外的，虽然甲公司以往有类似合同的经验，但是，该经验在确定未来市场表现方面并不具有预测价值。因此，在合同开始日，甲公司无法对其能够收取的管理费和业绩奖励进行估计，也就是说，如果将估计的某一金额的管理费或业绩奖励计入交易价格，将不满足累计已确认的收入金额极可能不会发生重大转回的要求。

2×18 年 12 月 31 日，甲公司重新估计该合同的交易价格，影响本季度管理费收入金额的不确定性已经消除，甲公司确认管理费收入 500 万元（5 亿×1%）。甲公司未确认业绩奖励收入，这是因为，该业绩奖励仍然会受到基金未来累计回报的影响，难以满足将可变对价计入交易价格的限制条件。在后续的每一资产负债表日，甲公司应当重新估计交易价格是否满足将可变对价计入交易价格的限制条件，以确定其收入金额。

2. 合同中存在重大融资成分

当企业将商品的控制权转移给客户的时间与客户实际付款的时间不一致时，如企业以赊销的方式销售商品，或者要求客户支付预付款等，如果各方以在合同中明确（或者以隐含的方式）约定的付款时间为客户或企业就转让商品的交易提供了重大融资利益，则合同中即包含了重大融资成分，企业在确定交易价格时，应当对已承诺的对价金额作出调整，以剔除货币时间价值的影响。

合同中存在重大融资成分的，企业应当按照假定客户在取得商品控制权时即以现金支付的应付金额（即，现销价格）确定交易价格。在评估合同中是否存在融资成分以及该融资成分对于该合同而言是否重大时，企业应当考虑所有相关的事实和情况，包括：一是已承诺的对价金额与已承诺商品的现销价格之间的差额，如果企业（或其他企业）在销售相同商品时，不同的付款时间会导致销售价格有所差别，则通常表明各方知晓合同中包含了融资成分。二是企业将承诺的商品转让给客户与客户支付相关款项之间的预计时间间隔和相应的市场现行利率的共同影响，尽管向客户转让商品与客户支付相关款项之间的时间间隔并非决定性因素，但是，该时间间隔与现行利率两者的共同影响可能提供了是否存在重大融资利益的明显迹象。

企业向客户转让商品与客户支付相关款项之间存在时间间隔并不足以表明合同包含重大融资成分。企业向客户转让商品与客户支付相关款项之间虽然存在时间间隔，但两者之间的合同没有包含重大融资成分的情形有：一是客户就商品支付了预付款，且可以自行决定这些商品的转让时间。例如，企业向客户出售其发行的储值卡，客户可随时到该企业持卡购物；再如，企业向客户授予奖励积分，客户可随时到该企业兑换这些积分等。二是客户承诺支付的对价中有相当大的部分是可变的，该对价金额或付款时间取决于某一未来事项是否发生，且该事项实质上不受客户或企业控制。例如，按照实际销售量收取的特许权使用费。三是合同承诺的对价金额与现销价格之间的差额是由于向客户或企业提供融资利益以外的其他原因所导致的，且这一差额与产生该差额的原因是相称的。例如，合同约定的支付条款是为了向企业或客户提供保护，以防止另一方未能依照合同充分履行其部分或全部义务。

【例 33】2×18 年 1 月，甲公司与乙公司签订了一项施工总承包合同。合同约定的工期为 30 个月，工程造价为 8 亿元（不含税价)。甲乙双方每季度进行一次工程结算，并于完工时进行竣工结算，每次工程结算额（除质保金及相应的增值税外）由客户于工程结算后5个工作日内支付；除质保金外的工程尾款于竣工结算后10个工作日内支付；合同金额的3%作为质保金，用以保证项目在竣工后2年内正常运行，在质保期满后5个工作日内支付。

本例中，乙公司保留了3%的质保金直到项目竣工2年后支付，虽然服务完成时间与乙公司付款的时间间隔较长，但是，该质保金旨在为乙公司提供工程质量保证，以防甲公司未能完成其合同义务，而并非向乙公司提供融资。因此，甲公司认为该合同中不包含重大融资成分，无需就延期支付质保金的影响调整交易价格。

需要说明的是，企业应当在单个合同层面考虑融资成分是否重大，而不应在合同组合层面考虑这些合同中的融资成分的汇总影响对企业整体而言是否重大。

合同中存在重大融资成分的，企业在确定该重大融资成分的金额时，应使用将合同对价的名义金额折现为商品现销价格的折现率。该折现率一经确定，不得因后续市场利率或客户信用风险等情况的变化而变更。企业确定的交易价格与合同承诺的对价金额之间的差额，应当在合同期间内采用实际利率法摊销。

【例34】2×18年1月1日，甲公司与乙公司签订合同，向其销售一批产品。合同约定，该批产品将于2年之后交货。合同中包含两种可供选择的付款方式，即乙公司可以在2年后交付产品时支付449.44万元，或者在合同签订时支付400万元。乙公司选择在合同签订时支付货款。该批产品的控制权在交货时转移。甲公司于2×18年1月1日收到乙公司支付的货款。上述价格均不包含增值税，且假定不考虑相关税费影响。

本例中，按照上述两种付款方式计算的内含利率为6%。考虑到乙公司付款时间和产品交付时间之间的间隔以及现行市场利率水平，甲公司认为该合同包含重大融资成分，在确定交易价格时，应当对合同承诺的对价金额进行调整，以反映该重大融资成分的影响。假定该融资费用不符合借款费用资本化的要求。甲公司的账务处理为：

（1）2×18 年 1 月 1 日收到货款。

借：银行存款   4 000 000

  未确认融资费用   494 400

 贷：合同负债   4 494 400

（2）2×18 年 12 月 31 日确认融资成分的影响。

借：财务费用   240 000（4 000 000×6%）

 贷：未确认融资费用   240 000

（3）2×19 年 12 月 31 日交付产品。

借：财务费用   254 400（4 240 000×6%）

 贷：未确认融资费用   254 400

借：合同负债   4 494 400

 贷：主营业务收入   4 494 400

为简化实务操作，如果在合同开始日，企业预计客户取得商品控制权与客户支付价款间隔不超过一年的，可以不考虑合同中存在的重大融资成分。企业应当对类似情形下的类似合同一致地应用这一简化处理方法。

企业在编制利润表时，应当将合同中存在的重大融资成分的影响（即，利息收入和利息支出）与按照本准则确认的收入区分开来，分别列示。企业在按照本准则对与客户的合同进行会计处理时，只有在确认了合同资产（或应收款项）和合同负债时，才应当分别确认相应的利息收入和利息支出。

3. 非现金对价

当企业因转让商品而有权向客户收取的对价是非现金形式时，如实物资产、无形资产、股权、客户提供的广告服务等。企业通常应当按照非现金对价在合同开始日的公允价值确定交易价格。非现金对价公允价值不能合理估计的，企业应当参照其承诺向客户转让商品的单独售价间接确定交易价格。

非现金对价的公允价值可能会因对价的形式而发生变动（例如，企业有权向客户收取的对价是股票，股票本身的价格会发生变动），也可能会因为其形式以外的原因而发生变动（例如，企业有权收取非现金对价的公允价值因企业的履约情况而发生变动）。合同开始日后，非现金对价的公允价值因对价形式以外的原因而发生变动的，应当作为可变对价，按照与计入交易价格的可变对价金额的限制条件相关的规定进行处理；合同开始日后，非现金对价的公允价值因对价形式而发生变动的，该变动金额不应计入交易价格。

【例35】甲企业为客户生产一台专用设备。双方约定，如果甲企业能够在30天内交货，则可以额外获得100股客户的股票作为奖励。合同开始日，该股票的价格为每股5元；由于缺乏执行类似合同的经验，当日，甲企业估计，该100股股票的公允价值计入交易价格将不满足累计已确认的收入极可能不会发生重大转回的限制条件。合同开始日之后的第25天，企业将该设备交付给客户，从而获得了100股股票，该股票在此时的价格为每股6元。假定企业将该股票作为以公允价值计量且其变动计入当期损益的金融资产。

本例中，合同开始日，该股票的价格为每股5元，由于缺乏执行类似合同的经验，当日，甲企业估计，该100股股票的公允价值计入交易价格将不满足累计已确认的收入极可能不会发生重大转回的限制条件，因此，甲企业不应将该100股股票的公允价值500元计入交易价格。合同开始日之后的第25天，甲企业获得了100股股票，该股票在此时价格为每股6元。甲企业应当将股票（非现金对价）的公允价值因对价形式以外的原因而发生的变动，即500元（5×100）确认为收入，因对价形式原因而发生的变动，即100元（600-500）计入公允价值变动损益。

企业在向客户转让商品的同时，如果客户向企业投入材料、

61

设备或人工等商品，以协助企业履行合同，企业应当评估其是否取得了对这些商品的控制权，取得这些商品控制权的，企业应当将这些商品作为从客户收取的非现金对价进行会计处理。

4. 应付客户对价

企业在向客户转让商品的同时，需要向客户或第三方支付对价的，应当将该应付对价冲减交易价格，但应付客户对价是为了自客户取得其他可明确区分商品的除外。这里的应付客户对价还包括可以抵减应付企业金额的相关项目金额，如优惠券、兑换券等。这里的第三方通常指向企业的客户购买本企业商品的一方，即处于企业分销链上的"客户的客户"，例如，企业将其生产的产品销售给经销商，经销商再将这些产品销售给最终用户，最终用户即是第三方。有时，企业需要向其支付款项的第三方是本企业客户的客户，但处于企业分销链之外，如果企业认为该第三方也是本企业的客户，或者根据企业与其客户的合同约定，企业有义务向该第三方支付款项，则企业向该第三方支付的款项也应被视为应付客户对价进行会计处理。应付客户对价中包含可变金额的，企业应当根据本准则有关可变对价的相关规定对其进行估计。

企业应付客户对价是为了自客户取得其他可明确区分商品的，应当采用与企业其他采购相一致的方式确认所购买的商品。企业应付客户对价超过自客户取得的可明确区分商品公允价值的，超过金额应当作为应付客户对价冲减交易价格。自客户取得的可明确区分商品公允价值不能合理估计的，企业应当将应付客户对价全额冲减交易价格。

在对应付客户对价冲减交易价格进行会计处理时，企业应当在确认相关收入与支付（或承诺支付）客户对价二者孰晚的时点冲减当期收入。

(二) 将交易价格分摊至各单项履约义务

当合同中包含两项或多项履约义务时，需要将交易价格分摊至各单项履约义务，以使企业分摊至各单项履约义务（或可明确区分的商品）的交易价格能够反映其因向客户转让已承诺的相关商品而预期有权收取的对价金额。

1. 分摊的一般原则

合同中包含两项或多项履约义务的，企业应当在合同开始日，按照各单项履约义务所承诺商品的单独售价的相对比例，将交易价格分摊至各单项履约义务。

【例36】甲公司与客户签订合同，向其销售 A、B、C 三件产品，合同价款为 10 000 元。A、B、C 产品的单独售价分别为 5 000元、2 500 元和 7 500 元，合计 15 000 元。上述价格均不包含增值税。

本例中，根据上述交易价格分摊原则，A 产品应当分摊的交易价格为 3 333 元（5 000÷15 000×10 000），B 产品应当分摊的交易价格为 1 667 元（2 500÷15 000×10 000），C 产品应当分摊的交易价格为 5 000 元（7 500÷15 000×10 000）。

单独售价，是指企业向客户单独销售商品的价格。企业在类似环境下向类似客户单独销售某商品的价格，应作为确定该商品单独售价的最佳证据。合同或价目表上的标价可能是商品的单独售价，但不能默认其一定是该商品的单独售价。例如，企业为其销售的产品制定了标准价格，但是，在实务中经常以低于该标准价格的折扣价格对外销售，此时，企业在估计该产品的单独售价时，应当考虑这一因素。

单独售价无法直接观察的，企业应当综合考虑其能够合理取得的全部相关信息，采用市场调整法、成本加成法、余值法等方法合理估计单独售价，应考虑的信息包括市场情况（如，商品的市场供求状况、竞争、限制和趋势等）、企业特定因素（如，企业的定价策略和实务操作安排等）以及与客户有关的信息（如，客户类型、所在地区和分销渠道等）等；企业应当最大限度地采用可观察的输入值，并对类似的情况采用一致的估计方法。

市场调整法，是指企业根据某商品或类似商品的市场售价，考虑本企业的成本和毛利等进行适当调整后的金额，确定其单独售价的方法。企业可以对其销售商品的市场进行评估，进而估计客户在该市场上购买本企业的商品所愿意支付的价格，也可以参考其竞争对手销售类似商品的价格，并在此基础上进行必要调整以反映本企业的成本及毛利。

成本加成法，是指企业根据某商品的预计成本加上其合理毛利后的金额，确定其单独售价的方法。其中，预计成本应当与企业在定价时通常会考虑的成本因素一致，既包括直接成本，也包括间接成本；企业在确定合理毛利时，应当考虑的因素包括类似商品单独售价的毛利水平、行业内的历史毛利水平、行业平均售价、市场情况以及企业的利润目标等。

余值法，是指企业根据合同交易价格减去合同中其他商品可观察单独售价后的余额，确定某商品单独售价的方法。企业在商品近期售价波动幅度巨大，或者因未定价且未曾单独销售而使售价无法可靠确定时，可采用余值法估计其单独售价。其中，售价波动幅度巨大，是指企业在相同或相近的时间向不同客户出售同一种商品的价格差异很大，因而导致企业无法从以往的交易或其他可观察的证据中识别出具有代表性的单独售价；未定价且未曾单独销售，是指企业尚未对该商品进行定价，且该商品过往未曾单独出售过，即销售价格尚未确定。例如，企业以 10 万元的价格向客户销售 A、B、C 三件可明确区分的商品，其中，A 商品和 B 商品经常单独对外销售，销售价格分别为 2.5 万元和 4.5 万元，C 商品为新产品，企业尚未对其定价且未曾单独销售，市场上也无类似商品出售，在这种情况下，企业采用余值法估计 C 商品的单独售价为 3 万元，即合同价格 10 万元减去 A 商品和 B 商品的单独售价之和 7 万元（2.5+4.5）后的余额。

如果合同中存在两项或两项以上的商品，其销售价格变动幅度较大或尚未确定，企业可能需要采用多种方法相结合的方式，对合同所承诺的商品的单独售价进行估计。例如，企业可能采用余值法估计销售价格变动幅度较大或尚未确定的多项可明确区分商品的单独售价总和，然后再采用其他方法估计其中包含的每项可明确区分商品的单独售价。企业采用多种方法相结合的方式估计合同所承诺的每一项商品的单独售价时，应当评估该方式是否满足交易价格分摊的目标，即，企业分摊至各单项履约义务（或可明确区分的商品）的交易价格能够反映其因向客户转让已承诺的相关商品而预期有权收取的对价金额。例如，当企业采用余值法估计确定的某单项履约义务的单独售价为零或仅为很小的金额时，企业应当评估该结果是否恰当，这是因为合同中包含的可明确区分商品对于客户而言都应该是有一定价值的。

2. 分摊合同折扣

当客户购买的一组商品中所包含的各单项商品的单独售价之和高于合同交易价格时，表明客户因购买该组商品而取得了合同折扣。合同折扣，是指合同中各单项履约义务所承诺商品的单独售价之和高于合同交易价格的金额。企业应当在各单项履约义务之间按比例分摊合同折扣。有确凿证据表明合同折扣仅与合同中一项或多项（而非全部）履约义务相关的，企业应当将该合同折扣分摊至相关的一项或多项履约义务。

同时满足下列三项条件时，企业应当将合同折扣全部分摊至合同中的一项或多项（而非全部）履约义务：一是企业经常将该合同中的各项可明确区分商品单独销售或者以组合的方式单独销售；二是企业也经常将其中部分可明确区分的商品以组合的方式按折扣价格单独销售；三是归属于上述第二项中每组合的商品的折扣与该合同中的折扣基本相同，且针对每一组合中的商品的分析为将该合同的整体折扣归属于某一项或多项履约义务提供了可观察的证据。

【例37】甲公司与客户签订合同，向其销售 A、B、C 三种产品，合同总价款为 120 万元，这三种产品构成三项履约义务。企业经常以 50 万元单独出售 A 产品，其单独售价可直接观察；B 产品和 C 产品的单独售价不可直接观察，企业采用市场调整法估计的 B 产品单独售价为 25 万元，采用成本加成法估计的 C 产品单独售价为 75 万元。甲公司通常以 50 万元的价格单独销售 A 产品，并将 B 产品和 C 产品组合在一起以 70 万元的价格销售。上述价格均不包含增值税。

本例中，三种产品的单独售价合计为 150 万元，而该合同的价格为 120 万元，该合同的整体折扣为 30 万元。由于甲公司经常将 B 产品和 C 产品组合在一起以 70 万元的价格销售，该价格与其单独售价之和（100 万元）的差额为 30 万元，与该合同的整体折扣一致，而 A 产品单独销售的价格与其单独售价一致，证明该合同的整体折扣仅应归属于 B 产品和 C 产品。因此，在该合同下，分摊至 A 产品的交易价格为 50 万元，分摊至 B 产品和 C 产品的交易价格合计为 70 万元，甲公司应当进一步按照 B 产品和 C 产品的单独售价的相对比例将该价格在二者之间进行分摊：B 产品应分摊的交易价格为 17.5 万元（25÷100×70），C 产品应分摊的交易价格为 52.5 万元（75÷100×70）。

有确凿证据表明，合同折扣仅与合同中的一项或多项（而非全部）履约义务相关，且企业采用余值法估计单独售价的，应当首先在该一项或多项（而非全部）履约义务之间分摊合同折扣，然后再采用余值法估计单独售价。

【例 38】 沿用【例 37】，A、B、C 产品的单独售价均不变，合计为 150 万元，B、C 产品组合销售的折扣仍为 30 万元。但是，合同总价款为 160 万元，甲公司与该客户签订的合同中还包括销售 D 产品。D 产品的价格波动巨大，甲公司向不同的客户单独销售 D 产品的价格在 20 万元至 60 万元之间。

本例中，由于 D 产品价格波动巨大，甲公司计划用余值法估计其单独售价。由于合同折扣 30 万元仅与 B、C 产品有关，因此，甲公司首先应当在 B、C 产品之间分摊合同折扣。A、B 和 C 产品在分摊了合同折扣之后的单独售价分别为 50 万元、17.5 万元和

52.5 万元，合计为 120 万元。然后，甲公司采用余值法估计 D 产品的单独售价为 40 万元（160-120），该金额在甲公司以往单独销售 D 产品的价格区间之内，表明该分摊结果符合分摊交易价格的目标，即该金额能够反映甲公司因转让 D 产品而预期有权收取的对价金额。

假定合同总价款不是 160 万元，而是 125 万元时，甲公司采用余值法估计的 D 产品的单独售价仅为 5 万元（125-120），该金额在甲公司过往单独销售 D 产品的价格区间之外，表明该分摊结果可能不符合分摊交易价格的目标，即该金额不能反映甲公司因转让 D 产品而预期有权收取的对价金额。在这种情况下，用余值法估计 D 产品的单独售价可能是不恰当的，甲公司应当考虑采用其他的方法估计 D 产品的单独售价。

3. 分摊可变对价

合同中包含可变对价的，该可变对价可能与整个合同相关，也可能仅与合同中的某特定组成部分有关，后者包括两种情形：一是可变对价可能与合同中的一项或多项（而非全部）履约义务有关，例如，是否获得奖金取决于企业能否在指定时期内转让某项已承诺的商品。二是可变对价可能与企业向客户转让的构成单项履约义务的一系列可明确区分商品中的一项或多项（而非全部）商品有关，例如，为期两年的保洁服务合同中，第二年的服务价格将根据指定的通货膨胀率确定。

同时满足下列两项条件的，企业应当将可变对价及可变对价的后续变动额全部分摊至与之相关的某项履约义务，或者构成单项履约义务的一系列可明确区分商品中的某项商品：一是可变对价的条款专门针对企业为履行该项履约义务或转让该项可明确区分商品所作的努力（或者是履行该项履约义务或转让该项可明确区分商品所导致的特定结果）；二是企业在考虑了合同中的全部履约义务及支付条款后，将合同对价中的可变金额全部分摊至该项履约义务或该项可明确区分商品符合分摊交易价格的目标。对于不满足上述条件的可变对价及可变对价的后续变动额，以及可变对价及其后续变动额中未满足上述条件的剩余部分，企业应当按照分摊交易价格的一般原则，将其分摊至合同中的各单项履约义务。对于已履行的履约义务，其分摊的可变对价后续变动额应当调整变动当期的收入。

【例39】 甲公司与乙公司签订合同，将其拥有的两项专利技术 X 和 Y 授权给乙公司使用。假定两项授权均分别构成单项履约义务，且都属于在某一时点履行的履约义务。合同约定，授权使用专利技术 X 的价格为 80 万元，授权使用专利技术 Y 的价格为乙公司使用该专利技术所生产的产品销售额的 3%。专利技术 X 和 Y 的单独售价分别为 80 万元和 100 万元。甲公司估计其就授权使用专利技术 Y 而有权收取的特许权使用费为 100 万元。上述价格均不包含增值税。

本例中，该合同中包含固定对价和可变对价，其中，授权使用专利技术 X 的价格为固定对价，且与其单独售价一致，授权使用专利技术 Y 的价格为乙公司使用该专利技术所生产的产品销售额的 3%，属于可变对价，该可变对价全部与授权使用专利技术 Y 能够收取的对价有关，且甲公司基于实际销售情况估计收取的特许权使用费的金额接近 Y 的单独售价。因此，甲公司将可变对价部分的特许权使用费金额全部由 Y 承担符合交易价格的分摊目标。

4. 交易价格的后续变动

合同开始日之后，由于相关不确定性的消除或环境的其他变化等原因，交易价格可能会发生变化，从而导致企业因向客户转让商品而预期有权收取的对价金额发生变化。交易价格发生后续变动的，企业应当按照在合同开始日所采用的基础将该后续变动金额分摊至合同中的履约义务。企业不得因合同开始日之后单独售价的变动而重新分摊交易价格。

对于合同变更导致的交易价格后续变动，应当按照本准则有关合同变更的规定进行会计处理。合同变更之后发生可变对价后续变动的，企业应当区分下列三种情形分别进行会计处理：一是合同变更属于本准则第八条（一）规定情形的，企业应当判断可变对价后续变动与哪一项合同相关，并按照分摊可变对价的相关规定进行会计处理。二是合同变更属于本准则第八条（二）规定情形，且可变对价后续变动与合同变更前已承诺可变对价相关的，企业应当首先将该可变对价后续变动额以原合同开始日确定的单独售价为基础进行分摊，然后再将分摊至合同变更日尚未履行履约义务的该可变对价后续变动额以新合同开始日确定的基础进行二次分摊。三是合同变更之后发生除上述第（一）和（二）种情形以外的可变对价后续变动的，企业应当将该可变对价后续变动额分摊至合同变更日尚未履行（或部分未履行）的履约义务。

【例40】2×18年9月1日，甲公司与乙公司签订合同，向其销售A产品和B产品。A产品和B产品均为可明确区分商品且两种产品单独售价相同，也均属于在某一时点履行的履约义务。合同约定，A产品和B产品分别于2×18年11月1日和2×19年3月31日交付给乙公司。合同约定的对价包括1 000元的固定对价和估计金额为200元的可变对价。假定甲公司将200元的可变对价计入交易价格，满足本准则有关将可变对价金额计入交易价格的限制条件。因此，该合同的交易价格为1 200元。上述价格均不包含增值税。

2×18年12月1日，双方对合同范围进行了变更，乙公司向甲公司额外采购C产品，合同价格增加300元，C产品与A、B两种产品可明确区分、但该增加的价格不反映C产品的单独售价。C产品的单独售价与A产品和B产品相同。C产品将于2×19年6月30日交付给乙公司。

2×18年12月31日，企业预计有权收取的可变对价的估计金额由200元变更为240元，该金额符合将可变对价金额计入交易价格的限制条件。因此，合同的交易价格增加了40元，且甲公司认为该增加额与合同变更前已承诺的可变对价相关。

假定上述三种产品的控制权均随产品交付而转移给乙公司。

本例中，在合同开始日，该合同包含两项履约义务，甲公司应当将估计的交易价格分摊至这两项履约义务。由于两种产品的单独售价相同，且可变对价不符合分摊至其中一项履约义务的条件，因此，甲公司将交易价格 1 200 元平均分摊至 A 产品和 B 产品，即 A 产品和 B 产品各自分摊的交易价格均为 600 元。

2×18 年 11 月 1 日，当 A 产品交付给客户时，甲公司相应确认收入 600 元。

2×18 年 12 月 1 日，双方进行了合同变更。该合同变更属于本准则第八条规定的第（二）种情形，因此该合同变更应当作为原合同终止，并将原合同的未履约部分与合同变更部分合并为新合同进行会计处理。在该新合同下，合同的交易价格为 900 元（600+300），由于 B 产品和 C 产品的单独售价相同，分摊至 B 产品和 C 产品的交易价格的金额均为 450 元。

2×18 年 12 月 31 日，甲公司重新估计可变对价，增加了交易价格 40 元。由于该增加额与合同变更前已承诺的可变对价相关，因此应首先将该增加额分摊给 A 产品和 B 产品，之后再将分摊给 B 产品的部分在 B 产品和 C 产品形成的新合同中进行二次分摊。在本例中，由于 A、B 和 C 产品的单独售价相同，在将 40 元的可变对价后续变动分摊至 A 产品和 B 产品时，各自分摊的金额为 20 元。由于甲公司已经转让了 A 产品，在交易价格发生变动的当期即应将分摊至 A 产品的 20 元确认为收入。之后，甲公司将分摊至 B 产品的 20 元平均分摊至 B 产品和 C 产品，即各自分摊的金额为 10 元，经过上述分摊后，B 产品和 C 产品的交易价格金额均为 460 元（450+10）。因此，甲公司分别在 B 产品和 C 产品控制权转移时确认收入 460 元。

第六节　合同成本

(一) 合同履约成本

企业为履行合同可能会发生各种成本，企业应当对这些成本进行分析，属于其他企业会计准则（例如，《企业会计准则第 1 号——存货》《企业会计准则第 4 号——固定资产》以及《企业会计准则第 6 号——无形资产》等）规范范围的，应当按照相关企业会计准则进行会计处理；不属于其他企业会计准则规范范围且同时满足下列条件的，应当作为合同履约成本确认为一项资产。

1. 该成本与一份当前或预期取得的合同直接相关。

预期取得的合同应当是企业能够明确识别的合同，例如，现有合同续约后的合同、尚未获得批准的特定合同等。与合同直接相关的成本包括直接人工（例如，支付给直接为客户提供所承诺服务的人员的工资、奖金等）、直接材料（例如，为履行合同耗用的原材料、辅助材料、构配件、零件、半成品的成本和周转材料的摊销及租赁费用等）、制造费用（或类似费用，例如，组织和管理相关生产、施工、服务等活动发生的费用，包括管理人员的职工薪酬、劳动保护费、固定资产折旧费及修理费、物料消耗、取暖费、水电费、办公费、差旅费、财产保险费、工程保修费、排污费、临时设施摊销费等）、明确由客户承担的成本以及仅因该合同而发生的其他成本（例如，支付给分包商的成本、机械使用费、设计和技术援助费用、施工现场二次搬运费、生产工具和用具使用费、检验试验费、工程定位复测费、工程点交费用、场地清理费等）。

2. 该成本增加了企业未来用于履行（包括持续履行）履约义务的资源。

3. 该成本预期能够收回。

企业应当在下列支出发生时，将其计入当期损益：一是管理费用，除非这些费用明确由客户承担。二是非正常消耗的直接材料、直接人工和制造费用（或类似费用），这些支出为履行合同发生，但未反映在合同价格中。三是与履约义务中已履行（包括已全部履行或部分履行）部分相关的支出，即该支出与企业过去的履约活动相关。四是无法在尚未履行的与已履行（或已部分履行）

的履约义务之间区分的相关支出。

【例41】甲公司与乙公司签订合同，为乙公司信息中心提供管理服务，合同期限为5年。在向乙公司提供服务之前，甲公司设计并搭建了一个信息技术平台供其内部使用，该信息技术平台由相关的硬件和软件组成。甲公司需要提供设计方案，将该信息技术平台与乙公司现有的信息系统对接，并进行相关测试。该平台并不会转让给乙公司，但是，将用于向乙公司提供服务。甲公司为该平台的设计、购买硬件和软件以及信息中心的测试发生了成本。除此之外，甲公司专门指派两名员工，负责向乙公司提供服务。

本例中，甲公司为履行合同发生的上述成本中，购买硬件和软件的成本应当分别按照固定资产和无形资产准则进行会计处理；设计服务成本和信息中心的测试成本不属于其他企业会计准则的规范范围，但是这些成本与履行该合同直接相关，并且增加了甲公司未来用于履行履约义务（即提供管理服务）的资源，如果甲公司预期该成本可通过未来提供服务收取的对价收回，则甲公司应当将这些成本确认为一项资产。甲公司向两名负责该项目的员工支付的工资费用，虽然与向乙公司提供服务有关，但是由于其并未增加企业未来用于履行履约义务的资源，因此，应当于发生时计入当期损益。

（二）合同取得成本

企业为取得合同发生的增量成本预期能够收回的，应当作为合同取得成本确认为一项资产。增量成本，是指企业不取得合同就不会发生的成本，如销售佣金等。为简化实务操作，该资产摊销期限不超过一年的，可以在发生时计入当期损益。企业采用该简化处理方法的，应当对所有类似合同一致采用。

企业为取得合同发生的、除预期能够收回的增量成本之外的其他支出，例如，无论是否取得合同均会发生的差旅费、投标费、为准备投标资料发生的相关费用等，应当在发生时计入当期损益，除非这些支出明确由客户承担。

【例42】 甲公司是一家咨询公司，其通过竞标赢得一个新客户，为取得与该客户的合同，甲公司聘请外部律师进行尽职调查支付相关费用为 15 000 元，为投标而发生的差旅费为 10 000 元，支付销售人员佣金 5 000 元。甲公司预期这些支出未来均能够收回。此外，甲公司根据其年度销售目标、整体盈利情况及个人业绩等，向销售部门经理支付年度奖金 10 000 元。

本例中，甲公司因签订该客户合同而向销售人员支付的佣金属于为取得合同发生的增量成本，应当将其作为合同取得成本确认为一项资产。甲公司聘请外部律师进行尽职调查发生的支出、为投标发生的差旅费，无论是否取得合同都会发生，不属于增量成本，因此，应当于发生时直接计入当期损益。甲公司向销售部门经理支付的年度奖金也不是为取得合同发生的增量成本，这是因为该奖金发放与否以及发放金额还取决于其他因素（包括公司的盈利情况和个人业绩），并不能直接归属于可识别的合同。

企业因现有合同续约或发生合同变更需要支付的额外佣金，也属于为取得合同发生的增量成本。实务中，当涉及合同取得成本的安排比较复杂时，企业需要运用判断，对发生的合同取得成本进行恰当的会计处理，例如，合同续约或合同变更时需要支付额外的佣金、企业支付的佣金金额取决于客户未来的履约情况或者取决于累计取得的合同数量或金额等。

【例43】 根据甲公司的相关政策，销售部门的员工每取得一份新的合同，可以获得提成 100 元，现有合同每续约一次，员工可以获得提成 60 元。甲公司预期上述提成均能够收回。

本例中，甲公司为取得新合同支付给员工的提成 100 元，属于为取得合同发生的增量成本，且预期能够收回，因此，应当确认为一项资产。同样地，甲公司为现有合同续约支付给员工的提成 60 元，也属于为取得合同发生的增量成本，这是因为如果不发生合同续约，就不会支付相应的提成，由于该提成预期能够收回，甲公司应当在每次续约时将应支付的相关提成确认为一项资产。

假定：除上述规定外，甲公司相关政策规定，当合同变更时，如果客户在原合同的基础上，向甲公司支付额外的对价以购买额外的商品，则甲公司需根据该新增的合同金额向销售人员支付一定的提成。在这种情况下，无论相关合同变更属于本准则第八条规定的哪一种情形，甲公司均应当将应支付的提成视同为取得合同（变更后的合同）发生的增量成本进行会计处理。

为取得合同需要支付的佣金在履行合同的过程中分期支付、且客户违约时企业无需支付剩余佣金的，如果该合同在合同开始日即满足本准则第五条规定的五项条件，该佣金预期能够从客户支付的对价中获得补偿，且取得合同后，收取佣金的一方不再为企业提供任何相关服务，则企业应当将应支付的佣金全额作为合同取得成本确认为一项资产。后续期间，如果客户的履约情况发生变化，企业应当评估该合同是否仍然满足本准则第五条规定的五项条件以及确认为资产的合同取得成本是否发生减值，并进行相应的会计处理。这一处理也同样适用于客户违约可能导致企业收回已经支付的佣金的情况。当企业发生的合同取得成本与多份合同相关（例如，企业支付的佣金取决于累计取得的合同数量或金额）时，情况可能更为复杂，企业应当根据实际情况进行判断，并进行相应的会计处理。

（三）摊销和减值

1. 摊销

根据上述（一）和（二）确认的与合同履约成本和合同取得成本有关的企业资产（以下简称"与合同成本有关的资产"），应当采用与该资产相关的商品收入确认相同的基础（即，在履约义务履行的时点或按照履约义务的履约进度）进行摊销，计入当期损益。

在确定与合同成本有关的资产的摊销期限和方式时，如果该资产与一份预期将要取得的合同（如续约后的合同）相关，则在确定相关摊销期限和方式时，应当考虑该将要取得的合同的影响。但是，对于合同取得成本而言，如果合同续约时，企业仍需要支付与取得原合同相当的佣金，这表明取得原合同时支付的佣金与未来预期取得的合同无关，该佣金只能在原合同的期限内进行摊销。企业为合同续约仍需支付的佣金是否与原合同相当，需要根据具体情况进行判断。例如，如果两份合同的佣金按照各自合同金额的相同比例计算，通常表明这两份合同的佣金水平是相当的，但是，实务中，与取得原合同相比，现有合同续约的难度可能较低，因此，即使合同续约时应支付的佣金低于取得原合同的佣金，也可能表明这两份合同的佣金水平是相当的。

某些情况下，企业将为取得某份合同发生的增量成本确认为一项资产，但是该合同中包含多项履约义务，且这些履约义务在不同的时点或时段内履行。在确定该项资产的摊销方式时，企业可以基于各项履约义务分摊的交易价格的相对比例，将该项资产分摊至各项履约义务，再以与该履约义务（可明确区分的商品）的收入确认相同的基础进行摊销；或者，企业可以考虑合同中包含的所有履约义务，采用恰当的方法确定合同的完成情况，即，应当最能反映该资产随相关商品的转移而被"耗用"的情况，并以此为基础对该资产进行摊销。通常情况下，上述两种方法的结果可能是近似的，但是，后者无需将合同取得成本特别分摊至合同中的各项履约义务。

企业应当根据向客户转让与上述资产相关的商品的预期时间变化，对资产的摊销情况进行复核并更新，以反映该预期时间的重大变化。此类变化应当作为会计估计变更，按照《企业会计准则第 28 号——会计政策、会计估计变更和差错更正》进行会计处理。

2. 减值

与合同成本有关的资产，其账面价值高于下列第一项减去第二项的差额的，超出部分应当计提减值准备，并确认为资产减值损失：一是企业因转让与该资产相关的商品预期能够取得的剩余对价；二是为转让该相关商品估计将要发生的成本。这里，企业应当按照确定交易价格的原则（关于可变对价估计的限制要求除外）预计其能够取得的剩余对价。估计将要发生的成本主要包括直接人工、直接材料、制造费用（或类似费用）、明确由客户承担的成本以及仅因该合同而发生的其他成本等。以前期间减值的因素之后发生变化，使得企业上述第一项减去第二项后的差额高于该资产账面价值的，应当转回原已计提的资产减值准备，并计入当期损益，但转回后的资产账面价值不应超过假定不计提减值准备情况下该资产在转回日的账面价值。

在确定与合同成本有关的资产的减值损失时，企业应当首先对按照其他相关企业会计准则确认的、与合同有关的其他资产确定减值损失；然后，按照上一段的要求确定与合同成本有关的资产的减值损失。企业按照《企业会计准则第 8 号——资产减值》测试相关资产组的减值情况时，应当将按照上述要求确定上述资产减值后的新账面价值计入相关资产组的账面价值。

第七节　特定交易的会计处理

（一）附有销售退回条款的销售

企业将商品转让给客户之后，可能会因为各种原因允许客户选择退货（例如，客户对所购商品的款式不满意等）。附有销售退回条款的销售，是指客户依照有关合同有权退货的销售方式。合同中有关退货权的条款可能会在合同中明确约定，也有可能是隐含的。隐含的退货权可能来自企业在销售过程中向客户作出的声明或承诺，也有可能是来自法律法规的要求或企业以往的习惯做法等。客户选择退货时，可能有权要求返还其已经支付的全部或部分对价、抵减其对企业已经产生或将会产生的欠款或者要求换取其他商品。

客户取得商品控制权之前退回该商品不属于销售退回。需要说明的是，企业在允许客户退货的期间内随时准备接受退货的承诺，并不构成单项履约义务，但可能会影响收入确认的金额。企业应当遵循可变对价（包括将可变对价计入交易价格的限制要求）的处理原则来确定其预期有权收取的对价金额，即交易价格不应包含预期将会被退回的商品的对价金额。

企业应当在客户取得相关商品控制权时，按照因向客户转让商品而预期有权收取的对价金额（即，不包含预期因销售退回将退还的金额）确认收入，按照预期因销售退回将退还的金额确认负债；同时，按照预期将退回商品转让时的账面价值，扣除收回该商品预计发生的成本（包括退回商品的价值减损）后的余额，确认一项资产，按照所转让商品转让时的账面价值，扣除上述资产成本的净额结转成本。每一资产负债表日，企业应当重新估计未来销售退回情况，并对上述资产和负债进行重新计量。如有变化，应当作为会计估计变更进行会计处理。

【例44】甲公司是一家健身器材销售公司。2×18年10月1日，甲公司向乙公司销售5 000件健身器材，单位销售价格为500元，单位成本为400元，开出的增值税专用发票上注明的销售价格为250万元，增值税额为40万元。健身器材已经发出，但款项尚未收到。根据协议约定，乙公司应于2×18年12月1日之前支付货款，在2×19年3月31日之前有权退还健身器材。发出健身器材时，甲公司根据过去的经验，估计该批健身器材的退货率约为20%；在2×18年12月31日，甲公司对退货率进行了重新评估，认为只有10%的健身器材会被退回。甲公司为增值税一般纳税人，健身器材发出时纳税义务已经发生，实际发生退回时取得税务机关开具的红字增值税专用发票。假定健身器材发出时控制权转移给乙公司。

甲公司的账务处理如下：

（1）2×18年10月1日发出健身器材。

借：应收账款   2 900 000

  贷：主营业务收入   2 000 000

   预计负债——应付退货款   500 000

   应交税费——应交增值税（销项税额） 400 000

借：主营业务成本   1 600 000

  应收退货成本   400 000

  贷：库存商品   2 000 000

（2）2×18 年 12 月 1 日前收到货款。

借：银行存款   2 900 000

  贷：应收账款   2 900 000

（3）2×18 年 12 月 31 日，甲公司对退货率进行重新评估。

借：预计负债——应付退货款   250 000

  贷：主营业务收入   250 000

借：主营业务成本   200 000

  贷：应收退货成本   200 000

（4）2×19 年 3 月 31 日发生销售退回，实际退货量为 400 件，退货款项已经支付。

借：库存商品   160 000

  应交税费——应交增值税（销项税额） 32 000

  预计负债——应付退货款   250 000

  贷：应收退货成本   160 000

   主营业务收入   50 000

   银行存款   232 000

借：主营业务成本   40 000

  贷：应收退货成本   40 000

附有销售退回条款的销售，在客户要求退货时，如果企业有权向客户收取一定金额的退货费，则企业在估计预期有权收取的对价金额时，应当将该退货费包括在内。

【例 45】甲公司向家具店销售 10 张餐桌，每张餐桌的价格为

1 000元，成本为750元。根据合同约定，家具店有权在收到餐桌的30天内退货，但是需要向甲公司支付10%的退货费（即每张餐桌的退货费为100元）。根据历史经验，甲公司预计的退货率为10%，且退货过程中，甲公司预计为每张退货的餐桌发生的成本为50元。上述价格均不包含增值税，假定不考虑相关税费影响，甲公司在将餐桌的控制权转移给家具店时的账务处理为：

借：应收账款   10 000

    贷：主营业务收入   9 100

        预计负债——应付退货款   900

借：主营业务成本   6 800

    应收退货成本   700

        贷：库存商品   7 500

【例46】 乙公司与客户签订合同，向其销售A产品。客户在合同开始日即取得了A产品的控制权，并在90天内有权退货。由于A产品是最新推出的产品，乙公司尚无有关该产品退货率的历史数据，也没有其他可以参考的市场信息。该合同对价为12 100元，根据合同约定，客户应于合同开始日后的第二年年末付款。A产品在合同开始日的现销价格为10 000元。A产品的成本为8 000元。退货期满后，未发生退货。上述价格均不包含增值税，假定不考虑相关税费影响。

本例中，客户有退货权，因此，该合同的对价是可变的。由于乙公司缺乏有关退货情况的历史数据，考虑将可变对价计入交易价格的限制要求，在合同开始日不能将可变对价计入交易价格，因此，乙公司在A产品控制权转移时确认的收入为0，其应当在退货期满后，根据实际退货情况，按照预期有权收取的对价金额确定交易价格。此外，考虑到A产品控制权转移与客户付款之间的时间间隔以及该合同对价与A产品现销价格之间的差异等因素，乙公司认为该合同存在重大融资成分。乙公司的账务处理如下：

（1）在合同开始日，乙公司将A产品的控制权转移给客户。

借：应收退货成本   8 000

  贷：库存商品   8 000

（2）在 90 天的退货期内，乙公司尚未确认合同资产和应收款项，因此，无需确认重大融资成分的影响。

（3）退货期满日（假定应收款项在合同开始日和退货期满日的公允价值无重大差异）。

借：长期应收款   12 100

  贷：主营业务收入   10 000

    未实现融资收益   2 100

借：主营业务成本   8 000

  贷：应收退货成本   8 000

在后续期间，乙公司应当考虑在剩余合同期限确定实际利率，将上述应收款项的金额与合同对价之间的差额（2 100 元）按照实际利率法进行摊销，确认相关的利息收入。此外，乙公司还应当按照金融工具相关会计准则评估上述应收款项是否发生减值，并进行相应的会计处理。

需要说明的是，客户以一项商品换取类型、质量、状况及价格均相同的另一项商品，不应被视为退货。此外，如果合同约定客户可以将质量有瑕疵的商品退回以换取正常的商品，企业应当按照附有质量保证条款的销售进行会计处理。对于具有类似特征的合同组合，企业也可以在确定退货率、坏账率、合同存续期间等方面运用组合法进行估计。

（二）附有质量保证条款的销售

企业在向客户销售商品时，根据合同约定、法律规定或本企业以往的习惯做法等，可能会为所销售的商品提供质量保证，这些质量保证的性质可能因行业或者客户而不同。其中，有一些质量保证是为了向客户保证所销售的商品符合既定标准，即保证类质量保证；而另一些质量保证则是在向客户保证所销售的商品符合既定标准之外提供了一项单独的服务，即服务类质量保证。

　　企业应当对其所提供的质量保证的性质进行分析，对于客户能够选择单独购买质量保证的，表明该质量保证构成单项履约义务；对于客户虽然不能选择单独购买质量保证，但是，如果该质量保证在向客户保证所销售的商品符合既定标准之外提供了一项单独服务的，也应当作为单项履约义务。作为单项履约义务的质量保证应当按本准则规定进行会计处理，并将部分交易价格分摊至该项履约义务。对于不能作为单项履约义务的质量保证，企业应当按照《企业会计准则第 13 号——或有事项》的规定进行会计处理。

　　企业在评估一项质量保证是否在向客户保证所销售的商品符合既定标准之外提供了项单独的服务时，应当考虑的因素包括：

　　1. 该质量保证是否为法定要求。当法律要求企业提供质量保证时，该法律规定通常表明企业承诺提供的质量保证不是单项履约义务，这是因为，这些法律规定通常是为了保护客户，以免其购买瑕疵或缺陷商品，而并非为客户提供一项单独的服务。

　　2. 质量保证期限。企业提供质量保证的期限越长，越有可能表明企业向客户提供了保证商品符合既定标准之外的服务。因此，企业承诺提供的质量保证越有可能构成单项履约义务。

　　3. 企业承诺履行任务的性质。如果企业必须履行某些特定的任务以保证所销售的商品符合既定标准（例如，企业负责运输被客户退回的瑕疵商品），则这些特定的任务可能不构成单项履约义务。

　　【例 47】甲公司与客户签订合同，销售一部手机。该手机自售出起一年内如果发生质量问题，甲公司负责提供质量保证服务。此外，在此期间内，由于客户使用不当（例如手机进水）等原因造成的产品故障，甲公司也免费提供维修服务。该维修服务不能单独购买。

　　本例中，甲公司的承诺包括：销售手机、提供质量保证服务以及维修服务。甲公司针对产品的质量问题提供的质量保证服务是为了向客户保证所销售商品符合既定标准，因此不构成单项履约义务；甲公司对由于客户使用不当而导致的产品故障提供的免费维修服务，属于在向客户保证所销售商品符合既定标准之外提供的单独服务，尽管其没有单独销售，该服务与手机可明确区分，应该作为单项履约义务。因此，在该合同下，甲公司的履约义务有两项：销售手机和提供维修服务，甲公司应当按照其各自单独售价的相对比例，将交易价格分摊至这两项履约义务，并在各项履约义务履行时分别确认收入。甲公司提供的质量保证服务，应当按照《企业会计准则第13号——或有事项》的规定进行会计处理。

企业提供的质量保证同时包含保证类质量保证和服务类质量保证的，应当分别对其进行会计处理；无法合理区分的，应当将这两类质量保证一起作为单项履约义务按照本准则进行会计处理。

当企业销售的商品对客户造成损害或损失时，如果相关法律法规要求企业需要对此进行赔偿，该法定要求不会产生单项履约义务。如果企业承诺，当企业向客户销售的商品由于专利权、版权、商标或其他侵权等原因被索赔而对客户造成损失时，向客户赔偿该损失，该承诺也不会产生单项履约义务。企业应当按照《企业会计准则第13号——或有事项》的规定对上述义务进行会计处理。

（三）主要责任人和代理人

当企业向客户销售商品涉及其他方参与其中时，企业应当确定其自身在该交易中的身份是主要责任人还是代理人。主要责任人应当按照已收或应收对价总额确认收入；代理人应当按照预期有权收取的佣金或手续费的金额确认收入。

1. 主要责任人或代理人的判断原则

企业在判断其是主要责任人还是代理人时，应当根据其承诺的性质，也就是履约义务的性质，确定企业在某项交易中的身份是主要责任人还是代理人。企业承诺自行向客户提供特定商品的，其身份是主要责任人；企业承诺安排他人提供特定商品的，即为他人提供协助的，其身份是代理人。自行向客户提供特定商品可能也包含委托另一方（包括分包商）代为提供特定商品。

在确定企业承诺的性质时，企业应当首先识别向客户提供的特定商品。这里的特定商品，是指向客户提供的可明确区分的商品或可明确区分的一揽子商品，根据前述可明确区分的商品的内容，该特定的商品也包括享有由其他方提供的商品的权利。例如，旅行社销售的机票向客户提供了乘坐航班的权利，团购网站销售的餐券向客户提供了在指定餐厅用餐的权利等。当企业与客户订立的合同中包含多项特定商品时，对于某些商品而言，企业可能是主要责任人，而对于其他商品而言，企业可能是代理人。例如，企业与客户订立合同，向客户销售其生产的产品并且负责将该产品运送至客户指定的地点，假定销售产品和提供运输服务是两项履约义务，企业需要分别判断其在这两项履约义务中的身份是主要责任人还是代理人。

然后，企业应当评估特定商品在转让给客户之前，企业是否控制该商品。企业在将特定商品转让给客户之前控制该商品的，表明企业的承诺是自行向客户提供该商品，或委托另一方（包括分包商）代其提供该商品，因此，企业为主要责任人；相反，企业在特定商品转让给客户之前不控制该商品的，表明企业的承诺是安排他人向客户提供该商品，是为他人提供协助，因此，企业为代理人。当企业仅仅是在特定商品的法定所有权转移给客户之前，暂时性地获得该商品的法定所有权时，并不意味着企业一定控制了该商品。

2. 企业作为主要责任人的情况

当存在第三方参与企业向客户提供商品时，企业向客户转让特定商品之前能够控制该商品的，应当作为主要责任人。企业作为主要责任人的情形包括：

（1）企业自该第三方取得商品或其他资产控制权后，再转让给客户。这里的商品或其他资产也包括企业向客户转让的未来享有由其他方提供服务的权利。企业应当评估该权利在转让给客户前，企业是否控制该权利。在进行上述评估时，企业应当考虑该权利是仅在转让给客户时才产生，还是在转让给客户之前就已经存在，且企业一直能够主导其使用，如果该权利在转让给客户之前不存在，则企业实质上并不能在该权利转让给客户之前控制该权利。

【例48】 甲公司是一家旅行社，从航空公司购买了一定数量的折扣机票，并对外销售。甲公司向旅客销售机票时，可自行决定机票的价格，未售出的机票不能退还给航空公司。

本例中，甲公司向客户提供的特定商品为机票，该机票代表了客户可以乘坐某特定航班（即享受航空公司提供的飞行服务）的权利。甲公司在确定特定客户之前已经预先从航空公司购买了机票，因此，该权利在转让给客户之前已经存在。甲公司从航空公司购入机票之后，可以自行决定该机票的用途，即是否用于对外销售，以何等价格以及向哪些客户销售等，甲公司有能力主导该机票的使用并且能够获得其几乎全部的经济利益。因此，甲公司在将机票销售给客户之前，能够控制该机票，甲公司在向旅客销售机票的交易中的身份是主要责任人。

【例49】 甲公司经营某购物网站，在该网站购物的消费者可以明确获知在该网站上销售的商品均为其他零售商直接销售的商品，这些零售商负责发货以及售后服务等。甲公司与零售商签订的合同约定，该网站所售商品的采购、定价、发货以及售后服务等均由零售商自行负责，甲公司仅负责协助零售商和消费者结算货款，并按照每笔交易的实际销售额收取5%的佣金。

本例中，甲公司经营的购物网站是一个购物平台，零售商可以在该平台发布所销售商品信息，消费者可以从该平台购买零售商销售的商品。消费者在该网站购物时，向其提供的特定商品为零售商在网站上销售的商品，除此之外，甲公司并未提供任何其他的商品。这些特定商品在转移给消费者之前，甲公司没有能力主导这些商品的使用，例如，甲公司不能将这些商品提供给购买该商品的消费者之外的其他方，也不能阻止零售商向该消费者转移这些商品。因此，消费者在该网站购物时，在相关商品转移给消费者之前，甲公司并未控制这些商品，甲公司的履约义务是安排零售商向消费者提供相关商品，而非自行提供这些商品，甲公司在该交易中的身份是代理人。

【例50】甲公司向客户销售某餐厅的代金券，购买了该代金券的客户可以使用该代金券在指定的餐厅用餐。该代金券一旦售出，不可退还。客户无需提前购买该代金券，只需要在消费时购买即可。根据甲公司和该餐厅的协议约定，代金券在销售给客户之前，甲公司不必要、也没有承诺预先自行购买该代金券。代金券的销售价格由甲公司和该餐厅共同制定，甲公司在代金券出售时有权收取代金券价格的10%作为佣金。甲公司会协助购买该代金券在餐厅用餐的客户解决与用餐有关的投诉，并对客户进行满意度调查；餐厅负责履行与该代金券有关的义务，包括对不满餐厅服务的客户进行补偿等。

本例中，向客户提供的特定商品为代金券，该代金券代表了客户可以在指定餐厅用餐（即享受该餐厅提供的餐饮服务）的权利。甲公司不必要、也没有承诺预先自行购买该代金券，只有当客户向其购买代金券时，其才会同时向指定餐厅购买该代金券，对于甲公司而言，该权利仅在转让给客户时才产生，而在转让给客户之前并不存在，甲公司并不能随时主导该权利的使用并从中获益。因此，甲公司在将代金券销售给客户之前，并未控制该代金券，甲公司在该交易中的身份为代理人。

（2）企业能够主导第三方代表本企业向客户提供服务。当企业承诺向客户提供服务，并委托第三方（例如分包商、其他服务提供商等）代表企业向客户提供服务时，如果企业能够主导该第三方代表本企业向客户提供服务，则表明企业在相关服务提供给客户之前能够控制该相关服务。

【例51】甲公司与乙公司签订合同，为其写字楼提供保洁服务，并商定了服务范围及其价格。甲公司每月按照约定的价格向乙公司开具发票，乙公司按照约定的日期向甲公司付款。双方签订合同后，甲公司委托服务供应商丙公司代表其为乙公司提供该保洁服务，并与其签订了合同。甲公司和丙公司商定了服务价格，双方签订的合同付款条款大致上与甲公司和乙公司约定的付款条款一致。当丙公司按照与甲公司的合同约定提供了服务时，无论乙公司是否向甲公司付款，甲公司都必须向丙公司付款。乙公司无权主导丙公司提供未经甲公司同意的服务。

本例中，甲公司向乙公司提供的特定服务是写字楼的保洁服务，除此之外，甲公司并没有向乙公司承诺任何其他的商品。根据甲公司与丙公司签订的合同，甲公司能够主导丙公司所提供的服务，包括要求丙公司代表甲公司向乙公司提供保洁服务，相当于甲公司利用其自身资源履行了该合同。乙公司无权主导丙公司提供未经甲公司同意的服务。因此，甲公司在丙公司向乙公司提供保洁服务之前控制了该服务，甲公司在该交易中的身份为主要责任人。

（3）企业自第三方取得商品控制权后，通过提供重大的服务将该商品与其他商品整合成合同约定的某组合产出转让给客户。此时，企业承诺提供的特定商品就是合同约定的组合产出。企业只有获得为生产该特定商品所需要的投入（包括从第三方取得的商品）的控制权，才能够将这些投入加工整合为合同约定的组合产出。

【例52】甲公司与乙公司签订合同，向其销售一台特种设备，并商定了该设备的具体规格和销售价格，甲公司负责按照约定的规格设计该设备，并按双方商定的销售价格向乙公司开具发票。该特种设备的设计和制造高度相关。为履行该合同，甲公司与其供应商丙公司签订合同，委托丙公司按照其设计方案制造该设备，并安排丙公司直接向乙公司交付设备。丙公司将设备交付给乙公司后，甲公司按与丙公司约定的价格向丙公司支付制造设备的对价；丙公司负责设备质量问题，甲公司负责设备由于设计原因引致的问题。

本例中，甲公司向乙公司提供的特定商品是其设计的专用设备。虽然甲公司将设备的制造工作分包给丙公司进行，但是，甲公司认为该设备的设计和制造高度相关，不能明确区分，应当作为单项履约义务。由于甲公司负责该合同的整体管理，如果在设备制造过程中发现需要对设备规格作出任何调整，甲公司需要负责制定相关的修订方案，通知丙公司进行相关调整，并确保任何调整均符合修订后的规格要求。甲公司主导了丙公司的制造服务，并通过必需的重大整合服务，将其整合作为向乙公司转让的组合产出（专用设备）的一部分，在该专用设备转让给客户前控制了该专用设备。因此，甲公司在该交易中的身份为主要责任人。

企业无论是主要责任人还是代理人，均应当在履约义务履行时确认收入。企业为主要责任人的，应当按照其自行向客户提供商品而有权收取的对价总额确认收入；企业为代理人的，应当按照其因安排他人向客户提供特定商品而有权收取的佣金或手续费的金额确认收入，该金额可能是按照既定的佣金金额或比例确定，也可能是按照已收或应收对价总额扣除应支付给提供该特定商品的其他方的价款后的净额确定。

3. 需要考虑的相关事实和情况

实务中，企业在判断其在向客户转让特定商品之前是否已经拥有对该商品的控制权时，不应仅局限于合同的法律形式，而应当综合考虑所有相关事实和情况进行判断，这些事实和情况包括但不仅限于：

（1）企业承担向客户转让商品的主要责任。该主要责任包括就特定商品的可接受性（例如，确保商品的规格满足客户的要求）承担责任等。当存在第三方参与向客户提供特定商品时，如果企业就该特定商品对客户承担主要责任，则可能表明该第三方是在代表企业提供该特定商品。企业在评估是否承担向客户转让商品的主要责任时，应当从客户的角度进行评估，即客户认为哪方承担了主要责任。例如，客户认为谁对商品的质量或性能负责、谁负责提供售后服务、谁负责解决客户投诉等。

（2）企业在转让商品之前或之后承担了该商品的存货风险。当企业在与客户订立合同之前已经购买或者承诺将自行购买特定商品时，这可能表明企业在将该特定商品转让给客户之前，承担了该特定商品的存货风险，企业有能力主导特定商品的使用并从中取得几乎全部的经济利益。在附有销售退回条款的销售中，企业将商品销售给客户之后，客户有权要求向该企业退货，这可能表明企业在转让商品之后仍然承担了该商品的存货风险。

（3）企业有权自主决定所交易商品的价格。企业有权决定与客户交易的特定商品的价格，可能表明企业有能力主导该商品的使用并从中获得几乎全部的经济利益。然而，在某些情况下，代理人可能在一定程度上也拥有定价权（例如，在主要责任人规定的某一价格范围内决定价格），以便其在代表主要责任人向客户提供商品时，能够吸引更多的客户，从而赚取更多的收入。例如，当代理人向主要责任人的客户提供一定折扣优惠，以激励该客户购买主要责任人的商品时，即使代理人有一定的定价能力，也并不表明其身份是主要责任人，代理人只是放弃了一部分自己应当赚取的佣金或手续费而已。

需要强调的是，企业在判断其是主要责任人还是代理人时，应当以该企业在特定商品转让给客户之前是否能够控制该商品为原则。上述相关事实和情况仅为支持对控制权的评估，不能取代控制权的评估，也不能凌驾于控制权评估之上，更不是单独或额外的评估；并且这些事实和情况并无权重之分，其中某一项或几项也不能被孤立地用于支持某一结论。企业应当根据相关商品的性质、合同条款的约定以及其他具体情况，综合进行判断。不同的合同可能需要采用上述不同的事实和情况提供支持证据。

当第三方承担了企业的履约义务并享有了合同中的权利，从而使企业不再负有自行向客户转让特定商品的义务时，企业不再是主要责任人，不应再按照主要责任人确认收入，而应当评估其履约义务是否是为该第三方取得合同，即企业是否为代理人，并确认相应的收入。

（四）附有客户额外购买选择权的销售

某些情况下，企业在销售商品的同时，会向客户授予选择权，允许客户可以据此免费或者以折扣价格购买额外的商品。企业向客户授予的额外购买选择权的形式包括销售激励、客户奖励积分、未来购买商品的折扣券以及合同续约选择权等。

对于附有客户额外购买选择权的销售，企业应当评估该选择权是否向客户提供了一项重大权利。如果客户只有在订立了一项合同的前提下才取得了额外购买选择权，并且客户行使该选择权购买额外商品时，能够享受到超过该地区或该市场中其他同类客户所能够享有的折扣，则通常认为该选择权向客户提供了一项重大权利。该选择权向客户提供了重大权利的，应当作为单项履约义务。在这种情况下，客户在该合同下支付的价款实际上购买了两项单独的商品：一是客户在该合同下原本购买的商品；二是客户可以免费或者以折扣价格购买额外商品的权利。企业应当将交易价格在这两项商品之间进行分摊，其中，分摊至后者的交易价格与未来的商品相关，因此，企业应当在客户未来行使该选择权取得相关商品的控制权时，或者在该选择权失效时确认为收入。在考虑授予客户的该项权利是否重大时，应根据其金额和性质综合判断。例如，企业实施一项奖励积分计划，客户每消费 10 元便可获得 1 个积分，每个积分的单独售价为 0.1 元，该积分可累积使用，用于换取企业销售的产品，虽然客户每笔消费所获取的积分的价值相对于消费金额而言并不重大，但是由于该积分可以累积使用，基于企业的历史数据，客户通常能够累积足够的积分来免费换取产品，这可能表明该积分向客户提供了重大权利。

当企业向客户提供了额外购买选择权，但客户在行使该选择权购买商品的价格反映了该商品的单独售价时，即使客户只能通过与企业订立特定合同才能获得该选择权，该选择权也不应被视为企业向该客户提供了一项重大权利。例如，电信公司与客户签订合同，以套餐的方式向客户销售一部手机和两年的通信服务，包括每月 200 分钟的语音服务和 4G 的数据流量，并按月收取固定费用；同时，客户可以根据需要，在任何月份按照约定的价格购买额外的语音服务和数据流量。如果该约定的价格与其他客户单独购买语音服务和数据流量时的价格相同，则表明电信公司向客户提供的该额外购买选择权并不构成一项重大权利，企业无需分摊交易价格，只有在客户行使选择权购买额外的商品时才需要进行相应的会计处理。

企业提供的额外购买选择权构成单项履约义务的，企业应当按照交易价格分摊的相关原则，将交易价格分摊至该履约义务。客户额外购买选择权的单独售价无法直接观察的，企业应当综合考虑客户行使和不行使该选择权所能获得的折扣的差异以及客户行使该选择权的可能性等全部相关信息后，予以合理估计。

【例 53】甲公司以 100 元的价格向客户销售 A 商品，购买该商品的客户可得到一张 40% 的折扣券，客户可以在未来的 30 天内使用该折扣券购买甲公司原价不超过 100 元的任一商品。同时，甲公司计划推出季节性促销活动，在未来 30 天内针对所有产品均提供 10% 的折扣。上述两项优惠不能叠加使用。根据历史经验，甲公司预计有 80% 的客户会使用该折扣券，额外购买的商品的金额平均为 50 元。上述金额均不包含增值税，且假定不考虑相关税费影响。

本例中，购买 A 商品的客户能够取得 40% 的折扣券，其远高于所有客户均能享有的 10% 的折扣，因此，甲公司认为该折扣券向客户提供了重大权利，应当作为单项履约义务。考虑到客户使用该折扣券的可能性以及额外购买的金额，甲公司估计该折扣券的单独售价为 12 元［50×80%×（40%-10%）］。甲公司按照 A 产品和折扣券单独售价的相对比例对交易价格进行分摊，A 商品分摊的交易价格为 89 元［100÷（100+12）×100］，折扣券选择权分摊的交易价格为 11 元［12÷（100+12）×100］。甲公司在销售 A 商品时的账务处理如下：

借：银行存款　　　　　　　　　　　　　　　　100
　　贷：主营业务收入　　　　　　　　　　　　　　　　89
　　　　合同负债　　　　　　　　　　　　　　　　　　11

【例 54】2×18 年 1 月 1 日，甲公司开始推行一项奖励积分计划。根据该计划，客户在甲公司每消费 10 元可获得 1 个积分，每个积分从次月开始在购物时可以抵减 1 元。截至 2×18 年 1 月 31 日，客户共消费 10 000 元，可获得 10 000 个积分，根据历史经验，甲公司估计该积分的兑换率为 95%。上述金额均不包含增值税，且假定不考虑相关税费影响。

本例中，甲公司认为其授予客户的积分为客户提供了一项重大权利，应当作为单项履约义务。客户购买商品的单独售价合计为 100 000 元，考虑积分的兑换率，甲公司估计积分的单独售价为 9 500 元（1×10 000×95%）。甲公司按照商品和积分单独售价的相对比例对交易价格进行分摊：

商品分摊的交易价格 =［100 000÷（100 000+9 500）］×100 000 = 91 324（元）

积分分摊的交易价格 =［9 500÷（100 000+9 500）］×100 000 = 8676（元）

因此，甲公司应当在商品的控制权转移时确认收入 91 324 元，同时，确认合同负债 8 676 元。

截至 2×18 年 12 月 31 日，客户共兑换了 4 500 个积分，甲公司对该积分的兑换率进行了重新估计，仍然预计客户将会兑换的积分总数为 9 500 个。因此，甲公司以客户兑换的积分数占预期将兑换的积分总数的比例为基础确认收入。积分当年应当确认的收入为 4 110 元（4 500÷9 500×8 676）；剩余未兑换的积分为 4 566 元（8 676-4 110），仍然作为合同负债。

截至 2×19 年 12 月 31 日，客户累计兑换了 8 500 个积分。甲公司对该积分的兑换率进行了重新估计，预计客户将会兑换的积分总数为 9 700 个。积分当年应当确认的收入为 3 493 元（8 500÷9 700×8 676-4 110）；剩余未兑换的积分为 1 073 元（8 676-4 110-3 493），仍然作为合同负债。

需要说明的是，企业向客户投予奖励积分，该积分可能有多种使用方式，例如该积分只能用于兑换本企业提供的商品、只能用于兑换第三方的商品，或者客户可以在二者中进行选择。企业授予客户的奖励积分为客户提供了重大权利从而构成单项履约义务时，企业应当根据具体情况确定收入确认的时点和金额。具体而言，该积分只能用于兑换本企业提供的商品的，企业通常只能在将相关商品转让给客户或该积分失效时，确认与积分相关的收入；该积分只能用于兑换第三方提供的商品的，企业应当分析，对于该项履约义务而言，其身份是主要责任人还是代理人，企业是代理人的，通常应在完成代理服务时（例如协助客户自第三方兑换完积分时）按照其有权收取的佣金等确认收入；客户可以选择兑换由本企业或第三方提供的商品的，在客户选择如何兑换积分或该积分失效之前，企业需要随时准备为客户兑换积分提供商品，当客户选择兑换本企业的商品时，企业通常只能在将相关商品转让给客户或该积分失效时确认相关收入，当客户选择兑换第三方提供的商品时，企业需要分析其是主要责任人还是代理人，并进行相应的会计处理。

当客户享有的额外购买选择权是一项重大权利时，如果客户行使该权利购买的额外商品与原合同下购买的商品类似，且企业将按照原合同条款提供该额外商品的，则企业可以无需估计该选择权的单独售价，而是直接把其预计将提供的额外商品的数量以及预计将收取的相应对价金额纳入原合同，并进行相应的会计处理。这是一种便于实务操作的简化处理方式，常见于企业向客户提供续约选择权的情况。例如，企业与客户签订为期一年的合同，以每件 2 000 元的价格向客户销售 A 产品，数量不限，客户可以选择在合同到期时以与原合同相同的条款续约一年，这款产品通常每年提价 20%，由于行使续约选择权的客户可以按原合同价格（低于当年的市场价格）购买 A 产品，企业认为该续约选择权向客户提供了重大权利，且符合简化处理的条件，因此，企业可以无需将原合同的交易价格分摊至该续约选择权，而是直接按照每件 2 000 元的价格确认原合同和续约后的合同下销售的 A 产品收入。

【例 55】2×18 年 1 月 1 日，甲公司与 100 位客户签订为期一年的服务合同，每份合同的价格均为 10 000 元，并在当日全额支付了款项。该项服务是甲公司推出的一项新业务。为推广该业务，该合同约定，客户有权在 2×18 年年末选择以同样的价格续约一年并立即支付 10 000 元；选择在 2×18 年年末续约的客户还有权在 2×19 年年末选择以同样的价格再续约一年并立即支付 10 000 元。甲公司在 2×19 年和 2×20 年将对该项服务的价格分别提高至每年 30 000 元和 50 000 元。2×18 年年末及其后，没有续约但之后又向甲公司购买该项服务的客户以及新客户都将适用当年涨价后的价格。假定甲公司提供该服务属于在一段时间内履行的履约义务，并按照成本法确定履约进度。上述金额均不包含增值税。合同开始日即 2×18 年 1 月 1 日，甲公司估计有 90% 的客户（即 90 位客户）会在 2×18 年年末选择续约，其中又有 90% 的客户（即 81 位客户）会在 2×19 年年末再次选择续约。2×18 年至 2×20 年的合同预计成本分别为 6 000 元、7 500 元和 10 000 元。

本例中，只有签订了该合同的客户才有权选择续约，且客户行使该权利续约时所能够享受的价格远低于该项服务当时的市场价格，因此，甲公司认为该续约选择权向客户提供了重大权利，且符合简化处理的条件，即甲公司无需估计该续约选择权的单独售价，而是直接把其预计将提供的额外服务以及预计将收取的相应对价金额纳入原合同，进行会计处理。

在合同开始日，甲公司根据其对客户续约选择权的估计，估计每份合同的交易价格为 27 100 元（10 000+10 000×90%+10 000×81%），预计每份合同各年应分摊的交易价格如表 1-2 所示。

表 1-2　　　　　　　　　　　　　　　　　　　　金额单位：元

年度	预计成本	考虑续约可能性调整后的成本	分摊的交易价格
2×18	6 000	6 000(6 000×100%)	7 799[(6 000÷20 850)×27 100]
2×19	7 500	6 750(7 500×90%)	8 773[(6 750÷20 850)×27 100]
2×20	10 000	8 100(10 000×81%)	10 528[(8 100÷20 850)×27 100]
合计	23 500	20 850	27 100

假定客户实际选择续约的情况与甲公司的估计一致。甲公司在各年收款、确认收入以及年末合同负债的情况如表 1-3 所示。

表 1-3　　　　　　　　　　　　　　　　　　　　金额单位：元

年度	收款	确认收入	合同负债
2×18	1 900 000	779 900	1 120 100
2×19	810 000	877 300	1 052 800
2×20	—	1 052 800	
合计	2 710 000	2 710 000	

如果客户实际选择续约的情况与甲公司的估计不一致，则甲公司需要根据实际情况对于交易价格、履约进度以及各年确认的收入进行相应调整。

（五）授予知识产权许可

授予知识产权许可，是指企业授予客户对企业拥有的知识产权享有相应权利。常见的知识产权包括软件和技术、影视和音乐等的版权、特许经营权以及专利权、商标权和其他版权等。

1. 授予知识产权许可是否构成单项履约义务

企业向客户授予知识产权许可时，可能也会同时销售商品，这些承诺可能在合同中明确约定，也可能隐含于企业已公开宣布的政策、特定声明或者企业以往的习惯做法中。在这种情况下，企业应当评估授予客户的知识产权许可是否可与所售商品明确区分，即该知识产权许可是否构成单项履约义务，并进行相应的会计处理。

授予客户的知识产权许可不构成单项履约义务的，企业应当将该知识产权许可和所售商品一起作为单项履约义务进行会计处理。知识产权许可与所售商品不可明确区分的情形包括：一是该知识产权许可构成有形商品的组成部分并且对于该商品的正常使用不可或缺，例如，企业向客户销售设备和相关软件，该软件内嵌于设备之中，该设备必须安装了该软件之后才能正常使用；二是客户只有将该知识产权许可和相关服务一起使用才能够从中获益，例如，客户取得授权许可，但是只有通过企业提供的在线服务才能访问相关内容。

【例56】甲生物制药公司将其拥有的某合成药的专利权许可证授予乙公司，授权期限为10年。同时，甲公司承诺为乙公司生产该种药品。除此之外，甲公司不会从事任何与支持该药品相关的活动。该药品的生产流程特殊性极高，没有其他公司能够生产该药品。

本例中，甲公司向乙公司授予专利权许可，并为其提供生产服务。由于市场上没有其他公司能够生产该药品，客户将无法从该专利权许可中单独获益，因此，该专利权许可和生产服务不可明确区分，应当将其一起作为单项履约义务进行会计处理。

相反，如果该药品的生产流程特殊性不高，其他公司也能够生产该药品，则该专利权许可和生产服务可明确区分，应当各自分别作为单项履约义务进行会计处理。

2. 授予知识产权许可属于在某一时段履行的履约义务

授予客户的知识产权许可构成单项履约义务的，企业应当根据该履约义务的性质，进一步确定其是在某一时段内履行还是在某一时点履行。企业向客户授予的知识产权许可，同时满足下列三项条件的，应当作为在某一时段内履行的履约义务确认相关收入；否则，应当作为在某一时点履行的履约义务确认相关收入：

（1）合同要求或客户能够合理预期企业将从事对该项知识产权有重大影响的活动。企业向客户授予知识产权许可之后，还可能会从事一些后续活动，例如市场推广、知识产权的继续开发或者能够影响知识产权价值的日常活动等，这些活动可能会在企业与客户的合同中明确约定，也可能是客户基于企业公开宣布的政策、特定声明或者企业以往的习惯做法而合理预期企业将会从事这些活动。如果企业和客户之间约定共享该知识产权的经济利益（例如，企业收取的特许权使用费基于客户的销售情况确定），虽然并非决定性因素，但是这可能表明客户能够合理预期企业将从事对该项知识产权有重大影响的活动。

企业从事的活动存在下列情况之一的，将会对该项知识产权有重大影响：一是这些活动预期将显著改变该项知识产权的形式（如知识产权的设计、内容）或者功能（如执行某任务的能力）；二是客户从该项知识产权中获益的能力在很大程度上来源于或者取决于这些活动，即，这些活动会改变该项知识产权的价值，例如企业授权客户使用其品牌，客户从该品牌获得的利益价值取决于企业为维护或提升其品牌价值而持续从事的活动。当该项知识产权具有重大的独立功能，且该项知识产权绝大部分的经济利益来源于该项功能时，客户从该项知识产权中获得的利益可能不受企业从事的相关活动的重大影响，除非这些活动显著改变了该项知识产权的形式或者功能。具有重大独立功能的知识产权主要包括软件、生物合成物或药物配方以及已完成的媒体内容（例如电影、电视节目以及音乐录音）版权等。

（2）该活动对客户将产生有利或不利影响。企业从事的这些后续活动将直接导致相关知识产权许可对客户产生影响，且这种影响既包括有利影响，也包括不利影响。如果企业从事的后续活动并不影响授予客户的知识产权许可，那么企业的后续活动只是在改变其自己拥有的资产。虽然这些活动可能影响企业提供未来知识产权许可的能力，但将不会影响客户已控制或使用的内容。

（3）该活动不会导致向客户转让某项商品。企业向客户授予知识产权许可，并承诺从事与该许可相关的某些后续活动时，如果这些活动本身构成了单项履约义务，那么企业在评估授予知识产权许可是否属于在某一时段履行的履约义务时应当不予考虑。

【例57】甲公司是一家设计制作连环漫画的公司，乙公司是一家大型游轮的运营商。甲公司授权乙公司可在4年内使用其3部连环漫画中的角色形象和名称，乙公司可以以不同的方式（例如，展览或演出）使用这些漫画中的角色。甲公司的每部连环漫画都有相应的主要角色，并会定期创造新的角色，角色的形象也会随时演变。合同要求乙公司必须使用最新的角色形象。在授权期内，甲公司每年向乙公司收取1 000万元。

本例中，甲公司除了授予知识产权许可外不存在其他履约义务。也就是说，与知识产权许可相关的额外活动并未向客户提供其他商品，因为这些活动是企业授予知识产权许可承诺的一部分，且实际上改变了客户享有知识产权许可的内容。甲公司基于下列因素的考虑，认为该许可的相关收入应当在某一时段内确认：一是乙公司合理预期（根据甲公司以往的习惯做法），甲公司将实施对该知识产权许可产生重大影响的活动，包括创作角色及出版包含这些角色的连环漫画等；二是合同要求乙公司必须使用甲公司创作的最新角色，这些角色塑造得成功与否，会直接对乙公司产生有利或不利影响；三是尽管乙公司可以通过该知识产权许可从这些活动中获益，但在这些活动发生时并没有导致向乙公司转让任何商品。

由于合同规定乙公司在一段固定期间内可无限制地使用其取得授权许可的角色，因此，甲公司按照时间进度确定履约进度。

3. 授予知识产权许可属于在某一时点履行的履约义务

授予知识产权许可不属于在某一时段内履行的履约义务的，应当作为在某一时点履行的履约义务，在履行该履约义务时确认收入。在客户能够使用某项知识产权许可并开始从中获利之前，企业不能对此类知识产权许可确认收入。例如，企业授权客户在一定期间内使用软件，但是，在企业向客户提供该软件的密钥之前，客户都无法使用该软件，因此，企业在向客户提供该密钥之前虽然已经得到授权，但也不应确认收入。

【例58】甲音乐唱片公司将其拥有的一首经典民歌的版权授予乙公司，并约定乙公司在两年内有权在国内所有商业渠道（包括电视、广播和网络广告等）使用该经典民歌。因提供该版权许可，甲公司每月收取1 000元的固定对价。除该版权之外，甲公司无需提供任何其他的商品。该合同不可撤销。

本例中，甲公司除了授予该版权许可外不存在其他履约义务。甲公司并无任何义务从事改变该版权的后续活动，该版权也具有重大的独立功能（即民歌的录音可直接用于播放），乙公司主要通过该重大独立功能获利，而非甲公司的后续活动。因此，合同未要求甲公司从事对该版权许可有重大影响的活动，乙公司对此也没有形成合理预期，甲公司授予该版权许可属于在某一时点履行的履约义务，应在乙公司能够主导该版权的使用并从中获得几乎全部经济利益时，全额确认收入。

此外，由于甲公司履约的时间与客户付款时间（两年内每月支付）之间间隔较长，甲公司需要判断该项合同中是否存在重大的融资成分，并进行相应的会计处理。

值得注意的是，在判断某项知识产权许可是属于在某一时段内履行的履约义务还是在某一时点履行的履约义务时，企业不应考虑下列因素：一是该许可在时间、地域、排他性以及相关知识产权消耗和使用方面的限制，这是因为这些限制界定了已承诺的许可的属性，并不能界定企业是在某一时点还是在某一时段内履行其履约义务。二是企业就其拥有的知识产权的有效性以及防止未经授权使用该知识产权许可所提供的保证，这是因为保护知识产权的承诺并不构成履约义务，该保护行为是为了保护企业知识产权资产的价值，并且就所转让的知识产权许可符合合同约定的具体要求而向客户提供保证。

4. 基于销售或使用情况的特许权使用费

企业向客户授予知识产权许可，并约定按客户实际销售或使用情况（如按照客户的销售额）收取特许权使用费的，应当在客户后续销售或使用行为实际发生与企业履行相关履约义务二者孰晚的时点确认收入。这是估计可变对价的一个例外规定，该例外规定只有在下列两种情形下才能使用：一是特许权使用费仅与知识产权许可相关。二是特许权使用费可能与合同中的知识产权许可和其他商品都相关，但是，与知识产权许可相关的部分占有主导地位。当企业能够合理预期，客户认为知识产权许可的价值远高于合同中与之相关的其他商品时，该知识产权许可可能是占有主导地位的。对于不适用该例外规定的特许权使用费，应当按照估计可变对价的一般原则进行处理。

【例59】甲电影发行公司与乙公司签订合同，将其拥有的一部电影的版权授权给乙公司，乙公司可在其旗下的影院放映该电影，放映期间为6周。除了将该电影版权授权给乙公司之外，甲公司还同意在该电影放映之前，向乙公司提供该电影的片花，在乙公司的影院播放，并且在该电影放映期间在当地知名的广播电台播放广告。甲公司将获得乙公司播放该电影的票房分成。

本例中，甲公司的承诺包括授予电影版权许可、提供电影片花以及提供广告服务。甲公司在该合同下获得的对价为按照乙公司实际销售情况收取的特许权使用费，与之相关的授予电影版权许可是占有主导地位的，这是因为，甲公司能够合理预期，客户认为该电影版权许可的价值远高于合同中提供的电影片花和广告服务。因此，甲公司应当在乙公司放映该电影的期间按照约定的分成比例确认收入。如果授予电影版权许可、提供电影片花以及广告服务分别构成单项履约义务，甲公司应当将该取得的分成收入在这些履约义务之间进行分摊。

此外，企业使用上述例外规定时，应当对特许权使用费整体采用该规定，而不应当将特许权使用费进行分拆，即部分采用该例外规定进行处理，而其他部分按照估计可变对价的一般原则进行处理。

【例60】甲公司是一家著名的足球俱乐部，授权乙公司在其设计生产的服装、帽子、水杯以及毛巾等产品上使用甲公司球队的名称和图标，授权期间为2年。合同约定，甲公司收取的合同对价由两部分组成：一是200万元固定金额的使用费；二是按照乙公司销售上述商品所取得销售额的5%计算的提成。乙公司预期甲公司会继续参加当地顶级联赛，并取得优异的成绩。

本例中，该合同仅包括一项履约义务，即授予使用权许可，甲公司继续参加比赛并取得优异成绩等活动是该许可的组成部分。由于乙公司能够合理预期甲公司将继续参加比赛，甲公司的成绩将会对其品牌（包括名称和图标等）的价值产生重大影响，而该品牌价值可能会进一步影响乙公司产品的销量，甲公司从事的上述活动并未向乙公司转让任何可明确区分的商品，因此，甲公司授予的该使用权许可，属于在2年内履行的履约义务。甲公司收取的200万元固定金额的使用费应当在2年内平均确认收入，按照乙公司销售相关商品所取得销售额的5%计算的提成应当在乙公司的销售发生时确认收入。

（六）售后回购

售后回购，是指企业销售商品的同时承诺或有权选择日后再将该商品购回的销售方式。被购回的商品包括原销售给客户的商品、与该商品几乎相同的商品，或者以该商品作为组成部分的其他商品。一般来说，售后回购通常有三种形式：一是企业和客户约定企业有义务回购该商品，即存在远期安排。二是企业有权利回购该商品，即企业拥有回购选择权。三是当客户要求时，企业有义务回购该商品，即客户拥有回售选择权。对于不同类型的售后回购交易，企业应当区分下列两种情形分别进行会计处理：

1. 企业因存在与客户的远期安排而负有回购义务或企业享有回购权利的

企业因存在与客户的远期安排而负有回购义务或企业享有回购权利的，尽管客户可能已经持有了该商品的实物，但是，由于企业承诺回购或者有权回购该商品，导致客户主导该商品的使用并从中获取几乎全部经济利益的能力受到限制，因此，在销售时点，客户并没有取得该商品的控制权。在这种情况下，企业应根据下列情况分别进行相应的会计处理：一是回购价格低于原售价的，应当视为租赁交易，按照《企业会计准则第 21 号——租赁》的相关规定进行会计处理。二是回购价格不低于原售价的，应当视为融资交易，在收到客户款项时确认金融负债，而不是终止确认该资产，并将该款项和回购价格的差额在回购期间内确认为利息费用等。

【例 61】2×18 年 4 月 1 日，甲公司向乙公司销售一台设备，销售价格为 200 万元，同时双方约定两年之后，即 2×20 年 4 月 1 日，甲公司将以 120 万元的价格回购该设备。

本例中，根据合同约定，甲公司负有在两年后回购该设备的义务，因此，乙公司并未取得该设备的控制权。假定不考虑货币时间价值，该交易的实质是乙公司支付了 80 万元（200−120）的对价取得了该设备 2 年的使用权。甲公司应当将该交易作为租赁交易进行会计处理。

【例 62】沿用【例 61】，假定甲公司将在 2×20 年 4 月 1 日不是以 120 万元，而是以 250 万元的价格回购该设备。

本例中，假定不考虑货币时间价值，该交易的实质是甲公司以该设备作为质押取得了 200 万元的借款，2 年后归还本息合计 250 万元。甲公司应当将该交易视为融资交易，不应当终止确认该设备，而应当在收到客户款项时确认金融负债，并将该款项和回购价格的差额在回购期间内确认为利息费用等。

2. 企业应客户要求回购商品的

企业负有应客户要求回购商品义务的，应当在合同开始日评估客户是否具有行使该要求权的重大经济动因。客户具有行使该要求权的重大经济动因的，企业应当将回购价格与原售价进行比较，并按照上述第 1 种情形下的原则将该售后回购作为租赁交易或融资交易进行相应的会计处理。客户不具有行使该要求权的重大经济动因的，企业应当将该售后回购作为附有销售退回条款的销售交易进行相应的会计处理。

在判断客户是否具有行权的重大经济动因时，企业应当综合考虑各种相关因素，包括回购价格与预计回购时市场价格之间的比较以及权利的到期日等。当回购价格明显高于该资产回购时的市场价值时，通常表明客户有行权的重大经济动因。

【例 63】 甲公司向乙公司销售其生产的一台设备，销售价格为 2 000 万元，双方约定，乙公司在 5 年后有权要求甲公司以 1 500 万元的价格回购该设备。甲公司预计该设备在回购时的市场价值将远低于 1 500 万元。

本例中，假定不考虑时间价值的影响，甲公司的回购价格 1 500 万元低于原售价 2 000 万元，但远高于该设备在回购时的市场价值，甲公司判断乙公司有重大的经济动因行使其权利要求甲公司回购该设备。因此，甲公司应当将该交易作为租赁交易进行会计处理。

对于上述两种情形，企业在比较回购价格和原销售价格时，应当考虑货币的时间价值。在企业有权要求回购或者客户有权要求企业回购的情况下，企业或者客户到期未行使权利的，应在该权利到期时终止确认相关负债，同时确认收入。

（七）客户未行使的权利

企业因销售商品向客户收取的预收款，赋予了客户一项在未来从企业取得该商品的权利，并使企业承担了向客户转让该商品的义务，因此，企业应当将预收的款项确认为合同负债，待未来履行了相关履约义务，即向客户转让相关商品时，再将该负债转为收入。

某些情况下，企业收取的预收款无需退回，但是客户可能会放弃其全部或部分合同权利，例如，放弃储值卡的使用等。企业预期将有权获得与客户所放弃的合同权利相关的金额的，应当按照客户行使合同权利的模式按比例将上述金额确认为收入；否则，企业只有在客户要求其履行剩余履约义务的可能性极低时，才能将相关负债余额转为收入。企业在确定其是否预期将有权获得与客户所放弃的合同权利相关的金额时，应当考虑将估计的可变对价计入交易价格的限制要求。

如果有相关法律规定，企业所收取的、与客户未行使权利相关的款项须转交给其他方的（例如，法律规定无人认领的财产需上交政府），企业不应将其确认为收入。

【例64】甲公司经营连锁面包店。2×18年，甲公司向客户销售了5 000张储值卡，每张卡的面值为200元，总额为1 000 000元。客户可在甲公司经营的任何一家门店使用该储值卡进行消费。根据历史经验，甲公司预期客户购买的储值卡中将有大约相当于储值卡面值金额5%（即50 000元）的部分不会被消费。截至2×18年12月31日，客户使用该储值卡消费的金额为400 000元。甲公司为增值税一般纳税人，在客户使用该储值卡消费时发生增值税纳税义务。

本例中，甲公司预期将有权获得与客户未行使的合同权利相关的金额为50 000元，该金额应当按照客户行使合同权利的模式按比例确认为收入。

因此，甲公司在2×18年销售的储值卡应当确认的收入金额为

362 976 元［（400 000＋50 000×400 000÷950 000）÷（1＋16%）］。

甲公司的账务处理为：

（1）销售储值卡：

借：库存现金   1 000 000

  贷：合同负债   862 069

    应交税费——待转销项税额   137 931

（2）根据储值卡的消费金额确认收入，同时将对应的待转销项税额确认为销项税额：

借：合同负债   362 976

  应交税费——待转销项税额   55 172

  贷：主营业务收入   362 976

    应交税费——应交增值税（销项税额） 55 172

（八）无需退回的初始费

企业在合同开始日（或邻近合同开始日）向客户收取的无需退回的初始费通常包括入会费、接驳费、初装费等。企业收取该初始费时，应当评估该初始费是否与向客户转让已承诺的商品相关。该初始费与向客户转让已承诺的商品相关，且该商品构成单项履约义务的，企业应当在转让该商品时，按照分摊至该商品的交易价格确认收入；该初始费与向客户转让已承诺的商品相关，但该商品不构成单项履约义务的，企业应当在包含该商品的单项履约义务履行时，按照分摊至该单项履约义务的交易价格确认收入；该初始费与向客户转让已承诺的商品不相关的，该初始费应当作为未来将转让商品的预收款，在未来转让该商品时确认为收入。当企业向客户授予了续约选择权，且该选择权向客户提供了重大权利时，这部分收入确认的期间将可能长于初始合同期限。

在合同开始日（或邻近合同开始日），企业通常必须开展一些初始活动，为履行合同进行准备，如一些行政管理性质的准备工作，这些活动虽然与履行合同有关，但并没有向客户转让已承诺的商品，因此，不构成单项履约义务。在这种情况下，即使企业向客户收取的无需退还的初始费与这些初始活动有关（例如，企业为了补偿开展这些活动所发生的成本而向客户收取初始费），也不应在这些活动完成时将该初始费确认为收入，而应当将该初始费作为未来将转让商品的预收款，在未来转让该商品时确认为收入。

企业为履行合同开展初始活动，但这些活动本身并没有向客户转让已承诺的商品的，企业为开展这些活动所发生的支出，应当按照本准则的有关合同履约成本的相关规定确认为一项资产或计入当期损益，并且企业在确定履约进度时，也不应当考虑这些成本，因为这些成本并不反映企业向客户转让商品的进度。

【例65】甲公司经营一家会员制健身俱乐部。甲公司与客户签订了为期2年的合同，客户入会之后可以随时在该俱乐部健身。除俱乐部的年费2 000元之外，甲公司还向客户收取了50元的入会费，用于补偿俱乐部为客户进行注册登记、准备会籍资料以及制作会员卡等初始活动所花费的成本。甲公司收取的入会费和年费均无需返还。

本例中，甲公司承诺的服务是向客户提供健身服务（即可随时使用的健身场地），而甲公司为会员入会所进行的初始活动并未向客户提供其所承诺的服务，而只是一些内部行政管理性质的工作。因此，甲公司虽然为补偿这些初始活动向客户收取了入会费，但是该入会费实质上是客户为健身服务所支付的对价的一部分，故应当作为健身服务的预收款，与收取的年费一起在2年内分摊确认为收入。

第八节　列报和披露

（一）列报

1. 合同资产和合同负债

合同一方已经履约的，即企业依据合同履行履约义务或客户依据合同支付合同对价，企业应当根据其履行履约义务与客户付款之间的关系，在资产负债表中列示合同资产或合同负债。企业拥有的、无条件（即仅取决于时间流逝）向客户收取对价的权利应当作为应收款项单独列示。

　　企业在向客户转让商品之前，如果客户已经支付了合同对价或企业已经取得了无条件收取合同对价的权利，则企业应当在客户实际支付款项与到期应支付款项孰早时点，将该已收或应收的款项列示为合同负债。合同负债，是指企业已收或应收客户对价而应向客户转让商品的义务。例如，企业与客户签订不可撤销的合同，向客户销售其生产的产品，合同开始日，企业收到客户支付的合同价款 1 000 元，相关产品将在 2 个月之后交付给客户，这种情况下，企业应当将该 1 000 元作为合同负债进行处理。

　　相反，在客户实际支付合同对价或在该对价到期应付之前，企业如果已经向客户转让了商品，则应当将因已转让商品而有权收取对价的权利列示为合同资产，但不包括应收款项。合同资产，是指企业已向客户转让商品而有权收取对价的权利，且该权利取决于时间流逝之外的其他因素。企业应当按照《企业会计准则第22 号——金融工具确认和计量》评估合同资产的减值，该减值的计量、列报和披露应当按照《企业会计准则第 22 号——金融工具确认和计量》和《企业会计准则第 37 号——金融工具列报》的规定进行会计处理。

　　应收款项是企业无条件收取合同对价的权利。只有在合同对价到期支付之前仅仅随着时间的流逝即可收款的权利，才是无条件的收款权。有时，企业有可能需要在未来返还全部或部分的合同对价（例如，企业在附有销售退回条款的合同下收取的合同对价），但是，企业仍然拥有无条件收取合同对价的权利，未来返还合同对价的潜在义务并不会影响企业收取对价总额的现时权利，因此，企业仍应当确认一项应收款项，同时将预计未来需要返还的部分确认为一项负债。需要说明的是，合同资产和应收款项都是企业拥有的有权收取对价的合同权利，二者的区别在于，应收款项代表的是无条件收取合同对价的权利，即企业仅仅随着时间的流逝即可收款，而合同资产并不是一项无条件收款权，该权利除了时间流逝之外，还取决于其他条件（例如，履行合同中的其他履约义务）才能收取相应的合同对价。因此，与合同资产和应收款项相关的风险是不同的，应收款项仅承担信用风险，而合同资产除信用风险之外，还可能承担其他风险，如履约风险等。

【例66】2×18年3月1日，甲公司与客户签订合同，向其销售A、B两项商品，合同价款为2 000元。合同约定，A商品于合同开始日交付，B商品在一个月之后交付，只有当A、B两项商品全部交付之后，甲公司才有权收取2 000元的合同对价。假定A商品和B商品构成两项履约义务，其控制权在交付时转移给客户，分摊至A商品和B商品的交易价格分别为400元和1 600元。上述价格均不包含增值税，且假定不考虑相关税费影响。

本例中，甲公司将A商品交付给客户之后，与该商品相关的履约义务已经履行，但是需要等到后续交付B商品时，企业才具有无条件收取合同对价的权利，因此，甲公司应当将因交付A商品而有权收取的对价400元确认为合同资产，而不是应收账款，相应的账务处理如下：

（1）交付A商品时：

借：合同资产　　　　　　　　　　　　　　400

　　贷：主营业务收入　　　　　　　　　　　　　400

（2）交付B商品时：

借：应收账款　　　　　　　　　　　　　2 000

　　贷：合同资产　　　　　　　　　　　　　　400

　　　　主营业务收入　　　　　　　　　　　1 600

【例67】2×18年1月1日，乙公司与客户签订合同，以每件产品150元的价格向其销售产品；如果客户在2×18年全年的采购量超过100万件，该产品的销售价格将追溯下调至每件125元。该产品的控制权在交付时转移给客户。在合同开始日，乙公司估计该客户全年的采购量能够超过 100 万件。2×18 年 1 月 31 日，乙公司交付了第一批产品共 10 万件。上述价格均不包含增值税，且假定不考虑相关税费影响。

本例中，乙公司将产品交付给客户时取得了无条件的收款权，即乙公司有权按照每件产品 150 元的价格向客户收取款项，直到客户的采购量达到 100 万件为止。由于乙公司估计客户的采购量能够达到 100 万件，因此，根据将可变对价计入交易价格的限制要求，乙公司确定每件产品的交易价格为 125 元。2×18 年 1 月 31 日，乙公司交付产品时的账务处理为：

借：应收账款　　　　　　　　　　　　15 000 000
　　贷：主营业务收入　　　　　　　　　　12 500 000
　　　　预计负债——应付退货款　　　　　 2 500 000

合同资产和合同负债应当在资产负债表中单独列示。同一合同下的合同资产和合同负债应当以净额列示，不同合同下的合同资产和合同负债不能互相抵销。

通常情况下，企业对其已向客户转让商品而有权收取的对价金额应当确认为合同资产或应收账款；对于其已收或应收客户对价而应向客户转让商品的义务，应当按照已收或应收的金额确认合同负债。由于同一合同下的合同资产和合同负债应当以净额列示，企业也可以设置"合同结算"科目（或其他类似科目），以核算同一合同下属于在某一时段内履行履约义务涉及与客户结算对价的合同资产或合同负债，并在此科目下设置"合同结算——价款结算"科目反映定期与客户进行结算的金额，设置"合同结算——收入结转"科目反映按履约进度结转的收入金额。资产负债表日，"合同结算"科目的期末余额在借方的，根据其流动性，在资产负债表中分别列示为"合同资产"或"其他非流动资产"项目；期末余额在贷方的，根据其流动性，在资产负债表中分别列示为"合同负债"或"其他非流动负债"项目。

【例 68】2×18 年 1 月 1 日，甲建筑公司与乙公司签订一项大型设备建造工程合同，根据双方合同，该工程的造价为 6 300 万元，工程期限为 1 年半，甲公司负责工程的施工及全面管理，乙公司按照第三方工程监理公司确认的工程完工量，每半年与甲公司结算一次；预计 2×19 年 6 月 30 日竣工；预计可能发生的总成本为 4 000 万元。假定该建造工程整体构成单项履约义务，并属于在某一时段履行的履约义务，甲公司采用成本法确定履约进度，增值税税率为 10%，不考虑其他相关因素。

2×18 年 6 月 30 日，工程累计实际发生成本 1 500 万元，甲公司与乙公司结算合同价款 2 500 万元，甲公司实际收到价款 2 000 万元；2×18 年 12 月 31 日，工程累计实际发生成本 3 000 万元，甲公司与乙公司结算合同价款 1 100 万元，甲公司实际收到价款 1 000 万元；2×19 年 6 月 30 日，工程累计实际发生成本 4 100 万元，乙公司与甲公司结算了合同竣工价款 2 700 万元，并支付剩余工程款 3 300 万元。上述价款均不含增值税额。假定甲公司与乙公司结算时即发生增值税纳税义务，乙公司在实际支付工程价款的同时支付其对应的增值税款。甲公司的账务处理为：

（1）2×18 年 1 月 1 日至 6 月 30 日实际发生工程成本时。

借：合同履约成本　　　　　　　　　　　　15 000 000
　　贷：原材料、应付职工薪酬等　　　　　　　　　15 000 000

（2）2×18 年 6 月 30 日。

履约进度 = 15 000 000÷40 000 000 = 37.5%

合同收入 = 63 000 000×37.5% = 23 625 000（元）

借：合同结算——收入结转　　　　　　　　23 625 000
　　贷：主营业务收入　　　　　　　　　　　　　23 625 000

借：主营业务成本　　　　　　　　　　　　15 000 000
　　贷：合同履约成本　　　　　　　　　　　　　15 000 000

借：应收账款　　　　　　　　　　　　　　27 500 000
　　贷：合同结算——价款结算　　　　　　　　　25 000 000
　　　　应交税费——应交增值税（销项税额）2 500 000

借：银行存款   22 000 000

    贷：应收账款   22 000 000

当日，"合同结算"科目的余额为贷方 137.5 万元（2 500-2 362.5），表明甲公司已经与客户结算但尚未履行履约义务的金额为 137.5 万元，由于甲公司预计该部分履约义务将在 2×18 年内完成，因此，应在资产负债表中作为合同负债列示。

（3）2×18 年 7 月 1 日至 12 月 31 日实际发生工程成本时。

借：合同履约成本   15 000 000

    贷：原材料、应付职工薪酬等   15 000 000

（4）2×18 年 12 月 31 日。

履约进度＝30 000 000÷40 000 000＝75%

合同收入＝63 000 000×75%－23 625 000＝23 625 000（元）

借：合同结算——收入结转   23 625 000

    贷：主营业务收入   23 625 000

借：主营业务成本   15 000 000

    贷：合同履约成本   15 000 000

借：应收账款   12 100 000

    贷：合同结算——价款结算   11 000 000

        应交税费——应交增值税（销项税额）

                             1 100 000

借：银行存款   1 100 000

    贷：应收账款   11 000 000

当日，"合同结算"科目的余额为借方 1 125（2 362.5-1 100-137.5）万元，表明甲公司已经履行履约义务但尚未与客户结算的金额为 1 125 万元，由于该部分金额将在 2×19 年内结算，因此，应在资产负债表中作为合同资产列示。

（5）2×19 年 1 月 1 日至 6 月 30 日实际发生工程成本时。

借：合同履约成本   11 000 000

    贷：原材料、应付职工薪酬等   11 000 000

（6）2×19 年 6 月 30 日。

由于当日该工程已竣工决算，其履约进度为 100%。合同收入 = 63 000 000−23 625 000−23 625 000 = 15 750 000（元）

借：合同结算——收入结转　　　　15 750 000
　　贷：主营业务收入　　　　　　　　　15 750 000
借：主营业务成本　　　　　　　　11 000 000
　　贷：合同履约成本　　　　　　　　　11 000 000
借：应收账款　　　　　　　　　　29 700 000
　　贷：合同结算——价款结算　　　　　27 000 000
　　　　应交税费——应交增值税（销项税额）
　　　　　　　　　　　　　　　　　　　2 700 000
借：银行存款　　　　　　　　　　36 300 000
　　贷：应收账款　　　　　　　　　　　36 300 000

当日，"合同结算"科目的余额为零（1 125+1 575−2 700）。

2. 合同履约成本和合同取得成本

根据本准则规定确认为资产的合同履约成本，初始确认时摊销期限不超过一年或一个正常营业周期的，在资产负债表中计入"存货"项目；初始确认时摊销期限在一年或一个正常营业周期以上的，在资产负债表中计入"其他非流动资产"项目。

根据本准则规定确认为资产的合同取得成本，初始确认时摊销期限不超过一年或一个正常营业周期的，在资产负债表中计入"其他流动资产"项目；初始确认时摊销期限在一年或一个正常营业周期以上的，在资产负债表中计入"其他非流动资产"项目。

（二）披露

企业应当在财务报表附注中充分披露与收入有关的下列定性和定量信息，以使财务报表使用者能够了解与客户之间的合同产生的收入及现金流量的性质、金额、时间分布和不确定性等相关信息。

1. 收入确认和计量所采用的会计政策，对于确定收入确认的时点和金额具有重大影响的判断以及这些判断的变更。在披露这些判断及其变更时，企业应当披露下列信息：

（1）履约义务履行的时点。对于在某一时段内履行的履约义务，企业应当披露确认收入所采用的方法（例如，企业是按照产出法还是投入法确认收入，企业如何运用该方法确认收入等），以及该方法为何能够如实地反映商品的转让的说明性信息。对于在某一时点履行的履约义务，企业应当披露在评估客户取得所承诺商品控制权时点时所作出的重大判断。

（2）交易价格以及分摊至各单项履约义务的金额。企业应当披露在确定交易价格（包括但不限于估计可变对价、调整货币时间价值的影响以及计量非现金对价等）、估计计入交易价格的可变对价、分摊交易价格（包括估计所承诺商品的单独售价、将合同折扣以及可变对价分摊至合同中的某一特定部分等）以及计量预期将退还给客户的款项等类似义务时所采用的方法、输入值以及各项假设等信息。

2. 与合同相关的信息。

企业应当单独披露与客户的合同相关的下列信息，除非这些信息已经在利润表中单独列报：一是按照本准则确认的收入，且该收入应当区别于企业其他的收入来源而单独披露。二是企业已经就与客户之间的合同相关的任何应收款项或合同资产确认的减值损失，且该减值损失也应当区别于针对其他合同确认的减值损失而单独披露。

（1）本期确认的收入。企业应当将本期确认的收入按照不同的类别进行分解，这些类别应当反映经济因素如何影响收入及现金流量的性质、金额、时间分布和不确定性。此外，企业应当充分披露上述信息，以便财务报表使用者能够理解上述将收入按不同类别进行分解的信息与企业在分部信息中披露的每一报告分部的收入之间的关系。

在确定对收入进行分解的类别时，企业应当考虑其在下列情况下是如何列报和披露与收入有关的信息：①在财务报表之外披露的信息，例如，在企业的业绩公告、年报或向投资者报送的相关资料中披露的收入信息；②管理层为评价经营分部的财务业绩所定期复核的信息；以及③企业或企业的财务报表使用者在评价企业的财务业绩或作出资源分配决策时，所使用的类似于上述①和②的信息类型的其他信息。

企业在对收入信息进行分解时，可以采用的类别包括但不限于：商品类型、经营地区、市场或客户类型、合同类型（例如，固定造价合同、成本加成合同等）、商品转让的时间（例如，在某一时点转让或在某一时段内转让）、合同期限（例如，长期合同、短期合同等）、销售渠道（例如，直接销售或通过经销商销售等）等。

【例69】甲公司有三个报告分部，分别为消费品、汽车和能源。甲公司在其年报中将收入按照主要经营地区、主要产品类型以及收入确认时间进行分类并披露相关信息。甲公司认为该分类能够反映相关经济因素对于企业的收入和现金流量的性质、金额、时间分布以及不确定性的影响。因此，甲公司在其财务报表附注中对于收入按照同样的分类方法进行披露（见表1-4）。

表1-4　　　　　　　　　　　　　　　　　　　　金额单位：万元

报告分部	消费品	汽车	能源	合计
主要经营地区				
东北	990	2 250	5 250	8 490
华北	300	750	1 000	2 050
西北	700	260	—	960
合计	1 990	3 260	6 250	11 500
主要产品类型				
办公用品	600	—		600
家用电器	990	—		990

续表

报告分部	消费品	汽车	能源	合计
服装	400	—	—	400
汽车	—	3 260	—	3 260
太阳能电池板			1 000	
发电	—	—	5 250	6 250
合计	1 990	3 260	6 250	11 500
收入确认时间				
商品（在某一时点转让）	1 990	3 260	1 000	5 250
服务（在某一时段内提供）	—	—	5 250	6 250
合计	1 990	3 260	6 250	11 500

（2）应收款项、合同资产和合同负债的账面价值。

企业应当披露与应收款项、合同资产和合同负债的账面价值有关的下列信息：①应收款项、合同资产和合同负债的期初和期末账面价值；②对上述应收款项和合同资产确认的减值损失；③在本期确认的包括在合同负债期初账面价值中的收入；以及④前期已经履行（或部分履行）的履约义务在本期确认的收入（例如，交易价格的变动）。

企业应当说明其履行履约义务的时间与通常的付款时间之间的关系，以及此类因素对合同资产和合同负债账面价值的影响的定量或定性信息。企业还应当以定性和定量信息的形式说明合同资产和合同负债的账面价值在本期内发生的重大变动。合同资产和合同负债的账面价值发生变动的情形包括：①企业合并导致的变动；②对收入进行累积追加调整导致的相关合同资产和合同负债的变动，此类调整可能源于估计履约进度的变化、估计交易价格的变化（包括对于可变对价是否受到限制的评估发生变化）或者合同变更；③合同资产发生减值；④对合同对价的权利成为无条件权利（即，合同资产重分类为应收款项）的时间安排发生变化；以及⑤履行履约义务（即从合同负债转为收入）的时间安排发生变化。

（3）履约义务。企业应当披露与履约义务相关的信息包括：①企业通常在何时履行履约义务，包括在售后代管商品的安排中履行履约义务的时间，例如，发货时、交付时、服务提供时或服务完成时等；②重要的支付条款，例如，合同价款通常何时到期、合同是否存在重大融资成分、合同对价是否为可变金额以及对可变对价的估计是否通常受到限制等；③企业承诺转让的商品的性质，如有企业为代理人的情形，需要着重说明；④企业承担的预期将退还给客户的款项等类似义务；以及⑤质量保证的类型及相关义务。

（4）分摊至剩余履约义务的交易价格。企业应当披露与剩余履约义务有关的下列信息：①分摊至本期末尚未履行（或部分未履行）履约义务的交易价格总额；②上述金额确认为收入的预计时间，企业可以按照对于剩余履约义务的期间而言最恰当的时间段为基础提供有关预计时间的定量信息，或者使用定性信息进行说明。

【例70】2×18 年 7 月 1 日，甲公司与客户签订不可撤销的合同，为其提供草坪修剪服务，合同期限为 2 年。根据合同约定，在合同期限内，甲公司在客户需要时为其提供服务，但是每月提供服务的次数最多不超过 4 次，客户每月向甲公司支付 4 000 元。甲公司按照时间进度确定其履约进度。上述金额不含增值税额。

本例中，截至 2×18 年年末，该合同下分摊至尚未履行的履约义务的交易价格为 72 000 元，甲公司在编制其 2×18 年财务报表时，对于上述金额确认为收入的预计时间披露如表 1—5 所示。

表 1—5　　　　　　　　　　　　　　　　　　　　　　金额单位：元

年度	2×19 年	2×20 年	合计
该合同预计将确认的收入	48 000	24 000	72 000

为简化实务操作，当满足下列条件之一时，企业无需针对某项履约义务披露上述信息：一是该项履约义务是原预计合同期限不超过一年的合同中的一部分。二是企业有权对该履约义务下已转让的商品向客户发出账单，且账单金额能够代表企业累计至今已履约部分转移给客户的价值。

【例71】2×18年7月1日，乙公司与客户签订不可撤销的合同，为其提供保洁服务，合同期限为2年。根据合同约定，乙公司每月至少为客户提供一次服务，收费标准为每小时25元，客户按照乙公司的实际工作时间向其支付服务费。

本例中，乙公司按照固定的费率以及实际发生的工时向客户收费，乙公司有权对已提供的服务向客户发出账单，且账单金额能够代表乙公司累计至今已履约部分转移给客户的价值。因此，乙公司可以采用上述简化处理方法。

企业应当提供定性信息以说明其是否采用了上述简化操作方法，以及是否存在任何对价金额未纳入交易价格，从而未对于分摊至剩余履约义务的交易价格所需披露的信息之中，例如，由于将可变对价计入交易价格的限制要求而未计入交易价格的可变对价。

【例72】2×18年7月1日，丙公司与客户签订不可撤销的合同，两年内在客户需要时为其提供保洁服务。合同价款包括两部分：一是每月10 000元的固定对价；二是最高金额为100 000元的奖金，丙公司预计可以计入交易价格的可变对价金额为75 000元。丙公司按照时间进度确定履约进度。上述金额均不包含增值税。

本例中，丙公司认为该合同下为客户提供两年的保洁服务构成单项履约义务，估计的交易价格为315 000元（10 000×24 + 75 000），丙公司将该金额按照合同期24个月平均确认为收入，即每月确认的收入为13 125元，2×18年确认的收入金额为78 750元（13 125×6），尚未确认的收入为236 250元，其中2×19年将确认的收入金额为157 500元（13 125×12），其余的78 750元将于

2×20年确认。

该合同的下列信息将会包含在2×18年财务报表附注的相关披露之中：

（1）定量披露（见表1-6）。

表1-6　　　　　　　　　　　　　　　　　　　　　　　金额单位：元

年度	2×19年	2×20年	合计
该合同预计将确认的收入	157 500	78 750	236 250

（2）定性披露。

奖金25 000元因对可变对价有关的限制要求而未被计入交易价格，因此没有包括在上述披露之中。

【例73】2×18年2月1日，丁公司与客户签订合同，为客户建造一栋办公楼，合同对价为500万元。丁公司在该合同下为客户提供的建造服务构成单项履约义务，且该履约义务在某一时段内履行。丁公司在2×18年对该合同确认的收入金额为240万元。丁公司估计该项工程将于2×19年年底完工，但是也很可能会延期至2×20年3月完工。

本例中，丁公司应当在2×18年的财务报表中披露尚未确认为收入的金额以及预计将该金额确认为收入的时间。由于未来确认收入的时间存在不确定性，丁公司对该信息进行定性披露，例如，"2×18年12月31日，分摊至剩余履约义务的交易价格为260万元，本公司预计该金额将随着工程的完工进度，在未来12-15个月内确认为收入"。

3. 与合同成本有关的资产相关的信息

企业应当披露与合同成本有关的资产相关的下列信息：（1）在确定该资产的金额时所运用的判断；（2）该资产的摊销方法；（3）按该资产的主要类别（如为取得合同发生的成本、为履行合同开展的初始活动发生的成本等）披露合同取得成本或合同履约成本的期末账面价值以及（4）本期确认的摊销以及减值损失的金额等。

4. 有关简化处理方法的披露

如果企业选择对于合同中存在的重大融资成分或为取得合同发生的增量成本采取简化的处理方法，即企业根据本准则第十七条规定因预计客户取得商品控制权与客户支付价款间隔未超过一年而未考虑合同中存在的重大融资成分，或者根据本准则第二十八条规定因与合同取得成本有关的资产的摊销期限未超过一年而将其在发生时计入当期损益的，企业应当对这一事实进行披露。

第九节　修订说明

一、本准则的修订背景

2006 年 2 月，财政部发布《企业会计准则第 14 号——收入》和《企业会计准则第 15 号——建造合同》（以下分别简称"收入准则"和"建造合同准则"），对于企业的收入确认、计量和相关信息的披露进行了规范。

在现行准则下，销售商品收入、提供劳务收入和让渡资产使用权收入适用收入准则，建造合同形成的收入适用建造合同准则；销售商品收入主要以风险和报酬转移为基础确认，提供劳务收入和建造合同收入主要采用完工百分比法确认。然而，随着市场经济的日益发展、交易事项的日趋复杂，实务中收入确认和计量面临越来越多的问题。例如，如何划分收入准则和建造合同准则的边界，如何区分销售商品收入和提供劳务收入，如何判断商品所有权上的主要风险和报酬是否转移，如何区分总额确认收入还是净额确认收入，对于包含多重交易安排或可变对价的复杂合同如何进行会计处理，等等。这从客观上要求对现行准则中的收入确认和计量原则予以重新审视，切实解决实务问题。

此外，国际会计准则理事会于 2014 年 5 月发布了《国际财务报告准则第 15 号——客户合同收入》（以下简称"国际财务报告准则第 15 号"），自 2018 年 1 月 1 日起生效。该准则的核心原则是，主体确认收入的方式应当反映其向客户转让商品或服务的模式，确认金额应当反映主体因交付该商品或服务而预期有权获得的对价金额。为此，准则设定了统一的收入确认计量的五步法模型，即识别与客户订立的合同、识别合同中的单项履约义务、确定交易价格、将交易价格分摊至各单项履约义务、履行每一单项履约义务时确认收入。

因此，为切实解决现行准则实施中存在的具体问题，进一步规范我国收入确认、计量和相关信息披露，保持我国企业会计准则与国际财务报告准则的持续趋同，财政部借鉴国际财务报告准则第 15 号，并结合我国实际情况，修订起草了《企业会计准则第 14 号——收入（修订）》（以下简称"新收入准则"）。

二、本准则的修订过程

本准则的修订经历了前期准备、起草、公开征求意见和修改完善等阶段。

（一）前期准备阶段

一直以来，财政部密切关注国际会计准则理事会相关项目的进展，并结合我国实务积极反馈意见和建议。财政部成立了收入准则项目组，在国际财务报告准则第 15 号发布之后，对其进行了深入的学习和研究，并启动了我国新收入准则的修订项目。

（二）起草阶段

2015 年初，财政部草拟了新收入准则初稿，并开始分阶段、有步骤、分层次地采取多种方式征求意见：一是组织部分会计师事务所召开座谈会，听取意见和建议；二是针对可能受新收入准则影响较大的部分行业，组织部分具有行业代表性的企业召开分行业座谈会，了解实务现行做法及问题；三是在北京、上海、广东等地组织实地调研，赴企业听取现行收入准则执行中的问题及新收入准则对企业的挑战，并与国资委、证券交易所等沟通联系，多方听取意见和建议；四是邀请相关专家集中对讨论稿进行全面讨论和逐条修改。在上述工作的基础上，财政部草拟完成了征求意见稿。

（三）公开征求意见阶段

2015 年 12 月 7 日，财政部印发了《企业会计准则第 14号——收入（修订）（征求意见稿）》（以下简称"征求意见稿"），公开征求意见，同时征求战略标准委员会委员（包括国资委、审计署、国家税务总局、证监会等部门）及部内相关司局（包括税政司、经济建设司、资产管理司、金融司、监督检查局、文化司）意见。截至 2016 年 6 月 30 日，财政部共收到反馈意见63 份。总体来看，反馈意见大致分为两类：

第一类，大多数反馈意见对收入准则修订表示欢迎，认为征求意见稿有助于更好地解决与收入确认计量相关的实务问题，也切实履行了我国企业会计准则体系与国际财务报告准则持续趋同的承诺。与此同时，反馈意见也提出了一些高质量的修改意见和建议，并建议在应用指南中给出更详细的指引和示例以帮助实务理解和执行，选择试点企业进行测试等。

对于此类反馈意见，财政部进行认真的分析和研究后基本予以吸收。

第二类，个别意见认为应充分考虑收入准则修订对我国实务和资本市场的影响，对受新收入准则变化影响较大的一些行业给予特定指引，并建议分阶段实施新收入准则。

对于此类反馈意见，财政部与相关部门和实务界代表进行了充分沟通，并商定分阶段实施新收入准则。

（四）修改完善阶段

针对反馈意见，项目组主要开展了如下工作：

一是，认真分析吸收反馈意见。征求意见截止后，项目组对所有反馈意见进行了认真地分析和吸收，组织有关专家开展多次沟通和探讨，在此基础上对征求意见稿进行了全面系统地修改和完善，并再次征求了部分实务界和部内相关司局意见。

二是，加深对国际准则的理解。一些反馈意见涉及对国际财务报告准则第 15 号具体规定的不同理解，项目组就此与国际会计准则理事会相关人员和项目组进行沟通，讨论厘清国际准则相关规定的确切含义。

三是，研究新准则的影响。在征求意见稿发布之后，财政部组织了部分企业开展了新收入准则的测试工作，了解新收入准则对实务的影响，并针对我国实务中常见的交易和业务类型，收集了相关案例。

四是，制定切实可行的时间表和衔接规定。收入准则的影响范围很广，收入确认模式改变后，不仅涉及企业内控管理、信息系统等的调整，还可能影响企业的经营成果和绩效考核等。财政部在充分考虑了我国的市场环境和企业的实际情况，广泛听取了各方的意见，并与各主要监管部门进行沟通的基础上，采取了分步实施的策略，并且在衔接规定方面避免追溯调整对企业产生的影响。

三、本准则修订的主要内容

与现行收入准则和建造合同准则相比，在新收入准则下，不再区分销售商品、提供劳务和建造合同等具体交易形式，而是按照统一的收入确认模型确认收入，并且对很多具体的交易和安排提供了更加明确的指引。本次修订的主要内容如下：

（一）将现行收入和建造合同两项准则纳入统一的收入确认模型

现行收入准则和建造合同准则在某些情形下边界不够清晰，可能导致类似的交易采用不同的收入确认方法，从而对企业财务状况和经营成果产生重大影响。新收入准则要求采用统一的收入确认模型来规范所有与客户之间的合同产生的收入，并且就"在某一时段内"还是"在某一时点"确认收入提供具体指引，有助于更好地解决目前收入确认的时点问题，提高会计信息可比性。

（二）以控制权转移替代风险报酬转移作为收入确认时点的判

断标准

现行收入准则要求区分销售商品收入和提供劳务收入，并且强调在将商品所有权上的主要风险和报酬转移给购买方时确认销售商品收入，实务中有时难以判断。新收入准则打破商品和劳务的界限，要求企业在履行合同中的履约义务，即客户取得相关商品（或服务）控制权时确认收入，从而能够更加科学合理地反映企业的收入确认过程。

（三）对于包含多重交易安排的合同的会计处理提供更明确的指引

现行收入准则对于包含多重交易安排的合同仅提供了非常有限的指引，具体体现在收入准则第十五条以及企业会计准则讲解中有关奖励积分的会计处理规定。这些规定远远不能满足当前实务需要。新收入准则对包含多重交易安排的合同的会计处理提供了更明确的指引，要求企业在合同开始日对合同进行评估，识别合同所包含的各单项履约义务，按照各单项履约义务所承诺商品（或服务）单独售价的相对比例将交易价格分摊至各单项履约义务，进而在履行各项履约义务时确认相应的收入，有助于解决此类合同的收入确认问题。

（四）对于某些特定交易（或事项）的收入确认和计量给出了明确规定

新收入准则对于现行收入准则和建造合同准则难以解决的某些特定交易（或事项）的收入确认和计量给出了明确规定。例如，如何区分总额和净额确认收入、附有质量保证条款的销售、附有客户额外购买选择权的销售、向客户授予知识产权许可、售后回购、无需退还的初始费等，这些规定将有助于更好地指导实务操作，从而提高会计信息的可比性。

四、本准则实施影响的分析

在征求意见稿发布之后，为了了解新收入准则对实务的影响，在2016年初，财政部直接选择3家央企，并联合证监会选择4家上市公司，开展了新收入准则的测试工作。参与测试的企业中，1家为同时在中国香港和美国上市的上市公司，2家为同时在内地和香港上市的公司。这些公司涵盖通信、房地产、工程建造、交通运输、物流及相关服务、能源和化工、农业投入品及农产品贸易、制造业等行业。

本次测试的范围主要是新收入准则对企业2015年收入的影响。从测试结果来看，新收入准则对于各企业收入的总体影响不大，但是对企业收入结构有不同程度的影响，这种影响既包括对同一时期不同产品（或服务）收入结构的影响，也包括同一产品（或服务）在不同期间收入结构的影响。例如，据两家企业测算，新收入准则将会导致其2015年的收入分别减少0.30%和1.44%。在所有测试企业中，对企业收入总体影响最大的是按照总额或净额确认收入的问题，例如，某企业的运输业务因此减少其2015年收入总额及相关业务板块收入分别为0.05%和17.44%；另一企业的代理业务因此减少其2015年收入总额3.09%。除此之外，新收入准则对企业资产、负债和税收也可能有一定的影响。

五、本准则修订需要说明的问题

（一）总额还是净额确认收入

总额法或净额法，是指按照企业已收或应收对价总额确认收入，还是按照该金额扣除应支付给供应商的价款后的净额（或者按照既定的佣金金额或比例）确认收入。无论总额确认收入还是净额确认收入，均不影响企业的利润总额，但对企业的收入规模影响较大。

国际会计准则2009年引入总额法或净额法的判断原则，国际财务报告准则第15号继续保留这原则。我国很多行业（如百货商场、电商平台、运输服务、网络游戏、工程建造、劳务中介等）的收入确认都涉及总额法或净额法的判断，目前实务中的做法不一，导致同类企业收入确认存在差异，一些企业的收入甚至因此而受市场质疑。

在本次修订收入准则中，财政部参考国际准则的相关规定，增加了总额法或净额法的相关内容，以增强同类企业会计信息的可比性。

（二）余值法的采用

余值法是企业在估计单独售价时可以采用的方法之一。在征求意见稿中，财政部借鉴了国际财务报告准则第15号的规定，要求只有在非常有限的情况下，才可以采用余值法估计单独售价。但是，根据有关方面的反馈意见，建议考虑结合我国市场环境和实务需要采用变通的做法，允许余值法在更大范围内采用。财政部吸收了这一建议，在新收入准则中弱化了对于余值法使用要求的限制。

（三）重大融资成分的折现率

合同中存在重大融资成分的，根据国际财务报告准则15号的有关规定，应当将合同对价金额根据融资成分进行调整之后确定交易价格（确认收入的金额），在确定融资成分的影响时，应当使用合同双方进行单独融资交易时所应采取的利率作为折现率，该折现率应当反映接受融资方的信用特征。这就要求企业首先根据恰当的折现率确定融资成分，再将扣除融资成分后的合同对价作为交易价格确认收入。考虑到我国的市场环境和相关规定，财政部建议沿用现行准则的相关规定，先以现销价格确定收入金额，再将该金额与合同对价金额的差异作为融资成分处理。

（四）与合同成本有关的资产的减值

新收入准则下，企业为取得合同和履行合同发生的成本（以下简称"与合同成本有关的资产"），不属于存货、固定资产、无形资产等其他企业会计准则规定范围、但符合资本化条件的，应当确认为一项资产。

根据我国相关的企业会计准则规定，存货和建造合同中在建资产的减值允许转回，而由《企业会计准则第8号——资产减值》规范的非流动资产的减值损失不允许转回，主要是为了防止企业利用该类资产的减值调节利润，该处理与国际准则允许转回的要求不一致。新收入准则下的与合同成本有关的资产，其性质更加类似于存货和建造合同中的在建资产，而非固定资产等非流动资产。因此，新收入准则允许此类资产的减值在以后期间转回。

（五）准则实施范围和时间安排

国际财务报告准则第15号于2018年1月1日开始施行，并允许主体提前采用。财政部广泛听取各方意见，并与各主要监管部门进行沟通，在兼顾我国的市场环境和企业的实际情况，并与国际趋同的基础上，采取了分步实施的策略，即在境内外同时上市的企业以及在境外上市并采用国际财务报告准则或企业会计准则编制财务报表的企业（以下简称"境外上市企业"）与国际同步执行，以避免出现境内外报表适用准则差异，待总结经验和评估影响（特别是会计和税法的协调方面）之后，再将实施范围逐步扩大至境内上市企业及其他非上市企业，为这些企业预留更多的准备时间，确保准则执行质量。

（六）准则实施的衔接规定

在衔接规定方面，国际财务报告准则第15号有两种方法供企业选择：一是允许企业采用追溯调整。二是将首次执行的累积影响仅调整首次执行本准则当年年初留存收益及财务报表其他相关项目金额，不调整可比期间信息。经征求监管部门及部分企业意见，新收入准则采用了第二种方法，以便于我国企业之间的财务报表信息可比，并避免追溯调整对企业产生的影响。

第二章　企业会计准则第 16 号
——政府补助

为了适应社会主义市场经济发展需要，规范政府补助的会计处理，提高会计信息质量，根据《企业会计准则——基本准则》，财政部对《企业会计准则第 16 号——政府补助》进行了修订，在所有执行企业会计准则的企业范围内，自 2017 年 6 月 12 日起施行。

第一节　总体要求

《企业会计准则第 16 号——政府补助》（以下简称本准则）规范了政府补助的确认、计量、列示和相关信息的披露。企业应当根据政府补助的定义和特征对来源于政府的经济资源进行判断，并按照本准则的要求对政府补助进行相应的会计处理和列报。

政府向企业提供经济支持，以鼓励或扶持特定行业、地区或领域的发展，是政府进行宏观调控的重要手段，也是国际上通行的做法。对企业而言，并不是所有来源于政府的经济资源都属于本准则规范的政府补助，除政府补助外，还可能是政府对企业的资本性投入或者政府购买服务所支付的对价。本准则要求企业首先根据交易或者事项的实质对来源于政府的经济资源所归属的类型作出判断，对于符合政府补助的定义和特征的，再按照本准则的要求进行确认、计量、列示与披露。

企业选择总额法对与日常活动相关的政府补助进行会计处理的，应增设"6117 其他收益"科目进行核算。"其他收益"科目核算总额法下与日常活动相关的政府补助以及其他与日常活动相关且应直接计入本科目的项目，计入本科目的政府补助可以按照类型进行明细核算。对于总额法下与日常活动相关的政府补助，企业在实际收到或应收时，或者将先确认为"递延收益"的政府补助分摊计入收益时，借记"银行存款"、"其他应收款"、"递延收益"等科目，贷记"其他收益"科目。期末，应将本科目余额转入"本年利润"科目，本科目结转后应无余额。

第二节　政府补助的定义和特征

一、政府补助的定义

本准则规定，政府补助是指企业从政府无偿取得货币性资产或非货币性资产。政府补助主要形式包括政府对企业的无偿拨款、税收返还、财政贴息，以及无偿给予非货币性资产等。通常情况下，直接减征、免征、增加计税抵扣额、抵免部分税额等不涉及资产直接转移的经济资源，不适用政府补助准则。

需要说明的是，增值税出口退税不属于政府补助。根据税法规定，在对出口货物取得的收入免征增值税的同时，退付出口货物前道环节发生的进项税额，增值税出口退税实际上是政府退回企业事先垫付的进项税，不属于政府补助。

二、政府补助的特征

根据本准则的规定，政府补助具有下列特征：

（一）政府补助是来源于政府的经济资源

这里的政府主要是指行政事业单位及类似机构。对于企业收到的来源于其他方的补助，有确凿证据表明政府是补助的实际拨付者，其他方只起到代收代付作用的，该项补助也属于来源于政府的经济资源。例如，某集团公司母公司收到一笔政府补助款，有确凿证据表明该补助款实际的补助对象为该母公司下属子公司，母公司只是起到代收代付作用，在这种情况下，该补助款属于对

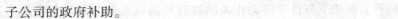

子公司的政府补助。

（二）政府补助是无偿的

即企业取得来源于政府的经济资源，不需要向政府交付商品或服务等对价。无偿性是政府补助的基本特征，这一特征将政府补助与政府以投资者身份向企业投入资本、政府购买服务等政府与企业之间的互惠性交易区别开来。需要说明的是，政府补助通常附有一定条件，这与政府补助的无偿性并不矛盾，只是政府为了推行其宏观经济政策，对企业使用政府补助的时间、使用范围和方向进行了限制。

【例1】2×17年2月，甲企业与所在城市的开发区人民政府签订了项目合作投资协议，实施"退城进园"技改搬迁。根据协议，甲企业在开发区内投资约4亿元建设电子信息设备生产基地。生产基地占地面积400亩，该宗项目用地按开发区工业用地基准地价挂牌出让，甲企业摘牌并按挂牌出让价格缴纳土地出让金4 800万元。甲企业自开工之日起须在18个月内完成搬迁工作，从原址搬迁至开发区，同时将甲企业位于城区繁华地段的原址用地（200亩，按照所在地段工业用地基准地价评估为1亿元）移交给开发区政府收储，开发区政府将向甲企业支付补偿资金1亿元。

本例中，为实施"退城进园"技改搬迁，甲企业将其位于城区繁华地段的原址用地移交给开发区政府收储，开发区政府为此向甲企业支付补偿资金1亿元。由于开发区政府对甲企业的搬迁补偿是基于甲企业原址用地的公允价值确定的，实质是政府按照相应资产的市场价格向企业购买资产，企业从政府取得的经济资源是企业让渡其资产的对价，双方的交易是互惠性交易，不符合政府补助无偿性的特点。因此，甲企业收到的1亿元搬迁补偿资金不作为政府补助处理，而应作为处置非流动资产的收入。

【例2】乙企业是一家生产和销售重型机械的企业。为推动科技创新，乙企业所在地政府于2×17年8月向乙企业拨付了3 000万元资金，要求乙企业将这笔资金用于技术改造项目研究，研究成果归乙企业享有。

本例中，乙企业的日常经营活动是生产和销售重型机械，其从政府取得了 3 000 万元资金用于研发支出，且研究成果归乙企业享有。因此，这项财政拨款具有无偿性的特征，乙企业收到的 3 000 万元资金应当按照政府补助准则的规定进行会计处理。

第三节　适用范围

企业对于符合本准则政府补助定义和特征的政府补助，应当按照本准则的要求进行会计处理。以下各项不纳入本准则的范围，适用其他相关会计准则：

一、企业从政府取得的经济资源，如果与企业销售商品或提供服务等活动密切相关，且是企业商品或服务的对价或者是对价的组成部分，应当适用《企业会计准则第 14 号——收入》等相关会计准则。

二、所得税减免，适用《企业会计准则第 18 号——所得税》。

政府以投资者身份向企业投入资本，享有相应的所有者权益，政府与企业之间是投资者与被投资者的关系，属于互惠性交易，不适用本准则。

【例3】丙企业是一家生产和销售高效照明产品的企业。国家为了支持高效照明产品的推广使用，通过统一招标的形式确定中标企业、高效照明产品及中标协议供货价格。丙企业作为中标企业，需以中标协议供货价格减去财政补贴资金后的价格将高效照明产品销售给终端用户，并按照高效照明产品实际安装数量、中标供货协议价格、补贴标准，申请财政补贴资金。2×17 年度，丙企业因销售高效照明产品获得财政资金 5 000 万元。

本例中，丙企业虽然取得财政补贴资金，但最终受益人是从丙企业购买高效照明产品的大宗用户和城乡居民，相当于政府以中标协议供货价格从丙企业购买了高效照明产品，再以中标协议供货价格减去财政补贴资金后的价格将产品销售给终端用户。实际操作时，政府并没有直接从事高效照明产品的购销，但以补贴资金的形式通过丙企业的销售行为实现了政府推广使用高效照明产品的目标。对丙企业而言，销售高效照明产品是其日常经营活动，丙企业仍按照中标协议供货价格销售了产品，其销售收入由两部分构成，一是终端用户支付的购买价款，二是财政补贴资金，财政补贴资金是丙企业产品销售对价的组成部分。因此，丙企业收到的补贴资金 5 000 万元应当按照《企业会计准则第 14 号收入》的规定进行会计处理。

第四节　政府补助的分类

确定了来源于政府的经济资源属于政府补助后，企业还应当对其进行恰当的分类。根据本准则规定，政府补助应当划分为与资产相关的政府补助和与收益相关的政府补助。这两类政府补助给企业带来经济利益或者弥补相关成本或费用的形式不同，从而在具体会计处理上存在差别。

与资产相关的政府补助，是指企业取得的、用于购建或以其他方式形成长期资产的政府补助。通常情况下，相关补助文件会要求企业将补助资金用于取得长期资产。长期资产将在较长的期间内给企业带来经济利益，因此相应的政府补助的受益期也较长。

与收益相关的政府补助，是指除与资产相关的政府补助之外的政府补助。此类补助主要是用于补偿企业已发生或即将发生的相关成本费用或损失，受益期相对较短，通常在满足补助所附条件时计入当期损益或冲减相关成本。

第五节　政府补助的确认与计量

政府补助的确认条件，本准则规定，政府补助同时满足下列条件的，才能予以确认：一是企业能够满足政府补助所附条件；二是企业能够收到政府补助。

政府补助的计量属性，本准则规定，政府补助为货币性资产的，应当按照收到或应收的金额计量。如果企业已经实际收到补助资金，应当按照实际收到的金额计量；如果资产负债表日企业尚未收到补助资金，但企业在符合了相关政策规定后就相应获得了收款权，且与之相关的经济利益很可能流入企业，企业应当在这项补助成为应收款时按照应收的金额计量。政府补助为非货币性资产的，应当按照公允价值计量；公允价值不能可靠取得的，按照名义金额计量。

政府补助有两种会计处理方法：总额法和净额法。总额法是在确认政府补助时，将其全额一次或分次确认为收益，而不是作为相关资产账面价值或者成本费用等的扣减。净额法是将政府补助确认为对相关资产账面价值或者所补偿成本费用等的扣减。需要说明的是，根据《企业会计准则——基本准则》的要求，同一企业不同时期发生的相同或者相似的交易或者事项，应当采用一致的会计政策，不得随意变更；确需变更的，应当在附注中说明。企业应当根据经济业务的实质，判断某一类政府补助业务应当采用总额法还是净额法进行会计处理，通常情况下，对同类或类似政府补助业务只能选用一种方法，同时，企业对该业务应当一贯地运用该方法，不得随意变更。企业对某些补助只能采用一种方法，例如，对一般纳税人增值税即征即退只能采用总额法进行会计处理。

本准则规定，与企业日常活动相关的政府补助，应当按照经济业务实质，计入其他收益或冲减相关成本费用。与企业日常活动无关的政府补助，计入营业外收入或冲减相关损失。通常情况下，若政府补助补偿的成本费用是营业利润之中的项目，或该补助与日常销售等经营行为密切相关（如增值税即征即退等），则认为该政府补助与日常活动相关。

一、与资产相关的政府补助

实务中，企业通常先收到补助资金，再按照政府要求将补助资金用于购建固定资产或无形资产等长期资产。企业在取得与资产相关的政府补助时，应当选择采用总额法或净额法进行会计处理。

总额法下，企业在取得与资产相关的政府补助时应当按照补助资金的金额借记"银行存款"等科目，贷记"递延收益"科目；然后在相关资产使用寿命内按合理、系统的方法分期计入损益。如果企业先取得与资产相关的政府补助，再确认所购建的长期资产，总额法下应当在开始对相关资产计提折旧或进行摊销时按照合理、系统的方法将递延收益分期计入当期收益；如果相关长期资产投入使用后企业再取得与资产相关的政府补助，总额法下应当在相关资产的剩余使用寿命内按照合理、系统的方法将递延收益分期计入当期收益。需要说明的是，采用总额法的，如果对应的长期资产在持有期间发生减值损失，递延收益的摊销仍保持不变，不受减值因素的影响。企业对与资产相关的政府补助选择总额法的，应当将递延收益分期转入其他收益或营业外收入，借记"递延收益"科目，贷记"其他收益"或"营业外收入"科目。相关资产在使用寿命结束时或结束前被处置（出售、报废、转让、发生毁损等），尚未分配的相关递延收益余额应当转入资产处置当期的损益，不再予以递延。对相关资产划分为持有待售类别的，先将尚未分配的递延收益余额冲减相关资产的账面价值，再按照《企业会计准则第42号——持有待售的非流动资产、处置组和终止经营》的要求进行会计处理。

净额法下，企业在取得政府补助时应当按照补助资金的金额冲减相关资产的账面价值。如果企业先取得与资产相关的政府补助，再确认所购建的长期资产，净额法下应当将取得的政府补助先确认为递延收益，在相关资产达到预定可使用状态或预定用途时将递延收益冲减资产账面价值；如果相关长期资产投入使用后企业再取得与资产相关的政府补助，净额法下应当在取得补助时冲减相关资产的账面价值，并按照冲减后的账面价值和相关资产的剩余使用寿命计提折旧或进行摊销。

实务中存在政府无偿给予企业长期非货币性资产的情况，如无偿给予土地使用权、天然起源的天然林等。企业取得的政府补助为非货币性资产的，应当按照公允价值计量；公允价值不能可靠取得的，按照名义金额（1元）计量。企业在收到非货币性资产的政府补助时，应当借记有关资产科目，贷记"递延收益"科目；然后在相关资产使用寿命内按合理、系统的方法分期计入损益，借记"递延收益"科目，贷记"其他收益"或"营业外收入"科目。但是，对以名义金额计量的政府补助，在取得时计入当期损益。

【例4】按照国家有关政策，企业购置环保设备可以申请补贴以补偿其环保支出。丁企业于2×18年1月向政府有关部门提交了210万元的补助申请，作为对其购置环保设备的补贴。2×18年3月15日，丁企业收到了政府补贴款210万元。2×18年4月20日，丁企业购入不需安装的环保设备一台，实际成本为480万元，使用寿命10年，采用直线法计提折旧（不考虑净残值）。2×26年4月，丁企业的这台设备发生毁损而报废。本例中不考虑相关税费等其他因素。

丁企业的账务处理如下：

方法一：丁企业选择总额法对此类补助进行会计处理

（1）2×18年3月15日实际收到财政拨款，确认递延收益：

借：银行存款　　　　　　　　　2 100 000

　　贷：递延收益　　　　　　　　　　　　2 100 000

（2）2×18年4月20日购入设备：

借：固定资产　　　　　　　　　4 800 000

　　贷：银行存款　　　　　　　　　　　　4 800 000

（3）自2×18年5月起每个资产负债表日（月末）计提折旧，

同时分摊递延收益：

①计提折旧（假设该设备用于污染物排放测试，折旧费用计入制造费用）：

借：制造费用   40 000

  贷：累计折旧   40 000

②分摊递延收益：

借：递延收益   17 500

  贷：其他收益   17 500

（4）2×26 年 4 月设备毁损，同时转销递延收益余额：

借：固定资产清理   960 000

  累计折旧   3 840 000

  贷：固定资产   4 800 000

借：递延收益   420 000

  贷：固定资产清理   420 000

借：营业外支出   540 000

  贷：固定资产清理   540 000

方法二：丁企业选择净额法对此类补助进行会计处理

（1）2×18 年 3 月 15 日实际收到财政拨款，确认递延收益：

借：银行存款   2 100 000

  贷：递延收益   2 100 000

（2）2×18 年 4 月 20 日购入设备：

借：固定资产   4 800 000

  贷：银行存款   4 800 000

借：递延收益   2 100 000

  贷：固定资产   2 100 000

（3）自 2×18 年 5 月起每个资产负债表日（月末）计提折旧：

借：制造费用   22 500

  贷：累计折旧   22 500

（4）2×26 年 4 月设备毁损：

```
借：固定资产清理              540 000
    累计折旧              2 160 000
    贷：固定资产                      2 700 000
借：营业外支出              540 000
    贷：固定资产清理                    540 000
```

二、与收益相关的政府补助

本准则规定，与收益相关的政府补助，应当分情况按照以下规定进行会计处理：用于补偿企业以后期间的相关成本费用或损失的，确认为递延收益，并在确认相关成本费用或损失的期间，计入当期损益或冲减相关成本；用于补偿企业已发生的相关成本费用或损失的，直接计入当期损益或冲减相关成本。对与收益相关的政府补助，企业同样可以选择采用总额法或净额法进行会计处理：选择总额法的，应当计入其他收益或营业外收入；选择净额法的，应当冲减相关成本费用或营业外支出。

（一）与收益相关的政府补助如果用于补偿企业以后期间的相关成本费用或损失，企业在取得时应当先判断企业能否满足政府补助所附条件。根据本准则规定，只有满足政府补助确认条件的才能予以确认，而客观情况通常表明企业能够满足政府补助所附条件，企业应当将其确认为递延收益，并在确认相关成本费用或损失的期间，计入当期损益或冲减相关成本。

【例5】甲企业于2×17年3月15日与其所在地地方政府签订合作协议，根据协议约定，当地政府将向甲企业提供1 000万元奖励资金，用于企业的人才激励和人才引进奖励，甲企业必须按年向当地政府报送详细的资金使用计划并按规定用途使用资金。协议同时还约定，甲企业自获得奖励起10年内注册地址不得迁离本地区，否则政府有权追回奖励资金。甲企业于2×17年4月10日收到1 000万元补助资金，分别在2×17年12月、2×18年12月、2×19年12月使用了400万元、300万元和300万元，用于发放给总裁级高管年度奖金。本例中不考虑相关税费等其他因素。

本例中，甲企业应当在取得政府补助时先判断是否满足政府补助的确认条件。如果客观情况表明甲企业在未来10年内离开该地区的可能性很小，比如通过成本效益分析认为甲企业迁离该地区的成本远高于收益，则甲企业在收到补助资金时应当计入"递延收益"科目，实际按规定用途使用补助资金时，再计入当期损益。

假设甲企业选择净额法对此类补助进行会计处理，其账务处理如下：

（1）2×17年4月10日甲企业实际收到补助资金：

借：银行存款   10 000 000

  贷：递延收益   10 000 000

（2）2×17年12月、2×18年12月、2×19年12月甲企业将补助资金用于发放高管奖金时相应结转递延收益：

① 2×17年12月：

借：递延收益   4 000 000

  贷：管理费用   4 000 000

② 2×18年12月：

借：递延收益   3 000 000

  贷：管理费用   3 000 000

③ 2×19年12月：

借：递延收益   3 000 000

  贷：管理费用   3 000 000

如果本例中甲企业选择按总额法对此类政府补助进行会计处理，则应当在确认相关管理费用的期间，借记"递延收益"科目，贷记"其他收益"科目。

如果甲企业在取得补助资金时暂时无法确定能否满足政府补助所附条件（即在未来10年内注册地址不得迁离本地区），则应当将收到的补助资金先计入"其他应付款"科目，待客观情况表明其能够满足政府补助所附条件后再转入"递延收益"科目。

（二）用于补偿企业已发生的相关成本费用或损失的，直接计入当期损益或冲减相关成本。这类补助通常与企业已经发生的行为有关，是对企业已发生的成本费用或损失的补偿，或是对企业过去行为的奖励。

【例6】乙企业销售其自主开发的软件。按照国家有关规定，该企业的这种产品适用增值税即征即退政策，按16%的税率征收增值税后，对其增值税实际税负超过3%的部分，实行即征即退。乙企业2×18年8月在进行纳税申报时，对归属于7月的增值税即征即退提交退税申请，经主管税务机关审核后的退税额为10万元。

本例中，软件企业即征即退增值税与企业日常销售密切相关，属于与企业的日常活动相关的政府补助。乙企业2×18年8月申请退税并确定了增值税退税额，账务处理如下：

借：其他应收款　　　　　　　　　　　100 000
　　贷：其他收益　　　　　　　　　　　　　100 000

【例7】丙企业2×17年11月遭受重大自然灾害，并于2×17年12月20日收到了政府补助资金200万元用于弥补其遭受自然灾害的损失。

2×17年12月20日，丙企业实际收到补助资金并对此类补助选择按总额法进行会计处理，其账务处理如下：

借：银行存款　　　　　　　　　　　　2 000 000
　　贷：营业外收入　　　　　　　　　　　　2 000 000

【例8】丁企业是集芳烃技术研发、生产于一体的高新技术企业。芳烃的原料是石脑油。石脑油按成品油项目在生产环节征消费税。根据国家有关规定，对使用燃料油、石脑油生产乙烯芳烃的企业购进并用于生产乙烯、芳烃类化工产品的石脑油、燃料油，按实际耗用数量退还所含消费税。假设丁企业石脑油单价为5 333元/吨（其中，消费税2 105元/吨）。2×17年7月，丁企业将115吨石脑油投入生产，石脑油转换率为1.15∶1（即1.15吨石脑油可生产1吨乙烯芳烃），共生产乙烯芳烃100吨。丁企业根据当期产量及所购原料供应商的消费税证明，向税务机关申请退还相应的消费税。

本例中，丁企业当期应退消费税为 $100×1.15×2\ 105 = 242\ 075$（元）。丁企业在期末结转存货成本和主营业务成本之前，对该政府补助的账务处理如下：

借：其他应收款　　　　　　　　　　242 075
　　贷：生产成本　　　　　　　　　　　　　　　242 075

三、政府补助退回的会计处理

本准则规定，已确认的政府补助需要退回的，应当在需要退回的当期分情况按照以下规定进行会计处理：（1）初始确认时冲减相关资产账面价值的，调整资产账面价值；（2）存在相关递延收益的，冲减相关递延收益账面余额，超出部分计入当期损益；（3）属于其他情况的，直接计入当期损益。

此外，对于属于前期差错的政府补助退回，应当按照《企业会计准则第28号——会计政策、会计估计变更和差错更正》作为前期差错更正进行追溯调整。

【例9】承【例4】，假设2×19年5月，因客观环境改变丁企业不再符合申请补助的条件，有关部门要求丁企业全额退回补助款。丁企业于当月退回了补助款210万元。丁企业的账务处理如下：

方法一：丁企业选择总额法对此类补助进行会计处理

丁企业应当结转尚未分配的递延收益，并将超出部分计入当期损益。因为本例中该项补助与日常活动相关，所以这部分退回的补助冲减应退回当期的其他收益。

2×19年5月丁企业退回补助款时：

借：递延收益　　　　　　　　　　　1 890 000
　　其他收益　　　　　　　　　　　　210 000
　　贷：银行存款　　　　　　　　　　　　　2 100 000

方法二：丁企业选择净额法对此类补助进行会计处理

丁企业计算应补提的折旧，将这部分费用计入当期损益，相应调整固定资产的账面价值。

2×19 年 5 月丁企业退回补助款时：

借：固定资产　　　　　　　　　　　　　　2 100 000
　　其他收益　　　　　　　　　　　　　　　210 000
　　贷：银行存款　　　　　　　　　　　　　　2100 000
　　　　累计折旧　　　　　　　　　　　　　　210 000

【例 10】甲企业于 2×17 年 11 月与某开发区政府签订合作协议，在开发区内投资设立生产基地。协议约定，开发区政府自协议签订之日起 6 个月内向甲企业提供 300 万元产业补贴资金，用于奖励该企业在开发区内投资并开展经营活动，甲企业自获得补贴起 5 年内注册地址不得迁离本区。如果甲企业在此期限内提前迁离开发区，开发区政府允许甲企业按照实际留在本区的时间保留部分补贴，并按剩余时间追回补贴资金。甲企业于 2×18 年 1 月 3 日收到补贴资金。

假设甲企业在实际收到补助资金时，客观情况表明甲企业在未来 5 年内迁离开发区的可能性很小，甲企业在收到补助资金时应当计入"递延收益"科目。由于协议约定如果甲企业提前迁离开发区，开发区政府有权按扣除实际留在本区时间后的剩余时间追回部分补助，说明企业每留在开发区内一年，就有权取得与这一年相关的补助，与这一年补助有关的不确定性基本消除，补贴收益得以实现，所以甲企业应当将该补助在 5 年内平均摊销结转计入损益。本例中，开发区政府对甲企业的补助是对该企业在开发区内投资并开展经营活动的奖励，并不指定用于补偿特定的成本费用。甲企业的账务处理如下：

（1）2×18 年 1 月 3 日，甲企业实际收到补助资金：

借：银行存款　　　　　　　　　　　　　　3 000 000
　　贷：递延收益　　　　　　　　　　　　　　3 000 000

（2）2×18 年 2×22 年每年 12 月 31 日，甲企业分期将递延收益结转入当期损益：

借：递延收益 600 000

    贷：其他收益 600 000

假设 2×20 年 1 月，甲企业因重大战略调整迁离开发区，开发区政府根据协议要求甲企业退回补助 180 万元：

借：递延收益 1 800 000

    贷：其他应付款 1 800 000

第六节　特定业务的会计处理

一、综合性项目政府补助的会计处理

对于同时包含与资产相关部分和与收益相关部分的政府补助，企业应当将其进行分解，区分不同部分分别进行会计处理；难以区分的，企业应当将其整体归类为与收益相关的政府补助进行会计处理。

【例11】2×17 年 6 月 15 日，某市科技创新委员会与乙企业签订了科技计划项目合同书，拟对乙企业的新药临床研究项目提供研究补助资金。该项目总预算为 600 万元，其中，市科技创新委员会资助 200 万元，乙企业自筹 400 万元。市科技创新委员会资助的 200 万元用于补助设备费 60 万元，材料费 15 万元，测试化验加工费 95 万元，差旅费 10 万元，会议费 5 万元，专家咨询费 8 万元，管理费用 7 万元，假设除设备费外的其他各项费用都属于研究支出。市科技创新委员会应当在合同签订之日起 30 日内将资金拨付给乙企业。根据双方约定，乙企业应当按合同规定的开支范围，对市科技创新委员会资助的经费实行专款专用。项目实施期限为自合同签订之日起 30 个月，期满后乙企业如未通过验收，在该项目实施期满后 3 年内不得再向市政府申请科技补贴资金。乙企业于 2×17 年 7 月 10 日收到补助资金，在项目期内按照合同约定的用途使用了补助资金。乙企业于 2×17 年 7 月 25 日按项目合同书的约定购置了相关设备，设备成本 150 万元，其中使用补助资金 60 万元，该设备使用年限为 10 年，采用直线法计提折旧（不考虑净残值）。假设本例中不考虑相关税费等其他因素。

本例中，乙企业收到的政府补助是综合性项目政府补助，需要区分与资产相关的政府补助和与收益相关的政府补助并分别进行处理。假设乙企业对收到的与资产相关的政府补助选择净额法进行会计处理。乙企业的账务处理如下：

（1）2×17 年 7 月 10 日乙企业实际收到补贴资金：

借：银行存款　　　　　　　　　　　　2 000 000
　　贷：递延收益　　　　　　　　　　　　　　2 000 000

（2）2×17 年 7 月 25 日购入设备：

借：固定资产　　　　　　　　　　　　1 500 000
　　贷：银行存款　　　　　　　　　　　　　　1 500 000
借：递延收益　　　　　　　　　　　　600 000
　　贷：固定资产　　　　　　　　　　　　　　600 000

（3）自 2×17 年 8 月起每个资产负债表日（月末）计提折旧，折旧费用计入研发支出：

借：研发支出　　　　　　　　　　　　7 500
　　贷：累计折旧　　　　　　　　　　　　　　7 500

（4）对其他与收益相关的政府补助，乙企业应当按照相关经济业务的实质确定是计入其他收益还是冲减相关成本费用，在企业按规定用途实际使用补助资金时计入损益，或者在实际使用的当期期末根据当期累计使用的金额计入损益，借记"递延收益"科目，贷记有关损益科目。

二、政策性优惠贷款贴息的会计处理

政策性优惠贷款贴息是政府为支持特定领域或区域发展，根据国家宏观经济形势和政策目标，对承贷企业的银行借款利息给予的补贴。企业取得政策性优惠贷款贴息的，应当区分财政将贴息资金拨付给贷款银行和财政将贴息资金直接拨付给企业两种情况，分别进行会计处理。

（一）财政将贴息资金拨付给贷款银行

在财政将贴息资金拨付给贷款银行的情况下，由贷款银行以政策性优惠利率向企业提供贷款。这种方式下，受益企业按照优惠利率向贷款银行支付利息，并没有直接从政府取得利息补助，企业可以选择下列方法之一进行会计处理：一是以实际收到的借款金额作为借款的入账价值，按照借款本金和该政策性优惠利率计算相关借款费用。通常情况下，实际收到的金额即为借款本金。二是以借款的公允价值作为借款的入账价值并按照实际利率法计算借款费用，实际收到的金额与借款公允价值之间的差额确认为递延收益。递延收益在借款存续期内采用实际利率法摊销，冲减相关借款费用。企业选择了上述两种方法之一后，应当一致地运用，不得随意变更。

在这种情况下，向企业发放贷款的银行并不是受益主体，其仍然按照市场利率收取利息，只是一部分利息来自企业，另一部分利息来自财政贴息。所以贷款银行发挥的是中介作用，并不需要确认与贷款相关的递延收益。

【例12】2×17年1月1日，丙企业向银行贷款100万元，期限2年，按月计息，按季度付息，到期一次还本。这笔贷款资金将被用于国家扶持产业，符合财政贴息的条件，所以贷款利率显著低于丙企业取得同类贷款的市场利率。假设丙企业取得同类贷款的年市场利率为9%，丙企业与银行签订的贷款合同约定的年利率为3%，丙企业按季度向银行支付贷款利息，财政按年向银行拨付贴息资金。贴息后丙企业实际支付的年利息率为3%，贷款期间的利息费用满足资本化条件，计入相关在建工程的成本。

表 2-1　　　相关借款费用的计算和递延收益的摊销　　　单位：元

月度	按市场利率应支付银行的利息①	财政贴息②	实际现金流③	实际现金流折现④	长期借款各期实际利息⑤	递延收益摊销金额⑥	长期借款的期末账面价值⑦
0							890 554
1	7 500	5 000	2 500	2 481	6 679	4 179	894 733
2	7 500	5 000	2 500	2 463	6 711	4 211	898 944
3	7 500	5 000	2 500	2 445	6 742	4 242	903 186
4	7 500	5 000	2 500	2 426	6 774	4 274	907 460
5	7 500	5 000	2 500	2 408	6 806	4 306	911 766
6	7 500	5 000	2 500	2 390	6 838	4 338	916 104
7	7 500	5 000	2 500	2 373	6 871	4 371	920 475
8	7 500	5 000	2 500	2 355	6 904	4 404	924 878
9	7 500	5 000	2 500	2 337	6 937	4 437	929 315
10	7 500	5 000	2 500	2 320	6 970	4 470	933 785
11	7 500	5 000	2 500	2 303	7 003	4 503	938 288
12	7 500	5 000	2 500	2 286	7 037	4 537	942 825
13	7 500	5 000	2 500	2 269	7 071	4 571	947 397
14	7 500	5 000	2 500	2 252	7 105	4 605	952 002
15	7 500	5 000	2 500	2 235	7 140	4 640	956 642
16	7 500	5 000	2 500	2 218	7 175	4 675	961 317
17	7 500	5 000	2 500	2 202	7 210	4 710	966 027
18	7 500	5 000	2 500	2 185	7 245	4 745	970 772
19	7 500	5 000	2 500	2 169	7 281	4 781	975 553
20	7 500	5 000	2 500	2 153	7 317	4 817	980 369
21	7 500	5 000	2 500	2 137	7 353	4 853	985 222
22	7 500	5 000	2 500	2 121	7 389	4 889	990 111

续表

月度	按市场利率应支付银行的利息①	财政贴息②	实际现金流③	实际现金流折现④	长期借款各期实际利息⑤	递延收益摊销金额⑥	长期借款的期末账面价值⑦
23	7 500	5 000	2 500	2 105	7 426	4 926	995 037
24	7 500	5 000	1 002 500	837 921	7 463	4 963	1 000 000
合计	180 000	120 000	1 060 000	890 554	169 447	109 446	

注：（1）实际现金流折现④为各月实际现金流③2500元按照月市场利率0.75%（＝9%÷12）折现的金额。例如，第一个月实际现金流折现＝2 500÷（1+0.75%）＝2 481（元），第二个月实际现金流折现＝2 500÷（1+0.75%）^{2}＝2 463（元）。

（2）长期借款各期实际利息⑤为各月长期借款账面价值⑦与月市场利率0.75%的乘积。例如，第一个月长期借款实际利息＝本月初长期借款账面价值890 554×0.75%＝6 679（元），第二个月长期借款实际利息＝本月初长期借款账面价值894 733×0.75%＝6711（元）。

（3）摊销金额⑥是长期借款各期实际利息⑤扣减每月实际支付的利息③2 500元后的金额。例如，第一个月摊销金额＝当月长期借款实际利息6679-当月实际支付的利息2 500＝4 179（元），第二个月摊销金额＝当月长期借款实际利息6 711-当月实际支付的利息2 500＝4 211（元）。

丙企业按方法一的账务处理如下：

（1）2×17年1月1日，丙企业取得银行贷款100万元：

借：银行存款　　　　　　　　　　　　　1 000 000

　　贷：长期借款——本金　　　　　　　　　　1 000 000

（2）2×17年1月31日起每月月末，丙企业按月计提利息，企业实际承担的利息支出为1 000 000×3%÷12＝2 500（元）：

借：在建工程　　　　　　　　　　　　　2 500

　　贷：应付利息　　　　　　　　　　　　　　2 500

丙企业按方法二的账务处理如下：

（1）2×17年1月1日，丙企业取得银行贷款100万元：

借：银行存款　　　　　　　　　　　　　1 000 000

　　长期借款——利息调整　　　　　　　　109 446

　　贷：长期借款——本金　　　　　　　　1 000 000

　　　　递延收益　　　　　　　　　　　　　109 446

（2）2×17 年 1 月 31 日，丙企业按月计提利息：

借：在建工程　　　　　　　　　　　　　6 679

　　贷：应付利息　　　　　　　　　　　　　2 500

　　　　长期借款——利息调整　　　　　　　4 179

同时，摊销递延收益：

借：递延收益　　　　　　　　　　　　　4 179

　　贷：在建工程　　　　　　　　　　　　　4 179

　　在上述两种方法下，丙企业每月计入在建工程的利息支出是一致的，均为 2 500 元。不同的是，在方法一下，丙企业该笔银行贷款 2×17 年 1 月 1 日长期借款的账面价值为 1 000 000 元；在方法二下，丙企业该笔银行贷款 2×17 年 1 月 1 日长期借款的账面价值为 890 554 元，此外还有递延收益 109 446 元，各月需要按照实际利率法对递延收益进行摊销。

　　（二）财政将贴息资金直接拨付给企业

　　财政将贴息资金直接拨付给受益企业，企业先按照同类贷款市场利率向银行支付利息，财政部门定期与企业结算贴息。在这种方式下，由于企业先按照同类贷款市场利率向银行支付利息，所以实际收到的借款金额通常就是借款的公允价值，企业应当将对应的贴息冲减相关借款费用。

　　【例 13】2×17 年 1 月 1 日，丙企业向银行贷款 100 万元，期限 2 年，按月计息，按季度付息，到期一次还本。这笔贷款资金将被用于国家扶持产业，符合财政贴息的条件，财政将贴息资金直接拨付给丙企业。丙企业与银行签订的贷款合同约定的年利率为 9%，丙企业按月计提利息，按季度向银行支付贷款利息，以付息凭证向财政申请贴息资金，财政按年与丙企业结算贴息资金，贴息后丙企业实际负担的年利息率为 3%。丙企业的账务处理如下：

　　（1）2×17 年 1 月 1 日，丙企业取得银行贷款 100 万元：

借：银行存款　　　　　　　　　　　　　　1 000 000

　　贷：长期借款——本金　　　　　　　　　　　1 000 000

（2）2×17 年 1 月 31 日起每月月末，丙企业按月计提利息，应向银行支付的利息金额为 1 000 000×9%÷12＝7 500（元），企业实际承担的利息支出为 1 000 000×3%÷12＝2 500（元），应收政府贴息为 5 000 元：

借：在建工程　　　　　　　　　　　　　　7 500

　　贷：应付利息　　　　　　　　　　　　　　　7 500

借：其他应收款　　　　　　　　　　　　　5 000

　　贷：在建工程　　　　　　　　　　　　　　　5 000

第七节　政府补助的列报

一、政府补助在利润表上的列示

企业应当在利润表中的"营业利润"项目之上单独列报"其他收益"项目，计入其他收益的政府补助在该项目中反映。冲减相关成本费用的政府补助，在相关成本费用项目中反映。与企业日常经营活动无关的政府补助，在利润表的营业外收支项目中反映。

二、政府补助在财务报表附注中的披露

因政府补助涉及递延收益、其他收益、营业外收入以及相关成本费用等多个报表项目，为了全面反映政府补助情况，企业应当在附注中单独披露政府补助的相关信息。本准则规定，企业应当在附注中单独披露与政府补助有关的下列信息：政府补助的种类、金额和列报项目；计入当期损益的政府补助金额；本期退回的政府补助金额及原因。其中，列报项目不仅包括总额法下计入其他收益、营业外收入、递延收益等项目，还包括净额法下冲减的资产和成本费用等项目。

第八节　新旧准则的衔接规定

本准则规定，2006 年 2 月 15 日财政部印发的《财政部关于印发〈企业会计准则第 1 号——存货〉等 38 项具体准则的通知》（财会（2006）3 号）中的《企业会计准则第 16 号——政府补助》同时废止。企业对 2017 年 1 月 1 日存在的政府补助采用未来适用法处理，对 2017 年 1 月 1 日至本准则施行日之间新增的政府补助根据本准则进行调整。财政部此前发布的有关政府补助会计处理规定与本准则不一致的，以本准则为准。

2017 年 1 月 1 日存在的政府补助主要指当日仍存在尚未分摊计入损益的与政府补助有关的递延收益。因采用未来适用法，企业不需调整 2016 年 12 月 31 日有关科目的期末余额，在编制 2017 年年报时也不需调整可比期间的比较数据。2017 年 1 月 1 日至本准则施行日之间新增的政府补助，主要指在这期间内新取得的政府补助。企业对 2017 年 1 月 1 日存在的和 2017 年 1 月 1 日至本准则施行日之间新增的政府补助应当视同从 2017 年 1 月 1 日起按照本准则进行会计处理，以确保在 2017 年度对政府补助业务采用的会计处理方法保持一致。

【例 14】丁企业于 2017 年 1 月 1 日存在尚未摊销的递延收益（与资产相关的政府补助）50 万元，该项递延收益对应的固定资产原值是 400 万元。根据本准则的衔接规定，丁企业在本准则施行后有两种处理方法：一是继续采用总额法，在这种方法下无需调整固定资产原值和递延收益，但需要根据本准则对递延收益应当计入"其他收益"还是"营业外收入"进行判断，如果判断应当计入"其他收益"，则将 2017 年 1 月 1 日以来摊销的递延收益从"营业外收入"中转出计入"其他收益"。二是选择采用净额法，将递延收益在 2017 年 1 月 1 日的余额冲减相关固定资产原值（原值调整为 350 万元），并以调整后的固定资产账面价值为基础计提折旧，同时调整自 2017 年 1 月 1 日起因摊销该项递延收益而计入"营业外收入"的金额以及相关资产计提的折旧费用。需要强调的是，因采用未来适用法，企业不需调整 2016 年 12 月 31 日有关资产负债的期末余额，在编制 2017 年年报时也不需调整可比期间的比较数据。

第九节　修订说明

一、本准则的制定背景

2006 年，财政部发布了《企业会计准则第 16 号——政府补助》（财会（2006）3 号，以下简称原准则）。原准则的实施对规范政府补助会计处理、提高会计信息质量，发挥了积极作用。但近年来，随着经济业务日益复杂，原准则及其应用指南在实施中存在的问题逐渐显现，财政部陆续收到实务界提出修改完善原准则的意见和建议。这些问题主要包括：

一是企业从政府取得的经济资源并不一定都是政府补助，还有可能是政府对企业的资本性投入和政府购买服务所支付的对价，实务界迫切希望能够在政府补助准则中明确这三类经济资源的区分原则，真实反映其实质。

二是原准则总额法下所有政府补助均计入营业外收入，但实务中企业取得的一些政府补助与企业的日常活动密切相关，如成本费用补贴、超税负返还、研发活动补助等，有些补助还有国家税法支持且具有持续性的特点，将这些政府补助不加区分地都计入营业外收入，难以真实反映企业的经营情况和营业利润。

三是原准则要求采用总额法，而国际财务报告准则允许选择总额法或净额法。为了与国际财务报告准则进一步趋同，使我国企业与国际企业采用同一会计核算规则，可以引入净额法。

为切实解决我国企业相关会计实务问题，进一步规范我国政府补助业务的会计处理，财政部结合我国实际情况，同时保持与国际财务报告准则的持续趋同，对原准则进行了修订，并于 2017 年 5 月发布了《企业会计准则第 16 号——政府补助》（财会 (2017) 15 号，以下简称本准则)。

二、本准则的制定过程

本着服务经济发展大局、解决实务问题的原则，财政部于 2016 年初着手启动了本准则的修订起草工作。在准则修订过程中，财政部严格遵循我国会计准则制定程序，开展了扎实系统的前期研究，通过专题座谈会、实地调研、公开征求意见等方式充分听取各方意见和建议。2016 年 8 月 1 日，财政部印发了《企业会计准则第 16 号——政府补助（修订）》征求意见稿，向社会公开征求意见。社会各界对征求意见稿积极反馈意见，财政部共收到反馈意见 96 份，这些反馈意见总体上对主要修订内容表示赞同。财政部对所有反馈意见进行了认真、深入、系统地归纳整理和分析，并就修订的核心技术问题继续实地调研，多次听取实务界的意见，也与证监会等监管机构进行了充分沟通协调。在此基础上，财政部对征求意见稿进行了修改完善，并根据我国会计准则制定程序依次形成准则草案、送审稿，经批准通过后正式发布。

本准则于 2017 年 5 月 10 日正式发布，自 2017 年 6 月 12 日起在所有执行企业会计准则的企业范围内施行。

三、本准则的主要变化

本准则发布后，2006 年 2 月 15 日财政部印发的《财政部关于印发〈企业会计准则第 1 号存货〉等 38 项具体准则的通知》（财会 [2006] 3 号）中的《企业会计准则第 16 号——政府补助》同时废止。根据调研和征求意见的情况，实务界普遍认为现阶段修订政府补助准则的目的是为了解决实务中的问题，应当保留仍然适用的原则，主要针对实务中急需解决的问题对原准则进行修订，并对实务中难以判断的问题给予更加详细的指导。基于这一诉求，本准则的主要修订内容如下：

一是要求企业根据政府补助的定义和特征对来源于政府的经

济资源进行判断，明确区分政府补助、收入以及政府作为投资者对企业的资本性投入。

二是在保留总额法的基础上引入了净额法。同时，要求企业对与其日常活动相关的政府补助，按照经济业务实质，计入其他收益或冲减相关成本费用；对与其日常活动无关的政府补助，应当计入营业外收支。这一会计处理方法的变化有助于更好地反映政府补助的经济业务实质。

三是对政策性优惠贷款贴息的会计处理作了明确规定，区分财政将贴息资金拨付给贷款银行和财政将贴息资金直接拨付给企业两种情况进行会计处理。

本准则发布后，财政部此前发布的有关政府补助会计处理规定（相关应用指南、企业会计准则解释等）与本准则不一致的，以本准则为准。

四、本准则的适用范围

政府补助是来源于政府的经济资源，但并不是所有来源于政府的经济资源都属于本准则规范的政府补助。所以，企业需要根据政府补助的定义和特征对交易或者事项的经济实质进行判断。

（一）对无偿性的判断

无偿性是政府补助区别于政府的资本性投入和政府购买服务的特征。在判断一项补贴资金是属于政府补助还是政府购买服务时，有时还需要考虑与补贴相关的最终成果归谁所有。以研发补贴为例，如果根据有关协议、合同，与研发补贴相关的研发成果完全归企业所有，即企业可以占有、使用、收益、处置该成果，则该项交易属于政府无偿向企业提供资源以支持企业的研发活动，具备无偿性特征，补贴资金应当作为政府补助处理；如果根据有关协议、合同，该研发成果归政府所有，由政府决定研发成果的使用范围以及该成果如何处置等，这实际上是政府委托企业进行研发，属于政府购买服务，应当按照收入等准则的规定进行会计处理。

150

需要说明的是，政府补助通常附有一定条件，对政府补助资金或资产的使用范围、用途或使用时间等进行规定。按所附条件使用政府补助资金或资产并不等同于为此支付对价。政府补助附有一定条件与政府补助的无偿性并不矛盾，实务中企业需要根据具体情况具体分析。

（二）不涉及资产直接转移的经济支持

本准则中的政府补助，是指企业从政府无偿取得货币性资产或非货币性资产。总体原则是涉及资产直接转移的政府补助纳入本准则的范围，即企业从政府直接取得资产（包括货币性资产和非货币性资产）。例如，政府对企业的无偿拨款，先征后返（退）、即征即退等方式的税收返还，直接向企业拨付财政贴息，以及无偿给予非货币性资产等。其他不涉及资产直接转移的经济支持不属于本准则规范的政府补助。例如，直接减征、免征、增加计税抵扣额、抵免部分税额等方式的税收优惠，不适用政府补助准则。与所得税减免相关的，适用《企业会计准则第 18 号——所得税》。又如，一些地方政府为了招商引资或鼓励创业投资，将产业园区内的房产以低于公允价值的价格出租给企业。理论上这也属于政府对企业的无偿经济支持，但没有纳入本准则的范围，理由是：一方面这种支持不涉及资产的直接转移；另一方面，如果企业按照公允价值确认相关租赁成本、同时按照公允价值和实际租金的差额确认政府补助，这种做法对净利润的影响与企业按照实际租金确认相关租赁成本对净利润的影响基本一致，前一种做法还需要企业估计租金的公允价值。所以从简化实务的角度出发，通常情况下这种不涉及资产直接转移的政府补助不纳入本准则的范围。但也存在个别例外情况：一是企业取得政策性优惠贷款贴息、且财政将贴息资金拨付给贷款银行的情况，这同样属于政府对企业的经济支持，虽然不涉及对企业的资产直接转移，但国际财务报告准则中将其作为政府补助处理，为保持国际趋同，此项补贴纳入本准则范围。二是个别减免税款需要按照政府补助准则进行会计处理。例如，属于一般纳税人的加工型企业根据税法规定招用自主就业退役士兵，并按定额扣减增值税的，应当将减征的税额计入当期损益，借记"应交税金—应交增值税（减免税额）"科目，贷记"其他收益"科目。

（三）原准则适用范围中债务豁免的规定

《财政部关于进一步规范地方国库资金和财政专户资金管理的通知》（财库〔2014〕175号）规定，"各级财政部门要严格按照批准的年度预算和用款计划拨款，对于年度预算执行中确需新增的支出项目，应按规定通过动支预备费或调整当年预算解决，不得对外借款。对于确需出借的临时急需款项，应严格限定借款对象、用途和期限。借款对象应限于纳入本级预算管理的一级预算单位（不含企业），不得对非预算单位及未纳入年度预算的项目借款和垫付财政资金，且应仅限于临时性资金周转或者为应对社会影响较大的突发事件的临时急需垫款。借款期限不得超过一年"。

根据上述规定，政府原则上不对企业借款，相应不存在政府对企业债务豁免的情况，故将原准则中准则适用范围的有关规定予以删除，即删除了"债务豁免，适用《企业会计准则第12号——债务重组》"。

五、政府补助的分类和会计处理方法

将政府补助划分为与资产相关的政府补助和与收益相关的政府补助，是因为两类政府补助给企业带来经济利益或者弥补相关成本费用的形式不同。与资产相关的政府补助与长期资产的取得有关，所以通常情况下受益期较长，与收益相关的政府补助主要是对期间费用或生产成本的补偿，受益期相对较短。因此，政府补助的分类主要关系到将政府补助计入损益的时间。

政府补助的会计处理包括总额法和净额法。总额法下政府补助计入收益，净额法下政府补助冲减相关成本费用或损失。因此，政府补助的会计处理方法主要关系到政府补助是计入收益还是冲减相关成本费用或损失，影响到政府补助会计处理计入的会计科目。不论是与资产相关的政府补助，还是与收益相关的政府补助，都可以按照经济业务实质，选择总额法或净额法。通常情况下，企业对同类或类似政府补助业务只能选用一种方法。企业在选择方法之前，首先需要对经济业务的类型进行判断。例如，增值税即征即退和对芳烃生产企业按实际耗用石脑油数量退还所含消费税都属于税收优惠，但前者退还的是增值税，由于增值税是价外税，且该税收返还并非对特定的成本费用进行补偿，因此对增值税即征即退业务采用总额法是合适的；后者退还的是生产环节消费税，这部分消费税是生产成本的组成部分，因此，对该业务采用净额法能够更准确地反映企业的生产成本。企业在对各类政府补助业务选择好方法后，应当一贯地运用该方法，不得随意变更。

六、日常活动

本准则第十一条规定，与企业日常活动相关的政府补助，应当按照经济业务实质，计入其他收益或冲减相关成本费用。与企业日常活动无关的政府补助，应当计入营业外收支。这是对原准则应用指南的修订。根据原准则应用指南，政府补助最终都计入营业外收入。但实务界提出，企业取得的一些政府补助与企业的日常活动密切相关，有些补助还有国家税法支持且具有持续性的特点。所以修订后的本准则以是否与日常活动相关对政府补助进行了区分，与日常活动相关的政府补助影响营业利润，与日常活动无关的政府补助影响营业外收支，目的就是为了更加真实地反映企业的经营活动及其营业利润。

由于政府补助主要是对企业成本费用或损失的补偿，或是对企业某些行为的奖励，因此通常情况下，本准则中的日常活动有两项判断标准：一是政府补助补偿的成本费用是否属于营业利润之中的项目，如果属于，则该项政府补助与日常活动相关；二是该补助与日常销售等经营行为是否密切相关，例如，软件企业享受增值税即征即退的税收优惠，该税收优惠与企业销售商品的日常活动密切相关，则属于与日常活动相关的政府补助。与日常活动无关的政府补助，通常由企业常规经营之外的原因所产生，具备偶发性的特征，例如政府因企业受不可抗力的影响发生停工、停产损失而给予补助等，因此这类补助计入营业外收支。

七、与资产相关的政府补助

企业选择总额法对与资产相关的政府补助进行会计处理时，涉及到递延收益的摊销。原准则下，与资产相关的政府补助确认为递延收益，并在相关资产使用寿命内平均分配，计入当期损益（营业外收入）。在本准则下，企业采用总额法时，与资产相关的政府补助确认为递延收益后，应当在相关资产使用寿命内按合理、系统的方法分期计入损益。之所以不再要求所有递延收益都按照相关资产寿命平均分摊，是因为资产的折旧或摊销方法体现了资产的使用情况，与资产相关的政府补助在摊销时也应尽可能与资产的使用情况对应，即与相关资产折旧或摊销方法对应。例如，当企业选择加速折旧法计提固定资产折旧时，因与该资产相关的政府补助而确认的递延收益也可加速摊销。

八、政府补助的退回

本准则规定，只有当企业能够满足政府补助所附条件且能够收到政府补助时，才能确认政府补助。已确认的政府补助需要退回的，通常是因为政府补助相关政策发生变化或企业自身业务活动发生变化，导致企业不再满足政府补助所附条件。由于企业对政府补助业务可以选择不同方法、涉及不同会计科目，因此，如果发生退回业务，在需要退回政府补助的当期应当分情况进行会计处理。对于与收益相关的政府补助，存在递延收益账面余额的，应冲减与该项补助相关的尚未分配的递延收益账面余额，退回金额超过递延收益账面余额的部分，计入应退回补助当期的损益；不存在递延收益账面余额的，按照应退回的金额计入当期损益。对于与资产相关的政府补助，总额法下，应冲减相关递延收益的账面余额，超出部分计入当期损益；净额法下，由于在初始确认时将政府补助冲减了相关资产的账面价值，当发生政府补助退回时，应计算假定企业没有取得政府补助时累计需计提的折旧或摊销，将这部分补提的折旧或摊销计入应退回补助当期的损益，同时相应调整相关资产账面价值。

如果企业被认定为以骗补的方式取得补助，则属于前期差错，应当根据《企业会计准则第 28 号——会计政策、会计估计变更和差错更正》的规定，按照前期差错更正进行追溯调整。

九、政策性优惠贷款贴息

实务中，政策性优惠贷款贴息分为两种情况：一是贷款银行按照政策性优惠利率向企业发放贷款，企业按照优惠利率付息，财政将贴息资金拨付给贷款银行，以补偿贷款银行发放低息贷款所减少的利息收入；二是贷款银行按照市场利率向企业发放贷款，财政将贴息资金直接拨付给企业，以降低企业的融资成本。上述两种情况虽然方式不同，但实际效果是相同的，即贷款银行仍按市场利率取得利息收入，企业因为享受财政补贴降低了融资成本。

原准则下，第一种方式（财政将贴息资金拨付给贷款银行）不纳入准则适用范围，因为该方式不涉及资产从政府到企业的直接转移。此次修订将该类政策性优惠贷款贴息纳入本准则适用范围，主要考虑到政策性优惠贷款贴息业务确属政府对企业的无偿经济支持，而且国际财务报告准则对此类贴息业务专门进行了规定，为了保持国际趋同，本准则也作了相应规定。对于这种方式，在会计处理上企业有两种方法可供选择，一是以实际收到的借款金额作为借款的入账价值，按照借款本金和该政策性优惠利率计算相关借款费用；二是以借款的公允价值作为借款的入账价值并按照实际利率法计算借款费用，实际收到的金额与借款公允价值之间的差额确认为递延收益。递延收益在借款存续期内采用实际利率法摊销，冲减相关借款费用。方法一在实务操作上较为简单并便于理解，方法二采用的是国际财务报告准则的处理原则，两种方法下对企业借款费用的影响基本一致，所不同的是长期借款和递延收益在资产负债表日的金额。之所以提供两种方法供企业选择，是为了同时兼顾实务可操作性和国际趋同的需要。

需要说明的是，本准则要求对政策性优惠贷款贴息采用净额法，是为了与《基本建设财务规则》（中华人民共和国财政部第81号令）对财政贴息的规定在原则上保持一致，即归属经营性项目建设期间的财政贴息冲减项目建设成本。

第三章　企业会计准则解释 9—12 号

为了深入贯彻实施企业会计准则，解决执行中出现的问题，同时，实现企业会计准则持续趋同和等效，财政部制定了《企业会计准则解释第 9 号——关于权益法下投资净损失的会计处理》、《企业会计准则解释第 10 号——关于以使用固定资产产生的收入为基础的折旧方法》、《企业会计准则解释第 11 号——关于以使用无形资产产生的收入为基础的摊销方法》和《企业会计准则解释第 12 号——关于关键管理人员服务的提供方与接受方是否为关联方》。于 2017 年 6 月 12 日发布，自 2018 年 1 月 1 日起施行。

第一节　企业会计准则解释第 9 号

解释第 9 号主要涉及权益法下有关投资净损失的会计处理，该问题主要涉及《企业会计准则第 2 号——长期股权投资》（财会〔2014〕14 号，以下简称第 2 号准则）。第 2 号准则第十二条规定，投资方确认被投资单位发生的净亏损，应以长期股权投资的账面价值以及其他实质上构成对被投资单位净投资的长期权益（简称其他长期权益）冲减至零为限，投资方负有承担额外损失义务的除外。被投资单位以后实现净利润的，投资方在其收益分享额弥补未确认的亏损分担额后，恢复确认收益分享额。根据上述规定，投资方在权益法下因确认被投资单位发生的其他综合收益减少净额而产生未确认投资净损失的，是否按照上述原则处理？

解释第 9 号规定了相关会计确认、计量和列报要求：投资方按权益法确认应分担被投资单位的净亏损或被投资单位其他综合收益减少净额，将有关长期股权投资冲减至零并产生了未确认投资净损失的，被投资单位在以后期间实现净利润或其他综合收益增加净额时，投资方应当按照以前确认或登记有关投资净损失时的相反顺序进行会计处理，即依次减记未确认投资净损失金额、恢复其他长期权益和恢复长期股权投资的账面价值，同时，投资方还应当重新复核预计负债的账面价值，有关会计处理如下：

（一）投资方当期对被投资单位净利润和其他综合收益增加净额的分享额小于或等于前期未确认投资净损失的，根据登记的未确认投资净损失的类型，弥补前期未确认的应分担的被投资单位净亏损或其他综合收益减少净额等投资净损失。

（二）投资方当期对被投资单位净利润和其他综合收益增加净额的分享额大于前期未确认投资净损失的，应先按照以上（一）的规定弥补前期未确认投资净损失；对于前者大于后者的差额部分，依次恢复其他长期权益的账面价值和恢复长期股权投资的账面价值，同时按权益法确认该差额。

投资方应当按照《企业会计准则第13号——或有事项》的有关规定，对预计负债的账面价值进行复核，并根据复核后的最佳估计数予以调整。

本解释施行前的有关业务未按照以上规定进行处理的，应进行追溯调整，追溯调整不切实可行的除外。本解释施行前已处置或因其他原因终止采用权益法核算的长期股权投资，无需追溯调整。

解释第9号是对原准则的一项补充，明确了由于被投资方发生的其他综合收益减少净额而产生未确认投资净损失，也按照《企业会计准则第2号——长期股权投资》规定的原则进行会计处理。其中相关会计处理（一）不做账务处理，仅在备查簿中按类型分别登记；相关会计处理（二）需要进行账务处理。分别按类型逐项恢复，依次冲销未确认投资净损失金额、恢复其他长期权益和恢复长期股权投资的账面价值。权益法核算的最终结果，与享有

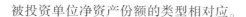

被投资单位净资产份额的类型相对应。

第二节　企业会计准则解释第 10 号

解释第 10 号主要涉及关于以使用固定资产产生的收入为基础的折旧方法，该问题主要涉及《企业会计准则第 4 号——固定资产》（财会〔2006〕3 号，以下简称第 4 号准则）。第 4 号准则第十七条规定，企业应当根据与固定资产有关的经济利益的预期实现方式，合理选择固定资产折旧方法。可选用的折旧方法包括年限平均法、工作量法、双倍余额递减法和年数总和法等。根据上述规定，企业能否以包括使用固定资产在内的经济活动产生的收入为基础计提折旧？

解释第 10 号规定了相关会计确认、计量和列报要求：企业在按照第 4 号准则的上述规定选择固定资产折旧方法时，应当根据与固定资产有关的经济利益的预期消耗方式做出决定。由于收入可能受到投入、生产过程、销售等因素的影响，这些因素与固定资产有关经济利益的预期消耗方式无关，因此，企业不应以包括使用固定资产在内的经济活动所产生的收入为基础进行折旧。

本解释不要求追溯调整。本解释施行前已确认的相关固定资产未按本解释进行会计处理的，不调整以前各期折旧金额，也不计算累积影响数，自施行之日起在未来期间根据重新评估后的折旧方法计提折旧。

《企业会计准则第 4 号——固定资产》第十七条规定，企业应当根据与固定资产有关的经济利益的预期实现方式，合理选择固定资产折旧方法。此次解释将"预期实现方式"改为"预期消耗方式"，与 IAS 16 保持一致（The depreciation method used shall reflect the pattern in which the asset's future economic benefits are expected to be consumed by the entity），不会误解为实现经济利益的方式——如取得收入。由于收入可能受到投入、生产过程、销售等因素的影响，这些因素与固定资产有关经济利益的预期消耗方式无关，因此，企业不应以包括使用固定资产在内的经济活动所产生的收入为基础进行折旧。

第三节　企业会计准则解释第 11 号

解释第 11 号主要涉及关于以使用无形资产产生的收入为基础的摊销方法，该问题主要涉及《企业会计准则第 6 号——无形资产》（财会〔2006〕3 号，以下简称第 6 号准则）。第 6 号准则第十七条规定，企业选择的无形资产摊销方法，应当反映与该无形资产有关的经济利益的预期实现方式。无法可靠确定预期实现方式的，应当采用直线法摊销。根据上述规定，企业能否以包括使用无形资产在内的经济活动产生的收入为基础进行摊销？

解释第 11 号规定了相关会计确认、计量和列报要求：企业在按照第 6 号准则的上述规定选择无形资产摊销方法时，应根据与无形资产有关的经济利益的预期消耗方式做出决定。由于收入可能受到投入、生产过程和销售等因素的影响，这些因素与无形资产有关经济利益的预期消耗方式无关，因此，企业通常不应以包括使用无形资产在内的经济活动所产生的收入为基础进行摊销，但是，下列极其有限的情况除外：

1. 企业根据合同约定确定无形资产固有的根本性限制条款（如无形资产的使用时间、使用无形资产生产产品的数量或因使用无形资产而应取得固定的收入总额）的，当该条款为因使用无形资产而应取得的固定的收入总额时，取得的收入可以成为摊销的合理基础，如企业获得勘探开采黄金的特许权，且合同明确规定该特许权在销售黄金的收入总额达到某固定的金额时失效。

2. 有确凿的证据表明收入的金额和无形资产经济利益的消耗是高度相关的。

企业采用车流量法对高速公路经营权进行摊销的，不属于以

160

包括使用无形资产在内的经济活动产生的收入为基础的摊销方法。

本解释不要求追溯调整。本解释施行前已确认的无形资产未按本解释进行会计处理的，不调整以前各期摊销金额，也不计算累积影响数，自施行之日起在未来期间根据重新评估后的摊销方法计提摊销。

《企业会计准则第 6 号——无形资产》第十七条规定，企业选择的无形资产摊销方法，应当反映与该项无形资产有关的经济利益的预期实现方式。此次解释将"预期实现方式"改为"预期消耗方式"，与 IAS 38 保持一致（……The amortisation method used shall reflect the pattern in which the asset's future economic benefits are expected to be consumed by the entity…….），不会误解为实现经济利益的方式——如取得收入。

第四节　企业会计准则解释第 12 号

解释第 12 号主要涉及关于关键管理人员服务的提供方与接受方是否为关联方，该问题主要涉及《企业会计准则第 36 号——关联方披露》（财会〔2006〕3 号，以下简称第 36 号准则）。根据第 36 号准则第四条，企业的关键管理人员构成该企业的关联方。根据上述规定，提供关键管理人员服务的主体（以下简称服务提供方）与接受该服务的主体（以下简称服务接受方）之间是否构成关联方？例如，证券公司与其设立并管理的资产管理计划之间存在提供和接受关键管理人员服务的关系的，是否仅因此就构成了关联方，即证券公司在财务报表中是否将资产管理计划作为关联方披露，以及资产管理计划在财务报表中是否将证券公司作为关联方披露。

解释第 11 号规定了相关会计确认、计量和列报要求：服务提供方向服务接受方提供关键管理人员服务的，服务接受方在编制财务报表时，应当将服务提供方作为关联方进行相关披露；服务提供方在编制财务报表时，不应仅仅因为向服务接受方提供了关键管理人员服务就将其认定为关联方，而应当按照第 36 号准则判断双方是否构成关联方并进行相应的会计处理。服务接受方可以不披露服务提供方所支付或应支付给服务提供方有关员工的报酬，但应当披露其接受服务而应支付的金额。

本解释不要求追溯调整。对"提供关键管理人员服务的企业"而言，若不存在其他关系，"接受关键管理人员服务的企业"并不能控制、共同控制另一方或对其施加重大影响，因此不应仅仅因为提供了关键管理人员服务而将"接受关键管理人员服务的企业"认定为关联方。相关披露要求参考 IAS 24 17A 和 18A，要求披露：接受关键管理人员服务的企业不需要披露提供关键管理人员服务的企业支付/应付给其员工或董事的报酬。接受关键管理人员服务的企业为由提供关键管理人员服务的企业提供的关键管理人员服务产生的金额应予披露。

第二篇　小企业内部控制规范（试行）解读

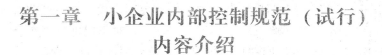

第一章　小企业内部控制规范（试行）内容介绍

　　为贯彻落实党中央、国务院关于"稳增长、促改革、调结构、惠民生、防风险"的有关要求，引导和推动小企业加强内部控制建设，提升经营管理水平和风险防范能力，促进小企业健康可持续发展，根据《中华人民共和国会计法》、《中华人民共和国公司法》等法律法规及《企业内部控制基本规范》，2017年6月29日，财政部印发了《小企业内部控制规范（试行）》（财会〔2017〕21号，以下简称《规范》）。自2018年1月1日起施行。

　　一、背景介绍

　　大力发展小企业是我国一项长期的战略任务。小企业是社会就业的主要承担者，是国家税收的重要提供者，是创业和创新的主力军，是"大众创业、万众创新"新引擎，越来越成为国民经济的重要支柱和经济持续稳定增长的坚实基础。2014年国务院发布的《关于扶持小型微型企业健康发展的意见》，要求有关部门加强对小微企业的管理指导，切实扶持小微企业健康发展。2015年国务院发布的《关于大力推进大众创业万众创新若干政策措施的意见》，进一步明确了我国促进小微企业创新发展的政策方向。推动社会创业和鼓励小微企业发展，已成为今后一个时期深化经济体制改革、促进我国经济转型升级的战略举措。

　　财政部等五部委联合发布的《企业内部控制基本规范》（2008）及其配套指引（2010）对我国大中型企业，特别是上市公司和中央企业加强内部控制建设发挥了重要的推动作用。但是，我国小企业数量众多，且类型多样、差别显著，小企业按照企业内部控制规范体系的有关要求，开展内部控制建设存在适用性不强、实施成本高等问题。因此，制定发布《小企业内部控制规范（试行）》，引导和帮助小企业加强内部控制建设，提高经营管理水平，降低经营风险，减少各类经济损失，对于促进我国小企业健康成长，进而推动我国经济健康可持续发展具有重要意义。

二、《规范》起草发布的过程

《规范》从起草到发布，大致经历了以下六个阶段：

（一）前期研究阶段（2015年1月至3月）。2015年初，财政部会计司组织有关内部控制咨询专家，成立起草小组，启动了《规范》的研究制定工作。起草小组收集整理了国内外有关监管部门和内部控制标准制定机构有关小企业内部控制规定及文献资料，对小企业的特征、划分标准、内部控制特殊需求以及我国小企业经营管理中面临的难点重点和主要风险等进行了深入研究。

（二）调研座谈阶段（2015年4月至6月）。财政部会计司会同工信部中小企业局、深交所等多家单位对国内小企业的内部控制建设情况开展了调查研究，以座谈会和实地考察相结合的方式走访了深圳、广州、上海、江苏等4个省市的31家小企业，听取有关小企业对建立和实施内部控制的意见建议。

（三）专家研讨阶段（2015年7月至12月）。起草小组根据有关方面的意见和调查问卷结果，结合国内外有关小企业内部控制研究成果，研究起草了《小型企业内部控制规范（初稿）》。同时，组织召开了一系列专家座谈会，邀请工信部、证监会、小企业代表、内控咨询专家针对初稿开展了多次内部研讨。

（四）征求意见阶段（2016年1月至8月）。2016年1月至5月，在专家座谈研讨的基础上，起草小组对初稿进行了修改，形成了《规范》的征求意见稿，同时面向企业内部控制标准委员会委员、咨询专家及社会各界公开征求意见。2016年6月至8月，共收到社会各界的反馈意见477条。意见主要集中在《规范》的定位及适用范围、小企业的称谓及特征、与《企业内部控制基本规范》之间的衔接、对小企业特点的体现以及其他技术性问题等方面。

（五）修改完善阶段（2016年9月至12月）。在对所收集的意见进行汇总和逐条分析研究的基础上，财政部会计司邀请工信部中小企业局、证监会上市部和会计部、小企业代表、内控咨询专家多次召开研讨会，针对反馈意见进行了充分研讨，并根据与会各位代表和专家的建议对《规范》的征求意见稿进行修改完善。

（六）定稿发布阶段（2017年1月至6月）。根据司务会的审议意见，财政部会计司对《规范》再次进行了修改和完善，在履行相应的内部审核程序后，最终形成了《规范》并正式印发。

三、《规范》的主要内容

《规范》包括总则、内部控制建立与实施、内部控制监督、附则等四章，共四十条。

（一）总则。主要明确了制定《规范》的目的、依据和适用范围，小企业内部控制的定义、目标、原则和总体要求，以及小企业负责人的责任等内容。

（二）内部控制建立与实施。主要明确了小企业内部控制建立与实施工作的总体要求，风险评估的对象、方法、内容、方式、频率，特别说明了小企业常见的风险类别、常用的风险应对策略，明确了小企业建立内部控制的重点领域、常见的内部控制措施、内部控制实施的基本要求、内部控制与现有企业管理体系的关系、内外部信息沟通方式、人员培训和控制措施的更新优化等内容。

（三）内部控制监督。主要明确了小企业内部控制的监督机制，包括实施监督的方式、监督人员要求、日常监督的重点、内部控制存在的问题及整改、定期评价频率、内部控制报告、监督与评价结果的使用等内容。

（四）附则。主要明确了微型企业参照执行、小企业可以参照执行《企业内部控制基本规范》及其配套指引、《规范》的解释权归属和生效时点等问题。

四、《规范》与《企业内部控制基本规范》及其配套指引的关系

《企业内部控制基本规范》规定了企业内部控制的定义、目标、原则、要素、基本框架和主要内容，是企业内部控制领域的"母法"；《规范》依据《企业内部控制基本规范》制定而成，是《企业内部控制基本规范》在小企业范围内的具体规范。遵循"从高不就低"的原则，已经执行《企业内部控制基本规范》及其配套指引的上市公司、大中型企业和小企业，不得转为执行本《规范》。本《规范》未规定的其他业务活动的内部控制建设，小企业可以参照《企业内部控制基本规范》及其配套指引执行。同时，鼓励有条件的小企业执行《企业内部控制基本规范》及其配套指引。这样，既妥善处理了突出重点和兼顾一般的关系，又为小企业成长为大中型企业或公众上市公司提供了上升通道，降低了两项制度之间的转换成本。

五、《规范》具体内容

为了指导小企业建立和有效实施内部控制，提高经营管理水平和风险防范能力，促进小企业健康可持续发展，根据《中华人民共和国会计法》《中华人民共和国公司法》等法律法规及《企业内部控制基本规范》，制定本规范。本规范适用于在中华人民共和国境内依法设立的、尚不具备执行《企业内部控制基本规范》及其配套指引条件的小企业。

小企业的划分标准按照《中小企业划型标准规定》执行。执行《企业内部控制基本规范》及其配套指引的企业集团，其集团内属于小企业的母公司和子公司，也应当执行《企业内部控制基本规范》及其配套指引。企业集团、母公司和子公司的定义与《企业会计准则》的规定相同。

内部控制，是指由小企业负责人及全体员工共同实施的、旨在实现控制目标的过程。小企业内部控制的目标是合理保证小企业经营管理合法合规、资金资产安全和财务报告信息真实完整

可靠。

小企业建立与实施内部控制，应当遵循下列原则：

（一）风险导向原则。内部控制应当以防范风险为出发点，重点关注对实现内部控制目标造成重大影响的风险领域。

（二）适应性原则。内部控制应当与企业发展阶段、经营规模、管理水平等相适应，并随着情况的变化及时加以调整。

（三）实质重于形式原则。内部控制应当注重实际效果，而不局限于特定的表现形式和实现手段。

（四）成本效益原则。内部控制应当权衡实施成本与预期效益，以合理的成本实现有效控制。

小企业建立与实施内部控制应当遵循下列总体要求：

（一）树立依法经营、诚实守信的意识，制定并实施长远发展目标和战略规划，为内部控制的持续有效运行提供良好环境。

（二）及时识别、评估与实现控制目标相关的内外部风险，并合理确定风险应对策略。

（三）根据风险评估结果，开展相应的控制活动，将风险控制在可承受范围之内。

（四）及时、准确地收集、传递与内部控制相关的信息，并确保其在企业内部、企业与外部之间的有效沟通。

（五）对内部控制的建立与实施情况进行监督检查，识别内部控制存在的问题并及时督促改进。

（六）形成建立、实施、监督及改进内部控制的管理闭环，并使其持续有效运行。

小企业主要负责人对本企业内部控制的建立健全和有效实施负责。小企业可以指定适当的部门（岗位），具体负责组织协调和推动内部控制的建立与实施工作。

第二章　内部控制建立与实施

　　小企业应当围绕控制目标，以风险为导向确定内部控制建设的领域，设计科学合理的控制活动或对现有控制活动进行梳理、完善和优化，确保内部控制体系能够持续有效运行。

　　小企业应当依据所设定的内部控制目标和内部控制建设工作规划，有针对性地选择评估对象开展风险评估。

　　风险评估对象可以是整个企业或某个部门，也可以是某个业务领域、某个产品或某个具体事项。小企业应当恰当识别与控制目标相关的内外部风险，如合规性风险、资金资产安全风险、信息安全风险、合同风险等。

　　小企业应当采用适当的风险评估方法，综合考虑风险发生的可能性、风险发生后可能造成的影响程度以及可能持续的时间，对识别的风险进行分析和排序，确定重点关注和优先控制的风险。常用的风险评估方法包括问卷调查、集体讨论、专家咨询、管理层访谈、行业标杆比较等。

　　小企业开展风险评估既可以结合经营管理活动进行，也可以专门组织开展。小企业应当定期开展系统全面的风险评估。在发生重大变化以及需要对重大事项进行决策时，小企业可以相应增加风险评估的频率。

　　小企业开展风险评估，可以考虑聘请外部专家提供技术支持。小企业应当根据风险评估的结果，制定相应的风险应对策略，对相关风险进行管理。风险应对策略一般包括接受、规避、降低、分担等四种策略。

　　小企业应当将内部控制作为降低风险的主要手段，在权衡成本效益之后，采取适当的控制措施将风险控制在本企业可承受范围之内。

小企业建立与实施内部控制应当重点关注下列管理领域：资金管理、重要资产管理（包括核心技术）、债务与担保业务管理、税费管理、成本费用管理、合同管理、重要客户和供应商管理、关键岗位人员管理、信息技术管理和其他需要关注的领域。

小企业在建立内部控制时，应当根据控制目标，按照风险评估的结果，结合自身实际情况，制定有效的内部控制措施。内部控制措施一般包括不相容岗位相分离控制、内部授权审批控制、会计控制、财产保护控制、单据控制等。

不相容岗位相分离控制要求小企业根据国家有关法律法规的要求及自身实际情况，合理设置不相容岗位，确保不相容岗位由不同的人员担任，并合理划分业务和事项的申请、内部审核审批、业务执行、信息记录、内部监督等方面的责任。因资源限制等原因无法实现不相容岗位相分离的，小企业应当采取抽查交易文档、定期资产盘点等替代性控制措施。

内部授权审批控制要求小企业根据常规授权和特别授权的规定，明确各部门、各岗位办理业务和事项的权限范围、审批程序和相关责任。常规授权是指小企业在日常经营管理活动中按照既定的职责和程序进行的授权。特别授权是指小企业在特殊情况、特定条件下进行的授权。小企业应当严格控制特别授权。小企业各级管理人员应当在授权范围内行使职权、办理业务。

会计控制要求小企业严格执行国家统一的会计准则制度，加强会计基础工作，明确会计凭证、会计账簿和财务会计报告的处理程序，加强会计档案管理，保证会计资料真实完整。

小企业应当根据会计业务的需要，设置会计机构；或者在有关机构中设置会计人员并指定会计主管人员；或者委托经批准设立从事会计代理记账业务的中介机构代理记账。

小企业应当选择使用符合《中华人民共和国会计法》和国家

统一的会计制度规定的会计信息系统（电算化软件）。

财产保护控制要求小企业建立财产日常管理和定期清查制度，采取财产记录、实物保管、定期盘点、账实核对等措施，确保财产安全完整。单据控制要求小企业明确各种业务和事项所涉及的表单和票据，并按照规定填制、审核、归档和保管各类单据。

小企业应当根据内部控制目标，综合运用上述内部控制措施，对企业面临的各类内外部风险实施有效控制。小企业在采取内部控制措施时，应当对实施控制的责任人、频率、方式、文档记录等内容做出明确规定。有条件的小企业可以采用内部控制手册等书面形式来明确内部控制措施。

小企业可以利用现有的管理基础，将内部控制要求与企业管理体系进行融合，提高内部控制建立与实施工作的实效性。

小企业在实施内部控制的过程中，可以采用灵活适当的信息沟通方式，以实现小企业内部各管理层级、业务部门之间，以及与外部投资者、债权人、客户和供应商等有关方面之间的信息畅通。内外部信息沟通方式主要包括发函、面谈、专题会议、电话等。

小企业应当通过加强人员培训等方式，提高实施内部控制的责任人的胜任能力，确保内部控制得到有效实施。

在发生下列情形时，小企业应当评估现行的内部控制措施是否仍然适用，并对不适用的部分及时进行更新优化：

（一）企业战略方向、业务范围、经营管理模式、股权结构发生重大变化；

（二）企业面临的风险发生重大变化；

（三）关键岗位人员胜任能力不足；

（四）其他可能对企业产生重大影响的事项。

第三章　内部控制监督

　　小企业应当结合自身实际情况和管理需要建立适当的内部控制监督机制，对内部控制的建立与实施情况进行日常监督和定期评价。小企业应当选用具备胜任能力的人员实施内部控制监督。实施内部控制的责任人开展自我检查不能替代监督。具备条件的小企业，可以设立内部审计部门（岗位）或通过内部审计业务外包来提高内部控制监督的独立性和质量。

　　小企业开展内部控制日常监督应当重点关注下列情形：

　　（一）因资源限制而无法实现不相容岗位相分离；

　　（二）业务流程发生重大变化；

　　（三）开展新业务、采用新技术、设立新岗位；

　　（四）关键岗位人员胜任能力不足或关键岗位出现人才流失；

　　（五）可能违反有关法律法规；

　　（六）其他应通过风险评估识别的重大风险。

　　小企业对于日常监督中发现的问题，应当分析其产生的原因以及影响程度，制定整改措施，及时进行整改。小企业应当至少每年开展一次全面系统的内部控制评价工作，并可以根据自身实际需要开展不定期专项评价。

　　小企业应当根据年度评价结果，结合内部控制日常监督情况，编制年度内部控制报告，并提交小企业主要负责人审阅。

　　内部控制报告至少应当包括内部控制评价的范围、内部控制中存在的问题、整改措施、整改责任人、整改时间表及上一年度发现问题的整改落实情况等内容。有条件的小企业可以委托会计师事务所对内部控制的有效性进行审计。

　　小企业可以将内部控制监督的结果纳入绩效考核的范围，促进内部控制的有效实施。

第四章　其他要求

　　符合《中小企业划型标准规定》所规定的微型企业标准的企业参照执行本规范。对于本规范中未规定的业务活动的内部控制，小企业可以参照执行《企业内部控制基本规范》及其配套指引。鼓励有条件的小企业执行《企业内部控制基本规范》及其配套指引。

　　《规范》主要定位于符合工业和信息化部等四部委印发的《中小企业划型标准规定》（工信部联企业〔2011〕300号）的非上市小企业，是广大非上市小企业开展内部控制建设的指南和参考性标准，由小企业自愿选择采用，不要求强制执行。财政部制定发布《规范》的根本目的是引导小企业建立和有效实施内部控制，提高小企业经营管理水平和风险防范能力，推动我国广大小企业规范健康发展。

第三篇　管理会计解读

第一章　关于全面推进管理会计
体系建设的指导意见

为全面贯彻落实党的十八大和十八届三中全会精神，深入推进会计强国战略，全面提升会计工作总体水平，推动经济更有效率、更加公平、更可持续发展，根据《会计改革与发展"十二五"规划纲要》，财政部印发了《关于全面推进管理会计体系建设的指导意见》（财会〔2014〕27号，以下简称《指导意见》），明确提出了全面推进管理会计体系建设的指导思想、基本原则、主要目标、主要任务和措施和工作要求，为我国管理会计发展规划了蓝图、指明了方向。本章围绕管理会计的产生与发展，《指导意见》的具体内容，以及对《指导意见》进行不同角度的解读进行展开。

第一节　管理会计的产生与发展

管理会计是会计的重要分支，主要服务于单位（包括企业和行政事业单位，下同）内部管理需要，是通过利用相关信息，有机融合财务与业务活动，在单位规划、决策、控制和评价等方面发挥重要作用的管理活动。与财务会计相比，管理会计有以下三个特点：一是在服务对象方面，管理会计主要是为强化单位内部经营管理、提高经济效益服务，属于"对内报告会计"；而财务会计主要侧重于对外部相关单位和人员提供财务信息，属于"对外报告会计"。二是在职能定位方面，管理会计侧重在"创造价值"，其职能是解析过去、控制现在与筹划未来的有机结合；而财务会计侧重在"记录价值"，通过确认、计量、记录和报告等程序提供并解释历史信息。三是在程序与方法方面，管理会计采用的程序与方法灵活多样，具有较大的可选择性；而财务会计有填制凭证、登记账簿、编制报表等较固定的程序与方法。

在西方，管理会计萌芽于 20 世纪初，随着经济社会环境、企业生产经营模式以及管理科学和科技水平的不断发展而逐步演进，至今大致经历了三个阶段。

一、20 世纪 20 年代—50 年代的成本决策与财务控制阶段。

20 世纪初，由于生产专业化、社会化程度的提高以及竞争日益激烈，使得企业强烈地意识到，要想在竞争中生存和发展，必须加强内部管理，提高生产效率，以降低成本、费用，获取最大限度的利润。适应该阶段社会经济发展的客观要求，产生了泰罗的科学管理理论。1921 年，美国《预算与会计法案》颁布，推动了"预算控制"被引入管理会计；1922 年，奎因坦斯在其《管理会计：财务管理入门》一书中首次提出"管理会计"的名称。

二、20 世纪 50 年代—80 年代的管理控制与决策阶段。

随着信息经济学、交易成本理论和不确定性理论被广泛引进到管理会计领域，加上新技术如电子计算机大量应用于企业流程管理，管理会计向着精密的数量化技术方法方向发展。一批计划决策模型得到发展，流程分析、战略成本管理等理论与方法体系纷纷建立，极大地推动了管理会计在企业的有效应用，管理会计职能转向为内部管理人员提供企业计划和控制信息。但由于管理会计对高新技术发展重视不足，且依旧局限于传统责任范围。为改变这一状况，管理会计学者对新的企业经营环境下管理会计发展进行了探索，质量成本管理、作业成本法、价值链分析以及战略成本管理等创新的管理会计方法层出不穷，初步形成了一套新的成本管理控制体系。管理会计完成了从"为产品定价提供信息"到"为企业经营管理决策提供信息"的转变，由成本计算、标准成本制度、预算控制发展到管理控制与决策阶段。

三、20 世纪 90 年代至今的强调价值创造阶段。

随着经济全球化和知识经济的发展，世界各国经济联系和依赖程度日益增强，企业之间分工合作日趋频繁，准确把握市场定位、客户需求等尤为重要。在此背景下，管理会计越来越容易受到外部信息以及非财务信息对决策相关性的冲击，企业内部组织结构的变化也迫使管理会计在管理控制方面要有新的突破，需要从战略、经营决策、商业运营等各个层面掌握并有效利用所需的管理信息，为此管理会计以强调价值创造为核心，发展了一系列新的决策工具和管理工具。一些国家也尝试将管理会计引入公共部门管理之中，并随着新公共管理运动的兴起在全世界范围推广。

在我国，虽然管理会计相关理论引入较晚，但我国实践早已有之，不乏成功探索和有益尝试。如，新中国成立之初，以成本为核心的内部责任会计，包括班组核算、经济活动分析和资金成本归口分级管理等；70 年代末期到 80 年代末的以企业内部经济责任制为基础的责任会计体系；90 年代后的成本性态分析、盈亏临界点与本量利依存关系、经营决策经济效益的分析评价等，都属于管理会计的范畴。河北邯郸钢铁公司实行的"模拟市场，成本否决"可谓成本管理在我国企业应用的典范。宝钢集团于 1993 年起推行标准成本制度，历经多年探索，不断完善，在增强员工成本意识、控制成本、支持决策等方面发挥了重要作用。如今，包括全面预算管理、平衡计分卡等绩效评价方法，作业成本法、标准成本法等成本管理方法在内的管理会计工具方法陆续在我国企业中运用，单位对管理会计的应用意识有所增强，应用水平有所提高。国家开发银行、中国电信、北汽福田、三一重工等一批企业专门设置了管理会计机构或岗位，积极开展管理会计工作，取得了较好成效。同时，管理会计在行政事业单位预算编制、执行、决算分析和评价等工作中也得到了一定应用。一些行政事业单位建立了适应单位内部财务和业务部门畅通联系的信息平台，及时掌控预算执行和项目进度，深入开展决算分析与评价，及时发现预算执行中存在的问题并提出改进意见和建议，财政财务管理水平和资金使用效益不断提高。

第二节 《指导意见》具体内容

为贯彻落实党的十八大和十八届三中全会精神，深入推进会计强国战略，全面提升会计工作总体水平，推动经济更有效率、更加公平、更可持续发展，根据《会计改革与发展"十二五"规划纲要》，财政部就全面推进管理会计体系建设提出以下指导意见。

一、全面推进管理会计体系建设的重要性和紧迫性

管理会计是会计的重要分支，主要服务于单位（包括企业和行政事业单位，下同）内部管理需要，是通过利用相关信息，有机融合财务与业务活动，在单位规划、决策、控制和评价等方面发挥重要作用的管理活动。管理会计工作是会计工作的重要组成部分。改革开放以来，特别是市场经济体制建立以来，我国会计工作紧紧围绕服务经济财政工作大局，会计改革与发展取得显著成绩：会计准则、内控规范、会计信息化等会计标准体系基本建成，并得到持续平稳有效实施；会计人才队伍建设取得显著成效；注册会计师行业蓬勃发展；具有中国特色的财务会计理论体系初步形成。但是，我国管理会计发展相对滞后，迫切要求继续深化会计改革，切实加强管理会计工作。

同时，党的十八届三中全会对全面深化改革做出了总体部署，建立现代财政制度、推进国家治理体系和治理能力现代化已经成为财政改革的重要方向；建立和完善现代企业制度，增强价值创造力已经成为企业的内在需要；推进预算绩效管理、建立事业单位法人治理结构，已经成为行政事业单位的内在要求。这就要求财政部门顺时应势，大力发展管理会计。

因此，全面推进管理会计体系建设，是建立现代财政制度、

推进国家治理体系和治理能力现代化的重要举措；是推动企业建立、完善现代企业制度，推动事业单位加强治理的重要制度安排；是激发管理活力，增强企业价值创造力，推进行政事业单位加强预算绩效管理、决算分析和评价的重要手段；是财政部门更好发挥政府作用，进一步深化会计改革，推动会计人才上水平、会计工作上层次、会计事业上台阶的重要方向。

二、指导思想、基本原则和主要目标

（一）指导思想

以邓小平理论、"三个代表"重要思想、科学发展观为指导，深入贯彻习近平总书记系列重要讲话精神，根据经济社会发展要求，突出实务导向，全面推进管理会计体系建设，科学谋划管理会计发展战略，合理构建政府、社会、单位协同机制，以管理会计人才建设为依托，统筹推进管理会计各项建设，为经济社会健康发展提供有力支持。

（二）基本原则

——坚持立足国情，借鉴国际。既系统总结自主创新和有益实践，又学习借鉴国际先进理念和经验做法，形成中国特色管理会计体系。

——坚持人才带动，整体推进。紧紧抓住管理会计人才匮乏这一关键问题，通过改进和加强会计人才队伍建设，培养一批适应需要的管理会计人才，带动管理会计发展。同时，整体推进管理会计理论体系、指引体系、信息化建设等工作。

——坚持创新机制，协调发展。注重管理会计改革的系统性、整体性、协同性，重视财政部门在管理会计改革中的指导和推动作用，发挥有关会计团体在管理会计改革中的行业支持作用，突出各单位在管理会计改革中的主体作用。

——坚持因地制宜，分类指导。充分考虑各单位不同性质、不同行业、不同规模、不同发展阶段等因素，从实际出发，推动管理会计工作有序开展。

（三）主要目标

建立与我国社会主义市场经济体制相适应的管理会计体系。争取3-5年内，在全国培养出一批管理会计人才；力争通过5-10年左右的努力，中国特色的管理会计理论体系基本形成，管理会计指引体系基本建成，管理会计人才队伍显著加强，管理会计信息化水平显著提高，管理会计咨询服务市场显著繁荣，使我国管理会计接近或达到世界先进水平。

三、主要任务和措施

（一）推进管理会计理论体系建设

推动加强管理会计基本理论、概念框架和工具方法研究，形成中国特色的管理会计理论体系。一是整合科研院校、单位等优势资源，推动形成管理会计产学研联盟，协同创新，支持管理会计理论研究和成果转化。二是加大科研投入，鼓励科研院校、国家会计学院等建立管理会计研究基地，在系统整合理论研究资源、总结提炼实践做法经验、研究开发管理会计课程和案例、宣传推广管理会计理论和先进做法等方面，发挥综合示范作用。三是推动改进现行会计科研成果评价方法，切实加强管理会计理论和实务研究。四是充分发挥有关会计团体在管理会计理论研究中的具体组织、推动作用，及时宣传管理会计理论研究成果，提升我国管理会计理论研究的国际影响力。

（二）推进管理会计指引体系建设

形成以管理会计基本指引为统领、以管理会计应用指引为具体指导、以管理会计案例示范为补充的管理会计指引体系。一是在课题研究的基础上，组织制定管理会计指引体系，推动其有效应用。二是建立管理会计专家咨询机制，为管理会计指引体系的建设和应用等提供咨询。三是鼓励单位通过与科研院校合作等方式，及时总结、梳理管理会计实践经验，组织建立管理会计案例库，为管理会计的推广应用提供示范。

（三）推进管理会计人才队伍建设

推动建立管理会计人才能力框架，完善现行会计人才评价体系。一是将管理会计知识纳入会计人员和注册会计师继续教育、大中型企事业单位总会计师素质提升工程和会计领军（后备）人才培养工程。二是推动改革会计专业技术资格考试和注册会计师考试内容，适当增加管理会计专业知识的比重。三是鼓励高等院校加强管理会计课程体系和师资队伍建设，加强管理会计专业方向建设和管理会计高端人才培养，与单位合作建立管理会计人才实践培训基地，不断优化管理会计人才培养模式。四是探索管理会计人才培养的其他途径。五是推动加强管理会计国际交流与合作。

（四）推进面向管理会计的信息系统建设

指导单位建立面向管理会计的信息系统，以信息化手段为支撑，实现会计与业务活动的有机融合，推动管理会计功能的有效发挥。一是鼓励单位将管理会计信息化需求纳入信息化规划，从源头上防止出现"信息孤岛"，做好组织和人力保障，通过新建或整合、改造现有系统等方式，推动管理会计在本单位的有效应用。二是鼓励大型企业和企业集团充分利用专业化分工和信息技术优势，建立财务共享服务中心，加快会计职能从重核算到重管理决策的拓展，促进管理会计工作的有效开展。三是鼓励会计软件公司和有关中介服务机构拓展管理会计信息化服务领域。

四、工作要求

（一）加强组织领导

各级财政部门要高度重视，将管理会计工作纳入会计改革与发展规划，统筹安排，稳步推进；要切实加强对管理会计工作的统一领导，加强与有关监管部门的协作，建立联合工作机制，推动管理会计工作有效开展。有关会计团体要按照财政部门统一部署，大力开展管理会计理论研究、宣传培训、人才培养等工作。各单位负责人要切实履行会计工作职责，将管理会计工作纳入本单位整体战略，周密部署，积极稳妥地推进。

（二）加强工作指导

财政部要通过本指导意见，科学谋划、整体推进管理会计体系建设，引导、推动社会有关力量共同推进管理会计工作；要制定发布管理会计指引体系，总结国内外管理会计典型案例，组织编写管理会计系列辅导材料，以指导各单位开展管理会计工作。各级财政部门要组织管理会计经验交流和示范推广；要制定具体措施，加强对本地区管理会计工作的指导。

（三）加强宣传培训

各级财政部门要充分利用各种媒体，采取多种形式，加强对管理会计的宣传，营造管理会计发展的良好环境；要抓紧制定管理会计人才培养方案，推进管理会计人才培养工作；要将管理会计纳入会计继续教育内容，予以重点推进；要充分发挥有关会计团体、国家会计学院的主渠道作用，重视发挥有关高等院校、社会培训机构的重要作用。有关会计团体要通过在杂志开辟专栏、组织会员交流等多种途径，加强对会员的宣传。各单位要重视加强本单位会计人员对管理会计知识的学习和应用，大力培养适用的管理会计人才。

（四）加强跟踪服务

各级财政部门要抓好本指导意见的贯彻落实工作，及时了解管理会计工作推进情况，建立信息交流制度，编发信息简报，做好跟踪分析；要积极培育管理会计咨询服务市场，支持、指导、规范包括注册会计师行业在内的会计服务机构开展管理会计咨询服务业务，将其纳入现代会计服务市场体系整体推进，引导会计服务机构加强自身建设和管理会计研发投入力度、拓展会计服务领域、提升会计服务层次，满足市场对管理会计咨询服务的需要，营造良好的管理会计咨询服务市场环境。

第三节　《指导意见》文件解读

为全面贯彻落实党的十八大和十八届三中全会精神，深入推进会计强国战略，全面提升会计工作总体水平，推动经济更有效率、更加公平、更可持续发展，根据《会计改革与发展"十二五"规划纲要》，财政部印发了《关于全面推进管理会计体系建设的指导意见》（财会〔2014〕27号，以下简称《指导意见》），明确提出了全面推进管理会计体系建设的指导思想、基本原则、主要目标、主要任务和措施和工作要求，为我国管理会计发展规划了蓝图、指明了方向。现就《指导意见》以下问题进行明确。

一、《指导意见》的出台背景

《指导意见》是我国管理会计发展进程中具有里程碑意义的纲领性文件，应该深刻理解全面推进管理会计体系建设的出台背景和重要意义。

（一）全面推进管理会计体系建设，是推动经济转型升级的迫切需要

当前，世界经济进入增速减缓、结构转型、竞争加剧的时期；我国经济正处于增长速度换档期、结构调整阵痛期和前期刺激政策消化期"三期"叠加阶段，只有加快经济发展方式转变，充分挖掘管理潜力，才能实现社会经济持续发展。党的十八届三中全会对全面深化改革做出了总体部署，在会计领域贯彻落实全面深化改革要求，非常重要的一项内容就是要大力加强管理会计工作，通过强化管理会计应用，推动企业建立、完善现代企业制度，实现管理升级，增强核心竞争力和价值创造力，进而促进经济转型升级；推动更加科学、全面地衡量企业绩效，加快形成企业自主经营、公平竞争的市场环境，充分发挥市场在资源配置中的决定性作用。

（二）全面推进管理会计体系建设，是建立现代财政制度、推进国家治理体系和治理能力现代化的内在要求

财政是国家治理的基础和重要支柱，管理会计是加强财政管理的一项基础性工作。要发挥好大国财政职能作用，必须具备国际先进的管理能力和宏观调控水平。管理会计重在利用有关信息参与决策、规划未来、控制和评价经济活动，其理念和方法对财政管理具有较大的借鉴意义。通过运用管理会计，有助于关注和重视政府管理中不同环节、不同岗位之间的相互衔接，加强规则制定、流程控制，提高政府管理效能；有助于推进行政事业单位加强预算绩效管理、决算分析和评价工作，推动建立与实现现代化相适应的现代财政制度，进而推进国家治理体系和治理能力现代化。

（三）全面推进管理会计体系建设，是会计改革与发展的重要方向

改革开放以来，特别是市场经济体制建立以来，我国会计工作紧紧围绕服务经济财政工作大局，会计改革与发展取得显著成绩：会计准则、内控规范、会计信息化等会计标准体系基本建成，并得到持续平稳有效实施；会计人才队伍建设取得显著成效；注册会计师行业蓬勃发展；具有中国特色的财务会计理论体系初步形成，有力地支持了经济社会发展。但是，一个时期以来，我国的会计标准建设，以及会计学术研究和会计实务，考虑外部投资者、社会公众和外部审计较多，而服务内部管理决策不够，管理会计发展相对滞后，为单位发展提供规划、决策、控制和评价等方面的作用未得到充分有效发挥。全面推进管理会计体系建设，是顺应会计科学发展的必然选择，是实现中国特色会计体系的自我超越和自我完善的必要举措，是推动中国会计工作转型升级的重点所在。

二、《指导意见》起草发布的过程

《指导意见》起草发布经历了四个阶段：

第一阶段，研究起草阶段。指导意见在起草过程中，秉承了科学民主决策的精神。2013年6月，财政部先后组织召开两次座谈会，与来自理论界、实务界和国外管理会计行业组织共20家单位的专家深入探讨，对管理会计有关情况进行了初步摸底。随即，财政部启动了《指导意见》的起草工作，会同管理会计理论界、实务界、咨询界的多位专家共同组成工作组，群策群力，集思广益，抓紧开展指导意见的起草工作，在此基础上，形成了指导意见草稿。

第二阶段，形成讨论稿阶段。在此阶段，财政部先后征求财政部内外各界专家意见，邀请部分省（市）会计管理机构负责同志，进行集中讨论；选择数家管理会计颇具实践基础的企业，进行初步总结提炼；并组织理论界、实务界、政府部门、国外行业组织的专家学者以及"财政部企事业单位总会计师素质提升工程"的总会计师学员，对管理会计理论、应用和人才培养等问题开展深入研究，形成了讨论稿。

第三阶段，公开征求意见阶段。会计司针对提出的意见建议召开司务会研究，2014年1月28日，会计司印发了《指导意见》征求意见稿，面向社会公开征求意见，共收到75份249条反馈意见。从反馈意见来看，社会各界总体有两点意见：一是一致赞同、支持财政部发布指导意见，认为财政部作为全国会计主管部门，系统推进管理会计体系建设，给管理会计带来了春天，意义重大；二是对征求意见稿中提出的以理论体系、指引体系、人才队伍建设、信息化建设为主体，同时推动管理服务市场发展的4+1的管理会计体系基本框架设计一致认可。同时，社会各界对下一步如何贯彻落实指导意见提出了意见和建议，并对征求意见稿本身内容，包括文字表述和具体措施等提出了修改建议。

第四阶段，送审稿阶段。会计司认真研究并充分吸收了各方的反馈意见和建议，再次通过实地调研、座谈会等，征求了有关各方意见，并充分听取部内相关单位意见，根据有关意见和部领导讲话精神再次修改完善后，会计司再次召开司务会进行讨论研究，报部领导批准后予以发布。

三、深刻理解《指导意见》的指导思想和发展目标

《指导意见》提出，以邓小平理论、"三个代表"重要思想、科学发展观为指导，深入贯彻习近平总书记系列重要讲话精神。这些思想承前启后、继往开来，是对我国不同阶段国际国内形势的系统总结和科学论断，是我国各项社会主义建设事业的纲领指导，其正确性和科学性已被我国社会主义建设伟大成就证明，是全面推进管理会计体系建设的强大思想保证，是指导管理会计各项事业蓬勃发展，引领管理会计改革与发展沿着正确的道路方向不断取得新成就的灯塔。

以习近平同志为总书记的党中央审时度势，高瞻远瞩，提出加快转变经济发展方式，加快完善现代市场体系，打造中国经济升级版，要求企业向管理要效益，要求行政事业单位加强绩效管理，要求国家实现治理能力现代化。在此背景下，《指导意见》根据经济社会发展要求，突出实务导向，提出大力发展管理会计，正是全面贯彻落实党的十八大和十八届三中全会精神，建立现代财政制度、推进国家治理体系和治理能力现代化的重要举措；是推动企业建立完善现代企业制度、增强企业价值创造力的制度安排；是推进行政事业单位加强预算绩效管理、降低行政成本的重要抓手；是财政部门进一步深化会计改革、推动会计升级转型的重要方向。

遵循上述指导思想，《指导意见》分阶段地提出了中国管理会计体系建设的宏伟目标，即建立与我国社会主义市场经济体制相适应的管理会计体系。争取3-5年内，在全国培养出一批管理会计人才；力争通过5-10年左右的努力，中国特色的管理会计理论体系基本形成，管理会计指引体系基本建成，管理会计人才队伍显著加强，管理会计信息化水平显著提高，管理会计咨询服务市场显著繁荣，使我国管理会计接近或达到世界先进水平。这一目

标既脚踏实地，立足当下，又放眼未来，谋划长远，描绘了中国管理会计未来发展前景，是指导我国未来开展管理会计工作的总体规划。

四、牢固把握《指导意见》的基本原则

为保证管理会计体系建设符合我国实务，《指导意见》明确提出四项基本原则，即坚持立足国情，借鉴国际；坚持人才带动，整体推进；坚持创新机制，协调发展；坚持因地制宜，分类指导。

（一）坚持立足国情，借鉴国际

立足本国实际，借鉴国际先进经验，是我国会计改革与发展取得显著成绩的基本经验，也是管理会计体系建设必须要坚持的基本原则。管理会计源于实践，重在应用。在国际上，管理会计应用多年，不乏好的经验做法，值得借鉴；在我国，管理会计也有一定实践基础，一些单位在管理会计应用方面取得了明显成效。但是，总体而言，我国管理会计实践仍处于自发状态，整体应用水平还不理想，同时，管理会计理论研究与我国单位内部管理实际需要也存在脱节现象，理论对实践的指导作用也未得到有效发挥。因此，在管理会计体系建设过程中，既要加强国际交流和合作，取长补短、学习经验、吸取教训、少走弯路、加快建设，更要立足我国具体国情和单位发展需要，坚持实务导向，通过系统总结、自主创新和有益实践，不断提高管理会计在我国的实践应用水平。

（二）坚持人才带动，整体推进

根据《指导意见》，中国特色的管理会计体系是一个由理论体系、指引体系、人才体系、信息系统建设、咨询服务等各部分构成的有机整体。因此，管理会计体系建设必须坚持整体推进，各部分要寻求均衡发展，不可偏废其一。其中，人才建设是关键，是其他各项建设的依托。我国已有超过1 660万会计人员，但是，高端会计人才相对缺乏，其中能够为单位管理高层提供有效经营和最优化决策信息的管理会计人才尤为匮乏，力量较为薄弱，已

经成为当前制约管理会计发展的突出瓶颈。因此，全面推进管理会计体系建设客观要求我们抓紧解决人才匮乏这一关键问题，通过改进和加强会计人才队伍建设，培养一批适应需要的管理会计人才，带动管理会计各体系的整体发展。

（三）坚持创新机制，协调发展

《指导意见》综合了当今国际国内社会经济环境的要求和单位的现实需要，为我国全面推进管理会计发展而量身打造，是一次体系建设的创新。该体系不仅适用于企业，也适用于行政事业单位。既要与企业、行政事业单位的管理和发展阶段相协调，也要与其他各项会计改革协同推进；管理会计体系各部分尽管作用有所不同，但都是管理会计体系的重要组成部分，没有主次之分，在建设过程中不能单独强调某一个部分的发展而忽视或影响其他部分的发展，必须齐头并进、协同一致、配合得当、均衡发展。这就要求在管理会计体系建设过程中，应当坚持财政主导、部门助力、单位为主体、科研院校、有关会计团体和咨询服务机构为支持、社会各界全面参与的总体实施机制，凝聚各界力量，共同推进管理会计工作。

（四）坚持因地制宜，分类指导

管理会计既具有普遍规律，又具有特殊性。普遍规律体现在管理会计的基本目标、基本原则、基本方法、基本要求、所需的基本信息等对各单位而言都是共通的；特殊性则体现在性质、行业、规模、发展阶段等因素不同，各单位对管理会计的具体应用也会有所不同。适用于行政事业单位的管理会计模式，不见得也适用于企业；适用于钢铁行业的管理会计模式，不见得也适用于化工行业；适用于大型企业集团的管理会计模式，不见得也适用于小微企业；适用于成熟阶段企业的管理会计模式，不见得也适用于初创期的企业。因此，管理会计体系建设中，既需要总结普遍规律，加以推广应用，也需要分别不同情况，进行分类指导，从实际出发，有计划、分情况地稳妥实施，推动管理会计工作有序开展。

五、《指导意见》的主要内容

指导意见的主要内容包括四个部分：

第一部分，从适应当前形势、贯彻落实十八大精神，提升企事业单位管理水平、深化会计改革等方面，系统阐述了全面推进管理会计体系建设的重要性和紧迫性。

第二部分，旗帜鲜明地指出了管理会计体系建设的指导思想和基本原则，明确提出了全面推进管理会计体系建设的目标，即，"建立与我国社会主义市场经济体制相适应的管理会计体系，争取3-5年内，在全国培养出一批管理会计人才；力争通过5-10年左右的努力，中国特色的管理会计理论体系基本形成，管理会计指引体系基本建成，管理会计人才队伍显著加强，管理会计信息化水平显著提高，管理会计咨询服务市场显著繁荣，使我国管理会计接近或达到世界先进水平"。

第三部分，按照提出的管理会计体系建设的目标，有针对性地提出了相应的任务和具体措施，构建出由理论、指引、人才、信息化和咨询服务"4+1"的有机发展模式。

第四部分，从加强组织领导、工作指导、宣传培训和跟踪服务等方面，对全面推进管理会计体系建设提出了具体的工作要求。

六、《指导意见》的框架设计

美、英等西方发达国家，主要通过以下方式发展管理会计：一是以发布管理会计理论研究成果、总结提炼管理会计案例示范等方式，指导和发展管理会计最佳实践；二是以发布管理会计公告等方式，建立多层次的管理会计指引体系，引导和提升单位管理会计实务工作水平；三是以开展管理会计人才评价等方式，构建符合单位实务需要的、多层次的管理会计专业人才能力框架，引导和促进单位加强管理会计人才的培养和任用。据了解，在上述国家中，社会普遍认为，管理会计专业人才具备较强的参与单位运营管理决策能力。因此，管理会计人才更受单位青睐，管理会计专业能力也成为聘任首席执行官（CEO）、首席财务官（CFO）等高级会计人才的重要评价指标。

在我国，尽管管理会计已有一些探索和应用，但总体上看，管理会计在服务经济社会发展，对单位经营情况和支出效益进行深入分析，制定战略规划、经营决策、过程控制和业绩评价等方面，急需充分发挥其应有的作用。管理会计总体上与发展需要有一定差距，突出体现在理论研究不足、系统指导缺乏、实践处于自发状态、管理会计人才素质有待提高、管理会计信息化水平还满足不了管理需要，以及咨询服务规模和水平有限。因此，要实现我国管理会计跨越式发展，提高单位资金使用效益和价值创造力，推动中国经济转型升级，关键是要科学系统地进行体系规划，坚持问题导向，解决这些制约管理会计发展的重点难点问题，切实加强管理会计实践应用。

综上，财政部立足国情，借鉴国际，提出了理论、指引、人才、信息化加咨询服务"4+1"的管理会计有机发展模式。既发展中国特色管理会计理论，也形成能够科学指导实践操作的管理会计指引；既打造管理会计人才队伍，也提高管理会计信息化水平；既发挥单位在管理会计工作中的主体作用，也借助管理会计专业咨询服务机构的"外脑"作用，促进管理会计工作的全面开展。

七、《指导意见》管理会计各体系之间的关系

管理会计4+1体系既各有侧重、自成一体，又相辅相成、相互促进，共同构成有机整体，其中，理论建设是基础，指引体系是保障，人才培养是关键，信息化建设是支撑，咨询服务是外部支持。

（一）理论建设是基础

构建与时俱进、中国特色的现代管理会计理论体系，解决目前对管理会计认识不一、缺乏公认的定义和框架等问题，是管理会计体系建设的基础。

通过推进管理会计理论体系建设，强化理论创新和应用转化，能够有效引领和指导管理会计实践应用；能够对管理会计的基本概念、框架、工具方法等进行系统总结，为形成和丰富完善指引体系提供参考；能够不断提供新的理念和知识内容，为管理会计人才培养提供知识储备，为设计管理会计咨询服务方案提供系统的工具方法体系和先进理念支撑。

（二）标准建设是保障

《指导意见》提出，加强管理会计标准建设，形成以管理会计基本指引为统领、以管理会计应用指引为具体指导、以管理会计案例示范为补充的管理会计指引体系，为单位提供有力的抓手，确保管理会计工具方法在单位中的应用效果，达到提升单位价值创造力的目标。

该体系将重点介绍管理会计的工具方法，说明各种工具方法应用的环境、具体操作及各自的优缺点、预期达到的效果等，为单位系统了解和应用管理会计提供指引，以推动管理会计在单位的广泛应用。同时，该体系将结合应用指引的工具方法和中国实务，提供案例示范，作为单位实施、应用相应工具方法的参考，以促进单位发挥能动性，应用并开发适用的管理会计工具方法。

（三）人才培养是关键

国以才立、政以才治、业以才兴。当前，中国正处于进一步发展的重要战略机遇期，时代呼唤人才，发展渴求人才，进步依托人才。会计人才是国家人才体系的重要组成部分。管理会计人才队伍作为管理会计体系中发挥主观能动性的核心，是体现"坚持人才带动，整体推进"原则的重点。

财政部将以提高单位持续价值创造力为导向，以提升管理会计实务能力为重点，推动研究发布管理会计人才能力框架；积极探索和优化管理会计人才的多种培养模式；加强管理会计人才培养国际交流与合作，打造更多符合市场和单位需要的高端管理会计人才，为管理会计在我国的深入应用打下坚实的人才基础，为我国管理会计发展建立人才储备。

（四）信息化建设是支撑

《指导意见》明确要推进面向管理会计的信息系统建设，指导单位建立面向管理会计的信息系统，以信息化手段为支撑，实现会计与业务活动的有机融合。

管理会计信息系统以坚实的大数据为基础，通过充分利用信息技术优势，结合管理需要、经营业务和会计要求，灵活运用管理会计工具方法，加快会计职能从重核算向重管理决策的拓展。使得全面预算管理、资金集中管理、成本控制、绩效评价等能够更加高效、顺畅地运行和开展，是管理会计应用和发展的有效支撑，有助于充分实现会计和业务的有机融合，最终实现单位价值创造目标。

（五）咨询服务是外部支持

《指导意见》明确提出，要积极培育管理会计咨询服务市场，支持、指导、规范包括注册会计师行业在内的会计服务机构开展管理会计咨询服务业务，将其纳入现代会计服务市场体系整体推进。开展管理会计咨询服务，是保证其他四大任务顺利实施推进的外部支持，为单位提供更为科学、规范的管理会计实务解决方案。

管理会计咨询服务是现代会计服务市场体系的重要组成部分，是促进管理会计理论发展的重要参与者，是管理会计指引体系的重要实践者，是管理会计人才长袖善舞的重要平台。管理会计咨询公司、注册会计师行业、会计软件公司等会计服务机构通过加强自身建设和管理会计研发投入力度，拓展会计服务领域，提升会计服务层次，以满足市场对管理会计咨询服务的需要，同时，营造良好的管理会计咨询服务市场环境。

《指导意见》为管理会计的发展规划了蓝图，开启了会计改革与发展的新篇章，在会计史上具有里程碑意义，必将对我国财政会计事业发展，乃至社会经济发展产生积极而深远的影响。

八、《指导意见》的实施

由于管理会计是满足单位内部发展需求，管理会计在单位的应用水平取决于单位自身的需要。因此，为了确保《指导意见》的实施效果，就需要相关部门和单位通力合作，积极引导沟通。

在管理会计体系建设过程中，财政部门从加强服务、节约社会资源等考虑出发，主要发挥宏观指导、政策支持、组织协调、行政推动的作用，支持、引导、鼓励、推动管理会计发展；单位是管理会计应用主体，要切实加强基础建设，把管理会计嵌入其管理和发展之中；科研院校、会计团体要充分发挥在理论研究、宣传培训、人才培养、自律服务等方面的重要作用，促进管理会计体系建设各项工作的具体落实；会计服务机构要立足服务单位发展，大力开展管理会计咨询服务，抓住机遇，积极拓展管理会计咨询服务领域；广大会计人员要以《指导意见》为导向，不断学习管理会计新理论、新知识，在实务中进行创新应用，提升管理会计专业技术水平。

各级财政部门要充分认识、高度重视全面推进管理会计体系建设的重要性和紧迫性，结合本地区实际情况，采取多种措施，贯彻落实好《指导意见》。

第一，着力抓好组织领导。各级财政部门要加强组织领导工作，将管理会计工作纳入会计改革与发展规划。进一步加强和改善与相关监管部门、企事业单位、科研院所、会计团体的联系和沟通，通过建立联合工作机制等方式，更好地发挥牵头单位的职责作用，为全面推进我国管理会计体系建设竭尽所能、倾心尽力。

第二，着力加强学习宣传。各级财政部门要重视宣传阵地的建设，充分发挥各种宣传媒介的积极作用，通过学术专家、单位会计管理人员喜闻乐见的各种形式开展广泛深入的学习宣传活动，使广大单位充分认识理解《指导意见》的主要内容、基本要求和精神实质，为创建我国管理会计指引体系营造良好的舆论氛围和社会环境。

第三，着力促进交流创新。管理会计源于实践，重在实践，各单位只有做好实践探索、做好经验总结、做好相互交流，才能不断提升管理水平、提升服务质量、提升参与管理会计体系建设的能力，从而推动管理会计理论体系和指引体系转化为实践。财政部门要做引导工作，搭建相应的交流平台，通过各种形式的经验交流，切实把实务中好的经验总结、提炼、升华出来，切实把理论研究成果和国际先进经验利用起来，切实把基本指引和应用指引体系完善起来，为建设高质量的管理会计体系提供强大的智力支持。

第四，着力鼓励广泛参与。《指导意见》的制定过程中体现了会计理论界和实务界的广泛参与，凝聚了财政部门、相关监管部门、企事业单位、科研院所、会计团体、会计服务机构等各方面的智慧、力量和心血。在全面推进管理会计体系建设过程中，财政部门要"集众思，广忠益"，始终要号召各界广泛参与，始终要形成合力，始终要注重理论联系实践，共同努力推进管理会计体系建设。

第四节　管理会计理论建设

管理会计理论是对管理会计实务的概念化、逻辑化，推动加强管理会计基本理论、概念框架、工具方法等研究，构建与时俱进、系统科学的中国特色管理会计理论体系，必将推动管理会计实务的进一步发展。

一、推进管理会计理论体系建设的必要性

（一）发挥理论先导作用需要推进理论体系建设

理论是行动的先导，只有以科学的理论为基础，一切行动才能把握正确方向，才能取得良好效果。我国社会主义建设过程中历来注重理论建设，也正是在马克思列宁主义、毛泽东思想、邓小平理论、"三个代表"重要思想、科学发展观、习近平总书记系

列重要讲话等理论的光辉指引下，中国特色社会主义各项建设事业才取得了举世瞩目的成绩。

我国会计工作中也历来强调理论建设。实践证明，改革开放以来，特别是市场经济体制建立以来，我国会计准则、内控规范、会计信息化、会计人才队伍建设、注册会计师行业建设等各项会计改革与发展之所以能够取得显著成绩，会计理论建设在其中均发挥了重要的先导作用，取得了积极成效。如，在企业会计准则体系建设中，会计理论界注重会计准则研究，将准则相关理论问题作为重点研究课题，形成了一大批优秀科研成果，为我国企业会计准则体系的建立和不断健全完善提供了理论支撑，发挥了重要指导和促进作用。

因此，作为会计的重要分支，作为会计改革与发展的重要方向，要发展好管理会计必须遵循事物发展一般规律，大力推进理论体系建设，切实发挥理论先导作用。

（二）管理会计实践发展需要推进理论体系建设

从管理会计发展历程看，管理会计理论是随着经济社会环境、企业生产经营模式以及管理科学和科技水平的不断发展而逐步发展起来的，又反作用于实践，推动实践的发展。纵观西方发达经济体的管理会计发展历史，泰罗的科学管理学说、彼得·德鲁克的现代管理学、肯尼斯·西蒙兹的战略成本管理、迈克尔·波特的价值链分析、卡普兰的作业成本法和平衡计分卡，以及公共管理领域广泛应用的新公共管理思想等，管理会计理论的每一次重大创新都是在实践基础上产生、在实践基础上升华的，成为指导企业、政府开展管理活动的重要行动指南，推动实务界乃至整个社会经济发生重大革新。

可见，要实现管理会计大发展，就需要有一套科学的理论作为指导。在我国，管理会计已有不少实践，但总体而言，管理会计仍呈现各自探索的局面，各单位（包括企业和行政事业单位，下同）的做法不够系统，不够完善；虽然有一些总结、提炼，如

70 年代大庆油田的内部经济核算制度等，但仍然停留在经验总结的层次，没有上升到理论，没有产生具有普遍性的指导理论，影响了实践的进一步发展。单位普遍反映，迫切需要有一套系统科学的理论为指导，总结先进理念，形成系统理论，为实践把握方向，确保实践工作少走弯路，稳步发展。

值得注意的是，管理会计理论体系应当是中国特色的理论体系。这是因为，理论建设不可能超越国情，各国政治、经济、文化等国情不同，管理会计实践特点也会不同，管理会计理论体系建设必须从本国实践出发，并且在满足实践需要的基础上才能取得发展。因此，建设中国特色管理会计理论体系，既不能照搬西方理论，也不能纯粹地就理论谈理论，而是必须要立足于我国国情和单位实际，切实推动管理会计经验做法上升到理论，推动管理会计理论研究成果转化为实践，才能为引领和推动管理会计实务有效开展提供有力理论支撑，为我国管理会计体系的建立和发展提供完备的理论基础。

（三）理论研究滞后于实践需要要求加快推进理论体系建设

当前，国际经济竞争加剧，我国经济也正处于加快经济发展方式转变的重要时期。迫切需要加快管理会计发展，推动企业建立、完善现代企业制度，实现管理升级，增强核心竞争力和价值创造力，进而促进经济转型升级；推进行政事业单位加强预算绩效管理、决算分析和评价工作，提高政府管理效能。但是，我国管理会计目前发展仍相对滞后，为单位发展提供规划、决策、控制和评价等方面的作用尚未得到充分有效发挥。因此，经济社会发展到当前阶段，中国特色会计体系要实现自我超越和自我完善，就必然要求全面推进管理会计体系建设，理论体系建设作为管理会计体系建设的基础，更是需要加快推进。

改革开放以来，即从上世纪 70 年代末期开始，我国会计理论界在大量引进西方财务会计的同时，也开始注重引进西方管理会计理论，相继出版了一些管理会计教材，对于普及管理会计理论与工具方法起到了重要推动作用。上世纪 80 年代，适应企业从 70 年代末期开始建立、深化经济责任制的需要，管理会计理论发展较为活跃，成本管理是这一阶段研究的主要内容。90 年代以来，随着社会主义市场经济体制目标的确立，我国会计理论界关于西方管理会计在我国的借鉴和应用意义展开了广泛讨论，在借鉴和跟踪国外管理会计研究成果的基础上，取得了一定的成果。如，1994 年，余绪缨教授主持了国家自然科学基金项目——"以高科技为基础，同作业成本紧密结合的新会计体系研究"，在成本管理领域创新了管理会计理论，获得了理论界的一致好评。21 世纪以来，随着经济全球化发展，理论界研究重点逐渐转向战略成本管理、风险管理、绩效管理、预算管理、战略管理、价值链管理等研究内容。

但是，总体而言，我国管理会计理论研究尽管不断向前推进，却仍处于本身研究不足的阶段，理论研究滞后于实践需要。在研究内容上，引进西方管理会计理论较多，研究我国实际较少，缺乏能够切实指导中国实践的理论研究；在研究队伍上，关注财务会计的研究人才较多，关注管理会计的研究人才不足；在研究方式上，重概念辨析，轻实务分析，一定程度上存在着理论脱离实际的问题。至今我国管理会计理论建设步伐较慢，尚未形成管理会计理论体系。因此，推进管理会计体系建设，首先就要夯实理论基础，充分发挥理论的先导作用，指导指引、人才、信息化等管理会计其他体系建设的有效开展。

为此，《指导意见》要求积极推动加强管理会计理论体系建设。理论界应以此为契机，在百家争鸣、百花齐放、思想交流碰撞的基础上，引导研究问题本土化、研究方法国际化，通过 5-10 年的努力，基本形成中国特色的管理会计理论体系。

二、整合优势资源，推动形成管理会计产学研联盟

管理会计产学研联盟中，"产"是指产业，具体来说就是各单位；"学"是指高校，具体来说就是具备管理会计研究能力的高校；"研"是指研究机构，具体来说就是从事管理会计相关理论研究的科研院所。

当今世界，随着智力因素及高科技成果在经济增长进程中的作用不断扩大，科技创新的重要性日益增加。在此背景下，建立产学研联盟，通过产学研优势资源的紧密结合，将研究成果尽快转化为产业优势，从而推动经济增长，已成为顺应科技经济一体化趋势的必然要求和世界各国的广泛共识。通过建立管理会计产学研联盟，单位、高校和科研院所能够基于管理会计研究实践和创新要求，优势互补、平等互利、共同发展，将管理会计的理论创新、实践应用和经验传播等紧密结合，集合优势资源，推动管理会计理论研究和其他各项工作加快发展。

产学研联盟在我国已有一些实践，取得了较好效果。如广东省与教育部、科技部合作，推动区域内的行业骨干企业、核心企业与国内相关领域优势高校、科研机构等按市场经济规则联合组建产学研创新联盟，有效地促进了广东省科研与生产的紧密衔接，推动了创新成果的快速产业化，提升了产业核心竞争力。在会计领域，我国也相继成了一些产学研联盟，在推动会计事业发展中发挥了积极作用，取得了一定成绩。如，上海财经大学与"四大"会计师事务所进行长期战略合作，北京交通大学与交通运输企业合作，通过建立实验室、组织专项调研、共同开发课程等方式，加强会计专业学位研究生培养。但在管理会计领域，尽管也有如海尔管理会计研究中心等产学研联盟，但是总体而言，管理会计产学研联盟的数量、规模和实力与推动管理会计创新发展的要求相比仍远远不足。因此，《指导意见》明确指出，推动建立管理会计产学研联盟，就是希望充分发挥各方优势，实现资源优化配置，加强管理会计理论与实践互动，支持管理会计理论研究和成果转化，同时促进高校教学与实践发展同步、为科研院所指明研究方向。

高校、科研院所和单位等相关各方要抓住《指导意见》发布实施的有利时机，在平等自愿的基础上，形成管理会计产学研联盟，结合我国会计发展实际和单位管理实践，共同开展管理会计体系建设研究工作。在管理会计产学研联盟构建过程中，相关各方应当结合各自优势和需求，积极投入、优势互补、整合优势资源。单位应发挥其在业务实践、方法应用等方面的优势，对管理会计实践中的难点、重点、基本问题进行挖掘；高校和科研院所应该利用其知识结构、科研方法等方面优势，对相关问题进行严密论证，通过协同创新，实现实践与理论的良性互动。管理会计产学研联盟要科学规范地开展建设和运作，组织成员之间开展多种形式、多方面内容的交流合作，形成强大的管理会计研究、开发、成果转化一体化的先进系统，并在运行过程中不断发挥综合优势；要坚持从实践中来，到实践中去的基本思路，以市场为导向，切实解决管理会计领域的重点、难点问题，合理确定管理会计研究成果的使用方法和使用范围，不断加快创新和成果转化步伐，实现自身长效发展。

三、鼓励建立管理会计研究基地，发挥综合示范作用

研究基地是科研创新的重要平台，是聚集和培养优秀学术人才的新型科研组织。建立研究基地，在财政工作中已有一定实践基础。2012 年起，财政部与中央财经大学等 6 家高校搭建了共建平台，至今已完成课题研究 30 余项，为进一步夯实财经教育和人才培养基础，促进财经高教事业创新，推动财政改革发展发挥了积极作用。湖南、上海、广东等省份先后建立了各具特色的会计研究基地，"中国企业营运资金管理研究中心"以及上海财经大学与财政部人事教育司、会计司等 15 家协同单位共同组建的"会计改革与发展协同创新中心"等会计研究平台相继成立。这些研究基地关注会计管理等领域的重大问题，为会计工作积极建言献策，为推动会计改革与发展发挥了积极作用。

针对我国当前管理会计发展滞后的现状，设立管理会计研究基地显得尤为必要。建立管理会计研究基地，可以集中力量，承

担管理会计体系建设重大研究任务，对新现象、新问题、新观点，探本求源、去伪存真，形成具有重大应用价值的成果，为经济社会发展提供强有力理论支持；可以在管理会计的新工具、新方法引入之前，进行先行试点，为管理会计的推广应用提供参考；可以提供良好的国际、国内合作与交流平台，通过广泛的国际合作，促进中国管理会计的跨越式发展。

有条件的科研院校以及国家会计学院等科研教学力量应当积极响应《指导意见》号召，设立若干管理会计重点研究基地。在定位上，管理会计研究基地应为理论联系实际的平台，着力解决我国管理会计改革与发展中的重大需求；在组织形式上，可以借鉴其他会计研究基地构建模式，采取单独建设或多家协作构建的方式；在运行模式上，要科学设计运作机制，汇聚资源，把自身建设成为一个协同创新的开放型平台，增强自身可持续发展能力；在工作内容设计上，要系统整合理论研究资源、总结提炼实践做法经验、宣传推广管理会计理论和先进做法等，辐射、带动管理会计理论及实践水平的全面提升。

四、推动改进现行会计科研成果评价方法

会计科研成果评价应当是对会计科研成果的工作质量、学术水平、实际应用和成熟程度等予以客观的、具体的、恰当的评价。但是，当前我国会计科研成果评价在一定程度上存在着唯文章导向的倾向，而且随着理论研究从重规范研究向重实证研究转变，发表文章时，实证文章易于发表，其他文章则难以发表。管理会计主要服务于单位内部管理需要，从性质上决定了管理会计研究需要获得单位内部数据，而这些数据很难从公开资本市场上获得，也没有商业化的研究数据库，只能采用实地调研、调查问卷等方式获得。这样的数据获取方式不但成本高、周期长、难度大，而且数据样本小、质量容易受到质疑，很难形成实证文章。相比之下，财务会计可以相对容易地从已有数据库等渠道获得大量数据，开展实证研究，发表研究成果。因此，在当前会计科研成果评价体系下，选择研究管理会计，就必然意味着要面对取得数据难、发表文章难、完成科研考核难、评教授难的艰难处境，从而大大影响了高校学者，尤其是年轻学者从事管理会计研究的积极性，影响了管理会计发展，亟待加以改进。

《指导意见》提出推动改进现行会计科研成果评价方法，切实加强管理会计理论和实务研究。会计科研成果评价要坚持为会计发展服务的原则，提高评价体系的科学性，而不是拘泥于条条框框，唯文章导向。同时，鼓励《会计研究》、《财务与会计》、《中国总会计师》等相关专业报刊杂志，尤其是权威学术期刊发挥导向和引领作用，通过开辟管理会计专栏或在遴选论文时适当提高管理会文章比重等方式，配合会计改革重点工作，刊登管理会计理论成果，调动理论界研究管理会计的积极性，推动管理会计理论研究加速发展。

广大会计理论研究工作者，应当抓住机遇，本着发挥优势、讲究方法、放眼世界、多出成果的原则，既立足当前，又着眼长远，开展科学严谨、与时俱进的研究。既要学习和借鉴西方先进理念和方法，取长补短、加速发展，更要结合中国管理会计实际，超越单纯"就管理会计论管理会计"的局限，融合多重主题、多重背景、多重理论，开展跨学科的管理会计研究，形成中国特色管理会计理论体系，有关会计团体也要积极发挥在管理会计理论体系建设中应有的具体组织、推动等作用，力争尽快把我国管理会计理论研究水平提升到国际层次，不断扩大中国管理会计理论研究在国际会计界的影响力。

第五节 管理会计指引体系建设

管理会计指引体系建设是管理会计体系建设的重要组成部分。在充分考虑经济社会需求的基础上，《指导意见》提出了管理会计指引体系的框架设计，并将随着实践发展的需要而不断完善。

一、建设管理会计指引体系的必要性

(一) 满足单位加强管理会计工作的需要

管理会计作为会计的一个分支，在我国单位（包括企业和行政事业单位，下同）实践中已经得到了一定应用。遗憾的是，尽管我国在管理会计领域不乏积极探索和有益尝试，但总体发展仍相对滞后。大部分单位仍处于"不知在做"的阶段，即虽然在实践中运用了管理会计的工具方法，但不知道管理会计是什么，也缺乏系统运用管理会计的意识；甚至还有一些单位尚未应用管理会计的相关工具方法；只有少部分单位属于"已知在做"，即知道管理会计是什么，并在实践中不断探索运用。这些"已知在做"的单位最具有活力和创新意识，走在了我国管理会计实践发展最前沿，但他们目前也只是运用了管理会计的部分职能，系统性、针对性和有效性还有待进一步提升。总体而言，我国管理会计实践仍处于自发状态，较多单位还停留在总结经验阶段，影响了整体管理水平的提升。单位迫切希望政府出台一套统一规范、系统科学、能够贯穿单位活动始终的管理会计标准，以便单位学习使用。因此，《指导意见》顺时应势，提出建设管理会计指引体系，系统梳理管理会计工具方法，并提供相应的案例示范，为管理会计的实务应用提供指导。

(二) 借鉴西方国家推行管理会计的做法经验

美、英等西方国家在管理会计领域做了大量探索，形成了诸多有益经验。其中，重视管理会计标准建设指导管理会计实践这一做法，极大推动了管理会计应用，促进了管理会计发展。比如，美国管理会计师协会先后出版了领导力与道德、技术应用、战略成本管理，企业绩效管理等4辑六大类管理会计公告，还将根据实务需要发布新的管理会计公告。英国皇家特许管理会计师公会尽管没有发布管理会计公告，但陆续发布了管理会计系列研究资料，为企业应用管理会计工具方法提供了一定的参考，2014年10月，还与美国注册会计师协会联合推出了《全球管理会计原则》。

这些会计组织发布的公告、原则、研究资料等，都是指导性的，与会计准则不同，这在一定程度上也体现了管理会计差异化特征。

（三）财政部门主导指引体系建设是现实选择

立足国情，是管理会计体系建设的一项基本原则，根据《指导意见》，管理会计指引体系由财政部建立，而不是像美、英等国由会计组织建立，这正是体现了一切从中国国情出发的基本原则。

根据《中华人民共和国会计法》，国务院财政部门主管全国的会计工作，建立管理会计指引体系，是财政部推进管理会计体系建设的重要抓手，也是财政部法定职责所在。同时，由财政部制定发布管理会计指引体系，有利于整合各方力量，节约社会资源，花小钱办大事；有利于妥善协调各方意见，体现权威性，便捷高效推行应用管理会计。《指导意见》在公开征求意见过程中，社会各界都支持由财政部负责建立指引体系。因此，我们不能像美、英等西方国家那样，由会计组织制定会计标准，而应由政府部门来制定。

二、关于管理会计指引体系的框架设计

管理会计指引体系是在管理会计理论研究成果的基础上，形成的可操作性的系列标准，对实践具有指导作用。《指导意见》提出，要形成以管理会计基本指引为统领、以管理会计应用指引为具体指导、以管理会计案例示范为补充的管理会计指引体系。

管理会计指引体系中，基本指引是对管理会计普遍规律的总结提炼，解决对管理会计的基本认识问题。管理会计既有普遍规律，又具差异化特点，需要考虑不同性质、特殊行业等的需求，因此，有必要形成应用指引，依据基本指引，明确管理会计的多种工具方法，具体指导实务操作。管理会计为单位内部管理服务，制定案例标准，建立管理会计案例库，大量总结实践中好的经验、做法，提炼为典型案例，将更好地为单位提供具体示范。

三、关于管理会计基本指引

管理会计基本指引是将管理会计普遍规律上升到标准，是对管理会计基本概念、基本原则、基本方法、基本目标等内容的总结、提炼。在我国当前管理会计实践中，虽然尚无基本指引，但是对于基本指引中涉及的概念、原则、目标等，理论界和实务界已有很多论述，只是这些观点不统一。学术求异，管理求同，有必要形成统一的管理会计基本指引，以统一大家的思想认识，形成指导单位应用管理会计的共同话语基础。

管理会计基本指引也是制定应用指引和案例库的基础，对应用指引、案例库起到统驭作用。但是，不同于企业会计准则基本准则，管理会计基本指引只是对管理会计普遍规律和基本认识的总结升华，并不对应用指引中未做出描述的新问题提供处理依据。

为确保管理会计基本指引的质量，财政部将从课题研究起步，充分利用咨询专家机制，深入开展相关研究，在课题研究、组织研讨、听取专家建议、公开征求意见等工作基础上，发布管理会计基本指引，指导管理会计实践应用。

四、关于管理会计应用指引

实践中，管理会计工具方法已经在一些单位得到了一定应用。如，兵器装备集团公司系统导入全面预算管理、内部管理报告、平衡计分卡等十项管理会计工具，建设价值创造型管理会计体系。但是，总体而言，有些单位对管理会计工具方法的应用不够系统，有些单位也对不同情况下如何选择应用适当的管理会计工具方法存在困惑。

因此，《指导意见》提出制定管理会计应用指引，就是要对管理会计各项工具方法进行系统梳理，清晰明确地告诉单位这些工具方法是什么、怎么用、有哪些优缺点、运用环境、如何选择、预计效果等内容，以便于单位结合自身情况选择运用适合的管理会计工具方法。

在管理会计指引体系中，应用指引居于主体地位，是对单位管理会计工作的具体指导。为切实提高科学性和可操作性，管理会计应用指引既要遵循基本指引，也要体现实践特点；既要形成一批普遍适用、具有广泛指导意义的基本工具方法，如经济增加值（EVA）、本量利分析、平衡计分卡、作业成本法等，也要针对一些在管理会计方面可能存在独特要求的行业和部门，研究制定特殊行业的应用指引；既考虑企业的情况，也考虑行政事业单位的情况；在企业层面，还要兼顾不同行业、不同规模、不同发展阶段等特征，坚持广泛的代表性和适用性。

应用指引是开放性的，随实践发展而不断发展完善。应用指引的实施更重指导性，由各单位根据管理特点和实践需要选择相应的工具方法。财政部将在充分征求意见基础上，组织开展系列课题研究，科学总结我国先进企业管理会计实务，充分借鉴发达市场经济国家或地区的有效做法，研究确定一系列应用指引，本着先急后缓、先一般业务后特殊业务、"成熟一批，发布一批"等原则，逐步发布系列管理会计应用指引，并随着实践的发展而不断丰富完善。

五、关于管理会计案例库

案例库是对国内外管理会计经验的总结提炼，是对如何运用管理会计应用指引的实例示范。建立管理会计案例库，为单位提供直观的参考借鉴，是管理会计指引体系指导实践的重要内容和有效途径，也是管理会计体系建设区别于企业会计准则体系建设的一大特色。

在国外，管理会计在发展过程中，历来强调案例的重要示范作用。如，美国管理会计师协会发布的管理会计公告中，就包含了系列案例，为企业应用该公告提供了借鉴。在我国，总结实践经验，形成典型案例，予以宣传推广，是推动管理会计应用的有效方式。如，90年代，我国总结邯钢在成本控制方面的做法，提炼升华为邯钢经验并予以学习、推广，有力地促进了企业成本管理水平的提高。将单位的成功经验上升为案例并嵌入指引体系，能够帮助单位更好地理解和掌握应用指引，增强管理会计指引体系的应用效果，达到提升单位价值创造力的目标。

案例库建设将坚持典型性和广泛性相结合的原则，在统一框架结构、基本要素、质量特征等案例标准，形成案例规范格式文本的基础上，分别不同性质、不同行业、不同规模、不同发展阶段等情况，逐步提炼若干管理会计案例，并不断予以丰富和完善。同时，既提炼总结管理会计整体应用案例，也针对管理会计的某些领域和应用指引中的相关工具方法提炼专项应用案例。争取通过5-10年的时间，通过经验交流、调研座谈、案例单位自主梳理等有效方式，总结、提炼一批覆盖多领域、多行业、多种工具方法的案例，构建内容丰富、示范性强的管理会计案例库。

六、关于管理会计专家咨询机制

"集众思、广忠益"。建立专家咨询机制，是科学民主决策，充分利用专家智库资源的有效方式。国内外会计标准在制定过程中，普遍建立了专家机制，取得了良好效果，值得借鉴。如，我国建立了会计准则委员会、企业内部控制委员会等，作为我国会计准则、企业内部控制规范等制定的咨询机构，为保证和完善我国会计标准等提供了宝贵的咨询意见和建议，为提高会计标准的科学性、合理性、有效性发挥了积极作用。美国管理会计师协会专门设立了由来自企业、公共部门和学术界的多名专家代表组成的管理会计实务委员会，并邀请管理会计公告具体领域的专家共同参加编写工作，以保障其管理会计公告质量。

为凝聚各界力量，共同推动管理会计体系建设，今年3月，财政部面向社会公开选聘管理会计咨询专家，经个人申报、单位推荐、财政部审定并向社会公示，择优聘任了68位财政部管理会计咨询专家，建立了管理会计咨询专家机制。咨询专家任期2年，今后，将综合考虑公信力、影响力、参与度、遵守保密纪律等因素，不断优化咨询专家队伍结构，完善专家咨询机制，充分发挥咨询专家的智库资源作用。

管理会计咨询专家要以推进管理会计体系建设为己任，认真履行工作职责，积极参加咨询专家会议，按时完成所承接的管理会计相关工作，在管理会计课题研究、指引体系建设、实施推广等各个方面，通过积极建言献策、提供调研环境、总结实践案例等多种方式，为全面推进管理会计体系建设贡献力量；同时积极开拓渠道，了解本行业、本单位的需求，收集各方意见和建议，并及时反馈财政部，形成互动机制，促进管理会计体系不断完善。

管理会计指引体系是管理会计体系建设的重要保障，为单位应用管理会计提供有力的指导示范。各单位情况不同，在具体运用管理会计指引时，应根据单位经营特点、管理要求等具体情况，结合管理会计指引，建立健全适用于本单位的管理会计应用手册，真正把管理会计指引用活用足，从而达到提升单位价值创造力的目的。

第六节　管理会计人才队伍建设

人才是兴国之本、富民之基、发展之源。人才培养是管理会计 4+1 体系的关键，是该体系中发挥主观能动性的核心，是体现"坚持人才带动，整体推进"原则的重点所在。

一、加强管理会计人才队伍建设的重要性

（一）加强管理会计人才队伍建设是适应加强会计人才队伍建设的需要

当今时代，随着以经济为基础、科技为先导的综合国力竞争日趋激烈，人才资源已成为关系国家竞争力强弱的基础性、核心性、战略性资源。时代呼唤人才，发展需要人才。人才已成为各行各业发展的共同渴求，加强人才队伍建设，是将建设有中国特色社会主义事业不断推向前进，实现社会主义各项建设目标的必要保障。我国历来十分重视人才工作。党的十一届三中全会之后，中央确立了"尊重知识、尊重人才"的国策，使大批人才走上了

经济建设的各个领域。2000 年，中央经济工作会议首次提出，"要制定和实施人才战略"。2001 年，《中华人民共和国国民经济和社会发展第十个五年计划纲要》发布，专门一章提出"实施人才战略，壮大人才队伍"，首次将人才战略确立为国家战略，将其纳入经济社会发展的总体规划和布局之中，使之成为其中一个重要组成部分。2002 年，面对中国加入 WTO 后的新形势，直面经济全球化和综合国力竞争，为保证建设有中国特色社会主义事业健康发展，中共中央、国务院制定下发了《2002—2005 年全国人才队伍建设规划纲要》，首次提出了"实施人才强国战略"，对新时期中国人才队伍建设进行了总体谋划，明确了当前和今后一个时期中国人才队伍建设的指导方针、目标任务和主要政策措施，对此前提出的国家人才战略进行深化和系统展开。2003 年 12 月，中共中央下发了《中共中央、国务院关于进一步加强人才工作的决定》，突出强调，实施人才强国战略是党和国家一项重大而紧迫的任务，并进一步明确了新世纪新阶段中国人才工作的重要意义、全面部署了人才工作的根本任务，制定了一系列有关方针政策。2007 年，人才强国战略作为发展中国特色社会主义的三大基本战略之一，写进了中国共产党党章和党的十七大报告。2010 年，《国家中长期人才发展规划纲要（2010—2020 年）》发布，对我国当前和未来一个时期内的人才发展做出了总体部署。党的十八大以来，习近平总书记就人才工作做出了一系列重要指示，强调我们比历史上任何时期都更加渴求人才，提出要树立强烈的人才意识，把人才工作抓好，让人才事业兴旺起来。人才强国战略的实施进入了全面推进的新阶段，各级各类人才积极奋进，将社会主义各项建设不断推向前进。

会计人才是国家人才体系的重要组成部分，是维护市场经济秩序、推动科学发展、促进社会和谐的重要力量，是会计建设事业的重要内容。长期以来，财政部高度重视会计人才培养工作，在党中央、国务院的正确领导下，深入贯彻人才强国战略，扎实推进会计人才建设工作，取得了显著成绩。2010 年，为落实人才强国战略，全面提升会计人才工作总体水平，促进经济社会又好又快发展，财政部制定发布了《会计行业中长期人才发展规划（2010—2020 年）》，统筹推进会计人才队伍建设。截至目前，我国已有 1 660 多万会计人员，总会计师超过 20 万人，培养会计领军人才 1 132 人，为推动经济社会健康发展提供了重要的人才保障和智力支持。但是，我国虽然是一个会计人才大国，还不是会计人才强国。总体上看，会计人才培养偏重财务会计人才，高端会计人才相对不足，尤其是管理会计人才更为匮乏，无法满足经济社会发展对管理会计人才的大量需求。

针对这一现状，《指导意见》积极适应会计人才队伍建设需要，提出大力推进管理会计人才队伍建设，推动我国由会计人才大国迈向会计人才强国，促进经济社会蓬勃发展。

（二）加强管理会计人才队伍建设是适应单位加强管理会计工作的需要

随着我国扩大对外开放和实施"走出去"战略，我国企业必须与国外企业同台竞技，不仅面临来自市场、技术等方面的竞争和冲击，更面临管理战略和模式方面的挑战。同时，我国经济发展进入新常态，单位只有加快发展方式转变，充分挖掘管理潜力，才能实现自身持续发展。在此背景下，单位对管理会计人才的渴求程度日益迫切。引入或培养一批熟悉国际市场、成本管理、资本运作、预算管理、风险管控、战略规划，信息技术等，能够深入参与和支持单位决策制定的管理会计人才，源源不断地释放管理会计在提高内部管理水平，增强价值创造能力等方面的巨大潜力，积极应对国际国内环境挑战，抓住机遇，乘势而上，不断提升竞争能力，实现可持续发展，已成为单位的迫切现实需要和必然选择。不少单位已经在积极加强管理会计人才培养，如，2014年以来，总会计师素质提升工程培训课程中加大了管理会计知识内容，广大总会计师积极报名，踊跃参加，努力提升自身管理会计能力水平。

（三）加强管理会计人才队伍建设是适应管理会计发展的需要

全面推进管理会计体系建设，是推动会计工作转型升级的重点所在，那么加强管理会计人才队伍建设就是管理会计人才培养转型升级的重点所在。同时，在管理会计体系建设中，人才建设是关键，是其他各项建设的依托，理论体系、指引体系、信息系统、咨询服务发展等管理会计各项工作都需要由管理会计人才予以实施。

当前我国管理会计人才匮乏，难以有效支持单位管理高层的经营决策，难以为管理会计其他各项建设提供人才储备，难以将管理会计推广应用落到实处。长期以来，单位管理者对管理会计重视不足，会计人员的工作重点主要在财务会计方面，局限于记账、报账，不能较好地为单位提供决策参考。大部分科研院校的会计专业主要侧重于财务会计领域，管理会计课程体系和师资队伍建设尚未完善，管理会计人才培养力量比较薄弱。与了解到的美国具备一定规模的企业中90%的会计人员从事管理会计工作、75%的工作时间用于决策支持的情况还存在一定差距。

因此，《指导意见》将人才培养作为关键，就是要切实改变当前管理会计人才的局面，培养大批适应改革需要、能够勇挑改革重任的管理会计人才，将管理会计其他各项建设落到实处，带动管理会计整体发展，将管理会计应用推向纵深发展，为打造中国会计工作"升级版"储备人才资源。

二、推动建立管理会计人才能力框架，改革考试内容

（一）目前会计相关考试基本情况

人才能力框架是对要成为合格人才应具备什么能力、什么知识结构所做的系统梳理和科学概括。建立人才能力框架，是通过开展会计相关考试等方式，系统提升会计人才能力，并对人才进行水平测试和评价的基础。在国际上，市场经济发达国家早在20世纪60年代就开始了这方面的工作。从1967年美国注册会计师协会的"职业知识框架",到 2003 年国际会计师联合会的"成为胜任的职业会计师",再到美国管理会计师协会和英国皇家特许管理会计师公会的管理会计人才能力框架,世界上一些国家和地区,在涉及注册会计师、管理会计师、财务分析师、内部审计师等多个职业领域时,都对职业能力框架做了大量的研究和实施工作,为其进行相应的认证考试大纲设计、考查等级设定、考试教材编写、会员后续教育等人才培养工作,提供了基础。

在会计从业和职称领域,我国在对不同级次会计人员能力框架进行系统完善的基础上,构建了会计从业资格、初级、中级、高级会计专业技术资格等不同级次的会计人才评价制度。其中,会计从业资格被设定为从事会计工作的人员应当具备的知识、能力的起点标准,要求掌握必要的会计基础知识和基本财经法律法规,遵守会计职业道德,具有基本的会计电算化操作技能等(目前已取消上岗强制性要求);初级会计专业技术资格被设定为能够独立处理一般会计业务的能力水平,要求较为系统地掌握会计实务原理和专业知识,熟悉财务管理的基本原理以及基本的财经法律制度等,考试包括初级会计实务和经济法基础两门科目;中级会计专业技术资格被设定为能够独立负责并组织开展某一领域会计工作的能力水平,要求较为系统地掌握最新的会计准则制度,熟悉并能正确执行有关会计等财经法律制度,熟悉财务管理理论和方法等,考试包括中级会计实务、经济法、财务管理三门科目。高级会计专业技术资格被设定为能够胜任大中型企业的总会计师或财务总监,能够独立领导和组织开展本单位财务会计工作的能力水平,要求系统掌握经济、财务会计理论和专业知识,熟悉并能正确组织执行财经法律制度,具有较高的政策水平和丰富的财务会计工作经验等,考试包括战略制定、资金管理、成本管理、预算管理、业绩评价、内部控制、企业合并、金融工具等内容。在注册会计师领域,我国在对注册会计师能力框架进行系统研究的基础上,根据《中华人民共和国注册会计师法》构建了注册会计师考试制度，作为取得中国注册会计师执业资格的必备条件。注册会计师考试分为专业阶段考试和综合阶段考试。专业阶段考试主要测试专业知识能力，要求具备注册会计师执业所需的会计、审计、财务、税务、相关法律、组织和企业、信息技术以及其他相关知识，考试包括会计、审计、税法、经济法、财务成本管理、公司战略与风险管理六门科目。综合阶段主要测试考生是否具备在职业环境中运用专业知识，保持职业价值观、职业道德与态度，有效解决实务问题的能力，其中包括在国际环境下运用英语进行业务处理的能力，考试分成试卷一和试卷二，各50分，试卷一以鉴证业务为重点，内容涉及会计、审计和税法等专业领域，试卷二以管理咨询和业务分析为重点，内容涉及财务成本管理、公司战略与风险管理和经济法等专业领域。

（二）推动建立管理会计人才能力框架并改革相关考试内容

通过上述考试、测评等方式，我国对会计人员、注册会计师能力进行了较为有效的评价，培养和选拔了一大批专业人才。自1992年设立以来至2017年底，全国会计专业技术资格考试已成功组织25次，累计共有637万人通过相应级别的专业技术资格考试，其中初级443万人，中级180万人，高级14万人。自1991年正式创立到2017年12月31日，注册会计师全国统一考试已培养注册会计师超过23万人，其中，在会计师事务所执业的注册会计师达到105 570人，约占总人数的44.51%。

但是，已有考试和人才能力框架中，财务会计内容相对较多，管理会计内容相对不足，没有通过考试把管理会计能力完整体现出来，没有把大批合格的管理会计人才培养出来，不能满足单位对管理会计人才的急切渴求，不能满足拓展管理会计咨询服务对管理会计咨询服务人才的大量需求，有必要对管理会计人才能力框架进行专门研究，为管理会计人才培养奠定科学基础，有必要健全和完善现行考试内容，提升会计人员综合素质。因此，《指导意见》明确要求推动建立管理会计人才能力框架，完善现行会计人才评价体系，推动改革会计专业技术资格考试和注册会计师考试内容，适当增加管理会计专业知识的比重，就是要从管理会计人才能力框架出发，系统研究合格的管理会计人才所需的能力和知识结构，为下一步管理会计人才培养提供方向指引，就是考虑到会计专业技术资格考试和注册会计师考试在我国已运行多年，相对比较成熟，因此选择改革现行考试这一更具操作性的现实路径和可行选择，以尽快达到培养一批管理会计人才的目的。

不同层级的会计人员对管理会计的需求有所不同。对于总会计师层面而言，更关注战略决策、全面预算、风险管理等内容；对于会计经理层面而言，更关注信息分析、成本管理、绩效评价等内容；对于一般会计人员而言，更关注管理会计工具方法的具体应用。这些不同的诉求应在各类会计考试中有所体现。初级会计资格考试侧重于成本核算、成本管理等；中级会计资格考试侧重于管理会计工具方法的应用；高级会计资格考试侧重于考核战略决策能力等管理会计综合应用能力；注册会计师考试侧重于为单位提供管理会计咨询服务所需能力的考查。初、中、高级会计资格考试和注册会计师考试全面布局，分层设计，有助于提高考生专业能力和会计管理工作胜任能力，培养能够为单位创造价值的合格会计人才。

三、将管理会计知识纳入相关工作

会计人员和注册会计师继续教育是为保持和提升专业素质、执业能力和职业道德水平等，对持有会计从业资格证书人员（会计人员）和注册会计师的继续教育，内容主要包括会计及审计理论、政策法规、业务知识、技能训练和职业道德等。经济业务的不断创新，要求会计人员和注册会计师不断更新知识和能力，继续教育是会计人员和注册会计师更新知识、加强学习的重要手段。管理会计重在实务应用，管理会计人员更需要在工作中不断充电，以积极主动地适应实务发展需要。因此，《指导意见》提出，将管理会计知识纳入会计人员和注册会计师继续教育，就是要保障其管理会计知识更新和能力提升，持续发挥会计在单位价值创造中的应有作用。

大中型企事业单位总会计师素质提升工程，是财政部为提升大中型企事业单位总会计师（含行使总会计师职责的财务总监）的能力素质，促进我国大中型企事业单位进一步提高现代化经营管理水平和国际竞争力，从 2013 年起对相关人员实施的一项大型培训工程。会计领军（后备）人才培养工程是财政部于 2005 年开始在全国范围内严格选拔、培养会计领军人才的一项重要工作，是《会计行业中长期人才发展规划（2010—2020 年）》所列的会计人才队伍建设重大工程之一。总会计师是单位行政领导成员，组织领导本单位的财务管理、成本管理、预算管理、会计核算和会计监督等方面的工作，参与本单位重要经济问题的分析和决策；会计领军人才是高级会计人才中能够发挥引领和辐射作用的高端会计人才。他们是管理会计工作在单位得以有效实施的中坚力量。《指导意见》要求，将管理会计知识纳入大中型企事业单位总会计师素质提升工程和会计领军（后备）人才培养体系，先急后缓，逐步推动管理会计人才能力框架的全面贯彻落实，力争在 3-5 年内，在全国培养出一批管理会计人才。

四、鼓励高校加强管理会计人才培养

目前我国会计人才培养模式主要包括学历教育、资格考试和在职培训三个层面。高校作为会计人才培养的重要力量，应当积极秉承教育为经济社会发展服务的宗旨，将教育活动与实践需求对接，适应单位对管理会计人才的迫切需要，加大管理会计人才培养力度。

当前，高校在管理会计人才培养方面做了一些工作，有一些积极尝试。如，中央财经大学在本科阶段即专门建立了管理会计系，每年招收学生 50 余人，通过专业培养、组织学生到实习基地参加实践教学等形式，目前已培养了管理会计专业的本科生 200 余人。上海财经大学等一批高校加强管理会计课程开发，将管理会计作为会计教学的重要内容，并在研究生阶段设置了管理会计研究方向，向学生传授管理会计知识，在一定程度上为单位提供了管理会计人才储备。但是，总体而言，目前我国高校中有的管理会计研究比较薄弱，已建立的在师资力量等方面也相对薄弱，掌握管理会计知识和技能的学生供给不足，无法满足单位对管理会计人才的大量需求，培养的管理会计学生距离合格的管理会计人才也还有一定差距。

因此，《指导意见》将鼓励高校加强管理会计人才培养，作为培养管理会计人才的重要组成部分。各相关高校应按照管理会计人才能力框架，为高校管理会计人才培养设定合理正确的培养目标与方向，设计能够真正培养管理会计人才的课程，并逐步加大管理会计课程的比重，推动形成管理会计课程体系；应探索和完善管理会计教学内容与教学方法，并通过外部引进、内部培养等多种方式，加强管理会计学术人才的培养，打造专业精湛、联系实际的管理会计师资队伍和研究团队。鼓励高校在研究生阶段设置管理会计方向，有条件的还可以在本阶段即开设管理会计专业，从而推动管理会计学科体系建设，更为系统地培养管理会计人才。鼓励高校与企业合作建立管理会计人才实践培训基地，为高校学生提供实践培训机会，使高校培养的管理会计学生更好地满足单位实际需要的同时，也为单位提供大量潜在管理会计人才，帮助单位提升管理会计工作水平，实现管理会计人才供需双赢。

五、探索管理会计人才培养的其他途径

《指导意见》提出，"探索管理会计人才培养的其他途径"，目的在于为未来管理会计人才培养拓展预留空间。在《指导意见》的起草、意见征询和相关调研过程中，社会各界对于当前是否应当建立我国的管理会计师考试认证制度，意见不一。多数意见认为，在国外，美、英等国通过推行注册管理会计师考试认证，培养了一批管理会计人才，为单位加强管理会计应用，提高价值创造力做出了重要贡献，得到业界的广泛认可，我国也应建立专门的管理会计专业组织，推行管理会计师考试认证制度，以更加系统地培养和选拔管理会计人才。也有意见提出，目前会计人员相对于其他专业人员而言考试负担已经较重，不建议单独设置管理会计师考试认证制度，仅在现有考试中增加管理会计相关内容即可。

财政部对此进行了认真研究，认为目前是否建立我国的管理会计师考试，应当基于对未来和现实的综合考量。从长远来看，推行管理会计师考试值得研究探索，但是，考虑到国务院正在清理职业资格许可和认定，取消国务院部门设置的没有法律、法规或国务院决定作为依据的准入类职业资格，取消国务院部门和全国性行业协会、学会自行设置的水平评价类职业资格，确有必要保留的，经国务院人力资源社会保障部门批准后纳入国家统一规划管理，为提高稳妥性和可行性，《指导意见》既为未来发展留出空间，又充分考虑现实情况，从改革现行考试内容等入手，将管理会计与现有会计专业技术资格体系和注册会计会计师考试进行有序衔接，并提出探索管理会计人才培养的其他途径。

六、加强国际交流与合作

随着世界经济全球化的发展，各国之间的依存度不断提高，中国扩大对外开放、实施走出去战略，都需要深化国际交流与合作。立足国情，借鉴国际，是会计工作取得成功的一条宝贵经验。在管理会计领域，国际上一些市场经济发达国家在管理会计理论研究、标准建设、实践应用、人才培养等方面积累了一些好的经验和做法，也值得我们吸收借鉴。

因此，在管理会计体系建设中，相关各方不能"闭门造车"，而是应当以开放的胸襟和国际视野，积极拓展管理会计对外交流的平台和载体，广泛参与管理会计国际交流与合作。既要学习借鉴国际先进理念和方法，取长补短，为我所用，也要通过交流宣传中国管理会计发展，提升我国在世界管理会计界的话语权和影响力，采取引进来与走出去相结合的方式，大力推动管理会计人员、学术、实践经验、理念、工具方法、信息化应用、咨询服务模式等方面的全面交流与合作。

《指导意见》的发布，为管理会计人才培养带来了历史性的机遇。相关各方应当按照《指导意见》的要求，大力推进管理会计人才建设，并以管理会计人才建设为依托，推进管理会计各项事业的蓬勃发展，开创会计工作的新局面。

第七节　管理会计信息系统建设

随着以计算机技术和现代网络技术为代表的信息革命向经济和社会生活的深度和广度渗透，尤其是随着近年来云计算、大数据、移动互联网等新兴技术的快速发展，单位（包括企业和行政事业单位，下同）越来越重视通过信息化推动和加强本单位管理会计等各项工作。《指导意见》顺时应势，提出加快推进面向管理会计的信息系统建设。

一、信息化是管理会计体系建设的重要支撑

"工欲善其事，必先利其器"。在信息时代，单位要有效开展管理会计工作，必然要打造利器，这个"器"就是信息技术。信息化是支持管理会计理念与方法落地，支撑管理会计功能发挥和价值实现的重要手段和推动力量。

要加强管理会计应用，帮助单位在瞬息万变的市场经济中基业长青，一方面需要信息具有很强的及时性，甚至要求做到实时性，使决策者能够随时掌握企业当前的状况，另一方面需要信息具有集中度，能够有效整合和科学分析大量的财务和非财务信息。这就必然需要通过信息化才能有效实现。

随着大数据和互联网的发展，信息资源进一步开放和共享，单位与外部环境之间、单位内部各部门之间的信息沟通更加广泛和快捷，业务信息与会计信息之间融合加快，为单位运用管理会计提供了更多可能。同时，也意味着管理会计要想真正发挥作用，

必须在海量的数据中寻找和挖掘到有价值的信息，并予以整合分析，这一过程不借助信息化很难实现。因此，以坚实的大数据为基础，推进管理会计信息系统建设，是保障全面预算管理、资金集中管理、成本控制、绩效评价等更加高效、顺畅地运行和开展，有效支撑管理会计应用的时代要求。

二、管理会计信息化发展历史和现状

我国在管理会计信息化领域发展较晚。2000年起，我国少数已经应用管理会计工具方法的单位开始认识到信息化在加强单位会计工作中的重要性并开始建设，主要领域为成本核算和预算管理。这期间，一些国外管理会计软件厂商逐渐进驻中国，在一定程度上推动了我国管理会计信息化的发展。

2008年金融危机的爆发使越来越多的中国企业开始谋求从粗放式管理向精益化管理转型，多维度、精细化、全过程的管理数据成为企业提升管理能力的基础信息。在市场推动下，理论界、企业界、咨询界以及学术团体中越来越多人士提高了对管理会计信息化的重视程度，并投入资源加大推广力度，尤其是在预算管理方面，一些企业打造了多维度的全面预算信息系统，获得了管理的较大提升。同时，一部分单位开始实施作业成本（ABC）系统和管理会计报告与分析系统。但是，在这一时期，多数企业基本局限于对单个管理会计工具或单独一项管理会计系统的应用，未能将管理会计信息与业务信息、客户信息、财务信息披露等有效结合起来，未能在战略决策、营销支持、绩效考核等方面进行综合应用，管理会计信息化发展较为缓慢。同时，部分单位开始在一定程度上尝试自主开发管理会计信息化系统，并取得较好的实践效果。

2013年，在中国经济转型的背景下，越来越多的企业开始采用预算管理软件、作业成本软件、管理会计报告和分析软件来加强自身管理会计工具和方法的应用，同时部分企业开始提出建立"管理会计信息化体系"的概念，将整合的信息有效运用于战略决策、经营分析、运营管理等方面，以支持企业利用更加全面、更加可靠的基础信息，做出更加及时、有效的决策。同时，越来越多的单位意识到自主研发管理会计系统的重要性和必要性。

目前，我国管理会计信息化尽管已有一定发展，但总体而言仍处于低水平状态，管理会计信息系统建设亟待大力推进。国内单位采用的会计软件仅有部分管理功能，而且大部分单位也只应用了会计软件中的核算功能。同时，由于管理会计信息系统建设花费较大、人才培养难度较高等原因，单位对建立和完善管理信息系统的主动性不强。

三、将管理会计信息化需求纳入单位信息化规划

信息化是当今世界发展的必然趋势，是推动我国现代化建设和经济社会变革的技术手段和基础性工程。全面推进面向管理会计的信息系统建设，推动单位系统梳理并有效满足自身信息化需求，是支撑单位加强管理会计应用的现实需要，是加强会计信息化工作的必然要求，也是贯彻落实国家信息化发展战略的重要举措。实践中，自2009年4月出台《财政部关于全面推进我国会计信息化工作的指导意见》（财会〔2009〕6号）等系列文件以来，财政部按照"标准先行"的思路，多措并举，着力推进会计信息化标准建设，在推进会计信息化工作方面取得了重大成效。但是，与财务会计领域的信息化相比，单位在管理会计领域的信息化还相对薄弱。当前及今后一段时间，在继续做好财务会计信息化的同时，也需要顺应会计改革与发展需要，将管理会计信息化作为重点工作予以加快推进，切实提高单位信息化建设的效率效果。

由于管理会计贯穿于单位运营全过程，根据《指导意见》，管理会计信息系统建设应重在适合单位需要，将管理会计信息化需求纳入单位整体信息化规划，以免造成信息系统与单位财务、业务活动需要相脱节的现象。要在单位长期发展战略的指导下，在理解单位战略目标与业务规划的基础上，诊断、分析、评估单位管理会计和信息化工作现状，优化单位业务流程，结合所属行业

管理会计信息化方面的实践经验和对最新信息技术发展趋势的掌握，提出单位管理会计信息化建设的远景、战略、具体目标、所需功能等具体需求，系统指导单位面向管理会计的信息系统建设工作。

四、做好系统整合、改造或新建，推动管理会计的有效应用

在当今信息社会，信息技术的应用已经使得信息化不单纯是会计工作的工具，更是会计工作的环境，与组织架构、内部文化、业务领域等因素相互作用，共同推进会计工作模式的发展变化。通过系统整合、改造或新建，形成面向管理会计的信息系统，就是要利用管理会计的基本原理和工具方法对企业活动进行规划、决策、控制、评价，是信息技术在管理会计领域的集中体现。

管理会计信息系统包括预算系统、平衡计分卡系统、经济增加值系统、作业成本管理系统等。这些系统工具已经在不同程度上应用于各单位，尤其是具有一定规模的单位的实际管理之中。如，我国一些单位已经在运用企业资源计划（ERP）系统进行资源管理，运用作业成本系统进行成本管理，运用全面预算管理系统进行预算管理等。但是，多数单位仍处于各个管理会计工具方法单独信息化阶段，信息平台之间彼此孤立，未得到有效整合，即形成了一个个"信息孤岛"。各信息平台相互之间在功能上不关联互通，在信息上不共享互换，信息与业务流程和应用相互脱节，导致管理会计无法及时获得和整合相关信息，决策支持功能难以得到有效发挥。

为此，《指导意见》要求以信息化手段为支撑，实现会计与业务活动的有机融合，从源头上防止出现"信息孤岛"。鼓励单位做好组织和人力保障，通过有效方式，推动管理会计在本单位的有效应用。对于在管理会计不同领域均已经建立了子信息系统，且这些子信息系统适应单位实际、能够有效发挥作用的单位，应当侧重于统一各子信息系统之间底层数据的标准，为打破"信息孤岛"奠定基础，同时加强各子信息系统之间的互联互通和数据共享，实现信息系统的整合应用。管理会计信息系统与单位实际结合不够紧密，或者不适应企业业务发展新需求的，应当侧重对原有系统进行改造，使之切实符合企业管理需要。没有建立管理会计信息系统的，应当筹划着手新建管理会计信息系统，加强管理会计工作的信息化支撑。

五、鼓励大型企业和企业集团的单位建立财务共享服务中心

财务共享是指企业（集团）将下属单位相同的财务职能予以集中，由一个相对独立的财务机构来行使，即各单位共享一个机构的财务服务。财务共享促进会计人员形成了更为明细的专业化分工，让各类会计人员能够将更多时间集中在各自擅长的领域，提升了会计人员的专业水平。同时，财务共享将会计核算工作从企业财务部门中相对剥离，使财务部门有更多时间和精力发挥会计的管理职能。

自二十世纪八十年代起源以来，财务共享的理念与实践经过多年的发展，已经在全球范围内各行各业得到了一定的应用。目前，财富 100 强企业中，已有超过 80% 建立了财务共享服务中心。我国不少单位，如中国移动、国家开发银行、中兴通讯等，也都在应用财务共享方面取得了积极成效。

因此，《指导意见》指出，鼓励大型企业和企业集团充分利用专业化分工和信息技术优势，建立财务共享服务中心，加快会计职能转变和管理会计工作的有效开展。但是，是否有必要建立财务共享服务中心，各单位应依据本单位实际情况确定，同时，财务共享服务中心并不等同于管理会计信息系统。

六、鼓励会计软件公司和有关中介服务机构拓展管理会计信息化服务领域

管理会计信息化服务，是指向客户提供支持其管理会计应用的信息化产品或管理会计信息系统建设方面的解决方案。在推进面向管理会计的信息系统建设中，通过重视发挥会计软件公司和有关中介服务的技术支持作用，可以促进形成一个能够满足管理

会计信息化发展需要的会计信息化服务产业，增加有效供给，推动管理会计信息化水平提升。

当前，我国单位应用的管理会计软件仍以国外软件居多。这些国外管理会计信息软件不仅成本高，而且多是根据国外企业实践经验总结设计而出的，容易在设计理念和使用习惯上对我国实际考虑不足，且我国单位难以根据自身情况进行调整。因此，单位在应用信息系统软件时往往面临一方面部分管理功能无法通过软件实现，另一方面又只应用了购买的软件中的部分功能的尴尬局面，资源浪费严重。

为此，《指导意见》鼓励会计软件公司和有关中介服务机构拓展管理会计信息化服务领域。会计软件公司应当紧紧抓住当前管理会计发展的大好机遇，深入挖掘单位管理会计信息系统建设需求，既要合理借鉴国外单位管理会计信息系统建设经验，更要充分考虑我国企业信息化实际特点；既要总结管理会计一般功能和流程，研究开发通用管理会计信息系统软件，也要为客户根据自身实际情况改造留好接口；既要符合当前单位管理会计工作需要，也要随实践发展不断进行系统升级维护，打造真正适用我国实际需要的管理会计信息系统品牌。有关中介服务机构要充分发挥自身管理会计优势，加强与单位的沟通，详细了解各单位需求，同时，与会计软件公司密切合作，共同为单位开发、设计出切合需要的管理会计信息系统。

七、面向管理会计的信息系统建设中要注意信息安全

管理会计不但分析过去，还与控制现在和筹划未来有机结合，使用的大量数据都是"对内"的，不但对单位加强管理起着至关重要的作用，也蕴含着企业战略投资、行政事业单位涉密信息等相关的大量数据，一旦发生泄密，将造成不可估量的损失。因此，信息安全是面向管理会计的信息系统建设中不容忽视的重要方面。要确保信息安全，必须将相关信息按性质分类，并根据信息安全的要求主要做到"五性"：一是保密性，即严密控制各个可能泄密

的环节，使信息在产生、传输、处理和存储的各个环节中不泄露给非授权者。二是完整性，即信息在存储和传输过程中，不被非法修改和破坏，以确保信息的真实性。三是可用性，即授权者可以根据需要，及时获得所需的信息。四是可控性，即信息和信息系统时刻处于合法所有者或使用者的有效掌握与控制之下。五是不可否认性，即保证所有信息行为人都不可能否认或抵赖曾经完成的操作。

管理会计工作的有效开展离不开信息化的支撑，当前的大数据、互联网对管理会计既是挑战，更带来了机遇。单位应当从自身实际情况出发，加强面向管理会计的信息系统建设，充分运用信息技术，推动管理会计加快发展，有效提升单位管理效率和价值创造能力。

第八节　发展管理会计咨询服务

管理会计咨询服务作为现代服务业的重要组成部分，是管理会计 4+1 体系中确保其他四大任务顺利实施推进的外部支持。

一、会计服务是现代服务体系的重要组成部分

现代服务体系是以现代科学技术特别是信息网络技术为主要支撑，建立在新的商业模式、服务方式和管理方法基础上的服务产业的统称。它既包括随着技术发展而产生的新兴服务业态，也包括运用现代技术对传统服务业的改造和提升。现代服务业是国民经济的重要组成部分，现代服务业的发展水平是衡量现代社会经济发达程度的重要标志。党中央、国务院历来高度重视现代服务业发展。1997 年 9 月，党的十五大报告中就已经提到了"现代服务业"。2008 年，国务院专门发布了《关于加快发展服务业若干政策措施的实施意见》（国办发〔2008〕11 号），并制定实施了一系列配套政策和措施。十八大进一步强调，要着力培育开放型经济发展新优势，使经济发展更多依靠现代服务业和战略性新兴产

业带动，推动服务业特别是现代服务业发展壮大。《国务院关于印发服务业发展"十二五"规划的通知（国发〔2012〕62号）》中，更是对如何推进包括现代服务业在内的服务业发展做出了具体部署。十八届三中全会进一步把推进服务业领域有序开放、放宽投资准入作为构建开放型经济新体制的重要内容，为大力发展现代服务业提供了有利的战略指引、政策支持和市场环境。

资金是经济活动的血液。国际资本市场、跨国并购和战略联盟等资本活动，成为推动经济活动全球化的重要力量。会计服务业作为市场经济体系的"基础设施"，作为国际通用商业语言，是投资者比较不同投资机会的重要依据，财务报表事实上成为一种全球化资源分配的决策依据，引导资金流动的指挥棒。因此，会计服务不仅是现代服务体系的重要组成部分，而且会计服务发展对于推动整个服务贸易的发展、对于引导和服务资本在全球范围内合理流动与有效配置、对于促进全球经济的稳定增长，具有不可替代的作用。中国会计服务发展和会计服务业的国际化推进，对中国市场经济的发展和市场经济的规范，对增强国内外投资者的信心，对提供透明、公开、便利的投资环境，对提高中国对外开放水平，对服务中国企业"走出去"，发挥了重要的促进和保障作用。会计服务业成为我国服务业中标准化、专业化、国际化程度最高的行业之一，探索和积累了发展会计服务贸易的有益经验，获得了长足发展。2013年度，会计服务行业中，仅注册会计师行业就实现业务收入563亿元，连续多年保持两位数的快速增长，并领先于全球会计行业的增长水平。同时，各会计事务所积极走强强合并之路，市场规模化发展趋势明显。

二、管理会计服务是会计服务转型升级的重要方向

经济社会发展到当前阶段，经济需要实现转型升级，单位迫切需要提升管理水平，增强价值创造能力。会计服务也必须要及时跟进，拓展服务领域，提升服务水平，实现转型升级。管理会计服务主要服务于单位内部管理需要，将会计与业务相融合，能够为单位加强管理、提高效益提供有力支持，正是会计服务适应经济社会发展需要，实现转型升级的重要方向，值得大力发展。各单位性质、行业特点、规模大小、发展阶段等情况不同，适用的管理会计工具方法不能"千篇一律"，需要结合单位自身特点和管理需要进行"私人定制"。管理会计咨询公司、注册会计师行业、会计软件公司等作为管理会计服务提供机构，凭借其对管理会计有较为系统全面知识储备的专业优势，以及多年工作积累对行业情况的熟悉等，通过为单位提供管理会计咨询服务，有助于推动提升单位应用管理会计的效率效果。因此，大力发展管理会计咨询服务市场，鼓励会计服务机构将服务重点从提供会计核算、审计等向提供管理会计咨询拓展，充分发挥这些机构的服务作用和专业优势，有助于打造中国会计服务业的"升级版"，更加充分地发挥会计服务经济社会发展的职能作用。

我国管理会计咨询服务市场是随着单位对管理会计需求日渐增加而逐渐形成和发展的。随着生产自动化程度的日益提高以及产品种类的日益复杂，2000 年之前，以注册会计师行业为代表的咨询机构就已经开始为企事业单位提供传统管理会计中的全面预算、成本控制等方面的咨询服务。2000 年起，以核算模块实施为主线的管理会计系统实施咨询服务市场逐渐兴起。SAP、Oracle、用友、金蝶等一批软件公司开始通过为企业提供企业资源计划（ERP）系统中的成本模块，帮助企业提高成本核算水平。2004 年以后，随着企业对预算的信息化需求的提高和预算管理软件的发展，咨询服务开始与信息化系统实施服务相结合，并形成了三种服务模式，即单一的咨询服务模式、单一的信息化实施服务模式以及咨询+信息化实施的服务模式。

2008 年，受金融危机影响，经济增速放缓，竞争加剧，一些单位对管理会计需求日渐兴盛，管理会计咨询服务业务有所增加。2013 年以来，随着移动互联网与大数据时代扑面而来，基于大数据信息系统的管理会计分析（BI）咨询服务市场开始在中国迅速发展，国内外厂商纷纷推出相应的分析系统。同时以移动终端为载体的新型报告展示工具崭露头角，并呈现迅速发展的趋势。

目前，我国管理会计咨询服务市场取得了一定的发展，注册会计师行业、专业化管理会计咨询服务公司、综合性管理咨询公司、会计软件公司等会计咨询服务机构均已开展了一些管理会计咨询服务，在推动单位加强管理会计应用等方面发挥了重要作用。但是，与传统的审计、财务会计咨询等业务相比，管理会计咨询服务在会计服务中的比重较低，管理会计咨询服务质量参差不齐，总体处于初级发展阶段，在助力单位提升管理会计水平，提高管理质量和经营活动效率效果等方面的重要作用尚未得到有效发挥，需要大力加以发展。

三、大力支持管理会计咨询服务市场发展

当今世界，现代服务业已成为推动世界经济增长的重要动力和新亮点，各国政府均积极采取措施，大力支持现代服务业发展。如在国外，美国芝加哥政府于 1989 年提出"以服务业为中心的多元化经济"，大力推动区域高技术产业发展，吸引企业集聚；英国曼彻斯特市政府于 2006 年提出以巩固服务经济、迈入知识经济时代为首要目标的经济加速战略，大力推动商务、文化等现代服务业发展，着力构建产业适宜的发展环境，并努力协助现代服务企业培育人才；日本政府于 2006 年颁布"新经济增长战略"，提出服务业与制造业双引擎带动日本经济实现可持续发展的新战略；911 之后，纽约为振兴曼哈顿下城商务服务业等现代服务业发展，提出对下曼哈顿地区符合条件的商务楼宇，给予房地产税和商业租税的减免优惠；韩国政府支持服务业企业进驻产业园区，对服务业企业的财产税和综合土地税给予减免 50%。在我国，国务院先后发布了《关于加快发展服务业的若干意见》、《关于加快发展服务业若干政策措施的实施意见》、《服务业发展"十二五"规划》等文件，从优化发展结构、调整发展布局、扩大开放领域、放宽市场准入、实行财税优惠、拓展投融资渠道、提高用地比例等方面出台了支持现代服务业发展的系列支持政策。2009 年 10 月 3 日，国务院办公厅转发了财政部《关于加快发展我国注册会计师行业的若干意见》（国办发〔2009〕56 号），要求财政部要会同有关部门进一步建立健全促进注册会计师行业加快发展的支持政策，在优秀人才引进与合理流动、从业人员培养培训、外事外汇、税收政策、规范执业收费、优化发展环境等方面给予支持。作为会计服务转型升级的重要方向，管理会计咨询服务要实现加速发展，也离不开政府、有关会计团体、单位等相关各方的大力支持。

一是要积极培育管理会计服务市场需求。单位对管理会计的需求是管理会计咨询服务市场发展的最大驱动力。财政部门、有关会计团体等应大力宣传管理会计，同时，加强管理会计示范推广，推动越来越多的单位重视和应用管理会计，积极培育管理会计咨询服务市场。要促进管理会计咨询服务供需交流。通过推动形成管理会计供需交流平台、举办管理会计论坛等方式，引导单位和管理会计服务机构加强信息交流和沟通，将管理会计咨询服务的潜在需求有效转变为巨大的现实市场空间。

二是要将管理会计咨询服务纳入现代会计服务市场体系整体推进。财政部门要会同有关部门，把管理会计咨询服务作为发展现代服务业的重要内容来抓，推动建立促进管理会计服务产业加快发展的相关支持政策，突出工作重点，更好地发挥其在经济社会发展中的服务职能。鼓励有条件的行政事业单位立足实际，积极探索开展向社会力量购买管理会计服务。

三是要支持优化管理会计咨询服务业发展结构。要推动有规模、有影响力的本土管理会计服务机构做强做优，积极参与国内外服务贸易竞争，快速缩短与国际性知名同行的差距，不断增强国际竞争力，打造"中国服务"品牌；推动中、小服务机构发挥自身优势，聚焦细分市场，激发市场活力。推动大、中、小服务机构共同努力，逐步形成中国管理会计服务市场的合理局面。

四是要紧紧围绕管理会计咨询服务市场发展需求，建立健全重要支撑体系。鼓励高等院校、会计服务机构通过课程教育、培训培养等方式，抓紧培养一批适应市场需求的管理会计咨询服务技能型人才。加大管理会计咨询服务人才培养力度。推动开展管理会计咨询服务业理论、商业模式、关键技术等方面的研究，提高管理会计咨询服务创新发展能力。

四、促进管理会计咨询服务市场健康发展

促进管理会计咨询服务市场健康持续发展，首先要求会计服务机构"打铁先得自身硬"，要不断提升自身服务质量和职业道德水平。包括注册会计师行业在内的会计服务机构要以促进产业转型升级为重点，不断提高专业化服务水平，积极发展管理会计咨询服务，拓展会计服务领域，提升会计服务层次。要加强多样化的交流与合作，加强自身能力建设和管理会计研发投入力度，切实转变重要素投入、轻技术革新，重传统业务、轻增值服务的原有发展模式，提升咨询服务专业化、规模化、网络化水平，促进和推动管理会计服务产业向集约式、内涵式转型。要创新发展模式，加快咨询、信息服务等业务渗透与融合，为单位提供一揽子管理解决方案。促进管理会计咨询服务市场健康发展，还要正确处理政府与市场的关系。财政部门作为全国会计工作主管部门，要依法全面履行政府职能，勇于负责，敢于担当，为管理会计咨询服务市场建章立制，加强管理会计服务业宏观管理，支持管理会计服务市场行业组织建设，加强对管理会计服务市场需求的引导和培育，不断拓展管理会计服务发展的新空间。

有关会计团体要积极引导加强管理会计咨询服务市场自律建设。通过提炼职业道德内涵、形成职业道德建设长效机制、开展行业职业道德教育等多种方式，加强管理会计咨询服务市场诚信治理的职业道德约束。要探索建立以行业自律为基础的信用管理体系，引导管理会计服务机构注重品牌培育和形象建设，努力营造诚以为人、诚以立业、诚以报国的行业发展氛围，打造良好的管理会计咨询服务市场环境。

第九节 共同推进管理会计体系建设

全面推进管理会计体系建设。推动单位（包括企业和行政事业单位，下同）实现管理升级，增强核心竞争力和价值创造力，进而促进经济转型升级，推动建立现代财政制度、推进国家治理体系和治理能力现代化，推动中国会计工作转型升级，是一项系统工程，涉及到财政部门和其他相关监管部门、单位、科研院校、有关会计团体、会计服务机构和广大会计人员等相关各方，是各方的共同使命。因此，需要在财政部门牵头指导下，明确职责、齐心协力，多方联动，共同推动管理会计发展。

一、财政部门要发挥主导作用

党的十八届四中全会明确要求，要依法全面履行政府职能，坚持"法定职责必须为、法无授权不可为"，勇于负责，敢于担当。《会计法》明确规定，"国务院财政部门主管全国的会计工作"。管理会计是会计的重要分支，管理会计体系建设是会计改革与发展的重要方向，是财政部的法定职责所在，是财政部贯彻落实《中共中央关于全面推进依法治国若干重要问题的决定》精神的必然要求。因此，在管理会计体系建设中，财政部门应当切实履行主导职责，从加强服务、节约社会资源等考虑出发，充分发挥支持、引导、鼓励、推动等作用，立足行业管理职能，做好贯彻落实《指导意见》的组织和协调工作。

一是各级财政部门要充分认识、高度重视全面推进管理会计体系建设的重要性和紧迫性，加强组织领导工作，将管理会计工作纳入会计改革与发展规划；二是各级财政部门要更好地发挥牵头单位的职责作用，进一步加强和改善与相关监管部门、企事业单位、科研院所、会计团体的联系和沟通，通过与国资、税务、审计、工信、证监、银监、保监等相关部门建立或加强已有联合工作机制等方式，发挥其监管优势，将管理会计送到"千家万户"，共同推动管理会计在单位的广泛应用；三是财政部要在系列课题研究、组织研讨、听取管理会计咨询专家建议、公开征求意见等工作基础上，尽快发布管理会计基本指引、应用指引和一批配套案例，并随实践发展不断丰富完善，为单位有效开展管理会计工作提供指导示范；四是财政部要尽快发布管理会计人才能力框架，编制管理会计系列辅导材料，制定具体的管理会计人才培养方案，推动会计专业技术资格和注册会计师考试内容改革，抓紧培养一批适应实务需要的管理会计人才；五是各级财政部门要充分利用各种网络、电视、广播、报纸、刊物等多种媒体，以征文、评论文章、论坛、宣传报道、经验交流等多种形式开展对《指导意见》的宣传和学习活动，营造良好的舆论氛围和社会环境；六是各级财政部门要积极培育管理会计咨询服务市场，有条件的可以采取政府购买服务等有效方式，推动会计服务产业转型升级；七是各级财政部门要及时跟踪了解管理会计工作推进情况，做好信息交流和经验共享；八是各级财政部门要加强管理会计建设经验、人才交流等方面的国际交流与合作，提升我国管理会计国际影响力和话语权。

二、单位要发挥主体作用

管理会计主要服务于单位内部管理需要，在单位规划、决策、控制和评价等方面发挥重要作用。因此，单位是管理会计应用主体，要在主观上正确认识开展管理会计工作的必要性，在客观上立足单位发展，不断提升管理会计实践能力。

一是要从单位高管到全体员工，深入学习、认真领会《指导意见》精神，充分认识管理会计的重要性，树立管理会计理念，培养管理会计思维，增强实施管理会计的主动性；二是要将管理会计工作纳入本单位整体战略，周密部署，积极稳妥推进；三是要切实加强组织机构等方面的基础建设，把管理会计嵌入单位自身管理和发展中，增强实施管理会计的内动力；四是要重视管理会计人才培养和任用，紧密结合工作实际，加强本单位会计人员对管理会计知识、技能的学习和应用，确保本单位管理会计工作落到实处；五是要将管理会计信息化需求纳入单位信息化规划，结合单位实际，采取新建或整合、改造现有系统等恰当方式，加强面向管理会计的信息系统建设，以信息化为手段，实现会计与业务、管理活动的有机融合，推动管理会计功能的有效发挥；六是要及时跟踪、梳理本单位管理会计工作开展情况，积极配合财政部门做好案例总结、经验介绍等管理会计相关工作，同时学习其他单位先进经验做法，做好分析评价和总结提高，不断提升本单位管理会计应用水平。

三、科研院校要发挥智库作用

科研院校集中了大批专家学者，能够利用其在研究力量、研究方法、知识结构等方面的优势，对管理会计的一些新情况、新问题进行创新研究。因此，在管理会计体系建设中，科研院校应当积极发挥智库作用。

一是要围绕实务发展需要，切实总结、提炼、升华实务中的有效经验，有效利用已有理论研究成果和国际先进经验，形成符合我国国情的、能够有效指导和推动实践发展的中国特色管理会计理论体系；二是要加大科研力量投入，探索建立管理会计研究基地，积极承担管理会计体系建设重大研究任务，提高管理会计研究能力，试点应用管理会计新的工具方法，为管理会计的推广应用提供参考；三是要与实务界密切合作，采取产学研联盟等有效形式，对实务界中的典型案例进行实地调研、深入分析、总结提炼、归纳规律，不断提高管理会计理论研究的实用性和成果转化价值；四是要切实履行人才培养职能，加强管理会计课程体系和师资队伍建设，加强管理会计专业方向建设和管理会计人才培养；五是要积极与企业合作建立管理会计人才实践培训基地，提高学生管理会计实践应用能力，不断优化管理会计人才培养模式；六是国家会计学院还要积极发挥在管理会计培训工作中的主渠道作用，系统设计培训计划，不断加强培训师资队伍建设，做好相关培训工作。

四、有关会计团体要发挥助手作用

会计学会、总会计师协会等有关会计团体是管理会计体系建设的重要参与者，应当按照财政部门统一部署，通过多种途径融入管理会计体系建设，发挥好助手作用。

一是要准确定位，抓住关键，立足服务单位发展，发挥好联系政府部门与理论界、实务界的桥梁纽带作用，推动会计理论、实务和政策之间的相互促进和同步发展；二是要进一步增强服务意识，提高服务水平和效能，培育优质服务品牌，不断提高自身社会公信力和影响力，以优质高效的服务，吸引会员、团结会员、发展会员，组织会员之间开展管理会计经验交流，通过凝聚广大会员的智慧和力量，为管理会计改革与发展服务；三是要按照财政部门统一部署，紧密围绕管理会计改革与发展，通过在杂志开辟专栏、开展课题研究、进行学术研讨等方式，大力开展管理会计理论研究、宣传培训、人才培养等工作，提升会计人员的管理会计专业能力，推动会计由核算向参与管理决策拓展，促进管理会计领域的良性发展。

五、会计服务机构要发挥参谋作用

管理会计咨询公司、注册会计师行业、会计软件公司等管理会计服务机构是管理会计咨询服务的提供方，能够利用自身专业优势，帮助单位解决管理会计应用中的问题，因此，在管理会计体系建设中，会计服务机构应当积极发挥参谋作用。

一是要以《指导意见》为契机，抓住机遇，乘势而上，顺势而为，服务单位发展，深入了解客户情况，快速响应市场需求，科学及时地提供高质量的管理会计解决方案，形成新的经济增长点，同时注重加强本机构的管理会计工作；二是要加强专业能力建设，加大管理会计研发投入力度，注重管理会计咨询团队培养，不断提升专业水平和服务质量，打造核心竞争力，积极培育具有国际竞争力的咨询服务品牌，增强会计服务社会经济发展的能力，

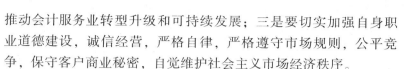

推动会计服务业转型升级和可持续发展；三是要切实加强自身职业道德建设，诚信经营，严格自律，严格遵守市场规则，公平竞争，保守客户商业秘密，自觉维护社会主义市场经济秩序。

六、会计人员要增强主观能动性

会计人员是管理会计工作的主要践行者。管理会计的大发展为广大会计人员提出了新的挑战，更带来了新的机遇，因此，会计人员要增强主观能动性，积极投身管理会计改革与发展，将管理会计工作落到实处。

一是要立足本职工作，通过会计人员继续教育、单位内部培训、主动学习等多种方式，不断学习管理会计新理论、新知识，拓展知识领域，丰富知识结构；二是要学以致用，将管理会计理论知识与本单位实际相结合、与工作岗位相结合，积极主动地将管理会计理念和工具方法运用到单位实际工作中，不断提升管理会计专业能力水平，推动单位管理会计发展；三是要勇于创新，勤于思索，注重总结、提炼实践经验，探索客观规律，推动管理会计实践创新；四是单位的总会计师、财务总监等高级会计人才、会计工作负责人，还要在尽快提高素质的同时，发挥好引导、带动、组织、培养作用，结合单位实际情况，有计划、有目的地为本单位会计人员创造管理会计理论和实践的学习和锻炼机会，通过不断提升本单位会计人员的管理会计专业能力，为单位创造价值，为会计人员创造更加良好的职业发展路径。

"大鹏之动，非一羽之轻也；骐骥之速，非一足之力也"。管理会计体系建设必须依靠相关各方紧密联动、加强配合、集中智慧、密切合作，才能确保我国管理会计各项事业的又好又快发展。

第二章　管理会计基本指引

　　管理会计基本指引是将管理会计普遍规律上升到标准，是对管理会计基本概念、基本原则、基本方法、基本目标等内容的总结、提炼。在我国当前管理会计实践中，对于基本指引中涉及的概念、原则、目标等，理论界和实务界已有很多论述，只是这些观点不统一。学术求异，管理求同，有必要形成统一的管理会计基本指引，以统一大家的思想认识，形成指导单位应用管理会计的共同话语基础。

　　管理会计基本指引也是制定应用指引和案例库的基础，对应用指引、案例库起到统驭作用。但是，不同于企业会计准则基本准则，管理会计基本指引只是对管理会计普遍规律和基本认识的总结升华，并不对应用指引中未做出描述的新问题提供处理依据。

　　为确保管理会计基本指引的质量，财政部从课题研究起步，充分利用咨询专家机制，深入开展相关研究，在课题研究、组织研讨、听取专家建议、公开征求意见等工作基础上，根据《中华人民共和国会计法》、《财政部关于全面推进管理会计体系建设的指导意见》等，于 2016 年 6 月 22 日制定了《管理会计基本指引》，要求各单位在开展管理会计工作中参照执行。

第一节　基本指引概述

一、起草背景

　　2014 年 10 月 27 日，财政部制定印发了《财政部关于全面推进管理会计体系建设的指导意见》，为管理会计体系建设做好了顶层设计。《指导意见》明确要求，要推进管理会计指引体系建设，形成以管理会计基本指引为统领、以管理会计应用指引为具体指导、以管理会计案例示范为补充的管理会计指引体系。可见，管理会计基本指引是指引体系的首要工作，也是制定应用指引和案例库的基础，对应用指引、案例库起到统驭作用。

另一方面，基本指引是将管理会计普遍规律上升到标准，是对管理会计应用的核心内容的总结、提炼。在我国当前管理会计实践中，有必要形成管理会计基本指引，以统一大家的认识，形成指导单位应用管理会计的共同话语基础。

因此，为贯彻落实《指导意见》，推进管理会计指引体系建设，切实指导管理会计实践，为管理会计体系建设提供保障，财政部立足国情，借鉴国际，起草并发布了《管理会计基本指引》。

二、《基本指引》起草发布的过程

《指导意见》印发后，财政部会计司立即启动了管理会计指引体系研究制定工作，系统梳理了国内外相关资料，秉承科学民主决策精神，进行了多次调研、座谈，历时近两年，制定周期长、制定程序严格完整、征求意见范围广泛，大致经历了四个阶段：

第一阶段，研究起草阶段。会计司于 2014 年 10 月启动了《基本指引》起草工作，对国内外相关资料进行系统梳理，利用前期研究成果，探索《基本指引》框架结构，提炼基本指引核心内容。随即，组织专家进行了多次座谈，群策群力，集思广益，在此基础上，形成了《基本指引》草稿。

第二阶段，形成讨论稿阶段。在此阶段，会计司借鉴了财政部管理会计发展规划专项课题中的管理会计概念框架研究课题成果，并多次进行座谈，听取其他专项课题组、财政部管理会计部校共建课题组等意见；赴上海、浙江、广东等地，深入海尔、华为等企业进行了实地调研；组织英、美国外管理会计专业团体，就管理会计基本指引展开专题讨论，并与国际会计师联合会（IFAC）就《基本指引》的主要问题交换了意见，提高对相关内容的全球共识；征求了全体管理会计咨询专家和会计司司内意见，根据反馈意见进行了进一步完善，形成了《基本指引》讨论稿。

第三阶段，公开征求意见阶段。会计司按照反馈意见和实务需要修改完善了讨论稿，并在此基础上形成了管理会计基本指引的征求意见稿，于 2015 年 12 月 29 日印发，面向社会公开征求意见，征求意见截止日期为 2016 年 3 月 31 日，同时，专门向部内相关单位征求意见。此外，赴山西、河北进行专题调研座谈，借助中国总会计师协会听取了部分企业财务高管意见。截至 2016 年 3 月 31 日，共收到来自有关部委、部内有关单位、地方财政厅局、各地专员办、高校、企业、咨询服务机构、个人等各方面意见 89 份。总体上，大家一致支持财政部尽快发布《基本指引》，指导单位管理会计实践，并普遍认可征求意见稿提出的涵盖目标、原则、要素等内容，以要素为主体的基本框架和主要内容；同时，希望会计司抓紧推进管理会计应用指引和案例库建设工作。

第四阶段，送审稿阶段。会计司对反馈意见进行了认真整理、研究，修改完善后，再次组织专家座谈，就某些重点问题专门听取业内专家意见。综合各方意见后，再次召开司务会进行讨论研究，报部领导批准后予以发布。

第二节　基本指引具体内容

第一章　总　则

第一条　为促进单位（包括企业和行政事业单位，下同）加强管理会计工作，提升内部管理水平，促进经济转型升级，根据《中华人民共和国会计法》、《财政部关于全面推进管理会计体系建设的指导意见》等，制定本指引。

第二条　基本指引在管理会计指引体系中起统领作用，是制定应用指引和建设案例库的基础。管理会计指引体系包括基本指引、应用指引和案例库，用以指导单位管理会计实践。

第三条　管理会计的目标是通过运用管理会计工具方法，参与单位规划、决策、控制、评价活动并为之提供有用信息，推动单位实现战略规划。

第四条　单位应用管理会计，应遵循下列原则：

（一）战略导向原则。管理会计的应用应以战略规划为导向，以持续创造价值为核心，促进单位可持续发展。

（二）融合性原则。管理会计应嵌入单位相关领域、层次、环节，以业务流程为基础，利用管理会计工具方法，将财务和业务等有机融合。

（三）适应性原则。管理会计的应用应与单位应用环境和自身特征相适应。单位自身特征包括单位性质、规模、发展阶段、管理模式、治理水平等。

（四）成本效益原则。管理会计的应用应权衡实施成本和预期效益，合理、有效地推进管理会计应用。

第五条　管理会计应用主体视管理决策主体确定，可以是单位整体，也可以是单位内部的责任中心。

第六条　单位应用管理会计，应包括应用环境、管理会计活动、工具方法、信息与报告等四要素。

第二章　应用环境

第七条　单位应用管理会计，应充分了解和分析其应用环境。管理会计应用环境，是单位应用管理会计的基础，包括内外部环境。

内部环境主要包括与管理会计建设和实施相关的价值创造模式、组织架构、管理模式、资源保障、信息系统等因素。

外部环境主要包括国内外经济、市场、法律、行业等因素。

第八条　单位应准确分析和把握价值创造模式，推动财务与业务等的有机融合。

第九条　单位应根据组织架构特点，建立健全能够满足管理会计活动所需的由财务、业务等相关人员组成的管理会计组织体系。有条件的单位可以设置管理会计机构，组织开展管理会计工作。

第十条　单位应根据管理模式确定责任主体，明确各层级以及各层级内的部门、岗位之间的管理会计责任权限，制定管理会计实施方案，以落实管理会计责任。

第十一条　单位应从人力、财力、物力等方面做好资源保障工作，加强资源整合，提高资源利用效率效果，确保管理会计工作顺利开展。

单位应注重管理会计理念、知识培训，加强管理会计人才培养。

第十二条　单位应将管理会计信息化需求纳入信息系统规划，通过信息系统整合、改造或新建等途径，及时、高效地提供和管理相关信息，推进管理会计实施。

第三章　管理会计活动

第十三条　管理会计活动是单位利用管理会计信息，运用管理会计工具方法，在规划、决策、控制、评价等方面服务于单位管理需要的相关活动。

第十四条　单位应用管理会计，应做好相关信息支持，参与战略规划拟定，从支持其定位、目标设定、实施方案选择等方面，为单位合理制定战略规划提供支撑。

第十五条　单位应用管理会计，应融合财务和业务等活动，及时充分提供和利用相关信息，支持单位各层级根据战略规划做出决策。

第十六条　单位应用管理会计，应设定定量定性标准，强化分析、沟通、协调、反馈等控制机制，支持和引导单位持续高质高效地实施单位战略规划。

第十七条　单位应用管理会计，应合理设计评价体系，基于管理会计信息等，评价单位战略规划实施情况，并以此为基础进行考核，完善激励机制；同时，对管理会计活动进行评估和完善，以持续改进管理会计应用。

第四章　工具方法

第十八条　管理会计工具方法是实现管理会计目标的具体手段。

第十九条　管理会计工具方法是单位应用管理会计时所采用的战略地图、滚动预算管理、作业成本管理、本量利分析、平衡计分卡等模型、技术、流程的统称。管理会计工具方法具有开放性，随着实践发展不断丰富完善。

第二十条　管理会计工具方法主要应用于以下领域：战略管理、预算管理、成本管理、营运管理、投融资管理、绩效管理、风险管理等。

（一）战略管理领域应用的管理会计工具方法包括但不限于战略地图、价值链管理等；

（二）预算管理领域应用的管理会计工具方法包括但不限于全面预算管理、滚动预算管理、作业预算管理、零基预算管理、弹性预算管理等；

（三）成本管理领域应用的管理会计工具方法包括但不限于目标成本管理、标准成本管理、变动成本管理、作业成本管理、生命周期成本管理等；

（四）营运管理领域应用的管理会计工具方法包括但不限于本量利分析、敏感性分析、边际分析、标杆管理等；

（五）投融资管理领域应用的管理会计工具方法包括但不限于贴现现金流法、项目管理、资本成本分析等；

（六）绩效管理领域应用的管理会计工具方法包括但不限于关键指标法、经济增加值、平衡计分卡等；

（七）风险管理领域应用的管理会计工具方法包括但不限于单位风险管理框架、风险矩阵模型等。

第二十一条 单位应用管理会计，应结合自身实际情况，根据管理特点和实践需要选择适用的管理会计工具方法，并加强管理会计工具方法的系统化、集成化应用。

第五章 信息与报告

第二十二条 管理会计信息包括管理会计应用过程中所使用和生成的财务信息和非财务信息。

第二十三条 单位应充分利用内外部各种渠道，通过采集、转换等多种方式，获得相关、可靠的管理会计基础信息。

第二十四条 单位应有效利用现代信息技术，对管理会计基础信息进行加工、整理、分析和传递，以满足管理会计应用需要。

第二十五条 单位生成的管理会计信息应相关、可靠、及时、可理解。

第二十六条 管理会计报告是管理会计活动成果的重要表现形式，旨在为报告使用者提供满足管理需要的信息。管理会计报告按期间可以分为定期报告和不定期报告，按内容可以分为综合性报告和专项报告等类别。

第二十七条 单位可以根据管理需要和管理会计活动性质设定报告期间。一般应以公历期间作为报告期间，也可以根据特定需要设定报告期间。

第六章 附 则

第二十八条 本指引由财政部负责解释。

第二十九条 本指引自印发之日起施行。

第三节 基本指引评述

一、《基本指引》发布的重要意义

《基本指引》是我国管理会计发展进程中的重要文件，其制定发布具有重要意义。

一是有利于加强管理会计指引体系建设。《指导意见》明确了推进管理会计体系建设的"4+1"体系，即，理论体系建设、指引体系建设、人才队伍建设、信息系统建设加咨询服务市场建设。指引体系建设是其中确定的重要任务之一，制定基本指引是指引体系建设的重要内容，对制定应用指引和案例示范起统领作用，应用指引的框架设计、案例库的体系搭建等都将根据《基本指引》展开。但是，不同于企业会计准则基本准则，管理会计基本指引只是对管理会计普遍规律和基本认识的总结升华，并不对应用指引中未做出描述的新问题提供处理依据。

二是有利于加强单位管理会计工作。基本指引在管理会计应用实践基础上总结、提炼形成普遍适用的指导性标准，明确了管理会计的目标、原则和要素，为单位（包括企业和行政事业单位）全面准确理解管理会计、科学系统应用管理会计提供了基本框架和方向。

三是有利于推动管理会计理论发展。基本指引构建了管理会计概念框架，统一了各方认识，协调了各方意见，为引导会计理论界加强管理会计理论研究，建设中国特色管理会计理论体系提供了有力制度保障。

二、《基本指引》的框架和主要内容

之前，国际国内尚无成形的管理会计基本指引可供借鉴、参考。为保证《基本指引》框架结构及其核心内容的严密性和科学性，会计司对国内外管理会计、财务会计、内部控制的体系或规范等的概念框架以及相关著作等做了系统比较和梳理，并广泛听取高校、研究机构、企业、行政事业单位、咨询服务机构、国外管理会计专业团体、管理会计咨询专家、管理会计课题组等各方意见。

在深入研究和吸收各方意见的基础上，在《基本指引》中形成了涵盖目标、原则、要素等的基本框架，并以要素为主线铺陈章节。第一章为总则，包括《基本指引》的制定依据、适用范围、管理会计目标、原则、要素等内容；第二章至第五章分别对总则中提出的应用环境、管理会计活动、工具方法、信息与报告这四个管理会计要素进行了展开；第六章为附则，包括《基本指引》的解释权限和施行日期等内容。从公开反馈意见来看，各方普遍认可《基本指引》的框架和主要内容的，认为其逻辑清晰完整，内容科学务实，重点明确突出，对单位系统应用管理会计具有指导意义。

三、关于管理会计要素

之前，国内外尚无普遍认可的管理会计要素。在起草过程中，会计司就梳理要素的角度进行了反复斟酌，总结出以下几个角度：一是管理会计理论；二是管理会计应用；三是管理会计活动；四是管理会计报告。就此，会计司多次组织专题座谈，征求理论界和实务界意见。大家普遍认为，管理会计重在应用，管理会计基本指引应当以指导实践，统驭应用指引和案例库建设为目的，因此，应当从管理会计应用角度，归纳、提炼相应要素，而不是拘泥于纯理论研究，讨论管理会计本身的要素；也有个别意见认为，基本指引应从理论角度出发，梳理管理会计要素。

从管理会计应用角度，会计司结合国内外相关资料和相关课题成果，初步提炼出了应用环境、资源、活动、信息、工具方法、报告等要素。

在多次调研、座谈中，各方普遍认为，管理会计应用要素包括应用环境、活动、工具方法和信息报告，并认为信息和报告都是涵盖信息的，可以合在一起；资源属于应用环境的一部分，没有必要单独作为一项要素。但是，在人力资源方面，大家有一些分歧，一种意见认为，人力资源是资源的一个方面，既然资源纳入应用环境，人力资源就没有必要单独作为一项要素；另一种意见认为，人力资源是管理会计应用中发挥主观能动性的体现，《指导意见》也单独提出要培养一批管理会计人才，因此，为突出强调人力资源在管理会计应用中的重大作用，应将其单独作为一项要素予以体现。基本指引没有将人力资源单独作为一项要素，而是在应用环境这一要素中予以体现。

四、《基本指引》中四要素的内在逻辑关系

《基本指引》总结提炼了应用环境、管理会计活动、工具方法、信息与报告这四项管理会计要素。这四项要素构成了管理会计应用的有机体系，单位应在分析管理会计应用环境的基础上，合理运用管理会计工具方法，全面开展管理会计活动，并提供有用信息，生成管理会计报告，支持单位决策，推动单位实现战略规划。

其中，管理会计应用环境是单位应用管理会计的基础。单位应用管理会计，首先应充分了解和分析其应用环境，包括内外部环境。内部环境主要包括与管理会计建设和实施相关的价值创造模式、组织架构、管理模式、资源、信息系统等；外部环境主要包括国内外经济、法律等环境。

管理会计活动是单位管理会计工作的具体开展。在了解和分析其应用环境的基础上，单位应将管理会计活动嵌入规划、决策、控制、评价等环节，形成完整的管理会计闭环。

管理会计工具方法是实现管理会计目标的具体手段，是单位应用管理会计时所采用的战略地图、滚动预算管理、作业成本管理、本量利分析、平衡计分卡等模型、技术、流程的统称。

管理会计信息是开展管理会计活动过程中所使用和生成的财务信息和非财务信息，是管理会计报告的基本元素。管理会计报告是管理会计活动成果的重要表现形式，旨在为报告使用者提供

满足管理需要的信息，是管理会计活动开展情况和效果的具体呈现。

五、关于应用领域

应用领域在英国皇家特许管理会计师公会（CIMA）和美国注册会计师协会（AICPA）联合发布的《全球管理会计原则》、美国管理会计师协会（IMA）发布的管理会计公告和领导力体系等资料中均有相关内容，也是管理会计与财务管理、内部控制等边界的体现。但理论界对这一边界认识不一，本着重在服务于实务的原则，基本指引没有纠结于边界的划分，而是从实务的角度，经多次征求实务界意见，列举了管理会计应用常见的领域，包括战略管理、预算管理、成本管理、经营管理、投融资管理、绩效管理等，并且因企业和行政事业单位应用管理会计的重点不同而予以分别列示。

六、《基本指引》的执行问题

基本指引旨在指导单位应用管理会计，不要求强制执行，理由在于：管理会计主要服务单位内部管理需要，是单位内部的事情，管理会计应用更多需要依靠单位发挥主观能动性，财政部发布指引主要是起推动作用，引导单位系统应用管理会计，优化资源配置，提升价值创造能力；同时，管理会计个性化特点鲜明，单位所处的行业不同、规模不同、发展阶段不同，管理会计的具体应用也相应不同，需要单位根据自身情况，因地制宜，《基本指引》是对管理会计应用普遍规律的总结、提炼，对单位应用管理会计起指导作用，而不是做出限制性规定，制约单位灵活应用。

之所以由政府制定发布包括基本指引在内的指引体系，一方面是政府主动服务市场需求的重要举措；另一方面是为了充分发挥政府优势，协调各方意见，整合各方力量，节约社会资源，便捷高效地推动管理会计应用。

第三章 管理会计应用指引

应用指引是我国管理会计指引体系建设的主体内容，是对单位管理会计工作的具体指导。《指导意见》提出制定管理会计应用指引，就是要对管理会计各项工具方法进行系统梳理，清晰明确地告诉单位这些工具方法是什么、怎么用、有哪些优缺点、运用环境、如何选择、预计效果等内容，以便于单位结合自身情况选择运用适合的管理会计工具方法。

在管理会计指引体系中，应用指引居于主体地位，是对单位管理会计工作的具体指导。为切实提高科学性和可操作性，管理会计应用指引既要遵循基本指引，也要体现实践特点；也要形成一批普遍适用、具有广泛指导意义的基本工具方法，如经济增加值（EVA）、本量利分析、平衡计分卡、作业成本法等，在企业层面，还要兼顾不同行业、不同规模、不同发展阶段等特征，坚持广泛的代表性和适用性。应用指引是开放性的，随实践发展而不断发展完善。应用指引的实施更重指导性，由各单位根据管理特点和实践需要选择相应的工具方法。

为贯彻落实财政部《关于全面推进管理会计体系建设的指导意见》，推进管理会计指引体系建设，提升单位管理会计工作水平，在充分利用财政部管理会计课题研究成果、广泛调研的基础上，财政部于2017年9月29日印发了《财政部关于印发〈管理会计应用指引第100号——战略管理〉等22项管理会计应用指引的通知》（财会〔2017〕24号），总结提炼了在企业普遍应用且较为成熟的部分管理会计工具，以指导单位管理会计实践。之后，财政部会计司又起草了《管理会计应用指引第202号—零基预算》

等 7 项管理会计应用指引征求意见稿，并于 2018 年 2 月 7 日正式对外部征求意见。

第一节 应用指引概述

管理会计应用指引是我国管理会计指引体系建设的主体内容，本节将结合应用指引的基本框架、制定与发布的意义、出台过程、主要特点等方面进行概述，并补充了关于 7 项应用指引相关征求意见稿等相关内容。

一、关于应用指引起草的原则和基本框架

在《应用指引》起草过程中，财政部会计司着力把握三条原则：一是遵循《管理会计基本指引》；二是坚持立足国情、借鉴国际；三是兼顾系统性与可操作性。其基本框架分为两个层次：

一是总体框架。根据《管理会计基本指引》，将管理会计工具方法按战略管理、预算管理、成本管理、营运管理、投融资管理、绩效管理和其他等不同应用领域予以介绍，其中，概括性指引以"100""200""300"等标示，主要介绍该领域的相关管理程序，风险管理领域的概况性指引（即 700 号）当时仍在起草之中，其他领域没有概况性应用指引；具体应用指引以"101""201""202""301""302"等标示，主要介绍管理会计工具方法。这样既便于单位在同一领域选择适用的工具方法，又体现了开放性的特点，随工具方法在实践中的完善而予以补充。本次印发的 22 项应用指引包括 6 项概况性指引和 16 项具体应用指引。

二是应用指引框架。概况性指引主要介绍该领域的相关管理程序，概括总结本领域内相关管理会计工具方法的共性内容，一般由总则、应用程序和附则等组成。每领域下的具体应用指引一般由总则、应用环境、应用程序、工具方法评价和附则等组成。其中，总则主要介绍应用相关工具方法的目标、基本定义、原则等；应用环境主要介绍应用相关工具方法所需要的内、外部环境；

应用程序主要介绍应用相关工具方法的应用流程；工具方法评价主要介绍应用相关工具方法的优缺点。各管理会计领域的其他具体应用指引将根据会计司的工作计划和实务需要在 2018 年底前制定发布。

管理会计应用指引框架体系如下表 3-1 所示：

表 3-1　　　　　　　　管理会计应用指引框架体系

应用指引	应用领域	应用工具
100	战略管理	战略地图（101 号）、价值链管理；
200	预算管理	滚动预算（201 号）、零基预算（征 202 号）、弹性预算（征 203 号）；作业预算；
300	成本管理	目标成本法（301 号）、标准成本法（302 号）、变动成本法（303 号）、作业成本法（304 号）；
400	运营管理	本量利分析（401 号）、敏感性分析（402 号）、边际分析（403 号）、约束资源优化（征 404 号）、标杆管理；
500	投融资管理	贴现现金流法（501 号）、项目管理（502 号）、情景分析（征 503 号）、约束资源优化；
600	绩效管理	关键绩效指标法（601 号）、经济增加值法（602 号）、平衡计分卡（603 号）、绩效棱柱模型（征 604 号）、股权激励；
700（征）	风险管理	风险矩阵（征 701 号）、风险清单；
801	企业管理会计报告	
802	管理会计信息系统	

注：XOX 表示已正式公布，征 XOX 号代表该项指引正在征求意见过程中。

二、应用指引出台的意义

应用指引是我国管理会计指引体系建设的主体内容，是对单位管理会计工作的具体指导，其制定和发布具有重要意义。

一是贯彻落实财政部《关于全面推进管理会计体系建设的指导意见》的需要。根据《关于全面推进管理会计体系建设的指导意见》有关建立包括基本指引、应用指引和案例库在内的管理会计指引体系的要求，财政部于 2016 年 6 月 22 日，发布了《管理会计基本指引》，为单位（包括企业和行政事业单位）加强管理会计工作提供指导。该基本指引作为应用指引的统领，为应用指引的制定规定了原则和框架。应用指引作为管理会计指引体系的一个重要组成部分，是贯彻落实指导意见和基本指引的具体体现，其制定将为单位如何正确、有效地选择和应用管理会计工具方法提供借鉴或参考。

二是推动我国管理会计理论与实践发展的需要。虽然管理会计理论引入我国较晚，但有关管理会计理念在我国单位的实践却早已有之，也不乏成功探索和有益尝试。如，新中国成立之初，以成本为核心的内部责任会计等。进入 20 世纪 90 年代后，河北邯郸钢铁公司实行的"模拟市场，成本否决"可谓成本管理在我国企业应用的典范。如今，战略地图、作业成本法、平衡计分卡等先进的管理工具方法陆续在我国单位中运用，应用水平不断提高。在市场竞争不断加剧、人力资源和环境成本双重挤压的今天，通过制定应用指引，以系统地提炼总结我国管理会计理论和实践的宝贵经验，对拓展我国管理会计研究领域、提升管理会计应用水平，并进而增强我国企业综合实力和竞争优势都具有极其重要的现实意义。

三是推动我国管理会计走向世界的需要。纵览国际管理会计应用发展历程，国际会计师联合会和美、英等西方国家做了大量探索，比如：国际会计师联合会所属国际工商业界职业会计师委员会陆续发布了 8 项管理会计国际最佳实践指南；美国管理会计师协会先后出版了领导力与道德、技术应用等管理会计公告；英国皇家特许管理会计师公会发布了管理会计系列研究资料。上述成果虽然为单位应用管理会计工具方法提供了一定的参考，但并未能在管理会计应用领域形成系统、完整的体系架构。我国的管理会计应用指引体系是一套立足于管理会计实践、服务单位管理会计应用的指导性文件，该体系通过分领域、分工具方法构建，注重指导性、应用性、开放性、操作性，这在全球管理会计领域具

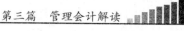

有开创性。应用指引的制定，将提升我国在全球管理会计领域的话语权和影响力。

三、应用指引起草发布的过程

为提高应用指引起草工作的科学性、民主性，严格按照会计司《会计标准制定与实施内部控制操作规程》，遵循科学严密的起草流程，制定相关应用指引。应用指引从起草到发布，大致经历了起草、公开征求意见和发布阶段。

一是起草阶段。会计司以财政部管理会计专项课题成果为基础，于2016年初成立了由会计司相关人员、理论界和实务界专家共同组成的各项应用指引起草小组，通过深入研讨，形成草稿。随后，会计司将应用指引草稿征求部分理论界和实务界专家意见，并于2016年8月在北京国家会计学院先后两次召集组织企业、咨询公司和高校等各方专家进行集中办公，对应用指引进行全面修改完善，于2016年10月形成了应用指引讨论稿。2016年11月，应用指引讨论稿经会计司内征求意见后提交司务会讨论通过，于2016年12月印发了《关于就〈管理会计应用指引第100号——战略管理〉等22项管理会计应用指引征求意见的函》（财办会〔2016〕47号），公开向社会各界征求意见。

二是公开征求意见阶段。应用指引征求意见稿发布后，会计司通过会计实务界和理论界等多种渠道，收集反馈意见，形成了应用指引征求意见稿反馈意见报告。随后，分别于2017年4月下旬和5月中旬在上海和北京两次召集管理会计咨询专家，对修订后的征求意见稿进行了讨论和修改完善，形成了22项管理会计应用指引草案。

三是发布阶段。会计司于7月将应用指引草案提请会计司技术小组讨论，并根据技术小组意见对应用指引草案进行了修改完善。9月上旬，将按照技术小组意见修改完善后的应用指引草案提交司务会讨论，司务会原则通过。根据会计司司务会进行意见修订完善后，于9月下旬形成送审稿由部领导签发，并于2017年10月正

式发布。

四、应用指引的反馈意见采纳情况

在《应用指引》制定过程中，会计司注重广泛听取社会各界意见，截至 2017 年 3 月 31 日，共收到反馈意见 74 份（反馈"无意见"的 14 份），其中各部委 3 份，地方财政厅（局）会计处 18 份，财政部驻各地专员办 5 份，咨询专家 21 份，企业意见 22 份，个人 3 份，美国管理会计师协会、英国特许会计师公会各 1 份，共反馈意见 281 条，扣除重复意见 182 条，主要反馈意见 32 条，相关文字修订意见 67 条。对于上述意见，会计司均尽量予以吸收。

关于部分采纳的反馈意见主要有两个：一是关于是否需要在附录中列示企业战略地图范例。有部分反馈意见认为采用制造业战略地图作为范例过于狭窄，建议采用战略地图通用模版，让使用者对于战略地图有基本认知；有部分反馈意见认为战略地图中选择的关键指标与企业行业、业务模式、治理结构等相关，而且战略地图的绘制方法也并不唯一，建议在案例库层面结合具体案例提供战略地图范例，使之更具有可操作性。结合管理会计案例库建设，会计司采纳了后者意见。二是关于管理会计应用领域内容。有部分反馈意见建议管理会计应用指引应增加风险管理、从业人员职业道德及能力、税务筹划、财务资源配置、企业支出管理等领域内容。其中，关于风险管理，会计司目前正在起草制定相关应用指引，预计 2018 年发布；关于管理会计从业人员职业能力的研究也正在开展；关于税务筹划、财务资源配置等方面内容将根据《管理会计的内涵及边界研究》的研究情况并结合企业实务需要，确定是否将其纳入管理会计应用指引体系；关于企业支出管理，会计司正在开展《研发支出管理与绩效评价》课题研究，今后，会计司将根据企业实务需要开展相关研究并根据研究结果确定是否起草相关应用指引。

未采纳的反馈意见主要是关于应用指引的适用范围问题。有反馈意见建议将这套管理会计应用指引的适用范围修改为企业和行政事业单位。在应用指引的起草过程中，会计司曾就其适用范围问题多次组织专家讨论，大家普遍认为，由于企业与行政事业单位在组织形式、运营方式和目标等方面都存在较大差异，导致对管理会计工具方法的需求和应用的具体方式也不同，因此，会计司将本次印发的管理会计应用指引的适用范围明确为企业，将结合行政事业单位的特点，另行制定行政事业单位管理会计应用指引。

五、管理会计应用指引的主要特点

应用指引作为管理会计指引体系的一个重要组成部分，具有如下特点：

一是注重指导性。管理会计属于内部报告会计，主要为企业内部管理决策提供信息支持，而企业内部管理既具共性，又个性化特点鲜明，应用指引采用指导性文件方式印发，既有利于普遍推广，又有利于灵活应用，从而发挥制度效应。同时，也是贯彻落财政部部长肖捷同志关于"财政部门应切实履行'领导、引导、指导、督导'职责，锐意进取，通过抓典型案例、定业务规范、建框架结构，加快构建中国特色管理会计体系"要求，在管理会计领域履行财政部门职责的充分体现。

二是注重应用性。管理会计工具方法只有与企业管理实践相结合，才能创造价值。企业管理领域不同，适用的管理会计工具方法亦不尽相同。一般而言，企业管理可分为战略管理、预算管理、成本管理、营运管理、投融资管理、绩效管理、风险管理等七大领域，每一领域在实践中形成了各自适用的管理会计工具方法。为此，应用指引本着"管理会计在管理中的应用"这一设计理念，注重在管理中的应用性，围绕七大管理领域，系统阐述管理会计工具方法在相关管理领域中的应用。

三是注重开放性。首先，管理会计的应用领域具有开放性，不仅限于上述七大领域，随着管理会计实践的发展其应用领域也将不断拓展。其次，每一领域下的管理会计工具方法不是一成不变的，而是将随实践发展不断得到丰富完善。最后，每项管理会计工具方法的应用领域也具有一定的开放性，即某一领域下的某项工具方法也可应用于其他领域。如：绩效管理领域的平衡计分卡，也常常用于战略管理领域。

四是注重操作性。为了提高管理会计应用指引的可操作性，每一管理领域的应用指引按照"概括性指引和工具方法指引相结合"的思路构建，其中，概括性指引一般由总则、应用程序和附则等组成，概要阐述本领域常用工具方法种类，以及这些工具方法应用的共性要求。工具方法指引一般由总则、应用环境、应用程序、应用评价和附则等组成，内容围绕管理会计应用展开，从而增强操作性。

六、管理会计指引体系建设的后续工作

《应用指引》的印发是管理会计指引体系建设的重要一环，后续任务仍然十分艰巨，需要会计司继续努力才能按计划如期完成任务。

一是做好后续应用指引的制定印发工作。会计司将本着先急后缓、先一般业务后特殊业务、"成熟一批、发布一批"的原则，继续制定完善各管理会计领域的其他管理会计工具方法，包括已发布领域的其他工具方法指引及行政事业单位、风险管理等其他领域的应用指引，确保我国管理会计指引体系在2018年底前基本建设完成。

二是做好管理会计案例库建设工作。为建设完备的管理会计指引体系，坚持典型性和广泛性相结合的原则建设管理会计案例库。通过完整的案例示范，为不同行业、不同规模、不同发展阶段的各类型单位实施应用指引体系提供切实可行的指导，为《管理会计基本指引》和应用指引体系的贯彻落实打下坚实的基础。

三是做好管理会计指引体系宣传与培训工作。会计司将通过财政部等官方媒体、财会专业媒体等媒体及微博、微信等新媒体渠道，对管理会计指引体系建设进行广泛宣传报道。同时，鼓励

各部门、各地区、各单位通过多层次、多领域的广泛培训。通过宣传与培训并举，营造了解、学习、应用管理会计工具方法的良好社会氛围，提升全社会对管理会计及《应用指引》的认知水平，切实提高各单位管理会计实务水平。

七、关于征求 7 项管理会计应用指引（征求意见稿）意见的函

为深入推进管理会计指引体系建设，提升企业管理会计工作水平，促进企业增强价值创造力、实现可持续发展，财政部会计司起草了《管理会计应用指引第 202 号—零基预算》等 7 项管理会计应用指引征求意见稿（财办会〔2018〕4 号），并于 2018 年 2 月 7 日正式对外部征求意见。

（一）关于 7 项管理会计应用指引征求意见稿的起草背景

按照《关于全面推进管理会计体系建设的指导意见》中推进管理会计指引体系建设的有关要求，我国将建成以管理会计基本指引为统领、以管理会计应用指引为具体指导、以管理会计案例示范为补充的管理会计指引体系。为贯彻落实《指导意见》，会计司制定了管理会计应用指引建设方案，并请示财政部领导同意。方案提出了管理会计应用指引框架和改革路线图。根据方案和工作计划，财政部于 2016 年 6 月 22 日发布了《财政部关于印发〈管理会计基本指引〉的通知》，标志着我国管理会计指引体系建设迈出了实质性步伐；2017 年 9 月 29 日，财政部又发布了《财政部关于印发〈管理会计应用指引第 100 号——战略管理〉等 22 项管理会计应用指引的通知》，分别战略管理、预算管理、成本管理、营运管理、投融资管理、绩效管理和其他领域，介绍了不同领域的管理会计工具方法，开辟了国际管理会计标准建设的先河，初步形成了具有中国特色的管理会计指引体系。本次征求意见的第二批 7 项管理会计应用指引，与基本指引和已发布的第一批 22 项管理会计应用指引一脉相承，是我国管理会计指引体系的重要组成部分，尤其是，本批应用指引在第一批管理会计应用指引涵盖的领域基础上，增加了风险管理领域的相关应用指引，将继续为单位如何正确、有效地选择和应用管理会计工具方法提供更多借鉴、参考和指导。

(二)关于7项管理会计应用指引征求意见稿的起草过程

为提高文件质量,会计司严格遵照内控操作规程,将科学民主决策贯穿起草工作全过程。

1. 建立专家组成的应用指引起草小组,为本指引起草提供保障

在各项管理会计应用指引的制定过程中,会计司以相关财政部管理会计专项课题成果为基础,成立了由会计司相关人员、理论界和实务界专家共同组成的起草小组,系统梳理并总结国内外大量研究资料和实务经验,在多次调研和讨论的基础上,确定了相关管理会计应用指引的主要范围和主要内容,并不断修改、完善,形成了应用指引草稿。

2. 深入开展实地调研,为指引起草提供实践基础

为保证各项管理会计应用指引切合实际,各起草小组深入实地开展调研,多次前往相关企事业单位,以有关管理会计工具方法实践为核心,通过向相关员工进行问卷调查、访谈和座谈等方式,对每种工具方法的概念、适用范围、应用的基本条件、应用的一般程序进行了概括和总结,对每种工具方法的优缺点进行了客观评价,不断修改完善草稿,并征求了部分国有企业、高等院校和咨询公司的意见,前后组织来自社会各界的专家进行了多次座谈,逐条进行讨论和修改,形成了应用指引讨论稿。

3. 召开由各方专家共同参与的研讨会,广泛征求各方意见

为保证各项管理会计应用指引框架结构与内容安排的科学性和合理性,提高其可操作性,会计司在2017年先后两次集中办公,对各项管理会计应用指引进行了系统讨论,就其体例格式、具体内容等广泛听取企业、咨询公司和高校等各方专家的意见。会后,根据与会专家的意见和建议对指引讨论稿进行了修改和完善,形成了送审稿。

最后,会计司按照会计标准建设内控流程,经会计司技术小

组讨论和司务会研究完善后，形成征求意见稿。

（三）关于文件的起草原则和基本框架

1. 起草的原则

在起草过程中，会计司着力把握以下原则。

一是遵循《管理会计基本指引》。《管理会计基本指引》是在管理会计应用实践基础上，总结、提炼形成的普遍适用的指导性标准，统驭管理会计应用指引和案例库的制定和构建。因此，在制定管理会计应用指引过程中，必须遵循《管理会计基本指引》基本原则和要求，确保各项管理会计应用指引与《管理会计基本指引》以及各管理会计应用指引之间的一致性和协调性。

二是坚持融合与发展。管理会计应用指引源于实践又指导实践。国内外在管理会计方面不乏有益探索和成功经验。因此，在制定管理会计应用指引过程中，必须牢固树立开放发展理念，主动融合国内外管理会计理论和实践最新成果，确保制定出高质量应用指引。

三是兼顾系统性与可操作性。《管理会计基本指引》明确规定了管理会计工具方法的主要领域和具体内容，形成了管理会计应用指引体系；同时，管理会计源于实践，重在应用，这就决定了应用指引的可操作性是指引制定工作的重中之重。在制定管理会计应用指引过程中，会计司通过科学的整体规划，确保了应用指引形成体系；同时，通过工具方法的程序化描述方式，增强了应用指引的可操作性。

2. 基本框架

本次征求意见稿中的 7 项管理会计应用指引内容涉及预算管理、营运管理、投融资管理、绩效管理、风险管理等领域。在第一批 22 项管理会计应用指引基础上，预算管理领域新增了零基预算、弹性预算 2 项具体应用指引，营运管理领域新增了约束资源优化 1 项具体应用指引，投融资管理领域新增了情景分析 1 项具体应用指引，绩效管理领域新增了绩效棱柱模型 1 项具体应用指引；新增了风险管理领域及该领域下的 1 项概括性指引——风险管理和 1 项具体应用指引——风险矩阵。

上述概括性指引一般由总则、应用程序和附则等组成，点明了相关管理会计领域的主要工具方法，概括总结了本领域内相关管理会计工具方法的共性内容；工具方法指引一般由总则、应用环境、应用程序、应用评价和附则等组成，内容围绕管理会计应用展开，明确地告诉单位这些工具方法是什么、谁来用、怎么用、如何选择、有哪些优缺点等内容，以便于单位结合自身情况选择运用适合的管理会计工具方法。

第二节　战略管理

一、战略管理相关指引概述

（一）战略内涵

"战略"一词来源于军事，意为作战的谋略。后来逐渐被引申至政治和经济领城，战略是一种从全局考虑和谋划，以实现全局目标的计划和策略。一般而言，战略具有以下特征：（1）全局性，必须从企业全局的角度出发，确定企业发展的远景目标和行动纲领。（2）长远性，战略的着眼点是企业的未来，是为了谋求企业的长远发展和长远利益。（3）纲领性，战略是一种概括性和指导性的规定，是企业行动的纲领。（4）应变性。战略必须建立在对内外环境客观分析的基础上，是预先的计划和突发应变的组合。（5）竞争性。战略的重要目的就是要在竞争中战胜对手，赢得市场和顾客。（6）风险性。战略着眼于未来，但未来充满不确定性，必然导致战略方案带有一定的风险。

（二）企业战略管理内涵

企业战略是战略在企业这一特定领城的具体应用。企业战略是指企业为了实现长期的生存和发展，在综合分析企业内部条件和外部环境的基础上做出的一系列带有全局性和长远性的谋划。

20世纪90年代以来，由于企业外部环境变化的不断加快，战略不仅决定公司业务活动的框架并对协调活动提供指导，而且使公司能够应对并影响不断变化的环境；战略将公司偏爱的环境与它希望成为的组织类型结合起来，战略既是预先性的，又是反应性的。

企业战略管理是在分析企业内外部环境的基础上，选择和制定达到企业目标的有效战略，并将战略付诸实施、控制和评价的一个动态管理过程。企业进行战略管理时，一般应遵循以下原则：

1. 目标可行原则。战略目标的设定，一方面应具有前瞻性，且通过一定的努力可以实现；另一方面，应具有一定的挑战性，并能够使长期目标与短期目标有效衔接。

2. 资源匹配原则。企业应根据各业务部门战略目标的匹配程度，相应进行资源配置。

3. 责任落实原则。企业应将战略目标落实到具体的责任中心和责任人，构成不同层级彼此相连的战略目标责任制。

4. 协同管理原则。企业应以实现战略目标为核心，考虑不同责任中心业务目标之间的有效协同，加强各部门之间的协同管理，有效提高资源使用的效率效果。

（三）企业战略管理要素、体系与程序

1. 企业战略管理要素

（1）产品与市场。企业战略管理首先要确定企业的产品与市场领域，不仅要确定企业现在要做什么，而且要考虑企业将来应该做什么。

（2）成长方向。在明确产品与市场领域的基础上，企业经营活动应向什么方向发展成为第二个战略管理要素。例如，是在现有产品市场进行扩张，还是开发新产品？是在新的市场开发现有产品，还是在新的市场开发新的产品？

（3）竞争优势。明确企业在产品与市场领域成长发展中的优势与条件，既要正确认识企业的竞争优势，还要充分利用企业的竞争优势。

（4）协同效应。企业应在从现有产品与市场领城向新的产品与市场领城拓展时取得"1+1>2"或"5-3>2"的效果。协同效应可表现在各个方面，如投资协同效应、管理协同效应、生产协同效应、技术协同效应等。

2. 企业战略管理体系

企业战略管理体系可以细分为企业总体战略、经营战略和职能战略三个层次。

企业总体战略，亦称公司层战略，它是企业最高决策层指导和控制企业的行动纲领。一般由公司董事会制定。企业总体战略通常可分为成长型战略、稳定型战略和收缩型战略。

经营战略，亦称业务层战略、竞争战略、事业部战略，是指在公司战略指导下，各战略业务单位所制定的部门战略，包括对特定产品、市场、客户或地理区域做出战略决策。经营战略通常包括成本领先战略、差异化战略和集中化战略等。

职能战略是指为实施和支持公司战略及经营战略，企业根据特定管理职能制定的战略。企业职能战略的重点是提高企业资源的利用效率，降低成本，它由一系列详细的方案和计划构成，涉及企业经营管理的所有领城。如研究与开发战略、生产战略、人力资源战略、市场营销战略等。

3. 战略管理程序

战略管理程序，也称为战略管理应用程序，是指导企业应用战略管理工具、方法的具体程序。一般包括战略分析、战略制定、战略实施、战略评价和战略调整等。

战略分析是整个战略管理过程的起点，对于企业制定何种战略具有至关重要的作用。战略分析包括外部环境分析和内部环境分析。外部环境分析包括宏观环境分析、行业环境分析和经营环境分析。内都环境分析包括企业资源分析、企业能力分析和核心竞争力分析。

在战略分析的基础上进行战略制定的过程中会有多个选择。

战略选择就是根据企业不同类型的战略特点，结合公司战略管理要素进行的选择。如公司战略选择、经营战略选择、职能战略选择；还有内部发展战略选择、并购战略选择、联合发展选择和战略联盟选择等。

战略制定也称战略目标设定。企业应根据战略分析结果，合理设定办公室企业的使命和愿景，并将使命和愿景转化为战略目标。

企业设定战略目标时，一方面，各部门都需要设定战略目标，并将其具体化为一套财务关键指标和非财务指标的预测值；另一方面，设定的各关键指标的目标（预测）值，应与本企业的可利用资源相匹配，并有利于执行人更加积极有效地实现既定目标。

战略实施，也称战略落地，是指将企业战略规划蓝图变成现实的管理过程。战略目标在企业高层达成一致后，应向中下层传导，并在各项工作中得以分解、落实；同时，应加强执行反馈，及时修正战略执行偏差，以确保实现战略目标。

战略控制是指应用管理会计的工具、方法等，将战略实施的关键业务流程化，融入企业现有的战略管理体系中，包括对战略制定、战略实施等方面的全方位控制。

战略评价是指企业通过检测战略实施的进展，评价战略执行效果，审视战略的科学性和有效性，不断修正战略举措，以实现预期战略目标。战略评价内容有：战略是否适应环境变化，是否有效配置资源，战略实施进度是否恰当，以及战略涉及的风险程序是否可以接受等。

战略调整是指根据企业情况的发展变化和战略评价结果，即参照实际营运事实、营运环境和战略执行情况等，对所制定的战略及时进行调整，以保证战略对企业管理活动的有效指导。战略调整一般包括企业的愿景、发展方向、战略目标及其战略举措等。

上述战略管理程序的三个核心领域是战略分析、战略制定和战略实施。

（四）企业愿景、使命与战略目标

实施战略管理之前必须确定企业的愿景，在此基础上明确企业的使命，然后形成企业的战略目标。

1. 愿景

愿景是指一个组织或个人希望达到或创造的理想图景。企业愿景（或称企业远景）是对未来的一种憧憬和期望，是企业努力经营想要达到的长期目标；是企业发展的蓝图，体现企业永恒的追求。企业愿景要解决一个问题即"我们要成为什么？"反映了管理者对企业与业务的期望，描绘了未来向何处去，旨在为企业未来定位，它是引导企业前进的"灯塔"。例如，迪士尼公司的愿景是"成为全球的超级娱乐公司"；索尼公司的愿景是"成为最知名的企业，改变日本产品在世界上的劣质形象"；联想公司的愿景是"未来的联想应该是高科技的联想、服务的联想、国际化的联想"。

2. 使命

使命是指一个企业区别于类似企业的持久性目的。它反映了一个组织之所以存在的理由或价值。

一般来说，绝大多数企业的使命是高度概括和抽象的，企业使命不是对企业经营活动具体结果的表述，而是企业开展活动的方向、原则和哲学。企业使命是对企业"存在理由"的宣言，它要回答"我们的企业为什么要存在以及我们的业务是什么等问题"。明确的使命会使企业更成功，没有明确的使命必然导致企业的最终失败。

3. 战略目标

战略目标是企业愿景与使命的具体化。战略目标反映了企业在一定时期内经营活动的方向和所要达到的水平，如业绩水平、发展速度等。与企业使命不同的是，战略目标要有具体的数量特征和时间界限。战略目标是企业制定战略的基本依据和出发点，是战略实施的指导方针和战略控制的评价标准。

战略管理过程的终极目的就是使企业能选择并实施一个能够

为其带来竞争优势的战略。一般而言，若企业比竞争对手创造出更多的经济价值，我们就说该企业具有竞争优势。在实践中，可以利用会计比率分析或经济增加值（EVA）指标衡量不同企业的竞争优势。

本节涉及战略管理方面的指引包括《管理会计应用指引第 100 号——战略管理》和《管理会计应用指引第 101 号——战略地图》。

二、管理会计应用指引第 100 号——战略管理

第一章 总 则

第一条 为了促进企业加强战略管理，提高企业战略管理的科学性和有效性，推动企业实现战略目标，根据《管理会计基本指引》，制定本指引。

第二条 战略管理，是指对企业全局的、长远的发展方向、目标、任务和政策，以及资源配置作出决策和管理的过程。

战略，是指企业从全局考虑做出的长远性的谋划。

第三条 企业战略一般分为三个层次，包括选择可竞争的经营领域的总体战略、某经营领域具体竞争策略的业务单位战略（也称竞争战略）和涉及各职能部门的职能战略。

第四条 企业进行战略管理，一般应遵循以下原则：

（一）目标可行原则。战略目标的设定，应具有一定的前瞻性和适当的挑战性，使战略目标通过一定的努力可以实现，并能够使长期目标与短期目标有效衔接。

（二）资源匹配原则。企业应根据各业务部门与战略目标的匹配程度进行资源配置。

（三）责任落实原则。企业应将战略目标落实到具体的责任中心和责任人，构成不同层级彼此相连的战略目标责任圈。

（四）协同管理原则。企业应以实现战略目标为核心，考虑不同责任中心业务目标之间的有效协同，加强各部门之间的协同管

理，有效提高资源使用的效率和效果。

第五条 战略管理领域应用的管理会计工具方法，一般包括战略地图、价值链管理等。

战略管理工具方法，可单独应用，也可综合应用，以加强战略管理的协同性。

第二章 应用环境

第六条 企业应关注宏观环境（包括政治、经济、社会、文化、法律及技术等因素）、产业环境、竞争环境等对其影响长远的外部环境因素，尤其是可能发生重大变化的外部环境因素，确认企业所面临的机遇和挑战；同时应关注本身的历史及现行战略、资源、能力、核心竞争力等内部环境因素，确认企业具有的优势和劣势。

第七条 企业一般应设置专门机构或部门，牵头负责战略管理工作，并与其他业务部门、职能部门协同制定战略目标，做好战略实施的部门协调，保障战略目标得以实现。

第八条 企业应建立健全战略管理有关制度及配套的绩效激励制度等，形成科学有效的制度体系，切实调动员工的积极性，提升员工的执行力，推动企业战略的实施。

第三章 应用程序

第九条 企业应用战略管理工具方法，一般按照战略分析、战略制定、战略实施、战略评价和控制、战略调整等程序进行。

第十条 战略分析包括外部环境分析和内部环境分析。

企业进行环境分析时，可应用态势分析法（Strength，Weakness，Opportunity，Threat，简称SWOT分析）、波特五力分析和波士顿矩阵分析等方法，分析企业的发展机会和竞争力，以及各业务流程在价值创造中的优势和劣势，并对每一业务流程按照其优势强弱划分等级，为制定战略目标奠定基础。

【补充】概念解释

1. 态势分析法（Strength，Weakness，Opportunity，Threat，简称 SWOT 分析，S 表示优势、W 表示劣势、O 表示机会、T 表示威胁），是指基于内外部竞争环境和竞争条件下的综合分析，就是将与研究对象密切相关的各种主要内部优势、劣势和外部的机会和威胁等，通过调查列举出来，并依照矩阵形式排列，然后用系统分析的思想，把各种因素相互匹配起来加以分析，从中得出相应结论，而结论通常带有一定的决策性，对制定相应的发展战略、计划以及对策起到支撑作用。按照态势分析法，战略目标应是一个企业"能够做的"（即企业的强项和弱项）和"可能做的"（即环境的机会和威胁）之间的有机组合。

2. 波特五力分析法（Michael Porter's Five Forces Model），是指将供应商定价能力、购买者的讨价还价能力、潜在进入者的威胁、替代品的威胁、同行业竞争者的力量作为竞争主要来源的一种竞争力分析方法。

3. 波士顿矩阵分析法（BCG Matrix），是指在坐标图上，以纵轴表示企业销售增长率，横轴表示市场占有率，将坐标图划分为四个象限，依次为"明星类产品（★）"、"问题类产品（？）"、"金牛类产品（¥）"、"瘦狗类产品（×）"；最后的瘦狗类属于不再投资扩展或即将淘汰的产品。其目的在于通过产品所处不同象限的划分，使企业采取不同决策，以保证其不断地淘汰无发展前景的产品，保持"问号"、"明星"、"金牛"产品的合理组合，实现产品及资源分配结构的良性循环。

4. 营运矩阵分析，是指通过横向联系和纵向联系的营运方式，分析企业营运中分权化与集权化的问题，考虑各个管理部门（或岗位）之间的相互协调和相互监督，以更加高效地实现企业营运目标。

第十一条　战略制定，是指企业根据确定的愿景、使命和环境分析情况，选择和设定战略目标的过程。

　　企业可根据对整体目标的保障、对员工积极性的发挥以及企业各部门战略方案的协调等实际需要，选择自上而下、自下而上或上下结合的方法，制定战略目标。

　　企业设定战略目标后，各部门需要结合企业战略目标设定本部门战略目标，并将其具体化为一套关键财务及非财务指标的预测值。为各关键指标设定的目标（预测）值，应与本企业的可利用资源相匹配，并有利于执行人积极有效地实现既定目标。

　　第十二条　战略实施，是指将企业的战略目标变成现实的管理过程。

　　企业应加强战略管控，结合使用战略地图、价值链管理等多种管理会计工具方法，将战略实施的关键业务流程化，并落实到企业现有的业务流程中，确保企业高效率和高效益地实现战略目标。

　　第十三条　战略评价和控制，是指企业在战略实施过程中，通过检测战略实施进展情况，评价战略执行效果，审视战略的科学性和有效性，不断调整战略举措，以达到预期目标。

　　企业主要应从以下几个方面进行战略评价：

　　战略是否适应企业的内外部环境；战略是否达到有效的资源配置；战略涉及的风险程度是否可以接受；战略实施的时间和进度是否恰当。

　　第十四条　战略调整，是指根据企业情况的发展变化和战略评价结果，对所制定的战略及时进行调整，以保证战略有效指导企业经营管理活动。

　　战略调整一般包括调整企业的愿景、长期发展方向、战略目标及其战略举措等。

　　三、管理会计应用指引第 101 号——战略地图

第一章　总　　则

　　第一条　战略地图，是指为描述企业各维度战略目标之间因果关系而绘制的可视化的战略因果关系图。

战略地图通常以财务、客户、内部业务流程、学习与成长等四个维度为主要内容，通过分析各维度的相互关系，绘制战略因果关系图。企业可根据自身情况对各维度的名称、内容等进行修改和调整。

第二条　企业应用战略地图工具方法，应注重通过战略地图的有关路径设计，有效使用有形资源和无形资源，高效实现价值创造；应通过战略地图实施将战略目标与执行有效绑定，引导各责任中心按照战略目标持续提升业绩，服务企业战略实施。

第三条　企业应用战略地图工具方法，应遵循《管理会计应用指引第 100 号——战略管理》中对应用环境的一般要求。

第四条　企业应用战略地图工具方法，一般按照战略地图设计和战略地图实施等程序进行。

第二章　战略地图设计

第五条　企业设计战略地图，一般按照设定战略目标、确定业务改善路径、定位客户价值、确定内部业务流程优化主题、确定学习与成长主题、进行资源配置、绘制战略地图等程序进行。

第六条　企业进行战略目标设定，应遵循《管理会计应用指引第 100 号——战略管理》的有关要求。

第七条　企业应根据已设定的战略目标，对现有客户（服务对象）和可能的新客户以及新产品（新服务）进行深入分析，寻求业务改善和增长的最佳路径，提取业务和财务融合发展的战略主题。

在财务维度，战略主题一般可划分为两个层次：第一层次一般包括生产率提升和营业收入增长等；第二层次一般包括创造成本优势、提高资产利用率、增加客户机会和提高客户价值等。

第八条　企业应对现有客户进行分析，从产品（服务）质量、技术领先、售后服务和稳定标准等方面确定、调整客户价值定位。

在客户价值定位维度，企业一般可设置客户体验、双赢营销关系、品牌形象提升等战略主题。

第九条 企业应根据业务提升路径和服务定位，梳理业务流程及其关键增值（提升服务形象）活动，分析行业关键成功要素和内部营运矩阵，从内部业务流程的管理流程、创新流程、客户管理流程、遵循法规流程等角度确定战略主题，并将业务战略主题进行分类归纳，制定战略方案。

第十条 企业应根据业务提升路径和服务定位，分析创新和人力资本等无形资源在价值创造中的作用，识别学习与成长维度的关键要素，并相应确立激励制度创新、信息系统创新和智力资本利用创新等战略主题，为财务、客户、内部业务流程维度的战略主题和关键业绩指标（Key Performance Indicator，简称KPI）提供有力支撑。

第十一条 根据各维度战略主题，企业应分析其有形资源和无形资源的战略匹配度，对各主题进行战略资源配置。同时应关注企业人力资源、信息资源、组织资源等在资源配置中的定位和价值创造中的作用。

第十二条 企业可应用平衡计分卡的四维度划分绘制战略地图，以图形方式展示企业的战略目标及实现战略目标的关键路径。具体绘制程序如下：

（一）确立战略地图的总体主题。总体主题是对企业整体战略目标的描述，应清晰表达企业愿景和战略目标，并与财务维度的战略主题和KPI对接。

（二）根据企业的需要，确定四维度的名称。把确定的四维度战略主题对应画入各自战略地图内，每一主题可以通过若干KPI进行描述。

（三）将各个战略主题和KPI用路径线链接，形成战略主题和KPI相连的战略地图。

在绘制过程中，企业应将战略总目标（财务维度）、客户价值定位（客户维度）、内部业务流程主题（内部流程维度）和学习与成长维度与战略 KPI 链接，形成战略地图。

企业所属的各责任中心的战略主题、KPI 相应的战略举措、资源配置等信息一般无法都绘制到一张图上，一般采用绘制对应关系表或另外绘制下一层级责任中心的战略地图等方式来展现其战略因果关系。

第三章　战略地图实施

第十三条　战略地图实施，是指企业利用管理会计工具方法，确保企业实现既定战略目标的过程。战略地图实施一般按照战略 KPI 设计、战略 KPI 责任落实、战略执行、执行报告、持续改善、评价激励等程序进行。

第十四条　企业应用战略地图，应设计一套可以使各部门主管明确自身责任与战略目标相联系的考核指标，即进行战略 KPI 设计。

第十五条　企业应对战略 KPI 进行分解，落实责任并签订责任书。具体可按以下程序进行：

（一）将战略 KPI 分解为责任部门的 KPI。企业应从最高层开始，将战略 KPI 分解到各责任部门，再分解到责任团队。每一责任部门、责任团队或责任人都有对应的 KPI，且每一 KPI 都能找到对应的具体战略举措。企业可编制责任表，描述 KPI 中的权、责、利和战略举措的对应关系，以便实施战略管控和形成相应的报告。

每一责任部门的负责人可根据上述责任表，将 KPI 在本部门进行进一步分解和责任落实，层层建立战略实施责任制度。

（二）签订责任书。企业应在分解明确各责任部门 KPI 的基础上，签订责任书，以督促各执行部门落实责任。责任书一般由企业领导班子（或董事会）与执行层的各部门签订。责任书应明确规定一定时期内（一般为一个年度）要实现的 KPI 任务、相应的战略举措及相应的奖惩机制。

第十六条 企业应以责任书中所签任务为基础，按责任部门的具体人员和团队情况，对任务和 KPI 进一步分解，并制定相应的执行责任书，进行自我管控和自我评价。同时，以各部门责任书和职责分工为基础，确定不同执行过程的负责人及协调人，并按照设定的战略目标实现日期，确定不同的执行指引表，采取有效战略举措，保障 KPI 实现。

第十七条 企业应编制战略执行报告，反映各责任部门的战略执行情况，分析偏差原因，提出具体管控措施。

（一）每一层级责任部门应向上一层级责任部门提交战略执行报告，以反映战略执行情况，制定下一步战略实施举措。

（二）战略执行报告一般可分为以下三个层级：

1. 战略层（如董事会）报告，包括战略总体目标的完成情况和原因分析；

2. 经营层报告，包括责任人的战略执行方案中相关指标的执行情况和原因分析；

3. 业务层报告，包括战略执行方案下具体任务的完成情况和原因分析。

（三）企业应根据战略执行报告，分析责任人战略执行情况与既定目标是否存在偏差，并对偏差进行原因分析，形成纠偏建议，作为责任人绩效评价的重要依据。

第十八条 企业应在对战略执行情况进行分析的基础上，进行持续改善，不断提升战略管控水平。

（一）与既定目标相比，发现问题并进行改善。企业应根据战略执行报告，将战略执行情况与管控目标进行比对，分析偏差，及时发现问题，提出解决问题的具体措施和改善方案，并采取必要措施。企业在进行偏差分析时，一般应关注以下问题：

1. 所产生的偏差是否为临时性波动；

2. 战略 KPI 分解与执行是否有误；

3. 外部环境是否发生重大变化，从而导致原定战略目标脱离实际情况。

企业应在分析这些问题的基础上，找出发生偏差的根源所在，及时进行纠正。

（二）达成既定目标时，考虑如何提升。达成战略地图上所列的战略目标时，企业一般可考虑适当增加执行难度，提升目标水平，按持续改善的策略与方法进入新的循环。

第十九条　企业应按照《管理会计应用指引第 100 号——战略管理》中战略评价的有关要求，对战略实施情况进行评价，并按照《管理会计应用指引第 600 号——绩效管理》的有关要求进行激励，引导责任人自觉地、持续地积极工作，有效利用企业资源，提高企业绩效，实现企业战略目标。

第四章　工具方法评价

第二十条　战略地图的主要优点是：能够将企业的战略目标清晰化、可视化，并与战略 KPI 和战略举措建立明确联系，为企业战略实施提供了有力的可视化工具。

第二十一条　战略地图的主要缺点是：需要多维度、多部门的协调，实施成本高，并且需要与战略管控相融合，才能真正实现战略实施。

第三节　预算管理

一、预算管理相关指引概述

（一）预算管理的含义

预算管理，是指企业以战略目标为导向，通过对未来一定期间内的经营活动和相应的财务结果进行全面预测和筹划，科学、合理配置企业各项财务和非财务资源，并对执行过程进行监督和分析，对执行结果进行评价和反馈，指导经营活动的改善和调整，进而推动实现企业战略目标的管理活动。

预算管理是一个预算理念全员参与、业务范围全面覆益、管理流程全程跟踪的综合管理系统。预算管理是管理会计的重要内容之一，其可以使企业的长短期目标、战略和企业的年度行动计划很好地协调，可以整合企业集团及其各个分部的目标，通过预算的编制、实施和修正，可以促使企业战略更好地"落地"，为企业目标的实现提供合理保证。正如美国著名管理学家戴维·奥利所指出的那样：全面预算管理是为数不多的几个能把组织的所有关键问题融合于一个体系之中的管理控制方法之一。

（二）预算管理的内容

预算管理的内容主要包括经营预算、专门决策预算和财务预算。

1. 经营预算（也称业务预算）。经营预算，是指与企业日常业务直接相关的一系列预算，包括销售预算、生产预算、采购预算、费用预算、人力资源预算等。

2. 专门决策预算。专门决策预算，是指企业重大的或不经常发生的、需要根据特定决策编制的预算，包括投融资决策预算等。

3. 财务预算。财务预算，是指与企业资金收支、财务状况或经营成果等有关的预算，包括资金预算、预计资产负债表、预计利润表等。

本节涉及预算管理方面的指引包括《管理会计应用指引第 200 号——预算管理》、《管理会计应用指引第 201 号——滚动预算》、《管理会计应用指引第 202 号——零基预算》（征求意见稿）和《管理会计应用指引第 203 号——弹性预算》（征求意见稿）。

二、管理会计应用指引第 200 号——预算管理

第一章　总　则

第一条　为了促进企业加强预算管理，发挥预算管理在企业规划、决策、控制和评价活动中的作用，根据《管理会计基本指引》，制定本指引。

第二条 预算管理，是指企业以战略目标为导向，通过对未来一定期间内的经营活动和相应的财务结果进行全面预测和筹划，科学、合理配置企业各项财务和非财务资源，并对执行过程进行监督和分析，对执行结果进行评价和反馈，指导经营活动的改善和调整，进而推动实现企业战略目标的管理活动。

第三条 预算管理的内容主要包括经营预算、专门决策预算和财务预算。

经营预算（也称业务预算），是指与企业日常业务直接相关的一系列预算，包括销售预算、生产预算、采购预算、费用预算、人力资源预算等。

专门决策预算，是指企业重大的或不经常发生的、需要根据特定决策编制的预算，包括投融资决策预算等。

财务预算，是指与企业资金收支、财务状况或经营成果等有关的预算，包括资金预算、预计资产负债表、预计利润表等。

第四条 企业进行预算管理，一般应遵循以下原则：

（一）战略导向原则。预算管理应围绕企业的战略目标和业务计划有序开展，引导各预算责任主体聚焦战略、专注执行、达成绩效。

（二）过程控制原则。预算管理应通过及时监控、分析等把握预算目标的实现进度并实施有效评价，对企业经营决策提供有效支撑。

（三）融合性原则。预算管理应以业务为先导、以财务为协同，将预算管理嵌入企业经营管理活动的各个领域、层次、环节。

（四）平衡管理原则。预算管理应平衡长期目标与短期目标、整体利益与局部利益、收入与支出、结果与动因等关系，促进企业可持续发展。

（五）权变性原则。预算管理应刚性与柔性相结合，强调预算对经营管理的刚性约束，又可根据内外环境的重大变化调整预算，并针对例外事项进行特殊处理。

第五条 预算管理领域应用的管理会计工具方法，一般包括滚动预算、零基预算、弹性预算、作业预算等。

企业可根据其战略目标、业务特点和管理需要，结合不同工具方法的特征及适用范围，选择恰当的工具方法综合运用。

第六条 企业可整合预算与战略管理领域的管理会计工具方法，强化预算对战略目标的承接分解；整合预算与成本管理、风险管理领域的管理会计工具方法，强化预算对战略执行的过程控制；整合预算与营运管理领域的管理会计工具方法，强化预算对生产经营的过程监控；整合预算与绩效管理领域的管理会计工具方法，强化预算对战略目标的标杆引导。

第七条 企业应用预算管理工具方法，一般按照预算编制、预算控制、预算调整、预算考核等程序进行。

第二章 应用环境

第八条 企业实施预算管理的基础环境包括战略目标、业务计划、组织架构、内部管理制度、信息系统等。

第九条 企业应按照战略目标，确立预算管理的方向、重点和目标。

第十条 企业应将战略目标和业务计划具体化、数量化作为预算目标，促进战略目标落地。

业务计划，是指按照战略目标对业务活动的具体描述和详细计划。

第十一条 企业可设置预算管理委员会等专门机构组织、监督预算管理工作。该机构的主要其职责包括：审批公司预算管理制度、政策，审议年度预算草案或预算调整草案并报董事会等机构审批，监控、考核本单位的预算执行情况并向董事会报告，协调预算编制、预算调整及预算执行中的有关问题等。

预算管理的机构设置、职责权限和工作程序应与企业的组织架构和管理体制互相协调，保障预算管理各环节职能衔接，流程顺畅。

第十二条　企业应建立健全预算管理制度、会计核算制度、定额标准制度、内部控制制度、内部审计制度、绩效考核和激励制度等内部管理制度，夯实预算管理的制度基础。

第十三条　企业应充分利用现代信息技术，规范预算管理流程，提高预算管理效率。

第三章　预算编制

第十四条　企业应建立和完善预算编制的工作制度，明确预算编制依据、编制内容、编制程序和编制方法，确保预算编制依据合理、内容全面、程序规范、方法科学，确保形成各层级广泛接受的、符合业务假设的、可实现的预算控制目标。

第十五条　企业一般按照分级编制、逐级汇总的方式，采用自上而下、自下而上、上下结合或多维度相协调的流程编制预算。预算编制流程与编制方法的选择应与企业现有管理模式相适应。

第十六条　预算编制完成后，应按照相关法律法规及企业章程的规定报经企业预算管理决策机构审议批准，以正式文件形式下达执行。

第十七条　预算审批包括预算内审批、超预算审批、预算外审批等。预算内审批事项，应简化流程，提高效率；超预算审批事项，应执行额外的审批流程；预算外审批事项，应严格控制，防范风险。

第四章　预算执行

第十八条　预算执行一般按照预算控制、预算调整等程序进行。

第十九条　预算控制，是指企业以预算为标准，通过预算分解、过程监督、差异分析等促使日常经营不偏离预算标准的管理活动。

第二十条　企业应建立预算授权控制制度，强化预算责任，严格预算控制。

第二十一条　企业应建立预算执行的监督、分析制度，提高预算管理对业务的控制能力。

第二十二条　企业应将预算目标层层分解至各预算责任中心。预算分解应按各责任中心权、责、利相匹配的原则进行，既公平合理，又有利于企业实现预算目标。

第二十三条　企业应通过信息系统展示、会议、报告、调研等多种途径及形式，及时监督、分析预算执行情况，分析预算执行差异的原因，提出对策建议。

第二十四条　年度预算经批准后，原则上不作调整。企业应在制度中严格明确预算调整的条件、主体、权限和程序等事宜，当内外战略环境发生重大变化或突发重大事件等，导致预算编制的基本假设发生重大变化时，可进行预算调整。

第五章　预算考核

第二十五条　预算考核主要针对定量指标进行考核，是企业绩效考核的重要组成部分。

第二十六条　企业应按照公开、公平、公正的原则实施预算考核。

第二十七条　企业应建立健全预算考核制度，并将预算考核结果纳入绩效考核体系，切实做到有奖有惩、奖惩分明。

第二十八条　预算考核主体和考核对象的界定应坚持上级考核下级、逐级考核、预算执行与预算考核职务相分离的原则。

第二十九条　预算考核以预算完成情况为考核核心，通过预算执行情况与预算目标的比较，确定差异并查明产生差异的原因，进而据以评价各责任中心的工作业绩，并通过与相应的激励制度挂钩，促进其与预算目标相一致。

三、管理会计应用指引第 201 号——滚动预算

第一章　总　则

第一条　滚动预算，是指企业根据上一期预算执行情况和新的预测结果，按既定的预算编制周期和滚动频率，对原有的预算方案进行调整和补充，逐期滚动，持续推进的预算编制方法。

预算编制周期，是指每次预算编制所涵盖的时间跨度。

滚动频率，是指调整和补充预算的时间间隔，一般以月度、季度、年度等为滚动频率。

第二条　滚动预算一般由中期滚动预算和短期滚动预算组成。中期滚动预算的预算编制周期通常为 3 年或 5 年，以年度作为预算滚动频率。短期滚动预算通常以 1 年为预算编制周期，以月度、季度作为预算滚动频率。

第二章　应用环境

第三条　企业应用滚动预算工具方法，应遵循《管理会计应用指引第 200 号——预算管理》中对应用环境的一般要求。

第四条　企业应用滚动预算工具方法，应具备丰富的预算管理经验和能力。

第五条　企业应建立先进、科学的信息系统，及时获取充足、可靠的外部市场数据和企业内部数据，以满足编制滚动预算的需要。

第六条　企业应重视预算编制基础数据，统一财务和非财务信息标准，确保预算编制以可靠、翔实、完整的基础数据为依据。

第三章　应用程序

第七条　企业应遵循《管理会计应用指引第 200 号——预算管理》中的应用程序实施滚动预算管理。

第八条　企业应研究外部环境变化，分析行业特点、战略目

标和业务性质，结合企业管理基础和信息化水平，确定预算编制的周期和预算滚动的频率。

第九条 企业应遵循重要性原则和成本效益原则，结合业务性质和管理要求，确定滚动预算的编制内容。

企业通常可以选择编制业务滚动预算，对于管理基础好、信息化程度高的企业，还可选择编制资本滚动预算和财务滚动预算。

第十条 企业应以战略目标和业务计划为依据，并根据上一期预算执行情况和新的预测信息，经综合平衡和结构优化，作为下一期滚动预算的编制基础。

第十一条 企业应以战略目标和业务计划为基础，研究滚动预算所涉及的外部环境变化和内部重要事项，测算并提出预算方案。

第十二条 企业实行中期滚动预算的，应在中期预算方案的框架内滚动编制年度预算。第一年的预算约束对应年度的预算，后续期间的预算指引后续对应年度的预算。

第十三条 短期滚动预算服务于年度预算目标的实施。企业实行短期滚动预算的，应以年度预算为基础，分解编制短期滚动预算。

第十四条 企业应分析影响预算目标的各种动因之间的关系，建立预算模型，生成预算编制方案。

第十五条 企业应对比分析上一期的预算信息和预算执行情况，结合新的内外部环境预测信息，对下一期预算进行调整和修正，持续进行预算的滚动编制。

第十六条 企业可借助数据仓库等信息技术的支撑，实现预算编制方案的快速生成，减少预算滚动编制的工作量。

第十七条 企业应根据预算滚动编制结果，调整资源配置和管理要求。

第四章　工具方法评价

第十八条　滚动预算的主要优点是：通过持续滚动预算编制、逐期滚动管理，实现动态反映市场、建立跨期综合平衡，从而有效指导企业营运，强化预算的决策与控制职能。

第十九条　滚动预算的主要缺点是：一是预算滚动的频率越高，对预算沟通的要求越高，预算编制的工作量越大；二是过高的滚动频率容易增加管理层的不稳定感，导致预算执行者无所适从。

四、管理会计应用指引第202号——零基预算（征求意见稿）

第一章　总　则

第一条　零基预算，是指企业不考虑历史期预算及实际经济活动的项目及金额，以零为起点，一切从实际需要和可能出发，分析预算期经济活动的合理性，进而在综合平衡的基础上形成企业整体预算的预算编制方法。

第二条　零基预算适用于所有企业各类预算的编制。

第二章　应用环境

第三条　企业应用零基预算工具方法，应遵循《管理会计应用指引第200号——预算管理》中对应用环境的一般要求。

第四条　企业编制零基预算，应在分析预算期各项经济活动合理性的基础上制定详细、具体的业务计划，并搜集和分析企业相关外部信息及企业内部管理要求，作为零基预算的编制基础。

第五条　企业应明确每项零基预算项目的预算归口管理部门。预算归口管理部门负责确定和维护该预算项目编制标准，配合预算管理部门评价相关经济活动的合理性并审核业务计划。

第六条　企业应充分利用信息系统或其他工具，分析历史期经济活动的有效性和预算编制标准的合理性，完成零基预算的编制。

第三章　应用程序

第七条　企业应用零基预算工具方法，应遵循《管理会计应用指引第 200 号——预算管理》中对应用程序的一般规定。

第八条　企业编制零基预算，一般按照制定业务计划、明确预算编制标准、形成预算草案、审定预算方案等程序进行。

第九条　企业编制零基预算，相关业务计划责任部门应依据企业战略和年度经营目标安排预算期经济活动，制定详细、具体的业务计划并对业务计划的合理性进行分析和解释。

第十条　预算归口管理部门应搜集和分析相关企业外部信息，结合企业内部管理要求形成企业相关零基预算编制标准，确保预算编制科学完整。

预算归口管理部门应在预算管理过程中不断分析评价、修订完善零基预算编制标准。

第十一条　业务计划责任部门应以相关业务计划为基础，根据预算归口管理部门提供的预算编制标准，匹配形成相关预算项目和金。

预算归口管理部门应配合预算管理部门进行相关业务计划、预算项目和金额的质询和评价。

第十二条　企业预算审批机构应逐项审核预算草案中预算项目及其目标、作用和预算金额，并按资源限额、战略相关性、影响金额和效益性进行排序，最终审定企业预算方案。

第四章　工具方法评价

第十三条　零基预算的主要优点：一是以零为起点编制预算，剔除历史期经济活动中的不合理因素，科学分析预算期经济活动的合理性，预算编制更贴近预算期企业经济活动需要；二是强调全员参与，有利于达成预算期企业运营共识，提高企业管理水平。

280

第十四条　零基预算的主要缺点：一是预算编制工作量较大、成本较高；二是预算编制的准确性受企业管理水平和相关数据标准准确性影响较大。

五、管理会计应用指引第 203 号——弹性预算（征求意见稿）

第一章　总　则

第一条　弹性预算，是指企业在分析业务量与预算项目之间数量依存关系的基础上，分别确定不同业务量及相对应的预算项目所耗资源，进而形成企业整体预算的预算编制方法。

业务量，是指企业销量、产量等与预算项目相关的弹性变量。

第二条　弹性预算适用于市场、产能等存在较大不确定性的企业。

第二章　应用环境

第三条　企业应用弹性预算工具方法，应遵循《管理会计应用指引第 200 号——预算管理》中对应用环境的一般要求。

第四条　企业编制弹性预算，应合理识别与预算项目相关的业务量，长期跟踪、完整记录预算项目与业务量的变化情况，并对二者的相关性进行深入分析。

第五条　企业编制弹性预算，应成立由财务、战略和有关业务部

门组成的跨部门团队。

第六条　企业应借助信息系统或其他编制工具，合理预测预算期间的可能业务量，科学匹配和及时修订弹性定额，完成弹性预算的编制。

第三章　应用程序

第七条　企业应用弹性预算工具方法，应遵循《管理会计应用指引第 200 号——预算管理》中对应用程序的一般要求。

第八条 企业编制弹性预算，一般按照确定适用项目、识别业务量、确定业务量弹性幅度、确定弹性定额、构建弹性预算编制模型并形成预算方案、评价并修正预算方案、确定预算控制标准等程序进行。

第九条 企业应结合业务性质和管理要求，遵循重要性原则和成本效益原则选择弹性预算适用项目。

一般情况下，企业选择的弹性预算适用项目应与业务量有明显数量依存关系，且企业能有效分析该数量依存关系，并积累了一定的分析数据。

企业在选择成本费用类弹性预算适用项目时，还要考虑该预算项目是否具备较好的成本性态分析基础。

第十条 企业应分析、确定与预算项目变动直接相关的业务量指标，作为弹性预算编制的切入点。

企业在选定业务量指标后，应确定其计量标准和方法。

第十一条 企业应深入分析市场需求、价格走势、企业产能等内外因素的变化，预测预算期可能的不同业务量水平，编制销售计划、生产计划等各项业务计划。

第十二条 企业应逐项分析、认定预算项目和业务量之间的数量依存关系、依存关系的相关范围及变化趋势，最终确定弹性定额。

企业在确定弹性定额后，应不断强化弹性差异分析，修正和完善上述数量依存关系；根据企业管理需要，增补新的弹性预算定额，形成企业弹性定额库。

第十三条 企业通常采用公式法或列表法构建弹性预算编制模型，形成基于不同业务量的多套预算方案。

公式法下弹性预算的基本公式为：

预算项目的弹性预算=固定基数+∑（与业务量相关的弹性定额×预计业务量）。

运用公式法编制弹性预算时，相关弹性定额可能仅在一定业务量范围内准确。当业务量变动超出该适用范围时，应及时修正、更新上述弹性定额。

列表法是指企业通过列表的方式，在业务量范围内依据已划分出的若干个不同等级，分别计算并列示该预算项目与业务量相关的不同可能性下的预算方案。

第十四条　企业预算审批机构应按照预算管理制度的授权审核、评价和修正各弹性预算方案，并根据预算期最有可能实现的业务量水平确定预算控制标准。

第四章　工具方法评价

第十五条　弹性预算的主要优点：考虑了预算期可能的不同业务量水平，更贴近企业经营管理实际情况，从而扩展了预算管理的适用范围，有利于企业进行经营管理。

第十六条　弹性预算的主要缺点：一是编制工作量大；二是企业很难对市场及其变动趋势做出准确预测，对预算项目与业务量之间依存关系的判断还受数据积累、分析深度等的制约，这些因素都会影响弹性预算的合理性。

第四节　成本管理

一、成本管理相关指引概述

（一）成本的含义与分类

长期以来，人们对于成本的定义和使用存在较大差异，成本是个内涵丰富、外延广泛的概念。在经济学领城，马克思的成本理论认为成本是商品价值（C+V+M）中的（C+V）部分，即商品生产中耗费的物化劳动（C）和活劳动（V）的货币表现。在会计学领城，成本分为财务会计中的成本概念和管理会计中的成本概念。

1. 财务会计中的成本概念

财务会计中的成本是指遵循会计准则或会计制度要求确认和计量的成本。在会计核算与报告体系中，广义的成本主要分为产品成本、期间费用两大类型：

（1）产品成本是指针对某一特定的产品对象，如生产某一特定产品而发生的直接制造成本（如直接材料、直接人工等）、间接制造成本（也称制造费用，包括车间管理发生的人工成本、其他资源耗费等）。

（2）期间费用则是指没有确指到具体产品成本对象中的非制造成本，包括销售费用（如分销运输费用、销售人员工资、营销推广费用、售后费用等）、管理费用（如管理人员工资、行政办公成本、费用化研发支出等）、财务费用（如利息支出、汇兑损失、相关手续费等）以及资产减值损失和公允价值变动损失。从本质上看，期间费用的主要分类标志是"功能"或职能导向的，它要求企业不同职能部门、不同人员承担着不同的成本责任。这些非制造成本是因当期向顾客提供产品或服务而发生的各项作业耗费，根据配比原则，它们都将纳入当期损益计算范围。

由于产品成本要等到产品销售后方可计入当期损益，而期间费用在发生当期计入当期损益，因此准确划分两者界限，将对当期会计利润的确认、计量产生重大影响。

2. 管理会计中的成本概念

管理会计中的成本是指可以用货币单位来衡量，为达到特定目的而发生的各种经济资源的价值牺牲。在管理会计中，按照不同的分类标准，所使用的成本概念也不同。比如按照成本习性分为变动成本和固定成本；按成本实际发生的时态分为历史成本和未来成本；按可控性分为可控成本和不可控成本；按是否与决策相关分为相关成本和非相关成本；按方案之间的关系分为差额成本和机会成本等。另外，资本成本、质量成本、责任成本等也属于管理会计中成本的范畴。可见，管理会计中成本的外延比财务会计中成本的外延要宽泛得多。

（二）成本管理的含义

成本管理，是指企业在营运过程中实施成本预测、成本决策、成本计划、成本控制、成本核算、成本分析和成本考核等一系列管理活动的总称。成本管理一般按照事前管理、事中管理、事后管理等程序进行。事前成本管理阶段，主要是对未来的成本水平及其发展趋势所进行的预测与规划，一般包括成本预测、成本决策和成本计划等步骤；事中成本管理阶段，主要是对营运过程中发生的成本进行监督和控制，并根据实际情况对成本预算进行必要的修正，即成本控制步骤；事后成本管理阶段，主要是在成本发生之后进行的核算、分析和考核，一般包括成本核算、成本分析和成本考核等步骤。

（三）成本管理的原则

企业进行成本管理，一般应遵循以下原则：

1. 融合性原则

成本管理应以企业业务模式为基础，将成本管理嵌入业务的各领坡、各层次、各环节，实现成本管理责任到人、控制到位、考核严格、目标落实。

2. 适应性原则

成本管理应与企业生产经营特点和目标相适应，尤其要与企业发展战略或竞争战略相适应。

3. 成本效益原则

成本管理应用相关工具方法时，应权衡其为企业带来的收益和付出的成本，避免获得的收益小于其投入的成本。

4. 重要性原则

成本管理应重点关注对成本具有重大影响的项目，对于不具有重要性的项目可以适当简化处理。

（四）成本管理方法

在企业成本管理的发展过程中，出现了一系列成本管理方法，比如变动成本法，作业成本法、目标成本法、标准成本法等。企业应结合自身的成本管理目标和实际情况。在保证产品的功能和质量的前提下，选择应用适合企业的成本管理工具方法或综合应用不同成本管理工具方法，以更好地实现成本管理的目标综合应用不同成本管理工具方法时，应以各成本管理工具方法具体目标的兼容性、资源的共享性、适用对象的差异性、方法的协调性和互补性为前提，通过综合运用成本管理的工具方法实现最大效益。

本节涉及成本管理方面的指引包括《管理会计应用指引第 300 号——成本管理》、《管理会计应用指引第 301 号——目标成本法》、《管理会计应用指引第 302 号——标准成本法》、《管理会计应用指引第 303 号——变动成本法》和《管理会计应用指引第 304 号——作业成本法》。

二、管理会计应用指引第 300 号——成本管理

第一章　总　则

第一条　为了促进企业加强成本管理，提高企业成本管理水平，提升竞争能力，根据《管理会计基本指引》，制定本指引。

第二条　成本管理，是指企业在营运过程中实施成本预测、成本决策、成本计划、成本控制、成本核算、成本分析和成本考核等一系列管理活动的总称。

第三条　企业进行成本管理，一般应遵循以下原则：

（一）融合性原则。成本管理应以企业业务模式为基础，将成本管理嵌入业务的各领域、各层次、各环节，实现成本管理责任到人、控制到位、考核严格、目标落实。

（二）适应性原则。成本管理应与企业生产经营特点和目标相适应，尤其要与企业发展战略或竞争战略相适应。

（三）成本效益原则。成本管理应用相关工具方法时，应权衡其为企业带来的收益和付出的成本，避免获得的收益小于其投入的成本。

（四）重要性原则。成本管理应重点关注对成本具有重大影响的项目，对于不具有重要性的项目可以适当简化处理。

第四条　成本管理领域应用的管理会计工具方法，一般包括目标成本法、标准成本法、变动成本法、作业成本法等。

第五条　企业应结合自身的成本管理目标和实际情况，在保证产品的功能和质量的前提下，选择应用适合企业的成本管理工具方法或综合应用不同成本管理工具方法，以更好地实现成本管理的目标。

综合应用不同成本管理工具方法时，应以各成本管理工具方法具体目标的兼容性、资源的共享性、适用对象的差异性、方法的协调性和互补性为前提，通过综合运用成本管理的工具方法实现最大效益。

第二章　应用环境

第六条　企业应根据其内外部环境选择适合的成本管理工具方法。

第七条　企业应建立健全成本管理的制度体系，一般包括费用审报制度、定额管理制度、责任成本制度等。

第八条　企业应建立健全成本相关原始记录，加强和完善成本数据的收集、记录、传递、汇总和整理工作，确保成本基础信息记录真实、完整。

第九条　企业应加强存货的计量验收管理，建立存货的计量、验收、领退及清查制度。

第十条　企业应充分利用现代信息技术，规范成本管理流程，提高成本管理的效率。

第三章　应用程序

第十一条　企业应用成本管理工具方法，一般按照事前管理、事中管理、事后管理等程序进行：

（一）事前成本管理阶段，主要是对未来的成本水平及其发展趋势所进行的预测与规划，一般包括成本预测、成本决策和成本计划等步骤；

（二）事中成本管理阶段，主要是对营运过程中发生的成本进行监督和控制，并根据实际情况对成本预算进行必要的修正，即成本控制步骤；

（三）事后成本管理阶段，主要是在成本发生之后进行的核算、分析和考核，一般包括成本核算、成本分析和成本考核等步骤。

第十二条　成本预测是以现有条件为前提，在历史成本资料的基础上，根据未来可能发生的变化，利用科学的方法，对未来的成本水平及其发展趋势进行描述和判断的成本管理活动。

第十三条　成本决策是在成本预测及有关成本资料的基础上，综合经济效益、质量、效率和规模等指标，运用定性和定量的方法对各个成本方案进行分析并选择最优方案的成本管理活动。

第十四条　成本计划是以营运计划和有关成本数据、资料为基础，根据成本决策所确定的目标，通过一定的程序，运用一定的方法，针对计划期企业的生产耗费和成本水平进行的具有约束力的成本筹划管理活动。

第十五条　成本控制是成本管理者根据预定的目标，对成本发生和形成过程以及影响成本的各种因素条件施加主动的影响或干预，把实际成本控制在预期目标内的成本管理活动。

第十六条　成本核算是根据成本核算对象，按照国家统一的会计制度和企业管理要求，对营运过程中实际发生的各种耗费按照规定的成本项目进行归集、分配和结转，取得不同成本核算对象的总成本和单位成本，向有关使用者提供成本信息的成本管理活动。

第十七条　成本分析是利用成本核算提供的成本信息及其他有关资料，分析成本水平与构成的变动情况，查明影响成本变动的各种因素和产生的原因，并采取有效措施控制成本的成本管理活动。

第十八条　成本考核是对成本计划及其有关指标实际完成情况进行定期总结和评价，并根据考核结果和责任制的落实情况，进行相应奖励和惩罚，以监督和促进企业加强成本管理责任制，提高成本管理水平的成本管理活动。

三、管理会计应用指引第 301 号——目标成本法

第一章　总　则

第一条　目标成本法，是指企业以市场为导向，以目标售价和目标利润为基础确定产品的目标成本，从产品设计阶段开始，通过各部门、各环节乃至与供应商的通力合作，共同实现目标成本的成本管理方法。

第二条　目标成本法一般适用于制造业企业成本管理，也可在物流、建筑、服务等行业应用。

第二章　应用环境

第三条　企业应用目标成本法，应遵循《管理会计应用指引第 300 号——成本管理》中对应用环境的一般要求。

第四条　企业应用目标成本法，要求处于比较成熟的买方市场环境，且产品的设计、性能、质量、价值等呈现出较为明显的多样化特征。

第五条　企业应以创造和提升客户价值为前提，以成本降低或成本优化为主要手段，谋求竞争中的成本优势，保证目标利润的实现。

第六条　企业应成立由研究与开发、工程、供应、生产、营销、财务、信息等有关部门组成的跨部门团队，负责目标成本的制定、计划、分解、下达与考核，并建立相应的工作机制，有效协调有关部门之间的分工与合作。

第七条　企业能及时、准确取得目标成本计算所需的产品售价、成本、利润以及性能、质量、工艺、流程、技术等方面各类财务和非财务信息。

第三章　应用程序

第八条　应用目标成本法一般需经过目标成本的设定、分解、达成到再设定、再分解、再达成多重循环，以持续改进产品方案。

企业应用目标成本法，一般按照确定应用对象、成立跨部门团队、收集相关信息、计算市场容许成本、设定目标成本、分解可实现目标成本、落实目标成本责任、考核成本管理业绩以及持续改善等程序进行。

第九条　企业应根据目标成本法的应用目标及其应用环境和条件，综合考虑产品的产销量和盈利能力等因素，确定应用对象。

企业一般应将拟开发的新产品作为目标成本法的应用对象，或选择那些功能与设计存在较大的弹性空间、产销量较大且处于亏损状态或盈利水平较低、对企业经营业绩具有重大影响的老产品作为目标成本法的应用对象。

第十条　企业负责目标成本管理的跨部门团队之下，可以建立成本规划、成本设计、成本确认、成本实施等小组，各小组根据管理层授权协同合作完成相关工作。

成本规划小组由业务及财务人员组成，负责设定目标利润，制定新产品开发或老产品改进方针，考虑目标成本等。该小组的职责主要是收集相关信息、计算市场驱动产品成本等。

成本设计小组由技术及财务人员组成，负责确定产品的技术性能、规格，负责对比各种成本因素，考虑价值工程，进行设计图上成本降低或成本优化的预演等。该小组的职责主要是可实现目标成本的设定和分解等。

成本确认小组由有关部门负责人、技术及财务人员组成，负责分析设计方案或试制品评价的结果，确认目标成本，进行生产准备、设备投资等。该小组的职责主要是可实现目标成本设定与分解的评价和确认等。

成本实施小组由有关部门负责人及财务人员组成，负责确认实现成本策划的各种措施，分析成本控制中出现的差异，并提出对策，对整个生产过程进行分析、评价等。该小组的职责主要是落实目标成本责任、考核成本管理业绩等。

第十一条　目标成本法的应用需要企业研究与开发、工程、供应、生产、营销、财务和信息等部门收集与应用对象相关的信息；这些信息一般包括：

（一）产品成本构成及料、工、费等财务和非财务信息；

（二）产品功能及其设计、生产流程与工艺等技术信息；

（三）材料的主要供应商、供求状况、市场价格及其变动趋势等信息；（四）产品的主要消费者群体、分销方式和渠道、市场价格及其变动趋势等信息；

（五）本企业及同行业标杆企业产品盈利水平等信息；

（六）其他相关信息。

第十二条　市场容许成本，是指目标售价减去目标利润之后的余额。

目标售价的设定应综合考虑客户感知的产品价值、竞争产品的预期相对功能和售价，以及企业针对该产品的战略目标等因素。

目标利润的设定应综合考虑利润预期、历史数据、竞争地位分析等因素。

第十三条　企业应将容许成本与新产品设计成本或老产品当前成本进行比较，确定差异及成因，设定可实现的目标成本。

企业一般采取价值工程、拆装分析、流程再造、全面质量管理、供应链全程成本管理等措施和手段，寻求消除当前成本或设计成本偏离容许成本差异的措施，使容许成本转化为可实现的目标成本。

第十四条　企业应按主要功能对可实现的目标成本进行分解，

确定产品所包含的每一零部件的目标成本。在分解时，首先应确定主要功能的目标成本，然后寻求实现这种功能的方法，并把主要功能和主要功能级的目标成本分配给零部件，形成零部件级目标成本。同时，企业应将零部件级目标成本转化为供应商的目标售价。

第十五条 企业应将设定的可实现目标成本、功能级目标成本、零部件级目标成本和供应商目标售价进一步量化为可控制的财务和非财务指标，落实到各责任中心，形成各责任中心的责任成本和成本控制标准，并辅之以相应的权限，将达成的可实现目标成本落到实处。

第十六条 企业应依据各责任中心的责任成本和成本控制标准，按照业绩考核制度和办法，定期进行成本管理业绩的考核与评价，为各责任中心和人员的激励奠定基础。

第十七条 企业应定期将产品实际成本与设定的可实现目标成本进行对比，确定其差异及其性质，分析差异的成因，提出消除各种重要不利差异的可行途径和措施，进行可实现目标成本的重新设定、再达成，推动成本管理的持续优化。

第四章 工具方法评价

第十八条 目标成本法的主要优点是：一是突出从原材料到产品出货全过程成本管理，有助于提高成本管理的效率和效果；二是强调产品寿命周期成本的全过程和全员管理，有助于提高客户价值和产品市场竞争力；三是谋求成本规划与利润规划活动的有机统一，有助于提升产品的综合竞争力。

第十九条 目标成本法的主要缺点是：其应用不仅要求企业具有各类所需要的人才，更需要各有关部门和人员的通力合作，管理水平要求较高。

四、管理会计应用指引第 302 号——标准成本法

第一章　总　则

第一条　标准成本法，是指企业以预先制定的标准成本为基础，通过比较标准成本与实际成本，计算和分析成本差异、揭示成本差异动因，进而实施成本控制、评价经营业绩的一种成本管理方法。

标准成本，是指在正常的生产技术水平和有效的经营管理条件下，企业经过努力应达到的产品成本水平。

成本差异，是指实际成本与相应标准成本之间的差额。当实际成本高于标准成本时，形成超支差异；当实际成本低于标准成本时，形成节约差异。

第二条　企业应用标准成本法的主要目标，是通过标准成本与实际成本的比较，揭示与分析标准成本与实际成本之间的差异，并按照例外管理的原则，对不利差异予以纠正，以提高工作效率，不断改善产品成本。

第三条　标准成本法一般适用于产品及其生产条件相对稳定，或生产流程与工艺标准化程度较高的企业。

第二章　应用环境

第四条　企业应用标准成本法，应遵循《管理会计应用指引第 300 号——成本管理》中对应用环境的一般要求。

第五条　企业应用标准成本法，要求处于较稳定的外部市场经营环境，且市场对产品的需求相对平稳。

第六条　企业应成立由采购、生产、技术、营销、财务、人力资源、信息等有关部门组成的跨部门团队，负责标准成本的制定、分解、下达、分析等。

第七条　企业能够及时、准确地取得标准成本制定所需要的各种财务和非财务信息。

第三章 应用程序

第八条 企业应用标准成本法，一般按照确定应用对象、制定标准成本、实施过程控制、成本差异计算与动因分析，以及修订与改进标准成本等程序进行。

第九条 为了实现成本的精细化管理，企业应根据标准成本法的应用环境，结合内部管理要求，确定应用对象。标准成本法的成本对象可以是不同种类、不同批次或不同步骤的产品。

第十条 企业制定标准成本，可由跨部门团队采用"上下结合"的模式进行，经企业管理层批准后实施。

第十一条 在制定标准成本时，企业一般应结合经验数据、行业标杆或实地测算的结果，运用统计分析、工程试验等方法，按照以下程序进行：

（一）就不同的成本或费用项目，分别确定消耗量标准和价格标准；

（二）确定每一成本或费用项目的标准成本；

（三）汇总不同成本项目的标准成本，确定产品的标准成本。

第十二条 产品标准成本通常由直接材料标准成本、直接人工标准成本和制造费用标准成本构成。每一成本项目的标准成本应分为用量标准（包括单位产品消耗量、单位产品人工小时等）和价格标准（包括原材料单价、小时工资率、小时制造费用分配率等）。

第十三条 直接材料成本标准，是指直接用于产品生产的材料成本标准，包括标准用量和标准单价两方面。

制定直接材料的标准用量，一般由生产部门负责，会同技术、财务、信息等部门，按照以下程序进行：

（一）根据产品的图纸等技术文件进行产品研究，列出所需的各种材料以及可能的替代材料，并说明这些材料的种类、质量以及库存情况；

（二）在对过去用料经验记录进行分析的基础上，采用过去用料的平均值、最高与最低值的平均数、最节省数量、实际测定数据或技术分析数据等，科学地制定标准用量。

制定直接材料的标准单价，一般由采购部门负责，会同财务、生产、信息等部门，在考虑市场环境及其变化趋势、订货价格以及最佳采购批量等因素的基础上综合确定。

直接材料标准成本的计算公式如下：

直接材料标准成本=单位产品的标准用量×材料的标准单价材料按计划成本核算的企业，材料的标准单价可以采用材料计划单价。

第十四条　直接人工成本标准，是指直接用于产品生产的人工成本标准，包括标准工时和标准工资率。

制定直接人工的标准工时，一般由生产部门负责，汇同技术、财务、信息等部门，在对产品生产所需作业、工序、流程工时进行技术测定的基础上，考虑正常的工作间隙，并适当考虑生产条件的变化、生产工序、操作技术的改善，以及相关工作人员主观能动性的充分发挥等因素，合理确定单位产品的工时标准。

制定直接人工的标准工资率，一般由人力资源部门负责，根据企业薪酬制度等制定。

直接人工标准成本的计算公式如下：

直接人工标准成本=单位产品的标准工时×小时标准工资率

第十五条　制造费用成本标准应区分变动制造费用项目和固定制造费用项目分别确定。

第十六条　变动制造费用，是指通常随产量变化而成正比例变化的制造费用。变动制造费用项目的标准成本根据标准用量和标准价格确定。

变动制造费用的标准用量可以是单位产量的燃料、动力、辅助材料等标准用量，也可以是产品的直接人工标准工时，或者是单位产品的标准机器工时。标准用量的选择需考虑用量与成本的相关性，制定方法与直接材料的标准用量以及直接人工的标准工时类似。

变动制造费用的标准价格可以是燃料、动力、辅助材料等标准价格，也可以是小时标准工资率等。制定方法与直接材料的价格标准以及直接人工的标准工资率类似。

变动制造费用的计算公式如下：

变动制造费用项目标准成本＝变动制造费用项目的标准用量×变动制造费用项目的标准价格

第十七条 固定制造费用，是指在一定产量范围内，其费用总额不会随产量变化而变化，始终保持固定不变的制造费用。固定制造费用一般按照费用的构成项目实行总量控制；也可以根据需要，通过计算标准分配率，将固定制造费用分配至单位产品，形成固定制造费用的标准成本。

制定固定费用标准，一般由财务部门负责，会同采购、生产、技术、营销、财务、人事、信息等有关部门，按照以下程序进行：

（一）依据固定制造费用的不同构成项目的特性，充分考虑产品的现有生产能力、管理部门的决策以及费用预算等，测算确定各固定制造费用构成项目的标准成本；

（二）通过汇总各固定制造费用项目的标准成本，得到固定制造费用的标准总成本；

（三）确定固定制造费用的标准分配率，标准分配率可根据产品的单位工时与预算总工时的比率确定。

其中，预算总工时，是指由预算产量和单位工时标准确定的总工时。单位工时标准可以依据相关性原则在直接人工工时或者机器工时之间做出选择。

固定制造费用标准成本的计算顺序及公式如下：

固定制造费用标准成本由固定制造费用项目预算确定；

固定制造费用总成本＝∑固定制造费用项目标准成本

固定制造费用标准分配率＝单位产品的标准工时÷预算总工时

固定制造费用标准成本＝固定制造费用总成本×固定制造费用标准分配率

第十八条 企业应在制定标准成本的基础上，将产品成本及其各成本或费用项目的标准用量和标准价格层层分解，落实到部门及相关责任人，形成成本控制标准。

各归口管理部门（或成本中心）应根据相关成本控制标准，控制费用开支与资源消耗，监督、控制成本的形成过程，及时分析偏离标准的差异并分析其成因，并及时采取措施加以改进。

第十九条　在标准成本法的实施过程中，各相关部门（或成本中心）应对其所管理的项目进行跟踪分析。

生产部门一般应根据标准用量、标准工时等，实时跟踪和分析各项耗用差异，从操作人员、机器设备、原料质量、标准制定等方面寻找差异原因，采取应对措施，控制现场成本，并及时反馈给人力资源、技术、采购、财务等相关部门，共同实施事中控制。

采购部门一般应根据标准价格，按照各项目采购批次，揭示和反馈价格差异形成的原因，控制和降低总采购成本。

第二十条　企业应定期将实际成本与标准成本进行比较和分析，确定差异数额及性质，揭示差异形成的动因，落实责任中心，寻求可行的改进途径和措施。

第二十一条　成本差异的计算与分析一般按成本或费用项目进行。

第二十二条　直接材料成本差异，是指直接材料实际成本与标准成本之间的差额，该项差异可分解为直接材料价格差异和直接材料数量差异。

直接材料价格差异，是指在采购过程中，直接材料实际价格偏离标准价格所形成的差异；直接材料数量差异，是指在产品生产过程中，直接材料实际消耗量偏离标准消耗量所形成的差异。有关计算公式如下：

$$直接材料成本差异＝实际成本－标准成本$$

$$＝实际耗用量×实际单价－标准耗用量×标准单价$$

$$直接材料成本差异＝直接材料价格差异＋直接材料数量差异$$

直接材料价格差异=实际耗用量×（实际单价-标准单价）

直接材料数量差异=（实际耗用量-标准耗用量）×标准单价

第二十三条 直接人工成本差异，是指直接人工实际成本与标准成本之间的差额，该差异可分解为工资率差异和人工效率差异。

工资率差异，是指实际工资率偏离标准工资率形成的差异，按实际工时计算确定；人工效率差异，是指实际工时偏离标准工时形成的差异，按标准工资率计算确定。有关计算公式如下：

直接人工成本差异=实际成本-标准成本

=实际工时×实际工资率-标准工时×标准工资率

直接人工成本差异=直接人工工资率差异+直接人工效率差异

直接人工工资率差异=实际工时×（实际工资率-标准工资率）

直接人工效率差异=（实际工时-标准工时）×标准工资率

第二十四条 变动制造费用项目的差异，是指变动制造费用项目的实际发生额与变动制造费用项目的标准成本之间的差额，该差异可分解为变动制造费用项目的价格差异和数量差异。

变动制造费用项目的价格差异，是指燃料、动力、辅助材料等变动制造费用项目的实际价格偏离标准价格的差异；变动制造费用项目的数量差异，是指燃料、动力、辅助材料等变动制造费用项目的实际消耗量偏离标准用量的差异。变动制造费用项目成本差异的计算和分析原理与直接材料和直接人工成本差异的计算和分析相同。

第二十五条 固定制造费用项目成本差异，是指固定制造费用项目实际成本与标准成本之间的差额。其计算公式如下：

固定制造费用项目成本差异=固定制造费用项目实际成本-固定制造费用项目标准成本

企业应根据固定制造费用项目的性质，分析差异的形成原因，并将之追溯至相关责任中心。

第二十六条 在成本差异的分析过程中，企业应关注各项成本差异的规模、趋势及其可控性。对于反复发生的大额差异，企业应进行重点分析与处理。

企业可将生成的成本差异信息汇总，定期形成标准成本差异分析报告，并针对性地提出成本改进措施。

第二十七条 为保证标准成本的科学性、合理性与可行性，企业应定期或不定期对标准成本进行修订与改进。

第二十八条 一般情况下，标准成本的修订工作由标准成本的制定机构负责。企业应至少每年对标准成本进行测试，通过编制成本差异分析表，确认是否存在因标准成本不准确而形成的成本差异。当该类差异较大时，企业应按照标准成本的制定程序，对标准成本进行调整。

除定期测试外，当外部市场、组织机构、技术水平、生产工艺、产品品种等内外部环境发生较大变化时，企业也应及时对标准成本进行调整。

第四章 工具方法评价

第二十九条 标准成本法的主要优点是：一是能及时反馈各成本项目不同性质的差异，有利于考核相关部门及人员的业绩；二是标准成本的制定及其差异和动因的信息可以使企业预算的编制更为科学和可行，有助于企业的经营决策。

第三十条 标准成本法的主要缺点是：一是要求企业产品的成本标准比较准确、稳定，在使用条件上存在一定的局限性，二是对标准管理水平较高，系统维护成本较高；三是标准成本需要根据市场价格波动频繁更新，导致成本差异可能缺乏可靠性，降低成本控制效果。

五、管理会计应用指引第 303 号——变动成本法

第一章 总 则

第一条 变动成本法，是指企业以成本性态分析为前提条件，仅将生产过程中消耗的变动生产成本作为产品成本的构成内容，而将固定生产成本和非生产成本作为期间成本，直接由当期收益予以补偿的一种成本管理方法。

成本性态，是指成本与业务量之间的相互依存关系。按照成本性态，成本可划分为固定成本、变动成本和混合成本。

固定成本，是指在一定范围内，其总额不随业务量变动而增减变动，但单位成本随业务量增加而相对减少的成本。

变动成本，是指在一定范围内，其总额随业务量变动发生相应的正比例变动，而单位成本保持不变的成本。

混合成本，是指总额随业务量变动但不成正比例变动的成本。

第二条 变动成本法通常用于分析各种产品的盈利能力，为正确制定经营决策、科学进行成本计划、成本控制和成本评价与考核等工作提供有用信息。

第三条 变动成本法一般适用于同时具备以下特征的企业：

（一）企业固定成本比重较大，当产品更新换代的速度较快时，分摊计入产品成本中的固定成本比重大，采用变动成本法可以正确反映产品盈利状况；

（二）企业规模大，产品或服务的种类多，固定成本分摊存在较大困难；

（三）企业作业保持相对稳定。

第二章　应用环境

第四条 企业应用变动成本法，应遵循《管理会计应用指引第300号——成本管理》中对应用环境的一般要求。

第五条 企业应用变动成本法所处的外部环境，一般应具备以下特点：

（一）市场竞争环境激烈，需要频繁进行短期经营决策。

（二）市场相对稳定，产品差异化程度不大，以利于企业进行价格等短期决策。

第六条 企业应保证成本基础信息记录完整，财务会计核算基础工作完善。

第七条　企业应建立较好的成本性态分析基础，具有划分固定成本与变动成本的科学标准，以及划分标准的使用流程与规范。

第八条　企业能够及时、全面、准确地收集与提供有关产量、成本、利润以及成本性态等方面的信息。

第三章　应用程序

第九条　企业应用变动成本法，一般按照成本性态分析、变动成本计算、损益计算等程序进行。

第十条　成本性态分析，是指企业基于成本与业务量之间的关系，运用技术方法，将业务范围内发生的成本分解为固定成本和变动成本的过程。

第十一条　混合成本的分解方法主要包括：高低点法、回归分析法、账户分析法（也称会计分析法）、技术测定法（也称工业工程法）、合同确认法，前两种方法需要借助数学方法进行分解，后三种方法可通过直接分析认定。

（一）高低点法：企业以过去某一会计期间的总成本和业务量资料为依据，从中选取业务量最高点和业务量最低点，将总成本进行分解，得出成本模型。计算公式如下：

单位变动成本＝最低点业务量－最高点业务量最低点业务量的成本－最高点业务量的成本

固定成本总额＝最高点业务量的成本－单位变动成本×最高点业务量

或：＝最低点业务量的成本－单位变动成本×最低点业务量

高低点法计算较为简单，但结果代表性较差。

（二）回归分析法：企业根据过去一定期间的业务量和混合成本的历史资料，应用最小二乘法原理，计算最能代表业务量与混合成本关系的回归直线，借以确定混合成本中固定成本和变动成本的方法。计算公式如下：

假设混合成本符合总成本模型，即：$Y=a+bX$　式中：a 为固定成本部分；b 为单位变动成本。

回归分析法的结果较为精确，但计算较为复杂。

（三）账户分析法：企业根据有关成本账户及其明细账的内容，结合其与产量的依存关系，判断其比较接近的成本类别，将其视为该类成本。

账户分析法较为简便易行，但比较粗糙且带有主观判断。

（四）技术测定法：企业根据生产过程中各种材料和人工成本消耗量的技术测定来划分固定成本和变动成本。

技术测定法仅适用于投入成本和产出数量之间有规律性联系的成本分解。

（五）合同确认法：企业根据订立的经济合同或协议中关于支付费用的规定，来确认并估算哪些项目属于变动成本，哪些项目属于固定成本。

合同确认法一般要配合账户分析法使用。

第十二条　在变动成本法下，为加强短期经营决策，按照成本性态，企业的生产成本分为变动生产成本和固定生产成本，非生产成本分为变动非生产成本和固定非生产成本。其中，只有变动生产成本才构成产品成本，其随产品实体的流动而流动，随产量变动而变动。

第十三条　在变动成本法下，利润的计算通常采用贡献式损益表。

该表一般应包括营业收入、变动成本、边际贡献、固定成本、利润等项目。其中，变动成本包括变动生产成本和变动非生产成本两部分，固定成本包括固定生产成本和固定非生产成本两部分。贡献式损益表中损益计算包括以下两个步骤：

（一）计算边际贡献总额；

$$边际贡献总额 = 营业收入总额 - 变动成本总额$$

$$= 销售单价 \times 销售量 - 单位变动成本 \times 销售量$$

$$= （销售单价 - 单位变动成本）\times 销售量$$

$$= 单位边际贡献 \times 销售量$$

（二）计算当期利润。

$$利润＝边际贡献总额－固定成本总额$$

第四章　工具方法评价

第十四条　变动成本法的主要优点是：一是区分固定成本与变动成本，有利于明确企业产品盈利能力和划分成本责任；二是保持利润与销售量增减相一致，促进以销定产；三是揭示了销售量、成本和利润之间的依存关系，使当期利润真正反映企业经营状况，有利于企业经营预测和决策。

第十五条　变动成本法的主要缺点是：一是计算的单位成本并不是完全成本，不能反映产品生产过程中发生的全部耗费；二是不能适应长期决策的需要。

六、管理会计应用指引第 304 号——作业成本法

第一章　总　　则

第一条　作业成本法，是指以"作业消耗资源、产出消耗作业"为原则，按照资源动因将资源费用追溯或分配至各项作业，计算出作业成本，然后再根据作业动因，将作业成本追溯或分配至各成本对象，最终完成成本计算的成本管理方法。

资源费用，是指企业在一定期间内开展经济活动所发生的各项资源耗费。资源费用既包括房屋及建筑物、设备、材料、商品等有形资源的耗费，也包括信息、知识产权、土地使用权等各种无形资源的耗费，还包括人力资源耗费以及其他各种税费支出等。

作业，是指企业基于特定目的重复执行的任务或活动，是连接资源和成本对象的桥梁。一项作业既可以是一项非常具体的任务或活动，也可以泛指一类任务或活动。

按消耗对象不同，作业可分为主要作业和次要作业。主要作业是被产品、服务或客户等最终成本对象消耗的作业。次要作业是被原材料、主要作业等介于中间地位的成本对象消耗的作业。

成本对象，是指企业追溯或分配资源费用、计算成本的对象物。成本对象可以是工艺、流程、零部件、产品、服务、分销渠道、客户、作业、作业链等需要计量和分配成本的项目。

成本动因，是指诱导成本发生的原因，是成本对象与其直接关联的作业和最终关联的资源之间的中介。按其在资源流动中所处的位置和作用，成本动因可分为资源动因和作业动因。

第二条 作业成本法的应用目标包括：

（一）通过追踪所有资源费用到作业，然后再到流程、产品、分销渠道或客户等成本对象，提供全口径、多维度的更加准确的成本信息；

（二）通过作业认定、成本动因分析以及对作业效率、质量和时间的计量，更真实地揭示资源、作业和成本之间的联动关系，为资源的合理配置以及作业、流程和作业链（或价值链）的持续优化提供依据；

（三）通过作业成本法提供的信息及其分析，为企业更有效地开展规划、决策、控制、评价等各种管理活动奠定坚实基础。

第三条 作业成本法一般适用于具备以下特征的企业：作业类型较多且作业链较长；同一生产线生产多种产品；企业规模较大且管理层对产品成本准确性要求较高；产品、客户和生产过程多样化程度较高；间接或辅助资源费用所占比重较大等。

第二章　应用环境

第四条 企业应用作业成本法，应遵循《管理会计应用指引第 300 号——成本管理》中对应用环境的一般要求。

第五条 企业应用作业成本法所处的外部环境，一般应具备以下特点之一：一是客户个性化需求较高，市场竞争激烈；二是产品的需求弹性较大，价格敏感度高。

第六条 企业应用作业成本法应基于作业观，即企业作为一个为最终满足客户需要而设计的一系列作业的集合体，进行业务组织和管理。

第七条 企业应成立由生产、技术、销售、财务、信息等部门的相关人员构成的设计和实施小组，负责作业成本系统的开发设计与组织实施工作。

第八条 企业应能够清晰地识别作业、作业链、资源动因和成本动因，为资源费用以及作业成本的追溯或分配提供合理的依据。

第九条 企业应拥有先进的计算机及网络技术，配备完善的信息系统，能够及时、准确提供各项资源、作业、成本动因等方面的信息。

第三章 应用程序

第十条 企业应用作业成本法，一般按照资源识别及资源费用的确认与计量、成本对象选择、作业认定、作业中心设计、资源动因选择与计量、作业成本汇集、作业动因选择与计量、作业成本分配、作业成本信息报告等程序进行。

第十一条 资源识别及资源费用的确认与计量，是指识别出由企业拥有或控制的所有资源，遵循国家统一的会计制度，合理选择会计政策，确认和计量全部资源费用，编制资源费用清单，为资源费用的追溯或分配奠定基础。

资源费用清单一般应分部门列示当期发生的所有资源费用，其内容要素一般包括发生部门、费用性质、所属类别、受益对象等。

第十二条 资源识别及资源费用的确认与计量应由企业的财务部门负责，在基础设施管理、人力资源管理、研究与开发、采购、生产、技术、营销、服务、信息等部门的配合下完成。

第十三条 在作业成本法下，企业应将当期所有的资源费用，遵循因果关系和受益原则，根据资源动因和作业动因，分项目经由作业追溯或分配至相关的成本对象，确定成本对象的成本。

企业应根据国家统一的会计制度，并考虑预算控制、成本管理、营运管理、业绩评价以及经济决策等方面的要求确定成本对象。

第十四条 作业认定，是指企业识别由间接或辅助资源执行的作业集，确认每一项作业完成的工作以及执行该作业所耗费的资源费用，并据以编制作业清单的过程。

第十五条 作业认定的内容主要包括对企业每项消耗资源的作业进行识别、定义和划分，确定每项作业在生产经营活动中的作用、同其他作业的区别以及每项作业与耗用资源之间的关系。

第十六条 作业认定一般包括以下两种形式：

（一）根据企业生产流程，自上而下进行分解。

（二）通过与企业每一部门负责人和一般员工进行交流，自下而上确定他们所做的工作，并逐一认定各项作业。

企业一般应将两种方式相结合，以保证全面、准确认定作业。

第十七条 作业认定的具体方法一般包括调查表法和座谈法。

调查表法，是指通过向企业全体员工发放调查表，并通过分析调查表来认定作业的方法。

座谈法，是指通过与企业员工的面对面交谈，来认定作业的方法。

企业一般应将两种方法相结合，以保证全面、准确认定全部作业。

第十八条 企业对认定的作业应加以分析和归类，按顺序列出作业清单或编制出作业字典。作业清单或作业字典一般应当包括作业名称、作业内容、作业类别、所属作业中心等内容。

第十九条 作业中心设计，是指企业将认定的所有作业按照一定的标准进行分类，形成不同的作业中心，作为资源费用追溯或分配对象的过程。

作业中心可以是某一项具体的作业，也可以是由若干个相互联系的能够实现某种特定功能的作业的集合。

第二十条 企业可按照受益对象、层次和重要性，将作业分为以下五类，并分别设计相应的作业中心：

（一）产量级作业，是指明确地为个别产品（或服务）实施的、使单个产品（或服务）受益的作业。

该类作业的数量与产品（或服务）的数量成正比例变动。包括产品加工、检验等。

（二）批别级作业，是指为一组（或一批）产品（或服务）实施的、使该组（或批）产品（或服务）受益的作业。

该类作业的发生是由生产的批量数而不是单个产品（或服务）引起的，其数量与产品（或服务）的批量数成正比变动。包括设备调试、生产准备等。

（三）品种级作业，是指为生产和销售某种产品（或服务）实施的、使该种产品（或服务）的每个单位都受益的作业。

该类作业用于产品（或服务）的生产或销售，但独立于实际产量或批量，其数量与品种的多少成正比例变动。包括新产品设计、现有产品质量与功能改进、生产流程监控、工艺变换需要的流程设计、产品广告等。

（四）客户级作业，是指为服务特定客户所实施的作业。

该类作业保证企业将产品（或服务）销售给个别客户，但作业本身与产品（或服务）数量独立。包括向个别客户提供的技术支持活动、咨询活动、独特包装等。

（五）设施级作业，是指为提供生产产品（或服务）的基本能力而实施的作业。

该类作业是开展业务的基本条件，其使所有产品（或服务）都受益，但与产量或销量无关。包括管理作业、针对企业整体的广告活动等。

第二十一条 资源动因是引起资源耗用的成本动因，它反映了资源耗用与作业量之间的因果关系。资源动因选择与计量为将各项资源费用归集到作业中心提供了依据。

第二十二条 企业应识别当期发生的每一项资源消耗，分析资源耗用与作业中心作业量之间的因果关系，选择并计量资源动因。

企业一般应选择那些与资源费用总额呈正比例关系变动的资源动因作为资源费用分配的依据。

第二十三条 作业成本归集，是指企业根据资源耗用与作业之间的因果关系，将所有的资源成本直接追溯或按资源动因分配至各作业中心，计算各作业总成本的过程。

第二十四条 作业成本汇集应遵循以下基本原则：

（一）对于为执行某种作业直接消耗的资源，应直接追溯至该作业中心；

（二）对于为执行两种或两种以上作业共同消耗的资源，应按照各作业中心的资源动因量比例分配至各作业中心。

第二十五条 为便于将资源费用直接追溯或分配至各作业中心，企业还可以按照资源与不同层次作业的关系，将资源分为如下五类：

（一）产量级资源。包括为单个产品（或服务）所取得的原材料、零部件、人工、能源等。

（二）批别级资源。包括用于生产准备、机器调试的人工等。

（三）品种级资源。包括为生产某一种产品（或服务）所需要的专用化设备、软件或人力等。

（四）顾客级资源。包括为服务特定客户所需要的专门化设备、软件和人力等。

（五）设施级资源。包括土地使用权、房屋及建筑物，以及所保持的不受产量、批别、产品、服务和客户变化影响的人力资源等。

对产量级资源费用，应直接追溯至各作业中心的产品等成本对象。对于其他级别的资源费用，应选择合理的资源动因，按照各作业中心的资源动因量比例，分配至各作业中心。

企业为执行每一种作业所消耗的资源费用的总和，构成该种作业的总成本。

第二十六条　作业动因是引起作业耗用的成本动因，反映了作业耗用与最终产出的因果关系，是将作业成本分配到流程、产品、分销渠道、客户等成本对象的依据。

第二十七条　当作业中心仅包含一种作业的情况下，所选择的作业动因应该是引起该作业耗用的成本动因；当作业中心由若干个作业集合而成的情况下，企业可采用回归分析法或分析判断法，分析比较各具体作业动因与该作业中心成本之间的相关关系，选择相关性最大的作业动因，即代表性作业动因，作为作业成本分配的基础。

第二十八条　作业动因需要在交易动因、持续时间动因和强度动因间进行选择。其中，交易动因，是指用执行频率或次数计量的成本动因，包括接受或发出订单数、处理收据数等；持续时间动因，是指用执行时间计量的成本动因，包括产品安装时间、检查小时等；强度动因，是指不易按照频率、次数或执行时间进行分配而需要直接衡量每次执行所需资源的成本动因，包括特别复杂产品的安装、质量检验等。

企业如果每次执行所需要的资源数量相同或接近，应选择交易动因；如果每次执行所需要的时间存在显著的不同，应选择持续时间动因；如果作业的执行比较特殊或复杂，应选择强度动因。

对于选择的作业动因，企业应采用相应的方法和手段进行计量，以取得作业动因量的可靠数据。

第二十九条　作业成本分配，是指企业将各作业中心的作业成本按作业动因分配至产品等成本对象，并结合直接追溯的资源费用，计算出各成本对象的总成本和单位成本的过程。

第三十条　作业成本分配一般按照以下两个程序进行：

（一）分配次要作业成本至主要作业，计算主要作业的总成本和单位成本。企业应按照各主要作业耗用每一次要作业的作业动因量，将次要作业的总成本分配至各主要作业，并结合直接追溯至次要作业的资源费用，计算各主要作业的总成本和单位成本。有关计算公式如下：

次要作业成本分配率＝次要作业总成本÷该作业动因总量

某主要作业分配的次要作业成本＝该主要作业耗用的次要作业动因量×该次要作业成本分配率

主要作业总成本＝直接追溯至该作业的资源费用＋分配至该主要作业的次要作业成本之和

主要作业单位成本＝主要作业总成本÷该主要作业动因总量

（二）分配主要作业成本至成本对象，计算各成本对象的总成本和单位成本。企业应按照各主要作业耗用每一次要作业的作业动因量，将次要作业成本分配至各主要作业，并结合直接追溯至成本对象的单位水平资源费用，计算各成本对象的总成本和单位成本。有关计算公式如下：

某成本对象分配的主要作业成本＝该成本对象耗用的主要作业成本动因量×主要作业单位成本

某成本对象总成本＝直接追溯至该成本对象的资源费用＋分配至该成本对象的主要作业成本之和

某成本对象单位成本＝该成本对象总成本÷该成本对象的产出量

第三十一条 作业成本信息报告的目的，是通过设计、编制和报送具有特定内容和格式要求的作业成本报表，向企业内部各有关部门和人员提供其所需要的作业成本及其他相关信息。

第三十二条 作业成本报表的内容和格式应根据企业内部管理需要确定。作业成本报表提供的信息一般应包括以下内容：

（一）企业拥有的资源及其分布以及当期发生的资源费用总额及其具体构成的信息；

（二）每一成本对象总成本、单位成本及其消耗的作业类型、数量及单位作业成本的信息，以及产品盈利性分析的信息；

（三）每一作业或作业中心的资源消耗及其数量、成本以及作业总成本与单位成本的信息；

（四）与资源成本分配所依据的资源动因以及作业成本分配所依据的作业动因相关的信息；

（五）资源费用、作业成本以及成本对象成本预算完成情况及其原因分析的信息；

（六）有助于作业、流程、作业链（或价值链）持续优化的作业效率、时间和质量等方面非财务信息；

（七）有助于促进客户价值创造的有关增值作业与非增值作业的成本信息及其他信息；

（八）有助于业绩评价与考核的作业成本信息及其他相关信息；

（九）上述各类信息的历史或同行业比较信息。

第四章　工具方法评价

第三十三条　作业成本法的主要优点是：一是能够提供更加准确的各维度成本信息，有助于企业提高产品定价、作业与流程改进、客户服务等决策的准确性；二是改善和强化成本控制，促进绩效管理的改进和完善；三是推进作业基础预算，提高作业、流程、作业链（或价值链）管理的能力。

第三十四条　作业成本法的主要缺点是：部分作业的识别、划分、合并与认定，成本动因的选择以及成本动因计量方法的选择等均存在较大的主观性，操作较为复杂，开发和维护费用较高。

第五节　营运管理

一、运营管理相关指引概述

运营管理是现代企业管理科学中最活跃的一个分支，也是新思想、新理论大量涌现的一个分支。通常，运营管理指对运营过程的计划、组织、实施和控制，是与产品生产和服务创造密切相关的各项管理工作的总称。

现代运营管理涵盖的范围越来越大。现代运营的范围已从传统的制造业企业扩大到非制造业。其研究内容也已不局限于生产过程的计划、组织与控制，而是扩大到包括运营战略的制定、运营系统设计以及运营系统运行等多个层次的内容。把运营战略、新产品开发、产品设计、采购供应、生产制造、产品配送直至售后服务看作一个完整的"价值链"，对其进行集成管理。

运营管理的对象是运营过程和运营系统。运营过程是一个投入、转换、产出的过程，是一个劳动过程或价值增值的过程，是运营的第一大对象，运营必须考虑如何对这样的生产运营活动进行计划、组织和控制。运营系统是指上述变换过程得以实现的手段。它的构成与变换过程中的物质转换过程和管理过程相对应，包括一个物质系统和一个管理系统。

现代管理理论认为，企业管理按职能分工，其中最基本的也是最主要的职能是财务会计、技术、生产运营、市场营销和人力资源管理。这五项职能既是独立的又是相互依赖的，正是这种相互依赖和配合才能实现企业的经营目标。企业的经营活动是这五大职能有机联系的一个循环往复的过程，企业为了达到自身的经营目的，上述五大职能缺一不可。

运营职能包括密切相关的一些活动，诸如预测、能力计划、进度安排、库存管理、质量管理、员工激励、设施选址等。

企业运营管理要控制的主要目标是质量、成本、时间和柔性。它们是企业竞争力的根本源泉。因此，运营管理在企业经营中具有重要的作用。特别是近二三十年来，现代企业的生产经营规模不断扩大，产品本身的技术和知识密集程度不断提高，产品的生产和服务过程日趋复杂，市场需求日益多样化、多变化，世界范围内的竞争日益激烈，这些因素使运营管理本身也在不断发生变化。尤其是近十几年来，随着信息技术突飞猛进的发展，为运营增添了新的有力手段，也使运营管理的研究进入了一个新阶段，使其内容更加丰富，范围更加扩大，体系更加完整。

本节涉及运营管理方面的指引包括《管理会计应用指引第 400 号——营运管理》、《管理会计应用指引第 401 号——本量利分析》、《管理会计应用指引第 402 号——敏感性分析》、《管理会计应用指引第 403 号——边际分析》和《管理会计应用指引第 404 号——约束资源优化》（征求意见稿）。

二、管理会计应用指引第 400 号——营运管理

第一章　总　则

第一条　为了促进企业加强营运管理，提高营运效率和质量，实现营运目标，根据《管理会计基本指引》，制定本指引。

第二条　营运管理，是指为了实现企业战略和营运目标，各级管理者通过计划、组织、指挥、协调、控制、激励等活动，实现对企业生产经营过程中的物料供应、产品生产和销售等环节的价值增值管理。

第三条　企业进行营运管理，应区分计划（Plan）、实施（Do）、检查（Check）、处理（Act）等四个阶段（简称 PDCA 管理原则），形成闭环管理，使营运管理工作更加条理化、系统化、科学化。

第四条　营运管理领域应用的管理会计工具方法，一般包括本量利分析、敏感性分析、边际分析和标杆管理等。

企业应根据自身业务特点和管理需要等，选择单独或综合运用营运管理工具方法，以更好地实现营运管理目标。

第五条　企业应用营运管理工具方法，一般按照营运计划的制定、营运计划的执行、营运计划的调整、营运监控分析与报告、营运绩效管理等程序进行。

第二章　应用环境

第六条　企业营运管理的应用环境包括组织架构、管理制度和流程、信息系统以及相关外部环境等。

第七条　为确保营运管理的有序开展，企业应建立健全营运管理组织架构，明确各管理层级或管理部门在营运管理中的职责，有效组织开展营运计划的制定审批、分解下达、执行监控、分析报告、绩效管理等日常营运管理工作。

第八条　企业应建立健全营运管理的制度体系，明确营运管理各环节的工作目标、职责分工、工作程序、工具方法、信息报告等内容。

第九条　企业应建立完整的业务信息系统，规范信息的收集、整理、传递和使用等，有效支持管理者决策。

第三章　营运计划的制定

第十条　营运计划，是指企业根据战略决策和营运目标的要求，从时间和空间上对营运过程中各种资源所做出的统筹安排，主要作用是分解营运目标，分配企业资源，安排营运过程中的各项活动。

第十一条　营运计划按计划的时间可分为长期营运计划、中期营运计划和短期营运计划；按计划的内容可分为销售、生产、供应、财务、人力资源、产品开发、技术改造和设备投资等营运计划。

第十二条　制定营运计划应当遵循以下原则：

（一）系统性原则。企业在制定计划时不仅应考虑营运的各个环节，还要从整个系统的角度出发，既要考虑大系统的利益，也要兼顾各个环节的利益。

（二）平衡性原则。企业应考虑内外部环境之间的矛盾，有效平衡可能对营运过程中的研发、生产、供应、销售等存在影响的各个方面，使其保持合理的比例关系。

（三）灵活性原则。企业应当充分考虑未来的不确定性，在制定计划时保持一定的灵活性和弹性。

第十三条　企业在制定营运计划时，应以战略目标和年度营运目标为指引，充分分析宏观经济形势、行业发展规律以及竞争对手情况等内外部环境变化，同时还应评估企业自身研发、生产、供应、销售等环节的营运能力，客观评估自身的优势和劣势以及面临的风险和机会等。

第十四条 企业在制定营运计划时，应开展营运预测，将其作为营运计划制定的基础和依据。

第十五条 营运预测，是指通过收集整理历史信息和实时信息，恰当运用科学预测方法，对未来经济活动可能产生的经济效益和发展趋势做出科学合理的预计和推测的过程。

第十六条 企业应用多种工具方法制定营运计划的，应根据自身实际情况，选择单独或综合应用预算管理领域、平衡计分卡、标杆管理等管理会计工具方法；同时，应充分应用本量利分析、敏感性分析、边际分析等管理会计工具方法，为营运计划的制定提供具体量化的数据分析，有效支持决策。

第十七条 企业应当科学合理地制定营运计划，充分考虑各层次营运目标、业务计划、管理指标等方面的内在逻辑联系，形成涵盖各价值链的、不同层次和不同领域的、业务与财务相结合的、短期与长期相结合的目标体系和行动计划。

第十八条 企业应采取自上而下、自下而上或上下结合的方式制定营运计划，充分调动全员积极性，通过沟通、讨论达成共识。

第十九条 企业应根据营运管理流程，对营运计划进行逐级审批。企业各部门应在已经审批通过的营运计划基础上，进一步制定各自的业务计划，并按流程履行审批程序。

第二十条 企业应对未来的不确定性进行充分的预估，在科学营运预测的基础上，制定多方案的备选营运计划，以应对未来不确定性带来的风险与挑战。

第四章　营运计划的执行

第二十一条　经审批的营运计划应以正式文件的形式下达执行。企业应逐级分解营运计划，按照横向到边、纵向到底的要求分解落实到各所属企业、部门、岗位或员工，确保营运计划得到充分落实。

第二十二条　经审批的营运计划应分解到季度、月度，形成月度的营运计划，逐月下达、执行。各企业应根据月度的营运计划组织开展各项营运活动。第二十三条企业应建立配套的监督控制机制，及时记录营运计划执行情况，进行差异分析与纠偏，持续优化业务流程，确保营运计划有效执行。

第二十四条　企业应在月度营运计划的基础上，开展月度、季度滚动预测，及时反映滚动营运计划所对应的实际营运状况，为企业资源配置的决策提供有效支持。

第五章　营运计划的调整

第二十五条　营运计划一旦批准下达，一般不予调整。宏观经济形势、市场竞争形势等发生重大变化，导致企业营运状况与预期出现较大偏差的，企业可以适时对营运计划做出调整，使营运目标更加切合实际。

第二十六条　企业在营运计划执行过程中，应关注和识别存在的各种不确定因素，分析和评估其对企业营运的影响，适时启动调整原计划的有关工作，确保企业营运目标更加切合实际，更合理地进行资源配置。

第二十七条　企业在做出营运计划调整决策时，应分析和评估营运计划调整方案对企业营运的影响，包括对短期的资源配置、营运成本、营运效益等的影响以及对长期战略的影响。

第二十八条　企业应建立营运计划调整的流程和机制，规范营运计划的调整。营运计划的调整应由具体执行的所属企业或部

门提出调整申请，经批准后下达正式文件。

第六章 营运监控分析与报告

第二十九条 为了强化营运监控，确保企业营运目标的顺利完成，企业应结合自身实际情况，按照日、周、月、季、年等频率建立营运监控体系；并按照 PDCA 管理原则，不断优化营运监控体系的各项机制，做好营运监控分析工作。

第三十条 企业的营运监控分析，是指以本期财务和管理指标为起点，通过指标分析查找异常，并进一步揭示差异所反映的营运缺陷，追踪缺陷成因，提出并落实改进措施，不断提高企业营运管理水平。

第三十一条 营运管理监控的基本任务是发现偏差、分析偏差和纠正偏差。

（一）发现偏差。企业通过各类手段和方法，分析营运计划的执行情况，发现计划执行中的问题。

（二）分析偏差。企业对营运计划执行过程中出现的问题和偏差原因进行研究，采取针对性的措施。

（三）纠正偏差。企业根据偏差产生的原因采取针对性的纠偏对策，使企业营运过程中的活动按既定的营运计划进行，或者按照本指引第五章对营运计划进行必要的调整。

第三十二条 企业营运监控分析应至少包括发展能力、盈利能力、偿债能力等方面的财务指标，以及生产能力、管理能力等方面的非财务内容，并根据所处行业的营运特点，通过趋势分析、对标分析等工具方法，建立完善营运监控分析指标体系。

第三十三条 企业营运分析的一般步骤包括：

（一）明确营运目的，确定有关营运活动的范围；

（二）全面收集有关营运活动的资料，进行分类整理；

（三）分析营运计划与执行的差异，追溯原因；

（四）根据差异分析采取恰当的措施，并进行分析和报告。

第三十四条 企业应将营运监控分析的对象、目的、程序、评价及改进建议形成书面分析报告。分析报告按照分析的范围及内容可以分为综合分析报告、专题分析报告和简要分析报告；按照分析的时间分为定期分析报告和不定期分析报告。

第三十五条 企业应建立预警、督办、跟踪等营运监控机制，及时对营运监控过程中发现的异常情况进行通报、预警，按照PDCA管理原则督促相关责任人将工作举措落实到位。

第三十六条 企业可以建立信息报送、收集、整理、分析、报告等日常管理机制，保证信息传递的及时性和可靠性；建立营运监控管理信息系统、营运监控信息报告体系等，保证营运监控分析工作的顺利开展。

第七章 营运绩效管理

第三十七条 企业可以开展营运绩效管理，激励员工为实现营运管理目标做出贡献。

第三十八条 企业可以建立营运绩效管理委员会、营运绩效管理办公室等不同层级的绩效管理组织，明确绩效管理流程和审批权限，制定绩效管理制度。

第三十九条 企业可以以营运计划为基础，制定绩效管理指标体系，明确绩效指标的定义、计算口径、统计范围、绩效目标、评价标准、评价周期、评价流程等内容，确保绩效指标具体、可衡量、可实现、相关以及具有明确期限。

第四十条 绩效管理指标应以企业营运管理指标为基础，做到无缝衔接、层层分解，确保企业营运目标的落实。

三、管理会计应用指引第 401 号——本量利分析

第一章 总 则

第一条 本量利分析，是指以成本性态分析和变动成本法为基础，运用数学模型和图式，对成本、利润、业务量与单价等因

素之间的依存关系进行分析，发现变动的规律性，为企业进行预测、决策、计划和控制等活动提供支持的一种方法。其中，"本"是指成本，包括固定成本和变动成本；"量"是指业务量，一般指销售量；"利"一般指营业利润。

第二条　本量利分析的基本公式如下：

$$营业利润=（单价-单位变动成本）×业务量-固定成本$$

第三条　本量利分析主要用于企业生产决策、成本决策和定价决策，也可以广泛地用于投融资决策等。

第四条　企业在营运计划的制定、调整以及营运监控分析等程序中通常会应用到本量利分析。

第五条　企业应用本量利分析，应遵循《管理会计应用指引第400号——营运管理》中对应用环境的一般要求。

第二章　应用程序

第六条　本量利分析方法通常包括盈亏平衡分析、目标利润分析、敏感性分析、边际分析等。

第七条　盈亏平衡分析（也称保本分析），是指分析、测定盈亏平衡点，以及有关因素变动对盈亏平衡点的影响等，是本量利分析的核心内容。盈亏平衡分析的原理是，通过计算企业在利润为零时处于盈亏平衡的业务量，分析项目对市场需求变化的适应能力等。

盈亏平衡分析包括单一产品的盈亏平衡分析和产品组合的盈亏平衡分析。

第八条　单一产品的盈亏平衡分析通常采用以下方法：

（一）公式法

$$盈亏平衡点的业务量=固定成本÷（单价-单位变动成本）$$
$$盈亏平衡点的销售额=单价×盈亏平衡点的业务量$$
$$或盈亏平衡点的销售额=固定成本÷（1-变动成本率）$$
$$或盈亏平衡点的销售额=固定成本÷边际贡献率$$
$$边际贡献率=1-变动成本率$$

企业的业务量等于盈亏平衡点的业务量时，企业处于保本状态；企业的业务量高于盈亏平衡点的业务量时，企业处于盈利状态，企业的业务量低于盈亏平衡点的业务量时，企业处于亏损状态。

（二）图示法

企业可以使用本量利关系图进行分析。本量利关系图按照数据的特征和目的分类，可以分为传统式、贡献毛益式和利量式三种图形（具体的图示法分析见本节附录）。

第九条 产品组合的盈亏平衡分析通常采用以下方法：

产品组合的盈亏平衡分析是在掌握每种单一产品的边际贡献率的基础上，按各种产品销售额的比重进行加权平均，据以计算综合边际贡献率，从而确定多产品组合的盈亏平衡点。

某种产品的销售额权重＝该产品的销售额÷各种产品的销售额合计

盈亏平衡点的销售额＝固定成本÷（1－综合变动成本率）

或盈亏平衡点的销售额＝固定成本÷综合边际贡献率

综合边际贡献率＝1－综合变动成本率

企业销售额高于盈亏平衡点时，企业处于盈利状态；企业销售额低于盈亏平衡点时，企业处于亏损状态。企业通常运用产品组合的盈亏平衡点分析优化产品组合，提高获利水平。

第十条 目标利润分析是在本量利分析方法的基础上，计算为达到目标利润所需达到的业务量、收入和成本的一种利润规划方法，该方法应反映市场的变化趋势、企业战略规划目标以及管理层需求等。

目标利润分析包括单一产品的目标利润分析和产品组合的目标利润分析。单一产品的目标利润分析重在分析每个要素的重要性。产品组合的目标利润分析重在优化企业产品组合。

第十一条 企业应结合市场情况、宏观经济背景、行业发展规划以及企业的战略发展规划等确定目标利润。

第十二条 企业要实现目标利润，在假定其他因素不变时，通常应提高销售数量或销售价格，降低固定成本或单位变动成本。单一产品的目标利润分析公式如下：

实现目标利润的业务量＝（目标利润+固定成本）÷（单价-单位变动成本）

实现目标利润的销售额＝单价×实现目标利润的业务量

或实现目标利润的销售额＝（目标利润+固定成本）÷边际贡献率

企业在应用该工具方法进行如何提高销售量的策略分析时，可以根据市场情况的变化对销售价格进行调整，降价通常可能促进销售量的增加，提价通常可能使销售量下降；在市场需求极为旺盛的情况下，可以通过增加固定成本支出（如广告费、租赁设备等）、扩大生产能力来扩大销售量。

第十三条　产品组合的目标利润分析通常采用以下方法：

在单一产品的目标利润分析基础上，依据分析结果进行优化调整，寻找最优的产品组合。基本分析公式如下：

实现目标利润的销售额＝（综合目标利润+固定成本）÷（1-综合变动成本率）

实现目标利润率的销售额＝固定成本÷（1-综合变动成本率-综合目标利润率）

企业在应用该工具方法进行优化产品产量结构的策略分析时，在既定的生产能力基础上，可以提高具有较高边际贡献率的产品的产量。

第十四条　敏感性分析参见《管理会计应用指引第402号——敏感性分析》。第十五条　边际分析参见《管理会计应用指引第403号——边际分析》。

第三章　工具方法评价

第十六条　本量利分析的主要优点是：可以广泛应用于规划企业经济活动和营运决策等方面，简便易行、通俗易懂和容易掌握。

第十七条　本量利分析的主要缺点是：仅考虑单因素变化的影响，是一种静态分析方法，且对成本性态较为依赖。

四、管理会计应用指引第 402 号——敏感性分析

第一章 总 则

第一条 敏感性分析，是指对影响目标实现的因素变化进行量化分析，以确定各因素变化对实现目标的影响及其敏感程度。

敏感性分析可以分为单因素敏感性分析和多因素敏感性分析。

第二条 敏感性分析具有广泛适用性，有助于识别、控制和防范短期营运决策、长期投资决策等相关风险，也可以用于一般经营分析。

第三条 企业在营运计划的制定、调整以及营运监控分析等程序中通常会应用到敏感性分析，敏感性分析也常用于长期投资决策等。

第四条 企业应用敏感性分析，应遵循《管理会计应用指引第 400 号——营运管理》中对应用环境的一般要求。

第二章 在短期营运决策中的应用程序

第五条 短期营运决策中的敏感性分析主要应用于目标利润规划。

第六条 短期营运决策中的敏感性分析的应用程序一般包括确定短期营运决策目标、根据决策环境确定决策目标的基准值、分析确定影响决策目标的各种因素、计算敏感系数、根据敏感系数对各因素进行排序等程序。

第七条 在利润规划敏感性分析中，利润规划的决策目标是利润最大化，有关公式如下：

利润＝销售量×（单价−单位变动成本）−固定成本总额

第八条 在确定利润基准值时，企业通常根据正常状态下的产品销售量、定价和成本状况，使用本量利公式测算目标利润基准值。

第九条 企业根据本量利公式分析和识别影响利润基准值的

因素，包括销售量、单价、单位变动成本和固定成本。

企业在进行敏感性分析时，可视具体情况和以往经验选取对利润基准值影响较大的因素进行分析。

第十条　企业在进行因素分析时，通过计算各因素的敏感系数，衡量因素变动对决策目标基准值的影响程度。企业可以进行单因素敏感性分析或多因素敏感性分析。

第十一条　单因素敏感性分析，是指每次只变动一个因素而其他因素保持不变时所做的敏感性分析。敏感系数反映的是某一因素值变动对目标值变动的影响程度，有关公式如下：

某因素敏感系数＝目标值变动百分比÷因素值变动百分比

在目标利润规划中，目标值为目标利润，变动因素为销售量、单价、单位变动成本和固定成本。敏感系数的绝对值越大，该因素越敏感。

第十二条　多因素敏感性分析，是指假定其它因素不变时，分析两种或两种以上不确定性因素同时变化对目标的影响程度所做的敏感性分析。

企业在进行目标利润规划时，通常以利润基准值为基础，测算销售量、单价、单位变动成本和固定成本中两个或两个以上的因素同时发生变动时，对利润基准值的影响程度。

第十三条　企业应根据敏感系数绝对值的大小对其进行排序，按照有关因素的敏感程度优化规划和决策。

有关因素只要有较小幅度变动就会引起利润较大幅度变动的，属于敏感性因素；有关因素虽有较大幅度变动但对利润影响不大的，属于弱敏感性因素。

在短期利润规划决策中，销售量、单价、单位变动成本和固定成本都会对利润产生影响，应重点关注敏感性因素，及时采取措施，加强控制敏感性因素，确保利润规划的完成。

第十四条　在对利润规划进行敏感性分析时，企业应确定导致盈利转为亏损的有关变量的临界值，即确定销售量和单价的最小允许值、单位变动成本和固定成本的最大允许值，有关公式如下：

$$销售量的最小允许值＝固定成本÷（单价－单位变动成本）$$

$$单价的最小允许值＝（单位变动成本×销售量＋固定成本）÷销售量$$

$$单位变动成本的最大允许值＝（单价×销售量－固定成本）÷销售量$$

$$固定成本的最大允许值＝（单价－单位变动成本）×销售量$$

第三章　在长期投资决策中的应用程序

第十五条　长期投资决策中的敏感性分析，是指通过衡量投资方案中某个因素的变动对该方案预期结果的影响程度，做出对项目投资决策的可行性评价。

第十六条　长期投资决策敏感性分析的一般步骤参考本指引第六条。

第十七条　长期投资决策模型中决策目标的基准值通常包括净现值、内含报酬率、投资回收期、现值指数等。

企业通常需要结合行业和项目特点，参考类似投资的经验，对决策目标基准值的影响因素进行识别和选取。决策目标基准值的影响因素通常包括项目的期限、现金流和折现率。

第十八条　长期投资决策中的敏感性分析，通常分析项目期限、折现率和现金流量等变量的变化对投资方案的净现值、内含报酬率等产生的影响。

第十九条　以净现值为目标值进行敏感性分析的，可以计算投资期内的年现金净流量、有效使用年限和折现率的变动对净现值的影响程度；也可以计算净现值为零时的年现金净流量和有效使用年限的下限。

第二十条　以内含报酬率为基准值进行敏感性分析，可以计算投资期内的年现金净流量和有效使用年限变动对内含报酬率的影响程度。

第四章　工具方法评价

第二十一条　敏感性分析的主要优点是：方法简单易行，分析结果易于理解，能为企业的规划、控制和决策提供参考。

第二十二条　敏感性分析的主要缺点是：对决策模型和预测数据具有依赖性，决策模型的可靠程度和数据的合理性，会影响敏感性分析的可靠性。

五、管理会计应用指引第403号——边际分析

第一章　总　则

第一条　边际分析，是指分析某可变因素的变动引起其他相关可变因素变动的程度的方法，以评价既定产品或项目的获利水平，判断盈亏临界点，提示营运风险，支持营运决策。

第二条　企业在营运管理中，通常在进行本量利分析、敏感性分析的同时运用边际分析工具方法。

第三条　企业在营运计划的制定、调整以及营运监控分析等程序中通常会应用到边际分析。

第四条　企业应用边际分析，应遵循《管理会计应用指引第400号——营运管理》中对应用环境的一般要求。

第二章　应用程序

第五条　边际分析工具方法主要有边际贡献分析、安全边际分析等。

第六条　边际贡献分析，是指通过分析销售收入减去变动成本总额之后的差额，衡量产品为企业贡献利润的能力。边际贡献分析主要包括边际贡献和边际贡献率两个指标。

边际贡献总额是产品的销售收入扣除变动成本总额后给企业带来的贡献，进一步扣除企业的固定成本总额后，剩余部分就是企业的利润，相关计算公式如下：

$$边际贡献总额＝销售收入－变动成本总额$$
$$单位边际贡献＝单价－单位变动成本$$

边际贡献率，是指边际贡献在销售收入中所占的百分比，表示每1元销售收入中边际贡献所占的比重。

$$边际贡献率＝边际贡献÷销售收入×100\%$$
$$＝单位边际贡献÷单价×100\%$$

第七条 企业面临资源约束，需要对多个产品线或多种产品进行优化决策或对多种待选新产品进行投产决策的，可以通过计算边际贡献以及边际贡献率，评价待选产品的盈利性，优化产品组合。

第八条 企业进行单一产品决策时，评价标准如下：

当边际贡献总额大于固定成本时，利润大于0，表明企业盈利；

当边际贡献总额小于固定成本时，利润小于0，表明企业亏损；

当边际贡献总额等于固定成本时，利润等于0，表明企业保本。

第九条 当进行多产品决策时，边际贡献与变动成本之间存在如下关系：

$$综合边际贡献率＝1－综合变动成本率$$

综合边际贡献率反映了多产品组合给企业做出贡献的能力，该指标通常越大越好。

第十条 企业可以通过边际分析对现有产品组合进行有关优化决策，如计算现有各条产品线或各种产品的边际贡献并进行比较，增加边际贡献或边际贡献率高的产品组合，减少边际贡献或边际贡献率低的产品组合。

第十一条 安全边际分析，是指通过分析正常销售额超过盈亏临界点销售额的差额，衡量企业在保本的前提下，能够承受因销售额下降带来的不利影响的程度和企业抵御营运风险的能力。安全边际分析主要包括安全边际和安全边际率两个指标。

安全边际，是指实际销售量或预期销售量超过盈亏平衡点销售量的差额，体现企业营运的安全程度。有关公式如下：

$$安全边际＝实际销售量或预期销售量－保本点销售量$$

安全边际率，是指安全边际与实际销售量或预期销售量的比值，公式如下：

$$安全边际率＝安全边际÷实际销售量或预期销售量×100\%$$

第十二条　安全边际主要用于衡量企业承受营运风险的能力，尤其是销售量下降时承受风险的能力，也可以用于盈利预测。安全边际或安全边际率的数值越大，企业发生亏损的可能性越小，抵御营运风险的能力越强，盈利能力越大。

第三章　工具方法评价

第十三条　边际分析方法的主要优点是：可有效地分析业务量、变动成本和利润之间的关系，通过定量分析，直观地反映企业营运风险，促进提高企业营运效益。

第十四条　边际分析方法的主要缺点是：决策变量与相关结果之间关系较为复杂，所选取的变量直接影响边际分析的实际应用效果。

六、管理会计应用指引第 404 号——约束资源优化（征求意见稿）

第一章　总　则

第一条　约束资源优化，是指识别出制约企业实现生产目标的瓶颈资源，如流动资金、原材料、劳动力、技术等要素及要素投入的时间安排等，对其进行优化改善并对其他资源进行相应调整，以优化企业资源配置、提高企业资源使用效率的方法。

约束资源，是指企业拥有的实际资源能力小于需要的资源能力的资源。

第二条　约束资源优化一般适用于企业的营运管理等领域。

第二章 应用环境

第三条 企业应用约束资源优化工具方法，应遵循《管理会计应用指引第 400 号——营运管理》中对应用环境的一般要求。

第四条 企业应用约束资源优化工具方法，约束资源的缺口应相对稳定。

第五条 企业应用约束资源优化工具方法，应确保相关数据的完整性及可获取性，如产品设计数据、存货周转率、资本成本等，必要时应有信息技术的支持。

第三章 应用程序

第六条 企业应用约束资源优化工具方法，一般按照识别约束资源、寻找突破方法、协同非约束资源、实施不断改进等程序进行。

第七条 企业应用约束资源优化工具方法，应识别出管理过程中制约既定目标实现的约束资源。在约束资源不容易通过定量方法认定的情况下，可以通过内部评审法、专家评价法等，识别出管理过程中的约束资源。

内部评审法，是指通过企业内部组织开展评议、审查，识别约束资源以实现企业管理目标的方法。通常情况下，企业应组建满足约束资源识别所需的、由财务部门和生产部门等相关人员组成的内部评审小组或类似评审组织，通过开展集中研讨等方式，识别出管理过程中的约束资源。

专家评价法，是指利用专家的经验、知识等进行约束资源识别的经验判断方法。通常情况下，对于企业既定目标的实现形成重大制约影响的约束资源，可以通过组织行业内外部专家进行综合评判。

第八条 在约束资源识别的基础上，企业应比较约束资源的资源能力差距，搜集约束资源的相关数据和信息，系统性分析约束资源形成的原因和涉及的实施责任主体，制定约束资源优化的实施方案，确保实现约束资源的资源能力提升。

（一）当流动资金是约束资源时，通常可以采取企业资金内部调剂、缩短应收账款回收周期、延迟付款周期等方法来消除资金瓶颈，也可以通过外部融资扩大企业的资金来源，如债务融资、权益融资等。

（二）当原材料是约束资源时，通常可通过设置库存缓冲，以确保原材料的及时供应和充分利用。

（四）当劳动力是约束资源时，通常可以采取增加劳动力、其他岗位借调等方法来消除劳动力瓶颈。

（五）当技术是约束资源时，通常可以采取技术改进、引进新技术等方法来消除技术瓶颈。

（六）当要素投入的时间是约束资源时，通常应在明确各项作业的关键路线和关键工序的基础上，利用时间缓冲进行优化，重新安排各项作业的工作流程，同时增加质检，以确保约束资源不受影响。

第九条 企业应根据约束资源优化的解决方法和解决方案，重新安排相关非约束资源和相关活动，确保相关非约束资源的协同利用。

通常情况下，企业需要根据约束资源的运作节奏，调整和改变原有的管理政策和相关非约束资源的配置，利用倒排的方法对相关非约束资源进行调整，确保相关非约束资源的运作与约束资源同步，实现各个环节的衔接，协调整个管理流程。

第十条 企业应评价并确认原有约束资源的资源能力得到提升，确保原有约束资源不再制约企业实现既定目标，重新梳理各项作业流程，识别新的约束资源，寻找相应的突破方法，进一步实现资源优化配置。

第四章　工具方法评价

第十一条　约束资源优化的主要优点：促进企业不断地发现、分析和解决企业发展的关键瓶颈，提高企业资源配置效率。

第十二条　约束资源优化的主要缺点：一是多部门协同沟通难度大，难以持续实施；二是多个责任主体，责任界定不明确；三是对相关数据的量化要求较高。

本节附录：

本量利关系图指标计算说明

1. 传统式本量利关系图是最基本、最常见的本量利关系图形（见图3-1）。绘制方法如下：

（1）在直角坐标系中，以横轴表示销售量，以纵轴表示成本或销售收入。

（2）在纵轴上找出固定成本数值，即以（0，固定成本数值）为起点，绘制一条与横轴平行的固定成本线。

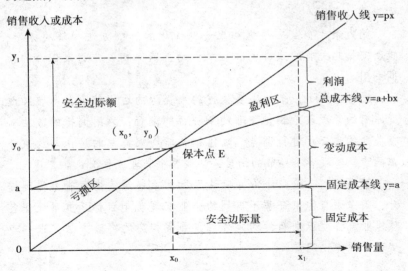

图 3-1　传统式本量利关系图

（3）以（0，固定成本数值）为起点，以单位变动成本为斜率，绘制总成本线。

（4）以坐标原点（0，0）为起点，以销售单价为斜率，绘制销售收入线。

（5）总成本线和销售收入线的交点就是盈亏临界点销售量。

2. 贡献毛益式本量利关系图是将固定成本置于变动成本之上，能够反映贡献毛益形成过程的图形（见图 3-2）。绘制方法如下：

（1）在直角坐标系中，以横轴表示销售量，以纵轴表示成本或销售收入。

（2）从原点出发分别绘制销售收入线和变动成本线.

（3）以纵轴上的（0，固定成本数值）点为起点绘制一条与变动成本线平行的总成本线。

（4）总成本线和销售收入线的交点就是盈亏临界点销售量。

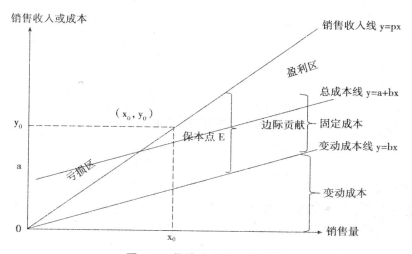

图 3-2　传统式本量利关系图

3. 利量式本量利关系图是反映利润与销售量之间依存关系的图形（见图 3-3）。绘制方法如下：

（1）在直角坐标系中，以横轴代表销售量，以纵轴代表利润

（或亏损）。

（2）在纵轴原点以下部分找到与固定成本总额相等的点（0，固定成本数值），该点表示销售量等于零时，亏损额等于固定成本；从点（0，固定成本数值）出发画出利润线，该线的斜率是企业贡献毛益。

（3）利润线与横轴的交点即为盈亏临界点销售量。

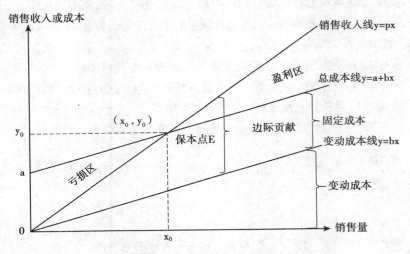

图 3—3 传统式本量利关系图

第六节 投融资管理

一、投融资管理相关指引概述

投资与融资是管理会计常见的应用领域之一，投融资管理主要是指在资金资源配置过程中，投融资的决策方式、投资筹措方式和投资使用方式等一系列活动的总称，它是投融资活动的具体体现。

（一）投资决策概述

1. 投资决策的重要性

投资是企业使用资本的过程。企业只有通过投资，才能为股东或其他利益相关者创造价值。企业的投资可以从不同的角度进行分类，如证券投资、实物投资、短期投资、长期投资等。公司财务学中所说的企业投资管理，一般指对时限较长的、金额较大、对企业的经营与发展有重大影响的特定项目的分析、评估与决策过程，亦称"资本预算"。投资决策在公司财务管理中占有非常重要的地位。

（1）企业的价值取决于未来现金流量的折现值。而企业的资本预算在一定程度上决定了企业未来的现金流量，也就决定了企业的价值。

（2）资本预算将企业的战略明确化、具体化。如是否研究和开发新的产品与服务、是否进行市场开拓方面的一些资本性活动等决策都要依靠资本预算。重大投资决策的失误，将会使企业遭受重大的经济损失，甚至走向万劫不复之路。

（3）投资决策一般都是企业战略性的、重大的经营活动的调整或加强，投资项目一般也会持续很多年，重大项目的投资在不同程度上减弱了企业的财务弹性，影响到企业的融资决策。

2. 投资决策的步骤

企业建设项目投资是一项十分复杂的系统工程，涵盖了企业的市场、技术、经济、生产、研发、财务和社会等各个方面，投资的前期管理工作是投资决策关键性环节。一般而言，投资决策流程需要经历如下程序：

（1）进行企业内外环境分析。具体包括宏观环境分析、行业环境和企业内部条件分析。

（2）识别投资机会，形成投资方案。通过甄别投资方向，确定投资类别，权衡企业的必要投资、替代投资、扩张投资及多元化投资。

（3）估算投资方案的现金流量和各种价值指标（如 NPV、IRR、PI 和投资回报率等）。

（4）进行指标分析，选择投资方案。

（5）严格投资过程管理，动态评估投资风险。主要包括立项审批、招投标管理、合同管理、监督跟踪、项目负责制和风险控制。

（6）评估投资效果，进行项目后评价。完成竣工验收、决策审计和项目后评价工作，落实决策留痕和责任追究制度。

3. 投资项目的类别

（1）企业的投资项目一般分类。

①独立项目：指某项目的接受或者放弃并不影响其他项目的考虑与选择。如某 IT 企业欲购买一套 ERP 管理软件，同时还要添置一条 PC 生产线。这两个项目就是独立项目。若无资金限制，只要项目达到决策的标准，则两个项目均可采纳。

②互斥项目：指某一项目一经接受，就排除了采纳另一项目或其他项目的可能性。如上述 IT 企业在购置 PC 生产线时，到底是采购美国、日本生产的设备，还是德国生产的设备？若通过方案比较，决定购买美国的生产设备时，就排除了从其他国家采购生产线的可能性。

③依存项目：指某一项目的选择与否取决于公司对其他项目的决策。例如，某企业决定在外地开设子公司或分部，这就是需要考虑到生产线的购置、人员的招聘、研究与开发的安排等其他诸多项目。在决策依存项目时，公司需要对各关联项目进行统一考虑，并进行单独的评估。

（2）根据企业进行项目投资的原因，可以把投资项目分为以下几类：

①固定资产投资项目：为建造、购买或更新经营性和非经营性建筑物、仪器设备、运输工具等所进行的投资。

②研发投资项目：为研究和开发新产品、新服务产生的各项费用支出。

③其他投资项目：包括小型技改措施、信息化建设、节能环保、消防保卫等方面和投资。

（二）融资决策概述

融资战略，是指企业为满足投资所需资本、配置财务资源并有效控制财务风险而对融资所进行的未来筹划及相关制度安排。企业融资决策与管理的重点在于明确融资决策权限与程序、规划融资规模、规划资本结构及控制融资风险、灵活使用各种融资方式等。

1. 融资渠道与融资方式

融资渠道，是指资本的来源或通道，如国家财政资金、银行信贷资金、非银行金融机构资金、个人闲置资金、企业自有资金、境外资金等，它从资本供应方角度以明确资本的真正来源。随着金融改革深化和资本市场发展完善，金融机构信贷资金、资本市场所集聚的社会资本等已成为企业融资的重要来源。

融资方式是企业融入资本所采用的具体形式，如吸收直接投资、发行股票、发行债券、银行借款、融资租赁、信托融资等多种形式，它是从资本需求方角度以明确企业取得资本的具体行为和方式。

2. 融资规划与企业增长管理

从企业发展角度，没有投资及经营增长就没有融资需要。企业融资战略要求实施融资规划，以使其与企业投资战略、财务风险控制及可持续增长目标等相匹配。

融资规划有长、短期之分。长期融资规划是指在企业战略引导下，结合未来盈利及价值增值目标、投资需求拉动、财务资源可得性及财务风险考量等多种因素，对未来中长期融资量需要量、融资时机、融资方式等进行预判与筹划。短期融资规划是指为满足未来年度经营与投资增长需求而对企业外部融资需要量进行估计与规划。

本节涉及投融资管理方面的指引包括《管理会计应用指引第500号——投融资管理》、《管理会计应用指引第501号——贴现现金流法》、《管理会计应用指引第502号——项目管理》和《管理会计应用指引第 503 号——情景分析》（征求意见稿）。

二、管理会计应用指引第 500 号——投融资管理

第一章　总　则

第一条　为了促进企业加强投融资管理，健全投融资决策机制，降低投融资风险，提高投资效益，根据《管理会计基本指引》，制定本指引。

第二条　投融资管理包括投资管理和融资管理。

投资管理，是指企业根据自身战略发展规划，以企业价值最大化为目标，对将资金投入营运进行的管理活动。

融资管理，是指企业为实现既定的战略目标，在风险匹配的原则下，对通过一定的融资方式和渠道筹集资金进行的管理活动。

企业融资的规模、期限、结构等应与经营活动、投资活动等的需要相匹配。

第三条　企业进行投融资管理，一般应遵循以下原则：

（一）价值创造原则。投融资管理应以持续创造企业价值为核心。

（二）战略导向原则。投融资管理应符合企业发展战略与规划，与企业战略布局和结构调整方向相一致。

（三）风险匹配原则。投融资管理应确保投融资对象的风险状况与企业的风险综合承受能力相匹配。

第四条　投融资管理领域应用的管理会计工具方法，一般包括贴现现金流法、项目管理、情景分析、约束资源优化等。

第二章　投资管理程序

第五条　企业应建立健全投资管理的制度体系，根据组织架构特点，设置能够满足投资管理活动所需的，由业务、财务、法律及审计等相关人员组成的投资委员会或类似决策机构，对重大投资事项和投资制度建设等进行审核，有条件的企业可以设置投

资管理机构，组织开展投资管理工作。

第六条　企业应用投资管理工具方法，一般按照制定投资计划、进行可行性分析、实施过程控制和投资后评价等程序进行。

第七条　企业投资管理机构应根据战略需要，定期编制中长期投资规划，并据此编制年度投资计划。

（一）中长期投资规划一般应明确指导思想、战略目标、投资规模、投资结构等。

（二）年度投资计划一般包括编制依据、年度投资任务、年度投资任务执行计划、投资项目的类别及名称、各项目投资额的估算及资金来源构成等，并纳入企业预算管理。

第八条　投资可行性分析的内容一般包括该投资在技术和经济上的可行性、可能产生的经济效益和社会效益、可以预测的投资风险、投资落实的各项保障条件等。

第九条　企业进行投资管理，应当将投资控制贯穿于投资的实施全过程。投资控制的主要内容一般包括进度控制、财务控制、变更控制等。

进度控制，是指对投资实际执行进度方面的规范与控制，主要由投资执行部门负责。

财务控制，是指对投资过程中资金使用、成本控制等方面的规范与控制，主要由财务部门负责。

变更控制，是指对投资变更方面的规范与控制，主要由投资管理部门负责。

第十条　投资项目实施完成后，企业应对照项目可行性分析和投资计划组织开展投资后评价。投资后评价的主要内容一般包括投资过程回顾、投资绩效和影响评价、投资目标实现程度和持续能力评价、经验教训和对策建议等。

第十一条　投资报告应根据投资管理的情况和执行结果编制，反映企业投资管理的实施情况。投资报告主要包括以下两部分内容：

（一）投资管理的情况说明，一般包括投资对象、投资额度、投资结构、投资风险、投资进度、投资效益及需要说明的其他重大事项等；

（二）投资管理建议，可以根据需要以附件形式提供支持性文档。

第十二条 投资报告是重要的管理会计报告，应确保内容真实、数据可靠、分析客观、结论清楚，为报告使用者提供满足决策需要的信息。

第十三条 企业可定期编制投资报告，反映一定期间内投资管理的总体情况，一般至少应于每个会计年度编制一份；也可根据需要编制不定期投资报告，主要用于反映重要项目节点、特殊事项和特定项目的投资管理情况。

第十四条 企业应及时进行回顾和分析，检查和评估投资管理的实施效果，不断优化投资管理流程，改进投资管理工作。

第三章 融资管理程序

第十五条 企业应建立健全融资管理的制度体系，融资管理一般采取审批制。

企业应设置满足融资管理所需的，由业务、财务、法律及审计等相关人员组成的融资委员会或类似决策机构，对重大融资事项和融资管理制度等进行审批，并设置专门归口管理部门牵头负责融资管理工作。

第十六条 企业应用融资管理工具方法，一般按照融资计划制定、融资决策分析、融资方案的实施与调整、融资管理分析等程序进行。

第十七条 企业对融资安排应实行年度统筹、季度平衡、月度执行的管理方式，根据战略需要、业务计划和经营状况，预测现金流量，统筹各项收支，编制年度融资计划，并据此分解至季度和月度融资计划。必要时根据特定项目的需要，编制专项融资计划。

年度融资计划的内容一般包括编制依据、融资规模、融资方式、资本成本等；季度和月度融资计划的内容一般包括年度经营计划、企业经营情况和项目进展水平、资金周转水平、融资方式、资本成本等。企业融资计划可作为预算管理的一部分，纳入企业预算管理。

第十八条　企业应根据融资决策分析的结果编制融资方案，融资决策分析的内容一般包括资本结构、资本成本、融资用途、融资规模、融资方式、融资机构的选择依据、偿付能力、融资潜在风险和应对措施、还款计划等。

第十九条　融资方案经审批通过后，进入实施阶段，一般由归口管理部门具体负责落实。如果融资活动受阻或者融资量无法达到融资需求目标，归口管理部门应及时对融资方案进行调整，数额较大时应按照融资管理程序重新报请融资委员会或类似决策机构审批。

第二十条　企业融资完成后，应对融资进行统一管理，必要时应建立融资管理台账。企业应定期进行融资管理分析，内容一般包括还款计划、还款期限、资本成本、偿付能力、融资潜在风险和应对措施等。还款计划应纳入预算管理，以确保按期偿还融资。

第二十一条　融资报告应根据融资管理的执行结果编制，反映企业融资管理的情况和执行结果。融资报告主要包括以下两部分内容：

（一）融资管理的情况说明，一般包括融资需求测算、融资渠道、融资方式、融资成本、融资程序、融资风险及应对措施、需要说明的重大事项等；

（二）融资管理建议，可以根据需要以附件形式提供支持性文档。

第二十二条　融资报告是重要的管理会计报告，应确保内容真实、数据可靠、分析客观、结论清楚，为报告使用者提供满足决策需要的信息。

第二十三条 企业可定期编制融资报告，反映一定期间内融资管理的总体情况，一般至少应于每个会计年度出具一份；也可根据需要编制不定期报告，主要用于反映特殊事项和特定项目的融资管理情况。

第二十四条 企业应及时进行融资管理回顾和分析，检查和评估融资管理的实施效果，不断优化融资管理流程，改进融资管理工作。

三、管理会计应用指引第 501 号——贴现现金流法

第一章 总 则

第一条 贴现现金流法，是以明确的假设为基础，选择恰当的贴现率对预期的各期现金流入、流出进行贴现，通过贴现值的计算和比较，为财务合理性提供判断依据的价值评估方法。

第二条 贴现现金流法一般适用于在企业日常经营过程中，与投融资管理相关的资产价值评估、企业价值评估和项目投资决策等。

贴现现金流法也适用于其他价值评估方法不适用的企业，包括正在经历重大变化的企业，如债务重组、重大转型、战略性重新定位、亏损或者处于开办期的企业等。

第二章 应用环境

第三条 企业应用贴现现金流法，应对企业战略、行业特征、外部信息等进行充分了解。

第四条 企业应用贴现现金流法，应从战略层面明确贴现现金流法应用的可行性，并根据实际情况，建立适宜贴现现金流法开展的沟通协调程序和操作制度，明确信息提供的责任主体、基本程序和方式，确保信息提供的充分性和可靠性。同时，企业应

考虑评估标的未来将采取的会计政策和评估基准日时所采用的会计政策在重要方面是否基本一致。

第五条 企业应用贴现现金流法，应确认内外部环境对贴现现金流法的应用可提供充分支持，如现金流入和现金流出的可预测性、贴现率的可获取性，以及所有数据的可计量特征等。通常需要考虑以下内容：

（一）国家现行的有关法律法规及政策、国家宏观经济形势有无重大变化，各方所处地区的政治、经济和社会环境有无重大变化；

（二）有关利率、汇率、税基及税率等是否发生重大变化；

（三）评估标的的所有者和使用者是否完全遵守有关法律法规，评估标的在现有的管理方式和管理水平的基础上，经营范围、方式与目前方向是否保持一致；

（四）有无其他不可抗拒因素及不可预见因素对企业造成重大不利影响。

第三章　应用程序

第六条 企业应用贴现现金流法，一般按以下程序进行：

（一）估计贴现现金流法的三个要素，即，贴现期、现金流、贴现率；

（二）在贴现期内，采用合理的贴现率对现金流进行贴现；

（三）进行合理性判断；

（四）形成分析报告。

第七条 企业应充分考虑标的特点、所处市场因素波动的影响以及有关法律法规的规定等，合理确定贴现期限，确保贴现期与现金流发生期间相匹配。

贴现期可采用项目已有限期，亦可采用分段式，如以 5 年作为一个期间段。企业在进行资产价值评估时，尤其要注意标的资产的技术寿命期限对合同约定期限或者法定使用期限的影响。

第八条 企业应用贴现现金流法，应当说明和反映影响现金流入和现金流出的事项和因素，既要反映现金流的变化总趋势，也要反映某些重要项目的具体趋势。

（一）企业应用贴现现金流法进行资产价值评估，要基于行业市场需求情况、经营风险、技术风险和管理难度等，分析与之有关的预期现金流，以及与收益有关的成本费用、配套资产等；并合理区分标的资产与其他配套资产或者作为企业资产的组成部分，所获得的收益和所受的影响；同时，要准确评估标的资产使用权和收益权的完整性，并评估其对资产预测现金流所产生的影响。

（二）企业应用贴现现金流法进行企业价值评估，一般按照以下程序进行：

1. 从相关当事方获取标的企业未来经营状况和收益状况的预测资料，充分考虑并分析标的企业的资本结构、经营状况、历史业绩、发展前景和影响标的企业生产经营的宏观经济因素、标的企业所在行业发展状况与前景，以及未来各种可能性发生的概率及其影响，合理确定预测假设和权重，进行未来收益预测。

2. 确定预测现金流中的主要参数的合理性，一般包括主营业务收入、毛利率、营运资金、资本性支出、成本及费用构成等，尤其要注意企业会计盈余质量对企业估值所产生的影响，需要调整并减少企业的非经常性损益、重组成本、非主营业务对会计报表的影响。

3. 确定预测现金流，应区分以企业整体还是以所有者权益作为企业价值评估的基础。通常，企业整体价值评估采用企业自由现金流作为预测现金流的基础；企业所有者权益价值评估采用股权自由现金流作为预测现金流的基础。

（三）企业应用贴现现金流法进行项目投资决策，需要充分考虑并分析项目的资本结构、经营状况、历史业绩、发展前景，影响项目运行的市场行业因素和宏观经济因素，并要明确区分项目的预测现金流，同时要合理区分标的项目与其他项目，或者作为企业的组成部分，所获得的收益和所受到的影响，尤其要注意可能存在的关联交易，包括关联交易性质及定价原则等对预测现金流的影响。

第九条　贴现率是反映当前市场货币时间价值和标的风险的回报率。贴现率的设定要充分体现标的特点，通常应当反映评估基准日类似地区同类标的平均回报水平和评估对象的特定风险。同时，贴现率应当与贴现期、现金流相匹配，当使用非年度的时间间隔（比如按月或按日）进行分析时，年度名义贴现率应调整为相应期间的实际贴现率。

（一）资产价值评估采用的贴现率，通常根据与资产使用寿命相匹配的无风险报酬率进行风险调整后确定。无风险报酬率通常选择对应期限的国债利率，风险调整因素有政治风险、市场风险、技术风险、经营风险和财务风险等。

（二）进行企业价值评估采用的贴现率，需要区分是以企业整体还是以所有者权益作为价值评估的基础。通常，企业整体价值评估采用股权资本成本和债务资本成本的加权平均资本成本作为贴现率的确定依据；企业所有者权益价值评估采用股权资本成本作为贴现率的确定依据。

资本成本，是指筹集和使用资金的成本率，或进行投资时所要求的必要报酬率，一般用相对数即资本成本率表达。

企业的股权资本成本通常以资本资产定价模型为基础进行估计，综合考虑控制权程度、股权流动性、企业经营情况、历史业绩、发展前景和影响标的企业生产经营的宏观经济因素、标的企业所在行业发展状况与前景等调整因素。

（三）项目投资决策采用的贴现率，应根据市场回报率和标的项目本身的预期风险来确定。一般地，可以按照标的项目本身的特点，适用资产价值评估和企业价值评估的贴现率确定方法，但要注意区分标的项目与其他项目，或者作为企业组成部分所产生的风险影响，对贴现率进行调整。

第十条 企业应用贴现现金流法进行价值评估，一般从以下方面进行合理性判断：

（一）客户要求。当客户提出的特殊要求不符合市场价值为基础的评估对有关贴现期、现金流或贴现率的相关规定时，其估值结果是基于客户特殊要求下的投资价值而不是市场价值。

（二）评判标准。贴现现金流法作为一项预测技术，评判标准不在于贴现现金流预测最终是否完全实现，而应关注预测时的数据对贴现现金流预测的支持程度。

第十一条 贴现现金流法分析报告的形式可以根据业务的性质、服务对象的需求等确定，也可在资产评估报告中整体呈现。当企业需要单独提供贴现现金流法分析报告时，应确保内容的客观与详实。贴现现金流法分析报告一般包括以下内容：

（一）假设条件。贴现现金流法分析报告应当对贴现现金流法应用过程中的所有假设进行披露。

（二）数据来源。贴现现金流法分析报告应当清楚地说明并提供分析中所使用的有关数据及来源。

（三）实施程序。编制贴现现金流法分析报告一般按照以下程序进行：合理选择评估方法；评估方法的运用和逻辑推理；主要参数的来源、分析、比较和测算；对评估结论进行分析，形成评估结论。

（四）评估者身份。当以内部评估人员身份开展评估工作时，评估人员与控制资产的实体之间的关系应当在评估报告中披露；当以外部评估人员身份开展评估工作且以盈利为目的为委托方工作时，评估人员应当对这种关系予以披露。

第四章 工具方法评价

第十二条 贴现现金流法的主要优点是，结合历史情况进行预测，并将未来经营战略融入模型，有助于更全面的反映企业价值。

第十三条　贴现现金流法的主要缺点是：测算过程相对较为复杂，对数据采集和假设的验证要求繁复，资本成本、增长率、未来现金流量的性质等变量很难得到准确的预测、计算，往往会使得实务中的评估精度大大降低。

四、管理会计应用指引第 502 号——项目管理

第一章　总　则

第一条　项目管理，是指通过项目各参与方的合作，运用专门的知识、工具和方法，对各项资源进行计划、组织、协调、控制，使项目能够在规定的时间、预算和质量范围内，实现或超过既定目标的管理活动。

第二条　本指引适用于以一次性活动为主要特征的项目活动，如一项工程、服务、研究课题、研发项目、赛事、会展或活动演出等；也可以适用于以项目制为主要经营单元的各类经济主体。

第三条　企业进行项目管理时，一般应遵循以下原则：

（一）注重实效，协同创新。项目应围绕项目管理的目标，强调成本效益原则，实现项目各责任主体间的协同发展、自主创新。

（二）按级负责，分工管理。项目各责任主体，应当根据管理层次和任务分工的不同，有效行使管理职责，履行管理义务，确保项目取得实效。

（三）科学安排，合理配置。严格按照项目的目标和任务，科学合理编制预算，严格执行预算。

第二章　项目管理的基本程序

第四条　企业应用项目管理工具方法一般按照可行性研究、项目立项、项目计划、项目实施、项目验收和项目后评价等程序进行。

第五条　可行性研究，是指通过对项目在技术上是否可行、经济上是否合理、社会和环境影响是否积极等进行科学分析和论

证，以最终确定项目投资建设是否进入启动程序的过程。

企业一般可以从投资必要性、技术可行性、财务可行性、组织可行性、经济可行性、环境可行性、社会可行性、风险因素及对策等方面开展项目的可行性研究。

第六条 项目立项，是指对项目可行性研究进行批复，并确认列入项目实施计划的过程。

经批复的可行性研究报告是项目立项的依据，项目立项一般应在批复的有效期内完成。

第七条 项目计划，是指项目立项后，在符合项目可行性报告批复相关要求的基础上，明确项目的实施内容、实施规模、实施标准、实施技术等计划实施方案，并据此编制项目执行预算的书面文件。

通常情况下，项目执行预算超过可行性研究报告项目预算的10%时，或者项目实施内容、实施规模、实施地点、实施技术方案等发生重大变更时，应重新组织编制和报批可行性报告。经批复的项目计划及项目执行预算应作为项目实施的依据。

项目可行性报告的内容一般包括项目概况、市场预测、产品方案与生产规模、厂址选择、工艺与组织方案设计、财务评价、项目风险分析，以及项目可行性研究结论与建议等。

第八条 项目实施，是指按照项目计划，在一定的预算范围内，保质保量按时完成项目任务的过程。通常，应重点从质量、成本、进度等方面，有效控制项目的实施过程。

（一）企业应遵循国家规定及行业标准，建立质量监督管理组织、健全质量管理制度、形成质量考核评价体系和反馈机制等，实现对项目实施过程的质量控制。

（二）成本控制应贯穿于项目实施的全过程。企业可以通过加强项目实施阶段的投资控制，监督合同执行，有效控制设计变更，监督和控制合同价款的支付，实现项目实施过程的成本控制。

（三）企业应通过建立进度控制管理制度，编制项目实施进度计划，制定项目实施节点；实行动态检测，完善动态控制手段，定期检查进度计划，收集实际进度数据；加强项目进度偏差原因分析，及时采取纠偏措施等，实现对项目实施过程的进度控制。

第九条　项目验收，是指项目完成后，进行的综合评价、移交使用、形成资产的整个过程。

项目验收一般应由可行性研究报告的批复部门组织开展，可以从项目内容的完成情况、目标的实现情况、经费的使用情况、问题的整改情况、项目成果的意义和应用情况等方面进行验收。

第十条　项目后评价，是指通过对项目实施过程、结果及其影响进行调查研究和全面系统回顾，与项目决策时确定的目标以及技术、经济、环境、社会指标进行对比，找出差别和变化，据以分析原因、总结经验、提出对策建议，并通过信息反馈，改善项目管理决策，提高项目管理效益的过程。

企业应比对项目可行性报告的主要内容和批复文件开展项目后评价，必要时应参照项目计划的相关内容进行对比分析，进一步加强项目管理，不断提高决策水平和投资效益。

第三章　项目财务管理

第十一条　项目财务管理，是指基于项目全生命周期的项目财务活动的归口管理工作，是对项目营运过程中财务资源使用的全流程管理活动。

在项目营运过程中，企业应当重视并严格执行项目预算管理、项目执行成本控制、项目会计核算、资金管理与项目结算、项目决算和项目经济后评价等。企业可根据项目规模、周期、经费额度等指定专人负责上述工作，并参与项目论证与评估等工作。

第十二条　企业进行项目预算管理，一般应从项目预算编制、预算执行控制、项目预算调整等方面开展。

（一）项目预算编制。

1. 企业应基于项目的重要性和成本效益考虑，制定项目预算管理制度，可以指定项目预算管理分管领导、设置项目概预算专职人员。

2. 企业应依据总量控制、分项预算的总体框架，按照需要与可能、局部与全局、重点与一般、当前与长远相结合的编制原则，编制项目预算。

3. 企业应在充分调研和论证的基础上，强调项目预算编制的明细化和标准化，明确预算的编制内容、编制依据和编制方法，实现项目预算与会计核算科目的配比性。

（二）预算执行控制。

1. 企业应分解落实项目实施各阶段的预算执行计划，明确项目各阶段的预算控制目标。

2. 在项目执行过程中，企业应以项目预算执行计划和目标为依据，定期对项目预算执行情况进行核查、比对、分析。

（三）项目预算调整。

1. 企业应依据外部环境变化、项目实施进展和项目方案优化要求等，不断修正和完善项目各阶段的预算执行计划和预算控制目标。

2. 在项目预算管理中，企业可采用滚动预算方式，以项目执行前一阶段的预算调整，作为下一阶段项目预算控制的目标，按照时间（如年、月、日）或项目单元编制，依次分解，滚动预算。

第十三条 企业进行项目执行成本控制，一般应从项目费用定额表、项目合同管理、项目执行成本变更等方面开展。

（一）项目费用定额管理。企业应根据项目自身特点，制定项目费用定额表，如物资消耗费、工时定额等，形成项目执行成本控制的依据。

（二）项目合同管理。项目执行过程中涉及合同管理时，财务管理人员一般可以参与合同的论证、签订、审查和履行、变更、解除等，负责审查并履行合同支付职能，定期了解合同方的资信和履约能力，建立合同管理台账。

（三）项目执行成本变更管理。项目执行成本原则上不得随意变更，因特殊情况需要调整时，需根据相应的批报程序，报原审核部门核定，按照先批准、后变更的原则进行处理。

第十四条 项目执行过程中，应按照国家统一的会计制度进行会计核算。项目收支应分项目、分要素进行明细核算，确保会计核算制度与项目预算管理相衔接。

第十五条 企业应建立健全资金管理和项目结算制度，设立项目专款账户对资金的使用进行管理，正确区分会计期间，规范成本列支，统一对项目进行收支与结算。项目结算一般包括项目月度结算、年度结算和完工结算。

第十六条 企业应建立项目决算审计制度，明确项目决算报表内容、格式要求和填报口径，严格执行项目决算数据材料的收集、审核、汇总，形成项目决算报告，同时提交审计部门进行项目审计。

项目决算报告一般包括项目决算说明书、项目决算报表、项目成果和费用支出的对比分析等。项目决算报告和项目审计意见应作为项目验收的依据。

第十七条 企业应在对比项目可行性研究的基础上进行项目经济后评价，并编制项目经济后评价报告。

经济后评价报告一般包括项目资金收入和使用情况、重新测算项目的财务评价指标、经济评价指标等。经济后评价应通过投资增量效益的分析，突出项目对经济价值和社会价值的作用和影响。

第四章 项目管理的工具方法

第十八条 项目管理的工具方法一般包括挣值法、成本效益法、价值工程法等。

第一节 挣值法

第十九条 挣值，是指项目实施过程中已完成工作的价值，用分配给实际已完成工作的预算来表示。

挣值法，是一种通过分析项目实施与项目目标期望值之间的差异，从而判断项目实施的成本、进度绩效的方法。

第二十条 挣值法广泛适用于项目管理中的项目实施、项目后评价等阶段。挣值法的评价基准包括成本基准和进度基准，通常可以用于检测实际绩效与评价基准之间的偏差。

第二十一条 进度偏差，是在某个给定时点上，测量并反映项目提前或落后的进度绩效指标。

进度偏差可以采用绝对数，表示为挣值与计划成本之差：偏差量＝挣值－计划成本

也可采用相对数，表示为挣值与计划成本之比：偏差率＝挣值÷计划成本

企业应用挣值法开展项目管理时，既要监测挣值的增量，以判断当前的绩效状态；又要监测挣值的累计值，以判断长期的绩效趋势。

计划成本，是指根据批准的进度计划或预算，到某一时点应当完成的工作所需投入资金的累计值。企业应用挣值法进行项目管理，应当把项目预算分配至项目计划的各个时点。

第二十二条 成本偏差，是在某个给定时点上，测量并反映项目预算亏空或预算盈余的成本绩效指标。

成本偏差可以采用绝对数，表示为挣值与实际成本之差：偏差量＝挣值－实际成本；也可采用相对数，表示为挣值与实际成本的比值：偏差率＝挣值÷实际成本。

实际成本，是指按实际进度完成的成本支出量。企业应用挣值法开展项目管理时，实际成本的计算口径必须与计划成本和挣值的计算口径保持一致。

第二十三条 挣值法的主要优点是：一是通过对项目当前运行状态的分析，可以有效地预测出项目的未来发展趋势，严格地控制项目的进度和成本；二是在出现不利偏差时，能够较快地检测出问题所在，留有充足的时间对问题进行处理和对项目进行调整。

第二十四条 挣值法的主要缺点是：一是片面注重用财权的执行情况判断事权的实施效益；二是属于事后控制方法，不利于事前控制三是存在用项目非关键路径上取得的挣值掩盖关键路径上进度落后的可能性，影响项目绩效判断的准确性。

第二节 成本效益法

第二十五条 成本效益法，是指通过比较项目不同实现方案的全部成本和效益，以寻求最优投资决策的一种项目管理工具方法。其中，成本指标可以包括项目的执行成本、社会成本等；效益指标可以包括项目的经济效益、社会效益等。

第二十六条 成本效益法属于事前控制方法，适用于项目可行性研究阶段。

第二十七条 企业应用成本效益法，一般按照以下程序进行：确定项目中的收入和成本；确定项目不同实现方案的差额收入；确定项目不同实现方案的差额费用；制定项目不同实现方案的预期成本和预期收入的实现时间表；评估难以量化的社会效益和成本。

第二十八条 成本效益法的主要优点是：一是普适性较强，是衡量管理决策可行性的基本依据；二是需考虑评估标的经济与社会、直接与间接、内在与外在、短期与长期等各个维度的成本和收益，具有较强的在综合性。

第二十九条 成本效益法的主要缺点是：一是属于事前评价，评价方法存在的不确定性因素较多；二是综合考虑了项目的经济效益、社会效益等各方面，除了经济效益以外的其他效益存在较大的量化难度。

第三节　价值工程法

第三十条　价值工程法，是指对研究对象的功能和成本进行系统分析，比较为获取的功能而发生的成本，以提高研究对象价值的管理方法。

本方法下的功能，是指对象满足某种需求的效用或属性；本方法下的成本，是指按功能计算的全部成本费用；本方法下的价值，是指对象所具有的功能与获得该功能所发生的费用之比。

第三十一条　价值工程法可广泛适用于项目设计与改造、项目实施等阶段。

第三十二条　企业应用价值工程法，一般按照以下程序进行：

（一）准备阶段。选择价值工程的对象并明确目标、限制条件和分析范围；根据价值工程对象的特点，组成价值工程工作小组；制定工作计划，包括具体执行人、执行日期、工作目标等。

（二）分析阶段。收集整理与对象有关的全部信息资料；通过分析信息资料，简明准确地表述对象的功能、明确功能的特征要求，并绘制功能系统图；运用某种数量形式表达原有对象各功能的大小，求出原有对象各功能的当前成本，并依据对功能大小与功能当前成本之间关系的研究，确定应当在哪些功能区域改进原有对象，并确定功能的目标成本。

（三）创新阶段。依据功能系统图、功能特性和功能目标成本，通过创新性的思维和活动，提出实现功能的各种不同方案；从技术、经济和社会等方面评价所提出的方案，看其是否能实现规定的目标，从中选择最佳方案；将选出的方案及有关的经济资料和预测的效益编写成正式的提案。

（四）实施阶段。组织提案审查，并根据审查结果签署是否实施的意见；根据具体条件及内容，制定实施计划，组织实施，并指定专人在实施过程中跟踪检查，记录全程的有关数据资料，必要时，可再次召集价值工程工作小组提出新的方案；根据提案实施后的技术经济效果，进行成果鉴定。

第三十三条 价值工程法的主要优点是：一是把项目的功能和成本联系起来，通过削减过剩功能、补充不足功能使项目的功能结构更加合理化；二是着眼于项目成本的整体分析，注重有效利用资源，有助于实现项目整体成本的最优化。

第三十四条 价值工程法的主要缺点是：要求具有较全面的知识储备，不同性质的价值工程分析对象涉及的其他领域的学科性质，以及其他领域的广度和深度等都存在很大差别，导致功能的内涵、结构和系统特征必然具有实质性区别。

五、管理会计应用指引第 503 号——情景分析（征求意见稿）

第一章 总 则

第一条 情景分析，是指在对企业经营管理中未来可能出现的相关事件情景进行假设的基础上，结合企业管理要求，通过采取模拟等技术，分析相关方案发生的可能性、相应后果和影响，以做出最佳决策的方法。

第二条 情景分析一般适用于企业的投融资决策，也可用于战略目标制定、风险评估等。

第二章 应用环境

第三条 企业应用情景分析工具方法，应重点考虑对决策事项有重大影响的事件情景，确保事件情景与分析方案、决策事项相关联并将情景分析建立在合理的假设基础上。

第四条 企业应用情景分析工具方法，应确保与决策事项有关的参数、边界条件等的完整性及可获取性，尤其应确保宏观环境的可测性，如产业政策、行业状况等。

第三章 应用程序

第五条 企业应用情景分析工具方法，一般应按照决策事项确认、影响因素确认、情景设定、情景分析和实施后果分析等程序进行。

第六条 企业应用情景分析工具方法，应根据决策目标和决策需求确定决策事项。同时，决策事项应具有多种可量化的影响因素，不同的实现路径会对决策事项形成不同的实质性影响。

第七条 企业应用情景分析工具方法，应对影响决策事项的因素进行全面分析，并根据重要性原则明确影响决策事项的主要因素，以此作为设定情景的主要内外部影响因素。通常情况下，可以采取德尔菲法、敏感性分析等方法。

（一）在进行投融资决策时，通常应考虑投资额、资本成本等影响因素；

（二）在进行战略目标制定时，通常应考虑消费者信心指数、市场占有率等影响因素；

（三）在进行风险评估时，通常应以产生最大损失的因素为主，如利率、汇率等影响因素。

第八条 情景的设定应与决策事项密切相关，会对决策事项产生实质性影响。通常情况下，企业需要设定不同的情景，这些情景应能提供有意义的测试环境，以便后续制定多个可选择方案。

（一）根据历史情况设定情景时，通常可以选取历史极值（最优、最差或基准）作为情景，或者以历史特殊事件作为情景，如重复进行的标准历史事件；

（二）根据假设设定情景时，通常使用人为假设、专家认定或者数据模拟来设定情景。

第九条 企业应在情景设定的基础上，建立影响因素与决策目标之间的逻辑关系。通过搜集相关数据，对不同情景下决策事项的总体发展状况进行分析，或对不同情景下决策事项可能产生的经济后果进行测算，制定出各种情景下的对策和实施方案。

第十条 企业应用情景分析工具方法，应书面记录决策事项、影响因素、情景设定、情景分析结果、应对措施设置等，详细说明情景设定的基本原则及理由，以不断完善情景分析。

第三章　工具方法评价

第十一条 情景分析的主要优点：注重情景发展的多种可能性，降低决策失误对企业造成的影响，对决策事项的可参考性更强。

第十二条 情景分析的主要缺点：情景假设的主观性较强，对于情景数据的准确性、逻辑性及因果关系的建立要求较高。

第七节　绩效管理

一、绩效管理相关指引概述

（一）绩效评价的含义

绩效，是指组织或个人在一定时期内投入产出的效率与效能。其中，投入指的是人、财、物、时间、信息等资源，产出指的是工作任务和工作目标在数量与质量方面的完成情况。绩效通常有两层含义：一是任务执行的完整过程，类似于某一时间段内的录像；二是任务执行的结果，类似于某一时点的快照。那么，任务的执行是否达到了我们所预期的效果呢？这就需要进行绩效计量和绩效评价。

绩效评价，是指企业运用系统的工具方法，对一定时期内企业营运效率与效果进行综合评判的管理活动。具体来说，绩效评价是指评价主体运用数量统计和运筹等方法，采用特定的指标体系，对照设定的评价标准，按照一定的程序，通过定量定性对比分析，对评价客体在一定期间内的绩效作出客观、公正和准确的综合评判。

企业绩效评价的最终目的是提升企业的管理水平、管理质量和持续发展能力。绩效评价的过程是寻找差距的过程，把每项差距进行分解，努力寻找差距的原因，并对可能的改进提出方案；再权衡各方案的可行性，制订改进方案，在下一个环节加以执行。所以，绩效评价既是对过往的总结，也是对未来的展望，通过认真分析、评价绩效，有利于企业、各部门和个人明确下一步的目标和方向，并为下一个节点进行绩效评价提供坚实基础。

绩效评价是绩效管理的核心内容。绩效管理是指企业与所属单位（部门）、员工之间就绩效目标及如何实现绩效目标达成共识，并帮助和激励员工取得优异绩效，从而实现企业目标的管理过程。绩效管理的核心是绩效评价和激励管理，绩效评价是企业实施激励管理的重要依据，激励管理是促进企业绩效提升的重要手段。

（二）绩效评价层次与评价角度

1. 绩效评价层次

绩效包括企业绩效、部门绩效和个人绩效三个层面。绩效的三个层面之间是决定与制约的关系：个人绩效水平决定着部门的绩效水平，部门绩效水平又决定着企业的绩效水平；反过来，企业绩效水平制约着部门的绩效水平，部门的绩效水平也制约着个人的绩效水平。与此相对应，绩效评价层次也可分为企业层面、部门层面和个人层面。

（1）企业层面。企业往往是以集团的形式存在的，除母公司或总部外，还有分部或战略业务单元等，分部可以是子公司的形式，也可以是非独立的法人机构（如分公司、责任中心等），甚至是一个虚拟主体。企业层面的绩效评价，是指对包括母公司在内的企业集团的绩效评价。企业层面的绩效评价是评价范围最广、评价内容最多、评价指标最全、评价边界相对清晰的绩效评价层面。无论是利益相关者，如外部的股东、债权人、顾客、政府，还是企业的上层控制者，如母公司、集团公司总部，绩效评价主要是以企业整体为对象。

（2）部门层面。部门层面的绩效评价，是指在公司内部按照业务单元、地域分布等标准将企业整体划分成多个子绩效评价对象，并对其绩效进行评价的过程。部门层面的评价是企业整体绩效评价的分解和细化。部门绩效要根据企业自身的特点进行划分，没有固定的模式，但是目的都是为了更清晰、更准确地判断企业整体绩效的情况，寻找企业绩效贡献的来源和企业管理需要提升的方向和目标。

（3）个人层面。个人层面的绩效评价与企业层面绩效评价和部门层面绩效评价有较大差异。个人层面的绩效评价按领导层次和一般员工层次划分，领导层次的绩效评价与企业层面的绩效评价分不开，对领导层次的绩效评价通过企业层面绩效的评价进行，对企业层面绩效的评价同时也是对企业领导的绩效评价。

2. 评价角度

从不同视角对企业进行绩效评价，可能会得出不同的结论

（1）外部视角（财务视角）。企业财务报告的使用者是现有或潜在的股东、信贷者、供应商，以及其他一些外部的利益相关者。这些外部的利益相关者，需要根据各自的需要，定期或不定期地对企业进行绩效评价。例如，企业的所有者期望所投资企业的收益、现金流量和股利不断增长，股权的经济价值随之提升。因此，企业的所有者比较关注投资回报、收益分配，以及股票的市场价值。对于企业的债权人来说，除定期收取利息和本金外，不能分享企业经营成功所带来的回报，必须审慎地评估收回贷款，特别是提供的长期贷款所涉及的任何风险。因此，债权人主要关注企业资产的流动性、财务杠杆以及偿债能力等。外部视角的企业绩效评价主要采用财务指标，如流动比率、财务杠杆、净资产收益率、每股收益等，以及市盈率、市净值等市场价值指标。

（2）内部视角（管理视角）。企业内部的绩效评价，主要根据预算目标和企业战略来进行。企业整体的绩效目标，必须分解、

落实到各分部和经营单位，成为内部各单位绩效评价的依据。企业的管理者需要定期和不定期地评估经营效率、资源利用情况以及战略和目标的实现程度。管理视角的企业绩效评价，既可采用贡献毛利、息税前利润、净利润、自由现金流、EVA 等财务指标或价值指标，也可采用客户满意度、产品质量等级、送货及时性等非财务指标。

本节涉及绩效管理方面的指引包括《管理会计应用指引第 600 号——绩效管理》、《管理会计应用指引第 601 号——关键绩效指标法》、《管理会计应用指引第 602 号——经济增加值法》、《管理会计应用指引第 603 号——平衡计分卡》和《管理会计应用指引第 604 号——绩效棱柱模型》（征求意见稿）。

二、管理会计应用指引第 600 号——绩效管理

第一章　总　则

第一条　为了促进企业加强绩效管理，激发和调动员工积极性，增强价值创造力，根据《管理会计基本指引》，制定本指引。

第二条　绩效管理，是指企业与所属单位（部门）、员工之间就绩效目标及如何实现绩效目标达成共识，并帮助和激励员工取得优异绩效，从而实现企业目标的管理过程。绩效管理的核心是绩效评价和激励管理。

绩效评价，是指企业运用系统的工具方法，对一定时期内企业营运效率与效果进行综合评判的管理活动。绩效评价是企业实施激励管理的重要依据。

激励管理，是指企业运用系统的工具方法，调动企业员工的积极性、主动性和创造性，激发企业员工工作动力的管理活动。激励管理是促进企业绩效提升的重要手段。

第三条　企业进行绩效管理，一般应遵循以下原则：

（一）战略导向原则。绩效管理应为企业实现战略目标服务，支持价值创造能力提升。

（二）客观公正原则。绩效管理应实事求是，评价过程应客观公正，激励实施应公平合理。

（三）规范统一原则。绩效管理的政策和制度应统一明确，并严格执行规定的程序和流程。

（四）科学有效原则。绩效管理应做到目标符合实际，方法科学有效，激励与约束并重，操作简便易行。

第四条 绩效管理领域应用的管理会计工具方法，一般包括关键绩效指标法、经济增加值法、平衡计分卡、股权激励等。

企业可根据自身战略目标、业务特点和管理需要，结合不同工具方法的特征及适用范围，选择一种适合的绩效管理工具方法单独使用，也可选择两种或两种以上的工具方法综合运用。

第二章 应用环境

第五条 企业进行绩效管理时，应设立薪酬与考核委员会或类似机构，主要负责审核绩效管理的政策和制度、绩效计划与激励计划、绩效评价结果与激励实施方案、绩效评价与激励管理报告等，协调解决绩效管理工作中的重大问题。

薪酬与考核委员会或类似机构下设绩效管理工作机构，主要负责制定绩效管理的政策和制度、绩效计划与激励计划，组织绩效计划与激励计划的执行与实施，编制绩效评价与激励管理报告等，协调解决绩效管理工作中的日常问题。

第六条 企业应建立健全绩效管理的制度体系，明确绩效管理的工作目标、职责分工、工作程序、工具方法、信息报告等内容。

第七条 企业应建立有助于绩效管理实施的信息系统，为绩效管理工作提供信息支持。

第三章 绩效计划与激励计划的制定

第八条 企业应用绩效管理工具方法，一般按照制定绩效计划与激励计划、执行绩效计划与激励计划、实施绩效评价与激励、编制绩效评价与激励管理报告等程序进行。

第九条 企业应根据战略目标，综合考虑绩效评价期间宏观经济政策、外部市场环境、内部管理需要等因素，结合业务计划与预算，按照上下结合、分级编制、逐级分解的程序，在沟通反馈的基础上，编制各层级的绩效计划与激励计划。

第十条 绩效计划是企业开展绩效评价工作的行动方案，包括构建指标体系、分配指标权重、确定绩效目标值、选择计分方法和评价周期、拟定绩效责任书等一系列管理活动。制定绩效计划通常从企业级开始，层层分解到所属单位（部门），最终落实到具体岗位和员工。

第十一条 企业可单独或综合运用关键绩效指标法、经济增加值法、平衡计分卡等工具方法构建指标体系。指标体系应反映企业战略目标实现的关键成功因素，具体指标应含义明确、可度量。

第十二条 指标权重的确定可选择运用主观赋权法和客观赋权法，也可综合运用这两种方法。主观赋权法是利用专家或个人的知识与经验来确定指标权重的方法，如德尔菲法、层次分析法等。客观赋权法是从指标的统计性质入手，由调查数据确定指标权重的方法，如主成分分析法、均方差法等。

【补充】概念解释

1. 德尔菲法（也称专家调查法），是指邀请专家对各项指标进行权重设置，将汇总平均后的结果反馈给专家，再次征询意见，经过多次反复，逐步取得比较一致结果的方法。

2. 层次分析法，是指将绩效指标分解成多个层次，通过下层元素对于上层元素相对重要性的两两比较，构成两两比较的判断矩阵，求出判断矩阵最大特征值所对应的特征向量作为指标权重值的方法。

3. 主成分分析法，是指将多个变量重新组合成一组新的相互无关的综合变量，根据实际需要从中挑选出尽可能多地反映原来变量信息的少数综合变量，进一步求出各变量的方差贡献率，以确定指标权重的方法。

4. 均方差法，是指将各项指标定为随机变量，指标在不同方案下的数值为该随机变量的取值，首先求出这些随机变量（各指标）的均方差，然后根据不同随机变量的离散程度确定指标权重的方法。

第十三条　绩效目标值的确定可参考内部标准与外部标准。内部标准有预算标准、历史标准、经验标准等；外部标准有行业标准、竞争对手标准、标杆标准等。

第十四条　绩效评价计分方法可分为定量法和定性法。定量法主要有功效系数法和综合指数法等；定性法主要有素质法和行为法等。

【补充】概念解释

1. 功效系数法，是指根据多目标规划原理，将所要评价的各项指标分别对照各自的标准，并根据各项指标的权重，通过功效函数转化为可以度量的评价分数，再对各项指标的单项评价分数进行加总，得出综合评价分数的一种方法。该方法的优点是从不同侧面对评价对象进行计算评分，满足了企业多目标、多层次、多因素的绩效评价要求，缺点是标准值确定难度较大，比较复杂。功效系数法的计算公式为：

$$绩效指标总得分 = \sum 单项指标得分$$
$$单项指标得分 = 本档基础分 + 调整分$$
$$本档基础分 = 指标权重 \times 本档标准系数$$
$$调整分 = 功效系数 \times （上档基础分 - 本档基础分）$$
$$上档基础分 = 指标权重 \times 上档标准系数$$
$$功效系数 = （实际值 - 本档标准值） \div （上档标准值 - 本档标准值）$$

对评价标准值的选用，应结合评价的目的、范围、企业所处行业、企业规模等具体情况，参考国家相关部门或研究机构发布的标准值确定。

2. 综合指数法，是指根据指数分析的基本原理，计算各项绩效指标的单项评价指数和加权评价指数，据以进行综合评价的方法。该方法的优点是操作简单，容易理解，缺点是标准值存在异常时影响结果的准确性。综合指数法的计算公式为：

$$绩效指标总得分 = \sum（单项指标评价指数 \times 该项评价指标的权重）$$

3. 素质法，是指评估员工个人或团队在多大程度上具有组织所要求的某种基本素质、关键技能和主要特质的方法。

4. 行为法，是指专注于描述与绩效有关的行为状态，考核员工在多大程度上采取了管理者所期望或工作角色所要求的组织行为的方法。

第十五条 绩效评价周期一般可分为月度、季度、半年度、年度、任期。月度、季度绩效评价一般适用于企业基层员工和管理人员，半年度绩效评价一般适用于企业中高层管理人员，年度绩效评价适用于企业所有被评价对象，任期绩效评价主要适用于企业负责人。

第十六条 绩效计划制定后，评价主体与被评价对象一般应签订绩效责任书，明确各自的权利和义务，并作为绩效评价与激励管理的依据。绩效责任书的主要内容包括绩效指标、目标值及权重、评价计分方法、特别约定事项、有效期限、签订日期等。绩效责任书一般按年度或任期签订。

第十七条 激励计划是企业为激励被评价对象而采取的行动方案，包括激励对象、激励形式、激励条件、激励周期等内容。激励计划按激励形式可分为薪酬激励计划、能力开发激励计划、职业发展激励计划和其他激励计划。

薪酬激励计划按期限可分为短期薪酬激励计划和中长期薪酬激励计划。短期薪酬激励计划主要包括绩效工资、绩效奖金、绩效福利等。中长期薪酬激励计划主要包括股票期权、股票增值权、限制性股票以及虚拟股票等。

能力开发激励计划主要包括对员工知识、技能等方面的提升计划。

职业发展激励计划主要是对员工职业发展做出的规划。

其他激励计划包括良好的工作环境、晋升与降职、表扬与批评等。

第十八条　激励计划的制定应以绩效计划为基础，采用多元化的激励形式，兼顾内在激励与外在激励、短期激励与长期激励、现金激励与非现金激励、个人激励与团队激励、正向激励与负向激励，充分发挥各种激励形式的综合作用。

第十九条　绩效计划与激励计划制定完成后，应经薪酬与考核委员会或类似机构审核，报董事会或类似机构审批。经审批的绩效计划与激励计划应保持稳定，一般不予调整，若受国家政策、市场环境、不可抗力等客观因素影响，确需调整的，应严格履行规定的审批程序。

第四章　绩效计划与激励计划的执行

第二十条　审批后的绩效计划与激励计划，应以正式文件的形式下达执行，确保与计划相关的被评价对象能够了解计划的具体内容和要求。

第二十一条　绩效计划与激励计划下达后，各计划执行单位（部门）应认真组织实施，从横向和纵向两方面落实到各所属单位（部门）、各岗位员工，形成全方位的绩效计划与激励计划执行责任体系。

第二十二条　绩效计划与激励计划执行过程中，企业应建立配套的监督控制机制，及时记录执行情况，进行差异分析与纠偏，持续优化业务流程，确保绩效计划与激励计划的有效执行。

（一）监控与记录。企业可借助信息系统或其他信息支持手段，监控和记录指标完成情况、重大事项、员工的工作表现、激励措施执行情况等内容。收集信息的方法主要有观察法、工作记录法、他人反馈法等。

【补充】收集信息方法

1. 观察法，是指通过直接观察员工在工作中的表现并予以记录的方法。

2. 工作记录法，是指通过日常工作记录或财务管理、生产经营等业务系统产生的数据，予以收集信息的方法。

3. 他人反馈法，是指收集其他人员对被评价对象的评价信息的方法。

（二）分析与纠偏。根据监控与记录的结果，重点分析指标完成值与目标值的偏差、激励效果与预期目标的偏差，提出相应整改建议并采取必要的改进措施。

（三）编制分析报告。分析报告主要反映绩效计划与激励计划的执行情况及分析结果，其频率可以是月度、季度、年度，也可根据需要编制。

第二十三条　绩效计划与激励计划执行过程中，绩效管理工作机构应通过会议、培训、网络、公告栏等形式，进行多渠道、多样化、持续不断地沟通与辅导，使绩效计划与激励计划得到充分理解和有效执行。

第五章　绩效评价与激励的实施

第二十四条　绩效管理工作机构应根据计划的执行情况定期实施绩效评价与激励，按照绩效计划与激励计划的约定，对被评价对象的绩效表现进行系统、全面、公正、客观地评价，并根据评价结果实施相应的激励。

第二十五条　评价主体应按照绩效计划收集相关信息，获取被评价对象的绩效指标实际值，对照目标值，应用选定的计分方法，计算评价分值，并进一步形成对被评价对象的综合评价结果。

第二十六条　绩效评价过程及结果应有完整的记录，结果应得到评价主体和被评价对象的确认，并进行公开发布或非公开告知。公开发布的主要方式有召开绩效发布会、企业网站绩效公示、面板绩效公告等;非公开发布一般采用一对一书面、电子邮件函告或面谈告知等方式进行。

第二十七条 评价主体应及时向被评价对象进行绩效反馈,反馈内容包括评价结果、差距分析、改进建议及措施等,可采取反馈报告、反馈面谈、反馈报告会等形式进行。

第二十八条 绩效结果发布后,企业应依据绩效评价的结果,组织兑现激励计划,综合运用绩效薪酬激励、能力开发激励、职业发展激励等多种方式,逐级兑现激励承诺。

第六章 绩效评价与激励管理报告

第二十九条 绩效管理工作机构应定期或根据需要编制绩效评价与激励管理报告,对绩效评价和激励管理的结果进行反映。

第三十条 绩效评价与激励管理报告是企业管理会计报告的重要组成部分,应确保内容真实、数据可靠、分析客观、结论清楚,为报告使用者提供满足决策需要的信息。

第三十一条 绩效评价报告根据评价结果编制,反映被评价对象的绩效计划完成情况,通常由报告正文和附件构成。

报告正文主要包括以下两部分:

(一)评价情况说明,包括评价对象、评价依据、评价过程、评价结果、需要说明的重大事项等;

(二)管理建议。

报告附件包括评价计分表、问卷调查结果分析、专家咨询意见等报告正文的支持性文档。

第三十二条 激励管理报告根据激励计划的执行结果编制,反映被评价对象的激励计划实施情况。

激励管理报告主要包括以下两部分:

(一)激励情况说明,包括激励对象、激励依据、激励措施、激励执行结果、需要说明的重大事项等;

（二）管理建议。

其他有关支持性文档可以根据需要以附件形式提供。

第三十三条 绩效评价与激励管理报告可分为定期报告、不定期报告。

定期报告主要反映一定期间被评价对象的绩效评价与激励管理情况。每个会计年度至少出具一份定期报告。

不定期报告根据需要编制，反映部分特殊事项或特定项目的绩效评价与激励管理情况。

第三十四条 绩效评价与激励管理报告应根据需要及时报送薪酬与考核委员会或类似机构审批。

第三十五条 企业应定期通过回顾和分析，检查和评估绩效评价与激励管理的实施效果，不断优化绩效计划和激励计划，改进未来绩效管理工作。

三、管理会计应用指引第 601 号——关键绩效指标法

第一章 总 则

第一条 关键绩效指标法，是指基于企业战略目标，通过建立关键绩效指标（Key Performance Indicator，简称 KPI）体系，将价值创造活动与战略规划目标有效联系，并据此进行绩效管理的方法。

关键绩效指标，是对企业绩效产生关键影响力的指标，是通过对企业战略目标、关键成果领域的绩效特征分析，识别和提炼出的最能有效驱动企业价值创造的指标。

第二条 关键绩效指标法可单独使用，也可与经济增加值法、平衡计分卡等其他方法结合使用。

第三条 关键绩效指标法的应用对象可为企业、所属单位（部门）和员工。

第二章　应用环境

第四条　企业应用关键绩效指标法，应遵循《管理会计应用指引第 600 号——绩效管理》中对应用环境的一般要求。

第五条　企业应用关键绩效指标法，应综合考虑绩效评价期间宏观经济政策、外部市场环境、内部管理需要等因素，构建指标体系。

第六条　企业应有明确的战略目标。战略目标是确定关键绩效指标体系的基础，关键绩效指标反映战略目标，对战略目标实施效果进行衡量和监控。

第七条　企业应清晰识别价值创造模式，按照价值创造路径识别出关键驱动因素，科学地选择和设置关键绩效指标。

第三章　应用程序

第八条　企业应用关键绩效指标法，一般按照制定以关键绩效指标为核心的绩效计划、制定激励计划、执行绩效计划与激励计划、实施绩效评价与激励、编制绩效评价与激励管理报告等程序进行。

第九条　企业通常按《管理会计应用指引第 600 号——绩效管理》第十条所规定的管理活动制定绩效计划，包括构建指标体系、分配指标权重、确定绩效目标值、选择计分方法和评价周期、拟定绩效责任书等。

第十条　企业构建关键绩效指标体系，一般按照以下程序进行：

（一）制定企业级关键绩效指标。企业应根据战略目标，结合价值创造模式，综合考虑内外部环境等因素，设定企业级关键绩效指标。

（二）制定所属单位（部门）级关键绩效指标。根据企业级关键绩效指标，结合所属单位（部门）关键业务流程，按照上下结合、分级编制、逐级分解的程序，在沟通反馈的基础上，设定所属单位（部门）级关键绩效指标。

（三）制定岗位（员工）级关键绩效指标。根据所属单位（部门）级关键绩效指标，结合员工岗位职责和关键工作价值贡献，设定岗位（员工）级关键绩效指标。

第十一条 企业的关键绩效指标一般可分为结果类和动因类两类指标。结果类指标是反映企业绩效的价值指标，主要包括投资回报率、净资产收益率、经济增加值、息税前利润、自由现金流等综合指标；动因类指标是反映企业价值关键驱动因素的指标，主要包括资本性支出、单位生产成本、产量、销量、客户满意度、员工满意度等。

第十二条 关键绩效指标应含义明确、可度量、与战略目标高度相关。指标的数量不宜过多，每一层级的关键绩效指标一般不超过10个。

第十三条 关键绩效指标选取的方法主要有关键成果领域分析法、组织功能分解法和工作流程分解法。

关键成果领域分析法，是基于对企业价值创造模式的分析，确定企业的关键成果领域，并在此基础上进一步识别关键成功要素，确定关键绩效指标的方法。

组织功能分解法，是基于组织功能定位，按照各所属单位（部门）对企业总目标所承担的职责，逐级分解和确定关键绩效指标的方法。

工作流程分解法，是按照工作流程各环节对企业价值贡献程度，识别出关键业务流程，将企业总目标层层分解至关键业务流程相关所属单位（部门）或岗位（员工），确定关键绩效指标的方法。

第十四条 关键绩效指标的权重分配应以企业战略目标为导向，反映被评价对象对企业价值贡献或支持的程度，以及各指标之间的重要性水平。

单项关键绩效指标权重一般设定在 5%-30% 之间，对特别重要的指标可适当提高权重。对特别关键、影响企业整体价值的指标可设立"一票否决"制度，即如果某项关键绩效指标未完成，无论其他指标是否完成，均视为未完成绩效目标。

第十五条　企业确定关键绩效指标目标值，一般参考以下标准：

（一）依据国家有关部门或权威机构发布的行业标准或参考竞争对手标准。

（二）参照企业内部标准，包括企业战略目标、年度生产经营计划目标、年度预算目标、历年指标水平等。

（三）不能按前两项方法确定的，可根据企业历史经验值确定。

第十六条　关键绩效指标的目标值确定后，应规定因内外部环境发生重大变化、自然灾害等不可抗力因素对绩效完成结果产生重大影响时，对目标值进行调整的办法和程序。一般情况下，由被评价对象或评价主体测算确定影响额度，向相应的绩效管理工作机构提出调整申请，报薪酬与考核委员会或类似机构审批。

第十七条　绩效评价计分方法和周期的选择、绩效责任书的签订、激励计划的制定，绩效计划与激励计划的执行、实施及编制报告参照《管理会计应用指引第 600 号——绩效管理》。

第四章　工具方法评价

第十八条　关键绩效指标法的主要优点是：一是使企业业绩评价与战略目标密切相关，有利于战略目标的实现；二是通过识别的价值创造模式把握关键价值驱动因素，能够更有效地实现企业价值增值目标；三是评价指标数量相对较少，易于理解和使用，实施成本相对较低，有利于推广实施。

第十九条　关键绩效指标法的主要缺点是：关键绩效指标的选取需要透彻理解企业价值创造模式和战略目标，有效识别核心业务流程和关键价值驱动因素，指标体系设计不当将导致错误的价值导向或管理缺失。

四、管理会计应用指引第 602 号——经济增加值法

第一章　总　则

第一条　经济增加值法，是指以经济增加值（Economic Value Added，简称 EVA）为核心，建立绩效指标体系，引导企业注重价值创造，并据此进行绩效管理的方法。

经济增加值，是指税后净营业利润扣除全部投入资本的成本后的剩余收益。经济增加值及其改善值是全面评价经营者有效使用资本和为企业创造价值的重要指标。经济增加值为正，表明经营者在为企业创造价值；经济增加值为负，表明经营者在损毁企业价值。

第二条　经济增加值法较少单独应用，一般与关键绩效指标法、平衡计分卡等其他方法结合使用。

第三条　企业应用经济增加值法进行绩效管理的对象，可为企业及其所属单位（部门）（可单独计算经济增加值）和高级管理人员。

第二章　应用环境

第四条　企业应用经济增加值法，应遵循《管理会计应用指引第 600 号——绩效管理》中对应用环境的一般要求。

第五条　企业应用经济增加值法，应树立价值管理理念，明确以价值创造为中心的战略目标，建立以经济增加值为核心的价值管理体系，使价值管理成为企业的核心管理制度。

第六条　企业应综合考虑宏观环境、行业特点和企业的实际情况，通过价值创造模式的识别，确定关键价值驱动因素，构建以经济增加值为核心的指标体系。

第七条　企业应建立清晰的资本资产管理责任体系，确定不

同被评价对象的资本资产管理责任。

第八条　企业应建立健全会计核算体系，确保会计数据真实可靠、内容完整，并及时获取与经济增加值计算相关的会计数据。

第九条　企业应加强融资管理，关注筹资来源与渠道，及时获取债务资本成本、股权资本成本等相关信息，合理确定资本成本。

第十条　企业应加强投资管理，把能否增加价值作为新增投资项目决策的主要评判标准，以保持持续的价值创造能力。

第三章　应用程序

第十一条　企业应用经济增加值法，一般按照制定以经济增加值指标为核心的绩效计划、制定激励计划、执行绩效计划与激励计划、实施绩效评价与激励、编制绩效评价与激励管理报告等程序进行。

第十二条　企业通常按《管理会计应用指引第 600 号——绩效管理》第十条所规定的管理活动制定绩效计划。绩效计划是企业开展业绩评价工作的行动方案，包括构建指标体系、分配指标权重、确定业绩绩效目标值、选择计分方法和评价周期、拟定业绩绩效责任书等。

第十三条　构建经济增加值指标体系，一般按照以下程序进行：

（一）制定企业级经济增加值指标体系。首先应结合行业竞争优势、组织结构、业务特点、会计政策等情况，确定企业级经济增加值指标的计算公式、调整项目、资本成本等，并围绕经济增加值的关键驱动因素，制定企业的经济增加值指标体系。

（二）制定所属单位（部门）级经济增加值指标体系。根据企业级经济增加值指标体系，结合所属单位（部门）所处行业、业务特点、资产规模等因素，在充分沟通的基础上，设定所属单位（部门）级经济增加值指标的计算公式、调整项目、资本成本等，并围绕所属单位（部门）经济增加值的关键驱动因素，细化制定所属单位（部门）的经济增加值指标体系。

（三）制定高级管理人员的经济增加值指标体系。根据企业级、所属单位（部门）级经济增加值指标体系，结合高级管理人员的岗位职责，制定高级管理人员的经济增加值指标体系。

第十四条 经济增加值的计算公式为：

$$经济增加值 = 税后净营业利润 - 平均资本占用 × 加权平均资本成本$$

其中：税后净营业利润衡量的是企业的经营盈利情况；平均资本占用反映的是企业持续投入的各种债务资本和股权资本；加权平均资本成本反映的是企业各种资本的平均成本率。

第十五条 计算经济增加值时，需要进行相应的会计项目调整，以消除财务报表中不能准确反映企业价值创造的部分。会计调整项目的选择应遵循价值导向性、重要性、可控性、可操作性与行业可比性等原则，根据企业实际情况确定。常用的调整项目有：

（一）研究开发费、大型广告费等一次性支出但收益期较长的费用，应予以资本化处理，不计入当期费用。

（二）反映付息债务成本的利息支出，不作为期间费用扣除，计算税后净营业利润时扣除所得税影响后予以加回。

（三）营业外收入、营业外支出具有偶发性，将当期发生的营业外收支从税后净营业利润中扣除。

（四）将当期减值损失扣除所得税影响后予以加回，并在计算资本占用时相应调整资产减值准备发生额。

（五）递延税金不反映实际支付的税款情况，将递延所得税资产及递延所得税负债变动影响的企业所得税从税后净营业利润中扣除，相应调整资本占用。

（六）其他非经常性损益调整项目，如股权转让收益等。

第十六条 税后净营业利润等于会计上的税后净利润加上利息支出等会计调整项目后得到的税后利润。

第十七条　平均资本占用是所有投资者投入企业经营的全部资本，包括债务资本和股权资本。其中债务资本包括融资活动产生的各类有息负债，不包括经营活动产生的无息流动负债。股权资本中包含少数股东权益。

资本占用除根据经济业务实质相应调整资产减值损失、递延所得税等，还可根据管理需要调整研发支出、在建工程等项目，引导企业注重长期价值创造。

第十八条　加权平均资本成本是债务资本成本和股权资本成本的加权平均，反映了投资者所要求的必要报酬率。加权平均资本成本的计算公式如下：

$$K_{WACC} = K_D \times DC \div TC \times (1-T) + K_S \times EC \div TC$$

其中：TC 代表资本占用，EC 代表股权资本，DC 代表债务资本；T 代表所得税税率；K_{WACC} 代表加权平均资本成本，K_D 代表债务资本成本，K_S 代表股权资本成本。

债务资本成本是企业实际支付给债权人的税前利率，反映的是企业在资本市场中债务融资的成本率。如果企业存在不同利率的融资来源，债务资本成本应使用加权平均值。

股权资本成本是在不同风险下，所有者对投资者要求的最低回报率。通常根据资本资产定价模型确定，计算公式为：

$$K_S = R_f + \beta (R_m - R_f)$$

其中：R_f 为无风险收益率，R_m 为市场预期回报率，$R_m - R_f$ 为市场风险溢价。β 是企业股票相对于整个市场的风险指数。上市企业的 β 值，可采用回归分析法或单独使用最小二乘法等方法测算确定，也可以直接采用证券机构等提供或发布的 β 值；非上市企业的 β 值，可采用类比法，参考同类上市企业的 β 值确定。

【补充】β 值确定方法

1. 最小二乘法，是指通过最小化误差的平方和，找到一组数据的最佳函数匹配的方法。

2. 回归分析法，是指在掌握大量观察数据的基础上，利用数理统计方法建立因变量与自变量之间的回归关系函数表达式的方法。

3. 类比法（也称比较类推法），是指由一类事物所具有的某种属性，推测与其类似的事物应具有这种属性的方法。

第十九条 企业级加权平均资本成本确定后，应结合行业情况、不同所属单位（部门）的特点，通过计算（能单独计算的）或指定（不能单独计算的）的方式确定所属单位（部门）的资本成本。

通常情况下，企业对所属单位（部门）所投入资本即股权资本的成本率是相同的，为简化资本成本的计算，所属单位（部门）的加权平均资本成本一般与企业保持一致。

第二十条 经济增加值法指标体系通常包括经济增加值、经济增加值改善值、经济增加值回报率、资本周转率、产量、销量、单位生产成本等。

第二十一条 应用经济增加值法建立的绩效评价体系，应赋予经济增加值指标较高的权重。

第二十二条 经济增加值目标值根据经济增加值基准值（简称 EVA 基准值）和期望的经济增加值改善值（简称期望的 △EVA）确定。

EVA 目标值＝EVA 基准值＋期望的 △EVA

企业在确定 EVA 基准值和期望的 △EVA 值时，要充分考虑企业规模、发展阶段、行业特点等因素。其中，EVA 基准值可参照上年实际完成值、上年实际完成值与目标值的平均值、近几年（比如前 3 年）实际完成值的平均值等确定。期望的 △EVA 值，根据企业战略目标、年度生产经营计划、年度预算安排、投资者期望等因素，结合价值创造能力改善等要求综合确定。

第二十三条 绩效评价计分方法和周期的选择、绩效责任书的签订，参照《管理会计应用指引第 600 号——绩效管理》。

第二十四条 经济增加值法的激励计划按激励形式可分为薪

酬激励计划、能力开发激励计划、职业发展激励计划和其他激励计划。应用经济增加值法建立的激励体系，应以经济增加值的改善值为基础。

（一）薪酬激励计划主要包括目标奖金、奖金库和基于经济增加值的股票期权。

1. 目标奖金。目标奖金是达到经济增加值目标值所获得的奖金，只对经济增加值增量部分实施奖励。

2. 奖金库。奖金库是基于对企业经济增加值长期增长目标实施的奖励。企业设立专门的账号管理奖金，将以经济增加值为基准计算的奖金额存入专门账户中，以递延奖金形式发放。

3. 股票期权。根据经济增加值确定股票期权的行权价格和数量，行权价格每年以相当于企业资本成本的比例上升，授予数量由当年所获得的奖金确定。

（二）能力开发激励计划主要包括对员工知识、技能等方面的提升计划。

（三）职业发展激励计划主要是对员工职业发展做出的规划。

（四）其他激励计划包括良好的工作环境、晋升与降职、表扬与批评等。

第二十五条 绩效计划和激励计划制定后，执行、实施及编制报告参照《管理会计应用指引第 600 号——绩效管理》。

第二十六条 企业应用经济增加值法，应循序渐进，在企业及部分所属单位试点的基础上，总结完善后稳步推开。

第四章 工具方法评价

第二十七条 经济增加值法的主要优点是：考虑了所有资本的成本，更真实地反映了企业的价值创造能力；实现了企业利益、经营者利益和员工利益的统一，激励经营者和所有员工为企业创造更多价值；能有效遏制企业盲目扩张规模以追求利润总量和增长率的倾向，引导企业注重长期价值创造。

第二十八条 经济增加值法的主要缺点是：一是仅对企业当期或未来 1-3 年价值创造情况的衡量和预判，无法衡量企业长远发展战略的价值创造情况；二是计算主要基于财务指标，无法对企业的营运效率与效果进行综合评价；三是不同行业、不同发展阶段、不同规模等的企业，其会计调整项和加权平均资本成本各不相同，计算比较复杂，影响指标的可比性。

五、管理会计应用指引第 603 号——平衡计分卡

第一章　总　则

第一条 平衡计分卡，是指基于企业战略，从财务、客户、内部业务流程、学习与成长四个维度，将战略目标逐层分解转化为具体的、相互平衡的绩效指标体系，并据此进行绩效管理的方法。

第二条 平衡计分卡通常与战略地图等其他工具结合使用。

第三条 平衡计分卡适用于战略目标明确、管理制度比较完善、管理水平相对较高的企业。

平衡计分卡的应用对象可为企业、所属单位（部门）和员工。

平衡计分卡提供了一个综合的绩效评价框架，是将企业的战略目标转化为一套条理分明的绩效评价体系。管理者通过回答下面四个层面的基本问题来关注企业的绩效，具体如图 3-4 所示：

第二章　应用环境

第四条 企业应用平衡计分卡工具方法，应遵循《管理会计应用指引第 600 号——绩效管理》中对应用环境的一般要求。

第五条 企业应用平衡计分卡工具方法，应有明确的愿景和战略。平衡计分卡应以战略目标为核心，全面描述、衡量和管理战略目标，将战略目标转化为可操作的行动。

第六条 平衡计分卡可能涉及到组织和流程变革，具有创新精神、变革精神的企业文化有助于成功实施平衡计分卡。

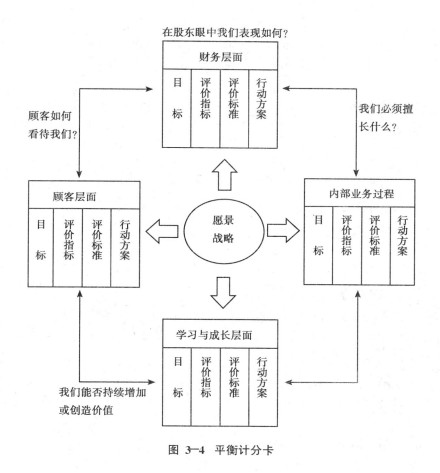

在股东眼中我们表现如何?

财务层面

目标	评价指标	评价标准	行动方案

顾客如何
看待我们?

我们必须擅
长什么?

顾客层面

目标	评价指标	评价标准	行动方案

愿景
战略

内部业务过程

目标	评价指标	评价标准	行动方案

我们能否持续增加
或创造价值

学习与成长层面

目标	评价指标	评价标准	行动方案

图 3-4 平衡计分卡

第七条 企业应对组织结构和职能进行梳理，消除不同组织职能间的壁垒，实现良好的组织协同，既包括企业内部各级单位（部门）之间的横向与纵向协同，也包括与投资者、客户、供应商等外部利益相关者之间的协同。

第八条 企业应注重员工学习与成长能力的提升，以更好地实现平衡计分卡的财务、客户、内部业务流程目标，使战略目标贯彻到每一名员工的日常工作中。

第九条 平衡计分卡的实施是一项复杂的系统工程。企业一般需要建立由战略管理、人力资源管理、财务管理和外部专家等组成的团队，为平衡计分卡的实施提供机制保障。

第十条 企业应建立高效集成的信息系统，实现绩效管理与预算管理、财务管理、生产经营等系统的紧密结合，为平衡计分卡的实施提供信息支持。

第三章 应用程序

第十一条 企业应用平衡计分卡工具方法，一般按照制定战略地图、制定以平衡计分卡为核心的绩效计划、制定激励计划、制定战略性行动方案、执行绩效计划与激励计划、实施绩效评价与激励、编制绩效评价与激励管理报告等程序进行。

第十二条 企业首先应制定战略地图，即基于企业愿景与战略，将战略目标及其因果关系、价值创造路径以图示的形式直观、明确、清晰地呈现。战略地图的制定参照《管理会计应用指引第101号——战略地图》。

第十三条 战略地图基于战略主题构建，战略主题反映企业价值创造的关键业务流程，每个战略主题包括相互关联的1-2个目标。

第十四条 战略地图制定后，应以平衡计分卡为核心编制绩效计划。绩效计划是企业开展绩效评价工作的行动方案，包括构建指标体系、分配指标权重、确定绩效目标值、选择计分方法和评价周期、签订绩效责任书等一系列管理活动。制定绩效计划通常从企业级开始，层层分解到所属单位（部门），最终落实到具体岗位和员工。

第十五条 平衡计分卡指标体系的构建应围绕战略地图，针对财务、客户、内部业务流程和学习与成长四个维度的战略目标，确定相应的评价指标。

构建平衡计分卡指标体系的一般程序：

（一）制定企业级指标体系。根据企业层面的战略地图，为每个战略主题的目标设定指标，每个目标至少应有 1 个指标。

（二）制定所属单位（部门）级指标体系。依据企业级战略地图和指标体系，制定所属单位（部门）的战略地图，确定相应的指标体系，协同各所属单位（部门）的行动与战略目标保持一致。

（三）制定岗位（员工）级指标体系。根据企业、所属单位（部门）级指标体系，按照岗位职责逐级形成岗位（员工）级指标体系。

第十六条　平衡计分卡指标体系构建时，应注重短期目标与长期目标的平衡、财务指标与非财务指标的平衡、结果性指标与动因性指标的平衡、企业内部利益与外部利益的平衡。平衡计分卡每个维度的指标通常为 4-7 个，总数量一般不超过 25 个。

第十七条　平衡计分卡指标体系构建时，企业应以财务维度为核心，其他维度的指标都与核心维度的一个或多个指标相联系。通过梳理核心维度目标的实现过程，确定每个维度的关键驱动因素，结合战略主题，选取关键绩效指标。

财务维度以财务术语描述了战略目标的有形成果。企业常用指标有投资资本回报率、净资产收益率、经济增加值、息税前利润、自由现金流、资产负债率、总资产周转率等。

客户维度界定了目标客户的价值主张。企业常用指标有市场份额、客户满意度、客户获得率、客户保持率、客户获利率、战略客户数量等。

内部业务流程维度确定了对战略目标产生影响的关键流程。企业常用指标有交货及时率、生产负荷率、产品合格率、存货周转率、单位生产成本等。

学习与成长维度确定了对战略最重要的无形资产。企业常用指标有员工保持率、员工生产率、培训计划完成率、员工满意度等。

【补充】评价指标计算说明

1. 投资资本回报率，是指企业一定会计期间取得的息前税后利润占其所使用的全部投资资本的比例，反映企业在会计期间有效利用投资资本创造回报的能力。一般计算公式如下：

投资资本回报率=［税前利润×（1−所得税税率）+利息支出］÷投资资本平均余额×100%

投资资本平均余额=（期初投资资本+期末投资资本）÷2

2. 净资产收益率（也称权益净利率），是指企业一定会计期间取得的净利润占其所使用的净资产平均数的比例，反映企业全部资产的获利能力。一般计算公式如下：

净资产收益率=净利润÷平均净资产×100%

3. 经济增加值回报率，是指企业一定会计期间内经济增加值与平均资本占用的比值。一般计算公式如下：

经济增加值回报率=经济增加值÷平均资本占用×100%

4. 息税前利润，是指企业当年实现税前利润与利息支出的合计数。一般计算公式如下：

息税前利润=税前利润+利息支出

5. 自由现金流，是指企业一定会计期间经营活动产生的净现金流超过付现资本性支出的金额，反映企业可动用的现金。一般计算公式如下：

自由现金流=经营活动净现金流−付现资本性支出

6. 资产负债率，是指企业负债总额与资产总额的比值，反映企业整体财务风险程度。一般计算公式如下：

资产负债率=负债总额÷资产总额×100%

7. 总资产周转率，是指营业收入与总资产平均余额的比值，反映总资产在一定会计期间内周转的次数。一般计算公式如下：

总资产周转率=营业收入÷总资产平均余额

8. 存货周转率，是指企业营业收入与存货平均余额的比值，反映存货在一定会计期间内周转的次数。一般计算公式如下：

存货周转率=营业收入÷存货平均余额

9. 资本周转率，是指企业在一定会计期间内营业收入与平均资本占用的比值。一般计算公式如下：

$$资本周转率＝营业收入÷平均资本占用×100\%$$

10. 资本性支出，是指企业发生的、其效益涉及于两个或两个以上会计年度的各项支出。

11. 产量，是指企业在一定时期内生产出来的产品的数量。

12. 销量，是指企业在一定时期内销售商品的数量。

13. 单位生产成本，是指生产单位产品而平均耗费的成本。

14. 客户满意度，是指客户期望值与客户体验的匹配程度，即客户通过对某项产品或服务的实际感知与其期望值相比较后得出的指数。客户满意度收集渠道主要包括问卷调查、客户投诉、与客户的直接沟通、消费者组织的报告、各种媒体的报告和行业研究的结果等。

15. 员工满意度，是指员工对企业的实际感知与其期望值相比较后得出的指数。主要通过问卷调查、访谈调查等方式，从工作环境、工作关系、工作内容、薪酬福利、职业发展等方面进行衡量。

16. 市场份额，是指一个企业的销售量（或销售额）在市场同类产品中所占的比重。

17. 客户获得率，是指企业在争取新客户时获得成功部分的比例。该指标可用客户数量增长率或客户交易额增长率来描述，一般计算公式如下：

$$客户数量增长率＝（本期客户数量－上期客户数量）÷上期客户数量×100\%$$

$$客户交易额增长率＝（本期客户交易额－上期客户交易额）÷上期客户交易额×100\%$$

18. 客户保持率，是指企业继续保持与老客户交易关系的比例。该指标可用老客户交易增长率来描述，一般计算公式如下：

$$老客户交易增长率＝（老客户本期交易额－老客户上期交易额）÷老客户上期交易额×100\%$$

19. 客户获利率，是指企业从单一客户得到的净利润与付出的总成本的比率。一般计算公式如下：

单一客户获利率=单一客户净利润÷单一客户总成本×100%

20. 战略客户数量，是指对企业战略目标实现有重要作用的客户的数量。

21. 交货及时率，是指企业在一定会计期间内及时交货的次数占其总交货次数比例。一般计算公式如下：

交货及时率=及时交货的订单个数÷总订单个数×100%

22. 生产负荷率，是指投产项目在一定会计期间内的产品产量与设计生产能力的比例。一般计算公式如下：

生产负荷率=实际产量÷设计生产能力×100%

23. 产品合格率，是指合格产品数量占总产品数量的比例。一般计算公式为：

产品合格率=合格产品数量÷总产品数量

24. 员工流失率，是指企业一定会计期间内离职员工占员工平均人数的比例。一般计算公式如下：

员工流失率=本期离职员工人数÷员工平均人数×100%

员工保持率=1−员工流失率

25. 员工生产率，是指员工在一定会计期间内创造的劳动成果与其相应员工数量的比值。该指标可用人均产品生产数量或人均营业收入进行衡量。一般计算公式如下：

人均产品生产数量=本期产品生产总量÷生产人数

人均营业收入=本期营业收入÷员工人数

26. 培训计划完成率，是指培训计划实际执行的总时数占培训计划总时数的比例。一般计算公式如下：

培训计划完成率=培训计划实际执行的总时数÷培训计划总时数

第十八条 企业可根据实际情况建立通用类指标库，不同层级单位和部门结合不同的战略定位、业务特点选择适合的指标体系。

第十九条 平衡计分卡指标的权重分配应以战略目标为导向，反映被评价对象对企业战略目标贡献或支持的程度，以及各指标之间的重要性水平。

企业绩效指标权重一般设定在 5%-30% 之间，对特别重要的指标可适当提高权重。对特别关键、影响企业整体价值的指标可设立"一票否决"制度，即如果某项绩效指标未完成，无论其他指标是否完成，均视为未完成绩效目标。

第二十条 平衡计分卡绩效目标值应根据战略地图的因果关系分别设置。首先确定战略主题的目标值，其次确定主题内的目标值，然后基于平衡计分卡评价指标与战略目标的对应关系，为每个评价指标设定目标值，通常设计 3-5 年的目标值。

第二十一条 平衡计分卡绩效目标值确定后，应规定因内外部环境发生重大变化、自然灾害等不可抗力因素对绩效完成结果产生重大影响时，对目标值进行调整的办法和程序。一般情况下，由被评价对象或评价主体测算确定影响程度，向相应的绩效管理工作机构提出调整申请，报薪酬与考核委员会或类似机构审批。

第二十二条 绩效评价计分方法和周期的选择、绩效责任书的签订、激励计划的制定，参照《管理会计应用指引第 600 号——绩效管理》。

第二十三条 绩效计划与激励计划制定后，企业应在战略主题的基础上，制定战略性行动方案，实现短期行动计划与长期战略目标的协同。战略性行动方案的制定主要包括以下内容：

（一）选择战略性行动方案。制定每个战略主题的多个行动方案，并从中区分、排序和选择最优的战略性行动方案。

（二）提供战略性资金。建立战略性支出的预算，为战略性行动方案提供资金支持。

（三）建立责任制。明确战略性行动方案的执行责任方，定期回顾战略性行动方案的执行进程和效果。

第二十四条 绩效计划与激励计划执行过程中，企业应按照纵向一致、横向协调的原则，持续地推进组织协同，将协同作为一个重要的流程进行管理，使企业和员工的目标、职责与行动保持一致，创造协同效应。

第二十五条 绩效计划与激励计划执行过程中，企业应持续深入地开展流程管理，及时识别存在问题的关键流程，根据需要对流程进行优化完善，必要时进行流程再造，将流程改进计划与战略目标相协同。

第二十六条 绩效计划与激励计划的执行、实施及编制报告参照《管理会计应用指引第 600 号——绩效管理》。

第二十七条 平衡计分卡的实施是一项长期的管理改善工作，在实践中通常采用先试点后推广的方式，循序渐进，分步实施。

第四章 工具方法评价

第二十八条 平衡计分卡的主要优点是：一是战略目标逐层分解并转化为被评价对象的绩效指标和行动方案，使整个组织行动协调一致；二是从财务、客户、内部业务流程、学习与成长四个维度确定绩效指标，使绩效评价更为全面完整；三是将学习与成长作为一个维度，注重员工的发展要求和组织资本、信息资本等无形资产的开发利用，有利于增强企业可持续发展的动力。

第二十九条 应用平衡计分卡的主要缺点是：一是专业技术要求高，工作量比较大，操作难度也较大，需要持续地沟通和反馈，实施比较复杂，实施成本高；二是各指标权重在不同层级及各层级不同指标之间的分配比较困难，且部分非财务指标的量化工作难以落实；三是系统性强、涉及面广，需要专业人员的指导、企业全员的参与和长期持续地修正与完善，对信息系统、管理能力有较高的要求。

六、管理会计应用指引第 604 号——绩效棱柱模型（征求意见稿）

第一章 总 则

第一条 绩效棱柱模型，是指从企业利益相关者角度出发，以利益相关者满意为出发点，以利益相关者贡献为终点，以企业战略、业务流程、组织能力为手段，用棱柱的五个构面构建三维业绩评价体系，并据此进行绩效管理的方法。

利益相关者，是指有能力影响企业或者被企业所影响的人或者组织，通常包括股东、债权人、员工、客户、供应商、监管机构等。

第二条 绩效棱柱模型适用于管理制度比较完善，业务流程比较规范，管理水平相对较高的大中型企业。

绩效棱柱模型的应用对象可为企业和所属单位（部门）。

绩效棱柱模型如下图3-5所示：

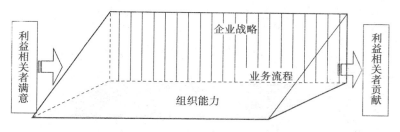

图 3-5 绩效棱柱模型示例图

第二章 应用环境

第三条 企业应用绩效棱柱模型工具方法，应遵循《管理会计应用指引第600号——绩效管理》中对应用环境的一般要求。

第四条 企业应坚持利益相关者价值取向，建立有效的内外部沟通协调机制，与利益相关者建立良好的互动关系。

第五条 企业应根据利益相关者的需求制定战略，优化关键流程，提升组织能力，在满足利益相关者需求的基础上分享其做出的贡献。

第六条 企业应用绩效棱柱模型工具方法，一般需要建立由负责战略、人力资源、财务、客户和供应商等有关部门及外部专家等组成的项目团队。

第七条 企业应对人力资源管理、客户关系管理、供应商关系管理、财务管理等系统进行集成，为绩效棱柱模型的实施提供信息支持。

第三章 应用程序

第八条 企业应用绩效棱柱模型工具方法，一般按照明确利益相关者、绘制利益相关者地图、制定行动方案、制定以绩效棱柱模型为核心的业绩计划、制定激励计划、执行业绩计划与激励计划、实施业绩评价与激励、编制业绩评价与激励管理报告等程序进行。

第九条 企业应结合自身的经营环境、行业特点、发展阶段、商业模式、业务特点等因素界定利益相关者范围，进一步运用态势分析法、德尔菲法等方法确定绩效棱柱模型的主要利益相关者。

第十条 企业应根据确定的主要利益相关者，绘制基于绩效棱柱模型的利益相关者地图。

利益相关者地图是以利益相关者满意为出发点，按照企业战略、业务流程、组织能力依次展开，并以利益相关者贡献为终点的平面展开图。

利益相关者地图可将绩效棱柱模型五个构面以图示形式直观、明确、清晰地呈现出来。

第十一条 绘制利益相关者地图后，企业应及时查找现有的战略、业务流程和组织能力在满足利益相关者满意方面存在的不足和差距，进一步优化战略和业务流程，提升组织能力，制定行动方案并有效地实施。

第十二条 绘制利益相关者地图后，企业还应以绩效棱柱模型为核心编制业绩计划。业绩计划是企业开展业绩评价工作的行动方案，包括构建指标体系、分配指标权重、确定业绩目标值、选择计分方法和评价周期、签订绩效责任书等一系列管理活动。

第十三条 企业应围绕利益相关者地图，构建绩效棱柱模型指标体系。指标体系的构建应坚持系统性、可操作性、成本效益原则。各项指标应简单明了，易于理解和使用。主要内容如下：

（一）制定企业级指标体系。根据企业层面的利益相关者地图，分别设计出各个构面的绩效评价指标。

（二）制定所属单位（部门）级指标体系。根据企业级利益相关者地图和指标体系，绘制所属单位（部门）级利益相关者地图，制定相应的指标体系。

第十四条 绩效棱柱模型指标体系通常包括以下内容：

（一）利益相关者满意评价指标：与投资者（包括股东和债权人，下同）相关的指标有总资产报酬率、净资产收益率、派息率、资产负债率、流动比率等；与员工相关的指标有员工满意度、工资收入增长率、人均工资等；与客户相关的指标有客户满意度、客户投诉率等；与供应商相关的指标有逾期付款次数等；与监管机构相关的指标有社会贡献率等。

（二）企业战略评价指标：与投资者相关的指标有可持续增长率、资本结构、研发投入比率等；与员工相关的指标有员工职业规划、员工福利计划等；与客户相关的指标有品牌意识、客户增长率等；与供应商相关的指标有供应商关系质量等；与监管机构相关的指标有政策法规认知度、企业的环保意识等。

（三）业务流程评价指标：与投资者相关的指标有标准化流程比率、内部控制有效性等；与员工相关的指标有员工培训有效性、培训费用支出率等；与客户相关的指标有产品合格率、准时交货率等；与供应商相关的指标有采购合同履约率、供应商的稳定性等；与监管机构相关的指标有环保投入率、罚款与销售之比等。

（四）组织能力评价指标：与投资者相关的指标有总资产周转率、管理水平评分等；与员工相关的指标有员工专业技术水平、人力资源管理水平等；与客户相关的指标有售后服务水平、市场管理水平等；与供应商相关的指标有采购折扣率水平、供应链管理水平等；与监管机构相关的指标有节能减排达标率等。

（五）利益相关者贡献评价指标：与投资者相关的指标有融资成本率等；与员工相关的指标有员工生产率、员工保持率等；与客户相关的指标有客户忠诚度、客户毛利水平等；与供应商相关的指标有供应商产品质量水平、按时交货率等；与监管机构相关的指标有当地政府支持度、税收优惠程度等。

第十五条 企业分配绩效棱柱模型指标权重，应以利益相关者价值为导向，反映所属各单位或部门、岗位对利益相关者价值贡献或支持的程度，以及各指标之间的重要性水平。首先根据重要性水平分别对各利益相关者分配权重，权重之和为100%；然后对不同利益相关者五个构面分别设置权重，权重之和为100%；单项指标权重一般设定在5%-30%之间，对特别重要的指标可适当提高权重。

第十六条 企业设定绩效棱柱模型的业绩目标值，应根据利益相关者地图的因果关系，以利益相关者满意指标目标值为出发点，逐步分解得到企业战略、业务流程、组织能力的各项指标目标值，最终实现利益相关者贡献的目标值。各目标值应符合企业实际，具有可实现性和挑战性，使被评价对象经过努力可以达到。

第十七条 绩效棱柱模型业绩目标值确定后，因内外部环境发生重大变化、自然灾害等不可抗力因素对业绩完成结果产生重大影响时，企业应明确对目标值进行调整的办法和程序。一般情况下，由被评价对象或评价主体测算确定影响额度，向相应的绩效管理工作机构提出调整申请，报薪酬与考核委员会或类似机构审批。

第十八条 企业应参照《管理会计应用指引第600号——绩效管理》，明确业绩评价计分方法、选择业绩评价周期、签订绩效责任书、制定激励计划以及执行、实施业绩计划与激励计划并编制报告。

第十九条 绩效棱柱模型的实施是一项长期管理改善工作，企业在实践中通常可采用先试点后推广的方式，循序渐进分步

388

实施。

第四章　工具方法评价

第二十条　绩效棱柱模型的主要优点：坚持利益相关者价值取向，使利益相关者与企业紧密联系，有利于实现企业与利益相关者的共赢，为企业可持续发展创造良好的内外部环境。

第二十一条　绩效棱柱模型的主要缺点：涉及多个利益相关者，对每个利益相关者都要从五个构面建立指标体系，指标选取复杂，部分指标较难量化，对企业信息系统和管理水平有较高要求，实施难度大、门槛高。

第八节　风险管理

一、风险管理概述

（一）企业风险及其分类

1. 企业风险的含义

企业风险是指未来的不确定性对企业实现其目标的影响。一般用事件后果和发生可能性的组合来表达。企业在市场竞争环境中，将受到各种事件的影响，这些事件对目标的实现均有积极或消极的影响。风险的内涵应从以下两个方面理解：

①风险与目标实现相关。企业在创造价值的过程中，需要拥有战略、经营、财务、合规等目标，同时目标也体现在企业的不同层次（如战略、组织范围、项目、产品和过程）中。要实现这些目标，就要根据不同企业所定目标逐一分析可能面临的事件及其影响，目标不同，面临的风险就不同。

②风险来自不确定性。企业经营所处的环境中，诸如全球化、技术、重组、变化中的市场、竞争和管制等因素都会导致不确定性。受限于各种原因，这些不确定性的事件和后果（或可能性），并不能保证为企业所充分认识。不确定性带来了不利影响，也带

来了机遇，如果能够合理认识和有效管理企业风险，有助于优化企业资源配置，创造更大的价值。

2. 企业风险的类别

（1）按照风险的内容分类可以分为战略风险、财务风险、市场风险、运营风险和法律风险等。

战略风险主要考虑：国内外宏观经济政策以及经济运行情况、本行业状况、国家产业政策；科技进步、技术创新的有关内容；市场对本企业产品或服务的需求；与企业战略合作伙伴的关系，未来寻求战略合作伙伴的可能性；本企业主要客户、供应商及竞争对手的有关情况；与主要竞争对手相比，本企业实力与差距；本企业发展战略和规划、投融资计划、年度经营目标、经营战略，以及编制这些战略、规划、计划、目标的有关依据；本企业对外投融资流程中曾发生或易发生错误的业务流程或环节。

财务风险主要考虑：负债、或有负债、负债率、偿债能力；现金流、应收账款及其占销售收入的比重、资金周转率；产品存货及其占销售成本的比重、应付账款及其占购货额的比重；制造成本和管理费用、财务费用、营业费用；盈利能力；成本核算、资金结算和现金管理业务中曾发生或易发生错误的业务流程或环节；与本企业相关的行业会计政策、会计估算、与国际会计制度的差异与调节（如退休金、递延税项等）等信息。

市场风险主要考虑：产品或服务的价格及供需变化；能源、原材料、配件等物资供应的充足性、稳定性和价格变化；主要客户、主要供应商的信用情况；税收政策和利率、汇率、股票价格指数的变化；潜在竞争者、竞争者及其主要产品、替代品情况。

运营风险主要考虑：产品结构、新产品研发；新市场开发、市场营销策略，包括产品或服务定价与销售渠道，市场营销环境状况等；企业组织效能、管理现状、企业文化，高、中层管理人员和重要业务流程中专业人员的知识结构、专业经验；期货等衍生产品业务中曾发生或易发生失误的流程和环节；质量、安全、环保、信息安全等管理中曾发生或易发生失误的业务流程或环节；因企业内、外部人员的道德风险致使企业遭受损失或业务控制系统失灵；给企业造成损失的自然灾害以及除上述有关情形之外的其他纯粹风险；对现有业务流程和信息系统操作运行情况的监管、运行评价及持续改进能力；企业风险管理的现状和能力。

法律风险主要考虑：国内外与本企业相关的政治、法律环境；影响企业的新法律法规和政策；员工道德操守的遵从性；签订的重大协议和有关贸易合同中本企业发生重大法律纠纷案件的情况；企业和竞争对手的知识产权情况。

（2）按照能否为企业带来盈利等机会为标志可以分为危险性因素、控制性风险（或不确定风险）和机会风险。危险性因素是指只为企业带来损失这一种可能性的风险；而控制性风险和机会风险则是指既有为企业带来损失的可能性，也有为企业带来盈利的可能性的风险。

（3）按照来源和范围可以分为外部风险和内部风险。

①外部风险，包括法律风险、政治风险和经济风险。法律风险、政治风险和经济风险是相互影响、相互联系的。一个国家法律健全稳定，市场竞争会处在法律法规的框架内运行，经济稳健发展，竞争会更加公平和规范，企业的整体经营环境会更好一些，决策和行动也就具有一定的可预期性。

②内部风险，包括战略风险、财务风险、经营风险。与外部风险相比，内部风险源自企业自身的经营业务，一般更容易识别和管理，并可以通过一定的手段来降低风险和控制风险。

此外，按照风险有效性可以分为固有风险和剩余风险，按照作用的时间可将风险分为企业的短期中期和长期风险等。通常，企业所面对的风险是兼而有之的。对风险分类，有利于对风险进行管理。

（二）企业风险管理的作用与构成要素

1. 企业风险管理的作用

企业风险管理是一个过程，它由董事会、管理层和其他人员实施，应用于战略制定并贯穿于企业之中，旨在识别可能会影响企业的潜在事件，并通过管理风险使不利因素控制在该企业的可承受范围之内，并为企业目标的实现提供合理保证。企业风险管理的几个基本概念是：

（1）一个正在进行并贯穿于整个企业的过程；

（2）受到企业各个层级人员的影响；

（3）战略制定时得到应用；

（4）贯穿于企业的各个层级和单元，还包括采取企业层级的风险组合观；

（5）目标是分析企业面对的不确定性，识别一旦发生将会影响企业的潜在事件，并把不利因素控制在可以承受的范围之内；

（6）能够向企业的管理层和董事会提供合理保证；

（7）力求实现一个或多个不同类型但相互交叉的目标。

企业风险管理强调风险组合观，目标是能够从容应对所有风险，实施对各种风险所带来的综合影响力的管理，帮助企业顺利实现发展目标。企业风险管理可以看作是能够实现所有种类风险之间的紧密联系的哲学，而不是简单地看作一种新的或者不同的风险管理方法。当企业将其所面临的所有风险以及这些风险将如何对战略、项目及运营产生影响都考虑在内，企业将着手运用企业风险管理方法。

企业风险管理的主要作用如下：

（1）协调企业可承受的风险容量与战略。应该在以下环节考虑可以承受的风险容量：一是企业在制定战略过程中；二是在设定与战略相协调的目标的过程中；三是在构建管理相关风险机制的过程中。

（2）增进风险应对决策。使得企业在识别和选择风险应对方案（回避、降低、分担和承受）时更其严责性。例如，为了防止公司运输业务的车辆损坏和人身伤害成本，可能的选择包括通过有效的司机招聘和培训降低风险，通过外包回避风险，通过保险分担风险，或者简单的承受风险。风险管理可为这些决策提供技巧和方法。

（3）抑减经营意外和损失。增强企业识别潜在事件、评估风险及加以应对的能力降低意外的发生和由此带来的成本和损失。如为减少意外的火灾损失公司购买了火灾保险。

（4）识别和管理贯穿于企业的风险。企业面临着影响其不同部分的无数风险。对管理层而言，不仅需要了解个别风险，还需要了解其相互关联的影响。

（5）提供对多重风险的整体应对。经营过程带来许多固有的风险，而企业风险管理能够为管理这些风险提供整体解决方案。例如，一家上市子公司产品不适应市场，盈利能力差，面临着退市风险。总公司通过实施重组方案，通过评估和满足监管要求，支持旗下另一家市场成长较好、寻求优化资金结构的子公司收购上市子公司，优化了资源配置，"一揽子"解决问题。

（6）抓住机会。通过考虑潜在事件的各个方面，管理层能够识别代表机会的事件，提高决策水平，降低不确定性的程度。例如，某集团公司全产业链经营，长期拥有大量供应商和客户，为推进公开采购并适应互联网发展，及时开发电子商务平台，方便自己通过互联网采购的同时，为供应商之间的交易搭建平台，并寻机开展互联网金融业务。

（7）改善资本调配。通过风险评估，改善企业的运营效率和服务质量，优化资源配置，提升为股东创造价值的能力。例如，随着新能源汽车的发展，汽车生产公司经过风险评估，决定加大对新能源汽车的调研和研发，加大对客户需求的预测和评估投资，逐步培养新能源汽车用户，寻找新的盈利点。

应该说，市场经济中，着眼于企业大局的风险管理方法优势非常明显，因为它能够对所有可能对利益相关者（股东、政府、员工等）的预期造成影响的重要因素作出详尽的分析。

但是，风险管理的复杂程度也随之上升。起初，企业可能意识到某种新风险的存在及采取相应行动的必要性。此时，企业为了防止纯粹风险（损失），必须采取较大的调整，在应对风险的过程中，企业通常会努力遵循相应的风险控制标准。之后，企业可能意识到风险中暗藏的机会，尽可能实现机会风险管理，从而获得效益。风险的复杂性见图3-6。当然，并不是所有的风险或风险管理行为都要经过这样的过程，甚至有的还会出现逆向发展。因此，应避免过分专注于风险管理而忽视了某些抓住重要机会的决定，造成企业运营效率低下。

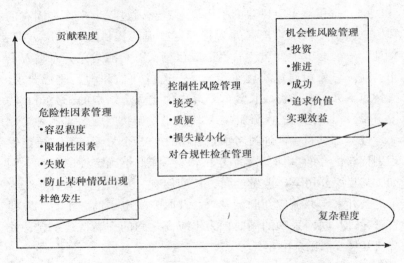

图 3-6 风险的复杂性

2. 企业风险管理的构成要素

（1）内部环境。内部环境是风险管理的基础。管理层确立关于风险管理的理念，以及风险容量。内部环境的组成部分包括有效的董事会、管理层诚信和道德价值观、员工胜任能力、合适的组织架构及权责分配，以及经营环境。

（2）目标设定。确保管理层采取恰当的程序来设定目标，使目标符合公司的使命和风险容量。

（3）事件识别。以目标为基础，分析影响目标实现的内部和外部因素，区分不利和有利事件，或二者兼而有之的事件，将有利事件反馈管理层用于战略或目标制定过程中。

（4）风险评估。对不利事件对目标的影响程度和发生的可能性进行评估，既要对固有风险进行评估，也要对剩余风险进行评估。

（5）风险应对。根据评估结果选择合适的回避、承担、降低和分担的风险应对措施，并使这些措施与企业的风险容量和容限相协调。

（6）控制活动。制定和实施政策和程序以帮助管理层对所选择的风险应对得以有效实施。

（7）信息与沟通。设置有效的机制确保相关信息在企业各层级的员工以履行职责的式和时机识别、获取和沟通，从而识别、评估和应对风险。

（8）监控评价。对风险管理进行全面、持续、合适的监控和评价，在偏离风险容限时，能够动态地做出正确的反应。

本节涉及风险管理方面的指引包括《管理会计应用指引第 700 号——风险管理》（征求意见稿）和《管理会计应用指引第 701 号——风险矩阵》（征求意见稿）。

二、管理会计应用指引第 700 号——风险管理（征求意见稿）

第一章　总　则

第一条　为了加强企业风险管理，推动相关管理会计工具方法在风险管理领域的有效应用，根据《管理会计基本指引》，制定本指引。

第二条　企业风险管理，是指企业对风险进行有效评估、预警、应对，为企业风险管理目标的实现提供合理保证的过程和方法。企业风险管理并不能替代内部控制，企业应当建立健全内部控制制度，并作为风险管理的工作基础。

企业风险，是指不确定事项对企业实现战略与经营目标产生的影响。

第三条 企业进行风险管理，一般应遵循以下原则：

（一）合规性原则。企业风险管理应符合相关政策的要求和监管制度的规定。

（二）融合性原则。企业风险管理应与企业的战略设定、经营管理和业务流程相结合。

（三）全面性原则。企业风险管理应覆盖企业的所有的风险类型、业务流程、操作环节和管理层级与环节。

（四）重要性原则。企业应对风险进行评价，确定需要进行重点管理的风险，并有针对性地实施重点风险监测，及时识别、应对。

（五）平衡性原则。企业应权衡风险与业绩和风险管理成本与风险管理收益之间的关系。

第四条 企业可根据风险的来源、影响、性质、责任主体等不同标准，建立起符合风险管理需要的，满足系统性、完整性、层次性、可操作性、可扩展性等要求的风险分类框架。

第五条 风险管理领域应用的管理会计工具方法，一般包括风险矩阵、风险清单等。

企业可结合自身的风险管理目标和实际情况，单独或综合应用不同风险管理工具方法。

第二章　应用环境

第六条 企业应强化风险管理意识，形成与本企业经营状况相适应的风险管理理念，培育和塑造良好的风险管理文化，建立风险管理培训、传达、监督和激励约束机制，将风险管理意识转化为员工的共同认识和自觉行动。

第七条 企业应根据相关法律法规的要求和风险管理的需要，

建立组织架构健全、职责边界清晰的风险管理结构，明确董事会、监事会、经营管理层、业务部门、风险管理部门和内审部门在风险管理中的职责分工，建立风险管理决策、执行、监督与评价等职能既相互分离与制约又相互协调的运行机制。

第八条　企业应建立健全能够涵盖风险管理主要环节的风险管理制度体系。一般应包括风险管理决策制度、风险识别与评估制度、风险监测预警制度、应急处理制度、风险管理考核制度、风险管理评价制度等。

第九条　企业应将信息技术应用于风险管理的主要环节，并建立与财务信息系统和业务信息系统的信息共享机制与方式。

第三章　应用程序

第十条　企业应用风险管理工具方法，一般按照风险管理目标的设立、风险识别、风险分析、风险监测与预警、风险应对、风险管理沟通、风险管理考核、风险管理有效性评价等程序进行。

第十一条　风险管理目标是在确定企业风险偏好的基础上，将企业的总体风险和主要类型的风险控制在风险容忍度范围之内。

风险偏好，是指企业愿意承担的风险及相应的风险水平；风险容忍度，是指企业在风险偏好的基础上，设定的风险管理目标值的可容忍波动范围。

第十二条　企业应根据风险形成机制，从企业的内部和外部识别可能影响风险管理目标实现的风险因素和风险事项。

第十三条　企业应在风险识别的基础上，对风险成因和特征、风险之间的相互关系，以及风险发生的可能性、对目标影响严重程度和可能持续的时间进行分析。

第十四条　企业应在风险评价的基础上，针对需重点关注的风险，设置风险预警指标体系对风险的状况进行监测，并通过将指标值与预警临界值的比较，识别预警信号，进行预警分级。

第十五条　企业应针对已发生的风险或已超过监测预警临界

值的风险，采取风险承担、风险规避、风险转移、风险分担、风险转换、风险对冲、风险补偿、风险降低等策略，把风险控制在风险偏好及容忍度之内。

第十六条　企业应在企业内部各管理级次、责任单位、业务环节之间，以及企业与外部投资者、债权人、客户、供应商、中介机构和监管部门等有关方面之间，将风险管理各环节的相关信息进行传递和反馈。

企业应建立风险管理报告制度，明确报告的内容、对象、频率和路径。

第十七条　企业应根据风险管理职责设置风险管理相关机构和人员的风险管理考核指标，并纳入企业绩效管理，建立明确的、权责利相结合的奖惩制度，以保证风险管理活动持续性和有效性。

风险管理部门应定期对各职能部门和业务部门的风险管理实施情况和有效性进行考核，形成考核结论并出具考核报告，及时报送企业经营管理层和绩效管理部门。

第十八条　企业应对风险管理制度和工具方法设计的健全性、实施后的有效性，以及风险管理目标的达成情况进行评价，识别是否存在重大风险管理缺陷，形成评价结论并出具评价报告。

三、管理会计应用指引第 701 号——风险矩阵（征求意见稿）

第一章　总　则

第一条　风险矩阵（也称风险热度图、风险坐标图等），是指按照风险发生的可能性和风险发生后果的严重程度，将风险绘制在矩阵图中，展示风险及其重要性等级的风险管理工具。

第二条　风险矩阵的基本原理是根据企业风险偏好，判断并度量风险发生可能性和后果严重程度，计算风险值，以此作为主要依据在矩阵中描绘出风险重要性等级。

第三条　企业应用风险矩阵，应明确应用主体（企业整体、所属企业或部门），确定所要识别的风险，定义风险发生可能性和后果严重程度的标准，以及定义风险重要性等级及其表示形式。

第四条 风险矩阵适用于企业各类风险重要性等级的展示，也适用于各类风险的分析评价和沟通报告环节。

第二章 应用环境

第五条 企业应用风险矩阵工具方法，应遵循《管理会计应用指引第 700 号——风险管理》中对应用环境的一般要求。

第六条 企业应用风险矩阵工具方法，应综合考虑所处的外部环境、企业内部的财务和业务情况以及企业风险管理目标、风险偏好、风险容忍度、风险管理能力等。

第七条 企业应用风险矩阵工具方法，应由承担风险管理责任的职能部门和业务部门负责具体实施。企业风险管理专职部门负责风险矩阵工具应用的培训、组织、协调、指导，并根据承担风险管理责任部门绘制的风险矩阵列示的风险重要性等级，汇总编制企业整体的风险矩阵。

第八条 企业必要时可组成风险管理专家组，以便对风险发生可能性和后果严重程度做出客观、全面的分析和评价。

第三章 应用程序

第九条 企业应用风险矩阵工具方法，一般按照绘制风险矩阵坐标图、制定风险重要性等级标准、分析与评价各项风险、风险矩阵中描绘出风险点、对风险矩阵展示的风险信息进行沟通报告和持续修订等程序进行。

第十条 企业应以风险后果严重程度为横坐标、以风险发生可能性为纵坐标，绘制风险矩阵坐标图。企业可根据风险管理精度的需要，确定定性、半定量或定量指标来描述风险后果严重程度和风险发生可能性。

表示风险后果严重程度的横坐标等级可定性描述为"微小、较小、较大和重大"（也可采用 1、2、3、4 四个半定量分值），表示风险发生可能性的纵坐标等级可定性描述为"不太可能、偶尔可能、可能、很可能"（也可采用1、2、3、4四个半定量分值），从而形成16个（4x4）方格区域的空白风险矩阵图。还可以根据需要通过定量指标更精确地描述风险后果严重程度和风险发生可能性。风险矩阵图如图3-7：

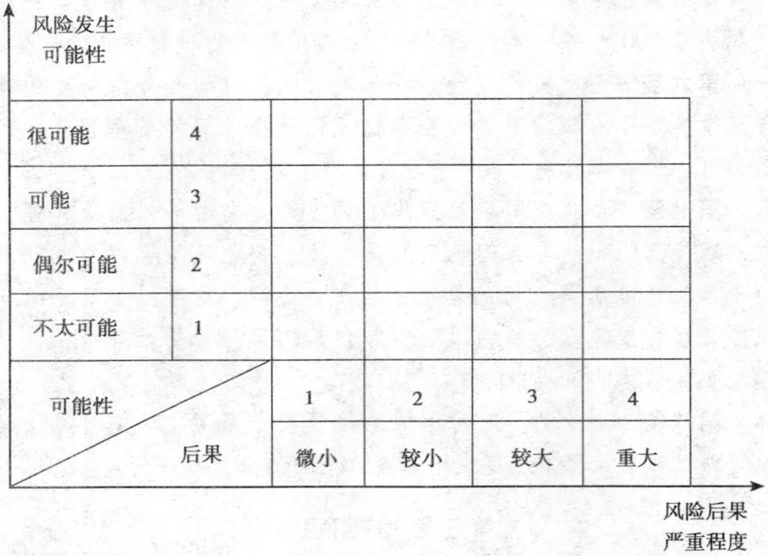

风险发生可能性					
很可能	4				
可能	3				
偶尔可能	2				
不太可能	1				
可能性 ／ 后果		1 微小	2 较小	3 较大	4 重大

风险后果严重程度

图 3-7　风险矩阵图

第十一条　企业在确定风险重要性等级时，应综合考虑风险后果严重程度和发生可能性以及企业的风险偏好，将风险重要性等级划分为可忽视的风险、可接受的风险、要关注的风险和重大的风险等级别。

对于使用半定量和定量指标描绘的矩阵，企业可将风险后果严重程度和发生可能性等级的乘积（即风险值）划分为与风险重要性等级相匹配区间。风险重要性等级判断参考标准如下表3-2：

表 3-2　　　　　　　　　风险重要性等级判断参考标准

风险值	风险等级代码	风险级别描述	等级含义
1-4	I	可忽视的风险	无需采取控制措施
5-8	II	可接受的风险	可考虑建立规章制度，定期检查
9-12	III	要关注的风险	采取明确的预警监控和应对措施
13-16	IV	重大的风险	需配置资源，积极应对

第十二条　企业在逐项分析和评价需在风险矩阵中展示的风险时，注意考虑各风险的性质和企业对该风险的应对能力，对单个风险的发生后果严重程度的量化应注重参考相关历史财务数据。该过程可以通过相关问卷或表单辅助进行。综合各方专家意见后，得到每一风险发生可能性和后果严重程度的评分结果。

第十三条　企业应将每一风险发生的可能性和后果严重程度的评分结果组成的唯一坐标点标注在建立好的空白风险矩阵图中，标明各点的含义并给风险矩阵命名，完成风险矩阵的绘制。

第十四条　企业应将绘制完成的风险矩阵及时传递给企业管理层、各职能部门和业务部门。企业还可将风险矩阵纳入企业风险管理报告，以切实指导风险预警和应对活动，提高风险管理效果。

第十五条　企业应根据风险管理的需要或企业管理层的要求，定期或不定期地更新风险矩阵所展示的各类风险及其重要性等级。

第四章　工具方法评价

第十六条　风险矩阵的主要优点：一是为企业确定各项风险重要性等级提供了流程化、规范化、可视化的工具，增强风险沟通和报告效果，有利于企业采取有效的监管预警和及时应对；二是简便明了、直观易懂，列示形式灵活多样，适用于各类企业不同类型和不同层级的风险管理责任部门应用。

第十七条　风险矩阵的主要缺点：一是需要对风险重要性等

级标准、风险发生可能性、后果严重程度等做出主观判断，可能影响使用的准确性；二是应用风险矩阵所确定的风险重要性等级是通过相互比较确定的，因而无法将列示的个别风险重要性等级通过数学运算得到总体风险的重要性等级。

第九节　管理会计报告与信息系统

一、管理会计报告与信息系统概述

《管理会计基本指引》总结提炼了应用环境、管理会计活动、工具方法、信息与报告这四项管理会计要素。这四项要素构成了管理会计应用的有机体系，单位应在分析管理会计应用环境的基础上，合理运用管理会计工具方法，全面开展管理会计活动，并提供有用信息，生成管理会计报告，支持单位决策，推动单位实现战略规划。

其中，管理会计信息是开展管理会计活动过程中所使用和生成的财务信息和非财务信息，是管理会计报告的基本元素。管理会计报告是管理会计活动成果的重要表现形式，旨在为报告使用者提供满足管理需要的信息，是管理会计活动开展情况和效果的具体呈现。

《指导意见》明确要推进面向管理会计的信息系统建设，指导单位建立面向管理会计的信息系统，以信息化手段为支撑，实现会计与业务活动的有机融合。管理会计信息系统以坚实的大数据为基础，通过充分利用信息技术优势，结合管理需要、经营业务和会计要求，灵活运用管理会计工具方法，加快会计职能从重核算向重管理决策的拓展。使得全面预算管理、资金集中管理、成本控制、绩效评价等能够更加高效、顺畅地运行和开展，是管理会计应用和发展的有效支撑，有助于充分实现会计和业务的有机融合，最终实现单位价值创造目标。

随着以计算机技术和现代网络技术为代表的信息革命向经济

和社会生活的深度和广度渗透，尤其是随着近年来云计算、大数据、移动互联网等新兴技术的快速发展，单位越来越重视通过信息化推动和加强本单位管理会计等各项工作。

本节涉及管理会计方面的指引包括《管理会计应用指引第801号——企业管理会计报告》和《管理会计应用指引第802号——管理会计信息系统》。

二、管理会计应用指引第801号——企业管理会计报告

第一章　总　则

第一条　为了指导企业管理会计报告的编制、审批、报送、使用等，根据《管理会计基本指引》，制定本指引。

第二条　企业管理会计报告，是指企业运用管理会计方法，根据财务和业务的基础信息加工整理形成的，满足企业价值管理和决策支持需要的内部报告。

第三条　企业管理会计报告的目标是为企业各层级进行规划、决策、控制和评价等管理活动提供有用信息。

第四条　企业应建立管理会计报告组织体系，根据需要设置管理会计报告相关岗位，明确岗位职责。企业各部门都应履行提供管理会计报告所需信息的责任。

第五条　企业管理会计报告的形式要件包括报告的名称、报告期间或时间、报告对象、报告内容以及报告人等。

第六条　企业管理会计报告的对象是对管理会计信息有需求的各个层级、各个环节的管理者。

第七条　企业可根据管理的需要和管理会计活动的性质设定报告期间。一般应以日历期间（月度、季度、年度）作为企业管理会计报告期间，也可根据特定需要设定企业管理会计报告期间。

第八条　企业管理会计报告的内容应根据管理需要和报告目标而定，易于理解并具有一定灵活性。

第九条　企业管理会计报告的编制、审批、报送、使用等应与企业组织架构相适应。

第十条 企业管理会计报告体系应根据管理活动全过程进行设计，在管理活动各环节形成基于因果关系链的结果报告和原因报告。

第十一条 企业管理会计报告体系可按照多种标准进行分类，包括但不限于：

（一）按照企业管理会计报告使用者所处的管理层级可分为战略层管理会计报告、经营层管理会计报告和业务层管理会计报告；

（二）按照企业管理会计报告内容可分为综合企业管理会计报告和专项企业管理会计报告；

（三）按照管理会计功能可分为管理规划报告、管理决策报告、管理控制报告和管理评价报告；

（四）按照责任中心可分为投资中心报告、利润中心报告和成本中心报告；

（五）按照报告主体整体性程度可分为整体报告和分部报告。

第二章 战略层管理会计报告

第十二条 战略层管理会计报告是为战略层开展战略规划、决策、控制和评价以及其他方面的管理活动提供相关信息的对内报告。战略层管理会计报告的报告对象是企业的战略层，包括股东大会、董事会和监事会等。

第十三条 战略层管理会计报告包括但不仅限于战略管理报告、综合业绩报告、价值创造报告、经营分析报告、风险分析报告、重大事项报告、例外事项报告等。这些报告可独立提交，也可根据不同需要整合后提交。

第十四条 战略管理报告的内容一般包括内外部环境分析、战略选择与目标设定、战略执行及其结果，以及战略评价等。

第十五条 综合业绩报告的内容一般包括关键绩效指标预算及其执行结果、差异分析以及其他重大绩效事项等。

第十六条　价值创造报告的内容一般包括价值创造目标、价值驱动的财务因素与非财务因素、内部各业务单元的资源占用与价值贡献，以及提升公司价值的措施等。

第十七条　经营分析报告的内容一般包括过去经营决策执行情况回顾、本期经营目标执行的差异及其原因、影响未来经营状况的内外部环境与主要风险分析、下一期的经营目标及管理措施等。

第十八条　风险分析报告的内容一般包括企业全面风险管理工作回顾、内外部风险因素分析、主要风险识别与评估、风险管理工作计划等。

第十九条　重大事项报告是针对企业的重大投资项目、重大资本运作、重大融资、重大担保事项、关联交易等事项进行的报告。

第二十条　例外事项报告是针对企业发生的管理层变更、股权变更、安全事故、自然灾害等偶发性事项进行的报告。

第二十一条　战略层管理会计报告应精炼、简洁、易于理解，报告主要结果、主要原因，并提出具体的建议。

第三章　经营层管理会计报告

第二十二条　经营层管理会计报告是为经营管理层开展与经营管理目标相关的管理活动提供相关信息的对内报告。经营层管理会计报告的报告对象是经营管理层。

第二十三条　经营层管理会计报告主要包括全面预算管理报告、投资分析报告、项目可行性报告、融资分析报告、盈利分析报告、资金管理报告、成本管理报告、绩效评价报告等。

第二十四条　全面预算管理报告的内容一般包括预算目标制定与分解、预算执行差异分析以及预算考评等。

第二十五条　投资分析报告的内容一般包括投资对象、投资额度、投资结构、投资进度、投资效益、投资风险和投资管理建议等。

第二十六条 项目可行性报告的内容一般包括项目概况、市场预测、产品方案与生产规模、厂址选择、工艺与组织方案设计、财务评价、项目风险分析，以及项目可行性研究结论与建议等。

第二十七条 融资分析报告的内容一般包括融资需求测算、融资渠道与融资方式分析及选择、资本成本、融资程序、融资风险及其应对措施和融资管理建议等。

第二十八条 盈利分析报告的内容一般包括盈利目标及其实现程度、利润的构成及其变动趋势、影响利润的主要因素及其变化情况，以及提高盈利能力的具体措施等。企业还应对收入和成本进行深入分析。盈利分析报告可基于企业集团、单个企业，也可基于责任中心、产品、区域、客户等进行。

第二十九条 资金管理报告的内容一般包括资金管理目标、主要流动资金项目如现金、应收票据、应收账款、存货的管理状况、资金管理存在的问题以及解决措施等。企业集团资金管理报告的内容一般还包括资金管理模式（集中管理还是分散管理）、资金集中方式、资金集中程度、内部资金往来等。

第三十条 成本管理报告的内容一般包括成本预算、实际成本及其差异分析，成本差异形成的原因以及改进措施等。

第三十一条 业绩评价报告的内容一般包括绩效目标、关键绩效指标、实际执行结果、差异分析、考评结果，以及相关建议等。

第三十二条 经营层管理会计报告应做到内容完整、分析深入。

第四章　业务层管理会计报告

第三十三条 业务层管理会计报告是为企业开展日常业务或作业活动提供相关信息的对内报告。其报告的报告对象是企业的业务部门、职能部门以及车间、班组等。

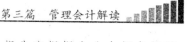

　　第三十四条　业务层管理会计报告应根据企业内部各部门、车间或班组的核心职能或经营目标进行设计，主要包括研究开发报告、采购业务报告、生产业务报告、配送业务报告、销售业务报告、售后服务业务报告、人力资源报告等。

　　第三十五条　研究开发报告的内容一般包括研发背景、主要研发内容、技术方案、研发进度、项目预算等。

　　第三十六条　采购业务报告的内容一般包括采购业务预算、采购业务执行结果、差异分析及改善建议等。采购业务报告要重点反映采购质量、数量以及时间、价格等方面的内容。

　　第三十七条　生产业务报告的内容一般包括生产业务预算、生产业务执行结果、差异分析及改善建议等。生产业务报告要重点反映生产成本、生产数量以及产品质量、生产时间等方面的内容。

　　第三十八条　配送业务报告的内容一般包括配送业务预算、配送业务执行结果、差异分析及改善建议等。配送业务报告要重点反映配送的及时性、准确性以及配送损耗等方面的内容。

　　第三十九条　销售业务报告的内容一般包括销售业务预算、销售业务执行结果、差异分析及改善建议等。销售业务报告要重点反映销售的数量结构和质量结构等方面的内容。

　　第四十条　售后服务业务报告的内容一般包括售后服务业务预算、售后服务业务执行结果、差异分析及改善建议等。售后服务业务报告重点反映售后服务的客户满意度等方面的内容。

　　第四十一条　人力资源报告的内容一般包括人力资源预算、人力资源执行结果、差异分析及改善建议等。人力资源报告重点反映人力资源使用及考核等方面的内容。

　　第四十二条　业务层管理会计报告应做到内容具体，数据充分。

第五章　企业管理会计报告的流程

第四十三条　企业管理会计报告流程包括报告的编制、审批、报送、使用、评价等环节。

第四十四条　企业管理会计报告由管理会计信息归集、处理并报送的责任部门编制。

第四十五条　企业应根据报告的内容、重要性和报告对象等，确定不同的审批流程。经审批后的报告方可报出。

第四十六条　企业应合理设计报告报送路径，确保企业管理会计报告及时、有效地送达报告对象。企业管理会计报告可以根据报告性质、管理需要进行逐级报送或直接报送。

第四十七条　企业应建立管理会计报告使用的授权制度，报告使用人应在权限范围内使用企业管理会计报告。

第四十八条　企业应对管理会计报告的质量、传递的及时性、保密情况等进行评价，并将评价结果与绩效考核挂钩。

第四十九条　企业应当充分利用信息技术，强化管理会计报告及相关信息集成和共享，将管理会计报告的编制、审批、报送和使用等纳入企业统一信息平台。

第五十条　企业应定期根据管理会计报告使用效果以及内外部环境变化对管理会计报告体系、内容以及编制、审批、报送、使用等进行优化。

第五十一条　企业管理会计报告属内部报告，应在允许的范围内传递和使用。相关人员应遵守保密规定。

三、管理会计应用指引第 802 号——管理会计信息系统

第一章　总　则

第一条　为了指导企业有效建设、应用管理会计信息系统，根据《管理会计基本指引》，制订本指引。

第二条　管理会计信息系统，是指以财务和业务信息为基础，

借助计算机、网络通信等现代信息技术手段，对管理会计信息进行收集、整理、加工、分析和报告等操作处理，为企业有效开展管理会计活动提供全面、及时、准确信息支持的各功能模块的有机集合。

第三条　企业建设和应用管理会计信息系统，一般应遵循以下原则：

（一）系统集成原则。管理会计信息系统各功能模块应集成在企业整体信息系统中，与财务和业务信息系统紧密结合，实现信息的集中统一管理及财务和业务信息到管理会计信息的自动生成。

（二）数据共享原则。企业建设管理会计信息系统应实现系统间的无缝对接，通过统一的规则和标准，实现数据的一次采集，全程共享，避免产生信息孤岛。

（三）规则可配原则。管理会计信息系统各功能模块应提供规则配置功能，实现其他信息系统与管理会计信息系统相关内容的映射和自定义配置。

（四）灵活扩展原则。管理会计信息系统应具备灵活扩展性，通过及时补充有关参数或功能模块，对环境、业务、产品、组织和流程等的变化及时做出响应，满足企业内部管理需要。

（五）安全可靠原则。应充分保障管理会计信息系统的设备、网络、应用及数据安全，严格权限授权，做好数据灾备建设，具备良好的抵御外部攻击能力，保证系统的正常运行并确保信息的安全、保密、完整。

第四条　本指引适用于已经具备一定的信息系统应用基础、在此基础上建设管理会计信息系统的企业，以及新建企业信息系统、并有意同时建设管理会计信息系统的企业。

第二章　应用环境

第五条　企业建设管理会计信息系统，一般应具备以下条件：

（一）对企业战略、组织结构、业务流程、责任中心等有清晰定义；

（二）设有具备管理会计职能的相关部门或岗位，具有一定的管理会计工具方法的应用基础以及相对清晰的管理会计应用流程；

（三）具备一定的财务和业务信息系统应用基础，包括已经实现了相对成熟的财务会计系统的应用，并在一定程度上实现了经营计划管理、采购管理、销售管理、库存管理等基础业务管理职能的信息化。

第三章　建设和应用程序

第六条　管理会计信息系统的建设和应用程序既包括系统的规划和建设过程；也包括系统的应用过程，即输入、处理和输出过程。

第七条　管理会计信息系统规划和建设过程一般包括系统规划、系统实施和系统维护等环节。

第八条　在管理会计信息系统的规划环节，企业应将管理会计信息系统规划纳入企业信息系统建设的整体规划中，遵循整体规划、分步实施的原则，根据企业的战略目标和管理会计应用目标，形成清晰的管理会计应用需求，因地制宜逐步推进。

第九条　在管理会计信息系统实施环节，企业应制定详尽的实施计划，清晰划分实施的主要阶段、有关活动和详细任务的时间进度。实施阶段一般包括项目准备、系统设计、系统实现、测试和上线、运维及支持等过程。

（一）在项目准备阶段，企业主要应完成系统建设前的基础工作，一般包括确定实施目标、实施组织范围和业务范围，调研信息系统需求，进行可行性分析，制定项目计划、资源安排和项目管理标准，开展项目动员及初始培训等。

（二）在系统设计阶段，企业主要应对组织现有的信息系统应用情况、管理会计工作现状和信息系统需求进行调查，梳理管理会计应用模块和应用流程，据此设计管理会计信息系统的实施方案。

（三）在系统实现阶段，企业主要应完成管理会计信息系统的数据标准化建设、系统配置、功能和接口开发及单元测试等工作。

（四）在测试和上线阶段，企业主要应实现管理会计信息系统的整体测试、权限设置、系统部署、数据导入、最终用户培训和上线切换过程。必要时，企业还应根据实际情况进行预上线演练。

第十条　企业应做好管理会计信息系统的运维和支持，实现日常运行维护支持及上线后持续培训和系统优化。

第十一条　管理会计信息系统的应用程序一般包括输入、处理和输出三个环节。

（一）输入环节，是指管理会计信息系统采集或输入数据的过程。管理会计信息系统需提供已定义清楚数据规则的数据接口，以自动采集财务和业务数据。同时，系统还应支持本系统其他数据的手工录入，以利于相关业务调整和补充信息的需要。

（二）处理环节，是指借助管理会计工具模型进行数据加工处理的过程。管理会计信息系统可以充分利用数据挖掘、在线分析处理等商业智能技术，借助相关工具对数据进行综合查询、分析统计，挖掘出有助于企业管理活动的信息。

（三）输出环节，是指提供丰富的人机交互工具、集成通用的办公软件等成熟工具，自动生成或导出数据报告的过程。数据报告的展示形式应注重易读性和可视化。

最终的系统输出结果不仅可以采用独立报表或报告的形式展示给用户，也可以输出或嵌入到其他信息系统中，为各级管理部门提供管理所需的相关、及时的信息。

第十二条　管理会计信息系统的模块包括成本管理、预算管理、绩效管理、投资管理、管理会计报告以及其他功能模块。

第四章　成本管理模块

第十三条　成本管理模块应实现成本管理的各项主要功能，

411

一般包括对成本要素、成本中心、成本对象等参数的设置，以及成本核算方法的配置，从财务会计核算模块、业务处理模块以及人力资源等模块抽取所需数据，进行精细化成本核算，生成分产品、分批次（订单）、分环节、分区域等多维度的成本信息，以及基于成本信息进行成本分析，实现成本的有效控制，为企业成本管理的事前计划、事中控制、事后分析提供有效的支持。

第十四条　成本核算主要完成对企业生产经营过程各个交易活动或事项的实际成本信息的收集、归纳、整理，并计算出实际发生的成本数据，支持多种成本计算和分摊方法，准确地度量、分摊和分配实际成本。

成本核算的输入信息一般包括业务事项的记录和货币计量数据等。企业应使用具体成本工具方法（如，完全成本法、变动成本法、作业成本法、目标成本法、标准成本法等），建立相应的计算模型，以各级成本中心为核算主体，完成成本核算的处理过程。成本核算处理过程结束后，应能够输出实际成本数据、管理层以及各个业务部门所需要的成本核算报告等。

第十五条　成本分析主要实现对实际成本数据分类比较、因素分析比较等，发现成本和利润的驱动因素，形成评价结论，编制成各种形式的分析、评价指标报告等。

成本分析的输入信息一般包括成本标准或计划数据、成本核算子模块生成的成本实际数据等。企业应根据输入数据和规则，选择具体分析评价方法（如，差异分析法、趋势分析法、结构分析法等），对各个成本中心的成本绩效进行分析比较，汇总形成各个责任中心及企业总体成本绩效报告，并输出成本分析报告、成本绩效评价报告等。

第十六条　成本预测主要实现不同成本对象的成本估算预测。

成本预测的输入信息一般包括业务计划数据、成本评价结果、成本预测假设条件以及历史数据、行业对标数据等。企业应运用成本预测模型（如，算术平均法、加权平均法、平滑指数法等）

对下一个工作周期的成本需求进行预测，根据经验或行业可比数据对模型预测结果进行调整，并输出成本预测报告。

第十七条 成本控制主要按照既定的成本费用目标，对构成成本费用的诸要素进行规划、限制和调节，及时纠正偏差，控制成本费用超支，把实际耗费控制在成本费用计划范围内。

成本控制的输入信息一般包括成本费用目标和政策、成本分析报告、预算控制等。企业应建立工作流审批授权机制，以实现费用控制过程，通过成本预警机制实现成本控制的处理过程，输出费用支付清单、成本控制报告等。

第十八条 成本管理模块应提供基于指标分摊、基于作业分摊等多种成本分摊方法，利用预定义的规则，按要素、按期间、按作业等进行分摊。

第五章 预算管理模块

第十九条 预算管理模块应实现的主要功能包括对企业预算参数设置、预算管理模型搭建、预算目标制定、预算编制、预算执行控制、预算调整、预算分析和评价等全过程的信息化管理。

第二十条 预算目标和计划制定主要完成企业目标设定和业务计划的制定，实现预算的启动和准备过程。

预算目标和计划设定的输入信息一般包括企业远景与战略规划、内外部环境信息、投资者和管理者期望、往年绩效数据、经营状况预测以及公司战略举措、各业务板块主要业绩指标等。企业应对内外部环境和问题进行分析，评估预算备选方案，制定详细的业务计划，输出企业与各业务板块主要绩效指标和部门业务计划等。

第二十一条 预算编制主要完成预算目标设定、预算分解和目标下达、预算编制和汇总以及预算审批过程，实现自上而下、自下而上等多种预算编制流程，并提供固定预算、弹性预算、零基预算、滚动预算、作业预算等一种或多种预算编制方法的处理机制。

预算编制的输入信息一般包括历史绩效数据、关键绩效指标、预算驱动因素、管理费用标准等。企业应借助适用的预测方法(如：趋势预测、平滑预测、回归预测等)建立预测模型，辅助企业制定预算目标，依据预算管理体系，自动分解预算目标，辅助预算的审批流程，自动汇总预算。最终输出结果应为各个责任中心的预算方案等。

预算管理模块应能提供给企业根据业务需要编制多期间、多情景、多版本、多维度预算计划的功能，以满足预算编制的要求。

第二十二条 预算执行控制主要实现预算信息模块与各财务和业务系统的及时数据交换，实现对财务和业务预算执行情况的实时控制等。

预算执行控制的输入信息一般包括企业各业务板块及部门的主要绩效指标、业务计划、预算执行控制标准及预算执行情况等。企业应通过对数据的校验、比较和查询汇总，比对预算目标和执行情况的差异；建立预算监控模型，预警和冻结超预算情形，形成预算执行情况报告；执行预算控制审核机制以及例外预算管理等。最终输出结果为预算执行差异分析报告、经营调整措施等。

第二十三条 预算调整主要实现对部分责任中心的预算数据进行调整，完成调整的处理过程等。

预算调整的输入信息一般包括企业各业务板块及部门的主要绩效指标、预算执行差异分析报告等。企业对预算数据进行调整，并依据预算管理体系，自动分解调整后的预算目标，辅助调整预算的审批流程，自动汇总预算。最终输出结果为各个责任中心的预算调整报告、调整后的绩效指标等。

第二十四条 预算分析和评价主要提供多种预算分析模型，实现在预算执行的数据基础上，对预算数和实际发生数进行多期间、多层次、多角度的预算分析，最终完成预算的业绩评价，为绩效考核提供数据基础。

预算分析和评价的输入信息一般包括预算指标及预算执行情况，以及业绩评价的标准与考核办法等数据。企业应建立差异计算模型，实现预算差异的计算，辅助实现差异成因分析过程，最终输出部门、期间、层级等多维度的预算差异分析报告等。

第六章　绩效管理模块

第二十五条　绩效管理模块主要实现业绩评价和激励管理过程中各要素的管理功能，一般包括业绩计划和激励计划的制定、业绩计划和激励计划的执行控制、业绩评价与激励实施管理等，为企业的绩效管理提供支持。

第二十六条　绩效管理模块应提供企业各项关键绩效指标的定义和配置功能，并可从其他模块中自动获取各业务单元或责任中心相应的实际绩效数据，进行计算处理，形成绩效执行情况报告及差异分析报告。

第二十七条　业绩计划和激励计划制定主要完成绩效管理目标和标准的设定、绩效管理目标的分解和下达、业绩计划和激励计划的编制过程，以及计划的审批流程。

业绩计划和激励计划制定的输入信息一般包括企业及各级责任中心的战略关键绩效指标和年度经营关键绩效指标，以及企业绩效评价考核标准、绩效激励形式、条件等基础数据。处理过程一般包括构建指标体系、分配指标权重、确定业绩目标值、选择业绩评价计分方法以及制定薪酬激励、能力开发激励、职业发展激励等多种激励计划，输出各级考核对象的业绩计划、绩效激励计划等。

第二十八条　业绩计划和激励计划的执行控制主要实现与预算系统与各业务系统的及时数据交换，实现对业绩计划与激励计划执行情况的实时控制等。

业绩计划和激励计划的执行控制的输入信息一般包括绩效实际数据以及业绩计划和激励计划等。企业应建立指标监控模型，根据指标计算办法计算指标实际值，比对实际值与目标值的偏差，输出业绩计划和激励计划执行差异报告等。

第二十九条 业绩评价和激励实施管理主要实现对计划的执行情况进行评价，形成综合评价结果，向被评价对象反馈改进建议及措施等。

业绩评价和激励实施管理的输入信息一般包括被评价对象的业绩指标实际值和目标值、指标计分方法和权重等。企业应选定评分计算方法计算评价分值，形成被评价对象的综合评价结果，输出业绩评价结果报告和改进建议等。

第七章　投资管理模块

第三十条 投资管理模块主要实现对企业投资项目进行计划和控制的系统支持过程，一般包括投资计划的制定和对每个投资项目进行的及时管控等。

第三十一条 投资管理模块应与成本管理模块、预算管理模块、绩效管理模块和管理会计报告模块等进行有效集成和数据交换。

第三十二条 投资管理模块应辅助企业实现投资计划的编制和审批过程。企业可以借助投资管理模块定义投资项目、投资程序、投资任务、投资预算、投资控制对象等基本信息；在此基础上，制定企业各级组织的投资计划和实施计划，实现投资计划的分解和下达。

第三十三条 投资管理模块应实现对企业具体投资项目的管控过程。企业可以根据实际情况，将项目管理功能集成到投资管理模块中，也可以实施单独的项目管理模块来实现项目的管控过程。

第三十四条 项目管理模块主要实现对投资项目的系统化管理过程，一般包括项目设置、项目计划与预算、项目执行、项目结算与关闭、项目报告以及项目后审计等功能。

（一）项目设置。主要完成项目定义（如，项目名称、项目期间、成本控制范围、利润中心等参数），以及工作分解定义、作业和项目文档等的定义和设置，为项目管理提供基础信息。

（二）项目计划与预算。主要完成项目里程碑计划、项目实施计划、项目概算、项目利润及投资测算、项目详细预算等过程，并辅助实现投资预算的审核和下达过程。

项目里程碑计划，一般包括对项目的关键节点进行定义，在关键节点对项目进行检查和控制，以及确定项目各阶段的开始和结束时间等。

（三）项目执行。主要实现项目的拨款申请，投资计量，项目实际发生值的确定、计算和汇总，以及与目标预算进行比对，对投资进行检查和成本管控。

（四）项目结算。通过定义的结算规则，运用项目结算程序，对项目实现期末结账处理。结算完成后，对项目执行关闭操作，保证项目的可控性。

（五）项目报告。项目管理模块应向用户提供关于项目数据的各类汇总报表及明细报表，主要包括项目计划、项目投资差异分析报告等。

（六）项目后审计。企业可以根据实际需要，在项目管理模块中提供项目后辅助审计功能，依据项目计划和过程建立工作底稿，对项目的实施过程、成本、绩效等进行审计和项目后评价。

第八章　管理会计报告模块

第三十五条　管理会计报告模块应实现基于信息系统中财务数据、业务数据自动生成管理会计报告，支持企业有效实现各项管理会计活动。

第三十六条　管理会计报告模块应为用户生成报告提供足够丰富、高效、及时的数据源，必要时应建立数据仓库和数据集市，形成统一规范的数据集，并在此基础上，借助数据挖掘等商务智能工具方法，自动生成多维度报表。

  第三十七条 管理会计报告模块应为企业战略层、经营层和业务层提供丰富的通用报告模板。

  第三十八条 管理会计报告模块应为企业提供灵活的自定义报告功能。企业可以借助报表工具自定义管理会计报表的报告主体、期间（定期或不定期）、结构、数据源、计算公式以及报表展现形式等。系统可以根据企业自定义报表的模板自动获取数据进行计算加工，并以预先定义的展现形式输出。

  第三十九条 管理会计报告模块应提供用户追溯数据源的功能。用户可以在系统中对报告的最终结果数据进行追溯，可以层层追溯其数据来源和计算方法，直至业务活动。

  第四十条 管理会计报告模块可以独立的模块形式存在于信息系统中，从其他管理会计模块中获取数据生成报告；也可内嵌到其他管理会计模块中，作为其他管理会计模块重要的输出环节。

  第四十一条 管理会计报告模块应与财务报告系统相关联，既能有效生成企业整体报告，也能生成分部报告，并实现整体报告和分部报告的联查。

第四章 管理会计案例分析

上述章节分别介绍了关于全面推进管理会计体系建设的指导意见、管理会计基本指引以及管理会计应用指引，本章节将结合案例，就管理会计应用领域中战略管理、预算管理、成本管理、投融资管理、绩效管理、风险管理等方面进行案例分析解读，希望能够帮助读者更好的指导管理会计实践。

【案例1】M公司润滑油业务覆盖全球100多个国家和地区，员工近10 000人，产品6 000多种。全球润滑油市场年销售总量约为4 000万吨，整个行业年增产率约为1%-2%，M公司的目标定位于中、高端客户。目前，润滑油行业的规模要求越来越高。由于润滑油行业属于石油化工中的成品油业务，大多数国家和地区都有不同程度的政府管制。同时，各地区的消费者对各大石油公司的产品存在不同的品牌偏好。

润滑油作为一种特殊的石化产品，广泛地应用于内燃机（约占50%）及多种工业设备的润滑，虽然遇到全球能源紧张和生态环保方面的压力，但就目前的技术水平而言，尚未找到一种良好的替代品。润滑油的购买者主要可分为以下两大类：车用油购买者（占60%）和工业用油购买者（占40%）。

全球润滑油行业的竞争厂商数以万计。其中，M公司、N公司、P公司、Q公司、S公司等五大石油公司占据了全球40%的市场份额，全球各地的国家石油公司占据了当地业务份额的50%。润滑油行业的供应商主要是基础油（90%的原材料构成）生产厂商和添加剂（10%的原料构成）生产厂商。其中，基础油厂商主要是M公司等五大石油公司和各地国家石油公司的油品冶炼机构。

因为油品的价格受各种因素（政治、军事、经济等）的影响较大，各油品公司的不同部门之间都执行独立核算的事业部制，所以，在同作为供应商的基础油生产厂商的谈判过程中，润滑油企业谈判力较小。而添加剂公司主要由 A、B、C、D 四家公司垄断经营。添加剂对润滑油的质量、性能起重要的决定性作用。

【要求】

根据上述资料，运用迈克尔·波特的五力竞争模型，简要分析 M 公司面临的行业环境并指出行业盈利能力状况。

【解析】

（1）现有企业之间的竞争。润滑油行业的竞争者有三大阵营，第一阵营是 M 公司等全球五大石油公司，第二阵营是各地国家石油公司，第三阵营是各国中小企业。没有任何一家占据行业绝对优势，但五大石油公司在各地各有优势，由于行业增长缓慢，为取得更大市场份额，全球润滑油行业的竞争日益加剧。

（2）潜在新进入者的威胁。潜在进入者带来的竞争威胁严重程度主要取决于进入壁垒和现有厂商对新进入者的预期反应两因素。从进入壁垒来看，润滑油行业规模经济的进入门槛要求越来越高，五大石油公司拥有和垄断了大部分的润滑油核心技术，M 公司品牌的客户忠诚度较高且在全球分销渠道优势明显，各国政府管制较严。从 M 公司等五大公司对新进入者预期的反应看，它们都致力于各自市场地位的改善和提升，抵御新进入者的入侵。由此可见，新进入者是一种微弱的竞争力量，对 M 公司等现有企业威胁不大。

（3）替代品的威胁。从目前技术水平看，替代品威胁较小。

（4）供应商的议价能力。无论是作为其供应商的基础油生产厂商，还是添加剂厂商对于润滑油企业来说都是一种强势的竞争力量。

（5）购买者的议价能力。一方面，润滑油的购买者数量较多，对购买产品有相当的决策权；另一方面，购买者也会尊重原始设备制造商的推荐及相关专业人士的建议。因此，购买者在润滑油行业中的竞争力量属于中等。

综上，润滑油行业竞争程度日益加剧但行业盈利能力依然较强。

【案例2】博大公司是位于Q省S市的一家医药生产和销售企业，凭借主打药品维C银翘片和金感冒胶囊等感冒药品，于2×10年9月25日在上海交易所上市，注册资本58 780万元，主营中成药系列产品。公司上市之后中药材价格全面上涨，受此影响，其主打产品的原料上涨近一倍，博大公司经营面临着成本上升的风险。为了应对危机，博大公司开启了"多元化投资战略"。2×15年6月与希尔顿合作斥资10亿元在S市修建五星级酒店，同年10月，进军胶原蛋白饮料产业，生产饮料和口服液；2×15年11月，宣布投资建设年产2万吨的中药残渣综合利用生产、生物有机肥示范项目；等等。截至2×17年上半年，该公司多元化投资项目的业务模块基本处于亏损或停滞状态。

博大公司主营医药生产与销售。2×17年8月18日披露了2×17年半年报，虽然营业收入和净利润都同比增加10%，但值得注意的是，应收账款大幅度上开。这意味着博公司上半年的盈利指标"看上去很美"却质量低下，经营状况不容乐观。其半年报还显示，上半年的经营性现金流仅为7 160万元，公司多元化投资项目：如肥料、饮料、口服液和中药材的销售营业额对经营业绩的贡献较小，实现销售额分别为1 573.15万元1 268.66万元和2 399.89万元，占主营业务收入的比例分别是0.96%、0.78%和1.47%。有分析称，这与博大公司盲目的"多元化"投资战略有关，近些年，公司不断扩张，导致其营业成本也不断上升，资金链日趋紧张。

【要求】

1. 指出博大公司实施的战略类型，并作简要分析。

2. 从财务角度指出博大公司可以选择的投资战略。

3. 指出公司应在什么情况下选择多元化投资战略，针对博大公司的多元化投资战略提出改进建议。

【解析】

1. 博大公司战略类型：成长型多元化战略。简要分析如下：博大公司在上市伊始，面临原材料成本上升的态势，走规模扩张战略的思路是正确的，但投资方向的选择，即多元化投资战略是值得商榷的。在投资方向上全面撒网，四面出击，导致资源分散，削弱了核心竞争力，造成成本增加，现金流量减少，经营质量下降。尤其是饮料业和酒店业对主营业务的发展带来不利影响。

2. 博大公司应当着力围绕主营相关业务进行投资，可以选择的投资战略有：

（1）实施规模效益的投资战略。将资源集中于主业规模扩大方面，实现规模效应，可以有效消除原材料成本上升的不利影响。

（2）采用提高技术进步效益的投资战略。博大公司可以利用其行业影响，通过技术发行、技术改进和技术创新，推广医药品牌，扩展医药系列产品，夯实核心竞争力基础，取得行业竞争优势。

3. 实施多元化投资战略时机：可在面临较大的外部环境威胁时相机选择。过早地进入一个未知的市场并非博大公司的强项，胶原蛋白饮料开发和五星级酒店经营的业绩表现已经证明了这一点。

建议：博大公司应当适时调整投资战略，收缩不相关业务，增强可持续发展能力。

【案例3】云龙乳业集团股份有限公司是中国乳业中规模较大、产品线较全的企业。其前身是×市乳制品总厂，1×95年11月，云龙乳业集团向社会公开发行1 715万股普通股股票。2×06年，云龙乳业集团主营业务收入达163.39亿元，同比增长34.20%，连续四年保持行业第一，当年纳税达10.32亿元，同比增长17.40%，高居中国乳业榜首。云龙乳业集团在为国家和社会创造大量财富的同时，表现出良好的盈利能力。最新权威机构调查数据显示，云龙乳业集团的品牌价值从 2×12 年的 152.36 亿元飙升到 167.29 亿元，雄居中国乳业第一方阵。这意味着云龙乳业集团在经济影响力，技术影响力、文化影响力、社会影响力等方面已经展示了行业领导者的潜在优势。在亚太合作银行最新发布的《2016 年全球乳业 20 强》排名报告中，云龙乳业集团名列全球乳业 20 强。

但是，在 2×08—2×10 年期间，云龙乳业集团曾处于相对衰退时期，财务状况变差。2×08 年，由于"三聚氰胺"事件的发生，云龙乳业集团受到很大冲击，销售颖大幅度下降。该年营业收入为 216.59 亿元，营业成本为 372.86 亿元，导致营业利润为 -20.50 亿元，净利润为 -17.37 亿元。2×09 年，云龙乳业集团的利润虽然同比略有增长，但应收账款增长了 10.66%，表明盈利质量较差。与此同时，客户的预付账款从 2×07 年的 4.97 亿元下降到 2×08 年的 2.84 亿元，说明公司与客户之间多年的良好关系遭到破坏，失去消费者信任使之未来发展举步维艰。2×08—2×09 年，云龙乳业集团的短期贷款变动不大，但略有减少，长期借款大幅度增长，达 100.86%，"三聚氰胺"事件的影响导致云龙乳业集团不得不大幅度增加长期负债以抵销短期贷款带来的财务风险。

衰退阶段的云龙乳业集团利用有限资金进行重点投资，谨慎地进行资本运作，有效规避风险。为消除"三聚氰胺"事件的恶劣影响，云龙乳业集团非常重视社会声誉和企业形象。因此，该公司在奶制品新品种研发上狠下功夫，对产品质量要求极为苛刻。与此同时，云龙乳业集团也投资了各地的分项目，如 J 省 G 项目、S 省 W 项目，强化了地区形象。此外，云龙乳业集团还赞助体育事业，成为安特卫普冬奥会国家体育代表团专用乳制品，提高了同际知名度，挽回了企业形象。最后，云龙乳业集团积极推进节能环保技术，深受大众支持。在股利分配政策方面，云龙乳业集团在 2×08 年 5 月 22 日实行了 10 转增 2 的股利分配政策，使总股数从 6 610 229 万股增加到 79 932.275 万股，对缓解财务危机起到一定作用。2×08—2×10 年，云龙乳业集团采用了不分配、不转增的股利政策，最大程度地保证了留存收益，为财务状况逐步改善创造了条件。

【要求】

以投资战略、融资战略，收益分配战略等角度，对处于衰退时期的云龙乳业集团的公司战略进行简要分析。

【解析】

衰退阶段的云龙乳业集团，财务管理目标定位于"现金流量最大化"，财务战略具有"高负债、重点投资、不分配"防御收缩型特征，实践证明这一战略是成功的。

这一阶段的投资战略是采用了"重点投资"思路，在投资期限上进行了长短配合。长期投资包括 J 省 G 项目、S 省 W 项目等，短期投资包括赞助国家体育事业。同时，在奶制品新品种研发上狠下功夫，采用了提高技术进步效益的投资战略。

这一阶段的融资战略是按照高负债思路，内部融资与债务融资相结合。仅 2×09 年长期借款同比增长了 100.66%，较好地缓解了资金运转困难的局面。2×08—2×10 年，连续提高留存收益，以积累内部力量，寻求新的发展机会。高负债融资战略有利于逐步恢复云龙乳业集团盈利能力，改善财务结构。

在股利分配方面，云龙乳业集团发放了少许股票股利，不进行现金分配。这既安抚了现有股东，稳定了股价，增强了股东的信心，又保留了大量现金流量，增强了财务实力。

【案例 4】 2×17 年 12 月，九州新创科技公司欲投资建设一个专门生产教学用笔记本电脑的生产线，预计生产线寿命为 5 年。2×15 年曾为建设该项目聘请某咨询机构进行项目可行性研究支出现金 80 万元。该项目的初始投资额及有关销售、成本资料如下：

1. 购置机器设备等固定资产投资 1 000 万元（包括运输、安装调试和相关税金等全部成本），固定资产折旧采用平均年限法按10年计提，预计届时无残值；第五年估计机器设备的市场变现价值为600万元。

2. 项目投资后，各期营运资本投人假定为下一年销售收人的5%。

3. 销售数量、单价、成本数据：

（1）第一年的销售量预计为5 000台，第二年、第三年每年销售量增加30%；第四年停止增长；

（2）第一年的销售单价为6 000元/台，以后各年销售单价下降10%；

（3）第一年单台设备的变动成本为4 800元，以后各年单位变动成本逐年降低13%；

（4）固定成本第一年为300万元，以后各年增长8%。

变动成本和固定成本包含了企业所有的成本费用，即折旧、利息、摊销等已包含在其中。

4. 适用的企业所得税税率为25%。

【要求】

1. 简要说明如何确定项目折现率。

2. 项目可行性研究费用80万元是否应计人项目投资支出？并说明理由。

3. 确定项目初始现金流量、营业现金流量和净现值。

4. 根据上述计算结果，指出项目财务可行性。

【解析】

1. 在采用折现法进行投资决策时，项目折现率选择的主要参考标准有：

（1）以市场利率为标准。资本市场的市场利率是整个社会投资报酬率的最低水平，可以视为无风险最低报酬率要求。

（2）以投资者希望获得的最低投资报酬率为标准。这就考虑了投资项目的风险补偿因素以及通货膨胀因素。

（3）以企业平均资本成本率为标准。企业投资所需要的资金，都或多或少地具有资本成本，企业筹资所承担的资本成本水平，给投资项目提出了最低报酬率要求。必须指出，在项目风险与公司风险显著不同的情况下，进行项目投资决策时应当采用项目的资本成本作为折现率的参考标准，否则可能误导决策，造成公司投资机会的丧失。

2. 项目投资决策应考虑与该项目相关的现金流，而不应考虑无关成本。与投资相关的现金流是指实施一个项目才导致的现金流入或现金流出，如果不是该项目，就不会发生的现金流，即考虑增量现金流。而那些无论项目是否实施都已经发生的现金流，则不需要考虑。其中，沉没成本是指那些已经发生、目前的决策对其没有影响的成本。如新建项目的一些前期费用，尽职调查费、投资咨询费、可研费等，属于沉没成本，不应当考虑。

但需要注意的是，项目决策需要考虑机会成本。所谓机会成本是指接受一个项目时必须放弃的收益，虽然没有真实发生，但所放弃的潜在收益却是属于新项目的成本，必须加以考虑。另外，项目决策还需要考虑项目带来的溢出效应，即采取新项目后可能对公司其他部门、业务等产生的影响，它可能是正面的也可能是负面的。

3. 项目初始现金流量 NCF_0 = （1 000+3 000×5%） = - （1 000+150） = -1 150（万元）

营业现金净流量 NCF_1 至 NCF_4 如表 2-1 所示。

第五年现金净流量 NCF_5 = 546+166+600- （600-500）×25% = 1 287（万元）

净现值（NPV）计算如下表 4-1 所示。

4. 由于净现值 = 1 172 万元大于零，所以该项目具有财务可行性。

表 4-1　　　　　　　　　　　　　　　　　　　　　　　　金额单位：万元

	项目	数量关系	年限					
			0	1	2	3	4	5
1	初始投资		-1 000					
2	销售数量（台）			5 000	6 500	8 450	8 450	8 450
3	销售单价（元）			6 000	5 400	4 860	4374	3 937
4	销售收入	②×③		3 000	3 510	4 107	3 696	3 327
5	单位变动成本			4 800	4 176	3 633	3 161	2 750
6	总变动成本	②×⑤		2 400	2 714	3 070	2 671	2 324
7	固定成本			300	324	350	378	408
8	利润	④-⑥-⑦		200	472	687	647	595
9	所得税	⑧×25%		75	118	172	162	149
10	净利			225	354	515	485	446
11	折旧			100	100	100	100	100
12	营业现金净流量	⑩+⑪	0	325	454	615	585	546
13	营运资本			-150	-176	-205	-185	-166
14	营运资本增量			-150	-26	-29	20	19	166
15	出售固定资产							600
16	出售固定资产纳税	100×25%						25
17	年度现金净流量		-1 150	299	425	635	604	1 287
18	折现系数（10%）		1 000	0.909	0.826	0.751	0.683	0.621
19	年度现金流量现值	⑰+⑱	-1 150	272	351	477	413	799
20	净现值		1 172					

注：营运资本增量＝本年营运资本-上年营运资本

【案例 5】甲公司为一家国有大型企业 M 公司的全资子公司，主要从事水利电力工程及基础设施工程承包业务，涵盖境内、境外两个区域市场。近年来，甲公司积极推进全面预算管理，不断强化绩效考核，以促进公司战略目标的实现。相关资料如下：

427

（1）甲公司的组织架构为"公司总部—分公司—项目部"，拥有6家分公司、100余个项目部。预算编制时，甲公司要求各分公司对每个项目部均单独编制项目收人、成本费用、利润等预算，再逐级汇总至公司总部。

（2）2×17年初，甲公司对2×16年的预算执行情况进行了全面分析，其中2×16年度营业收入预算执行情况如表4-2所示：

表4-2 单位：万元

业务（产品）类型	境内业务		境外业务		合计	
	预算金额	实际金额	预算金额	实际金额	预算金额	实际金额
水利电力工程业务	85	79	50	51	135	130
基础设施工程业务	45	52	20	16	65	68
合计	130	131	70	67	200	198

（3）2×17年7月，M公司对甲公司2×16年上半年预算管控情况进行了检查，发现以下主要问题：①对年度营业收人、管理费用、利润总额等重点预算指标，未按季度或月度进行分解、控制，出现"时间过半，收人、利润指标只实现年度预算的40%，而管理费用却达到年度预算的63%"等问题，公司"保增长"压力大、提质增效工作成效不明显；②对应收款项、存货、现金流量等关键性监控指标，未进行分析预测且未采取适当控制措施，导致应收款项及存货占用资金高，事前控制能力有待提高。

（4）甲公司将6家分公司定位为"利润中心"，并将总部管理费用全部分摊给6家分公司。甲公司以分公司承担总部管理费用后的税前利润，作为业绩考核指标对分公司进行年度考核评价。

假定不考虑其他因素。

【要求】

1. 根据资料（1），指出甲公司采用了哪种预算编制方法，并说明该种方法的主要适用条件。

2. 根据资料（2），采用多维分析法、以区域和产品两个维度相结合的方式，分析指出甲公司 2×15 年度营业收入预算执行中存在的主要问题，并说明多维分析法的主要优点。

3. 根据资料（3），指出甲公司未遵循哪些预算控制原则、并据此提出预算控制的改进措施。

4. 根据资料（4），指出甲公司对分公司设置的业绩考核指标是否恰当、并说明理由。

【解析】

1. 编制方法：项目预算法。

适用条件：从事工程建设的企业或及一些提供长期服务的企业。

2. 主要问题：境内水利电力工程业务及境外基础设施工程业务来完成平度预算目标。

主要优点：分析者可以从多个角度、多个侧面观察相关数据，从而更深入地了解数据中的信息与内涵。

3. 未遵循预算控制原则：加强过程控制和突出重点管理。

改进措施：严格执行销售预算、生产预算、费用预算和其他预算，将年度预算细分为月度和季度预算。

抓住预算控制重点，对重点预算项目严格管理；对关键性预算指标的实现情况按月、按周、甚至进行实时跟踪，对其发展趋势做出科学合理的预测，提高事前控制能力。

4. 不恰当。

【理由】分公司承担的总部管理费用为不可控成本。

【案例6】甲公司系一家集规划设计、装备制造、工程施工为一体的国有大型综合性建设集团公司。2×17 年初，甲公司召开总经理办公会、提出要进一步提升"战略规划一年度计划预算管理一绩效评价"全过程的管理水平。会议主要内容如下：

（1）会议提出要贯彻落实董事会制定的以"国际业务优先发展"为主导的密集型战略。公司应积极响应国家"一带一路"建设规划,在"一带一路"沿线国家(包括已开展业务和尚未开展业务的国家)争取更多业务订单,一方面提高现有产品与服务在现有市场的占有率,另一方面以现有产品与服务积极抢占新的国别市场。

(2)会议审议了公司2×17年度经营目标。公司发展部从公司自身所拥有的人力、资金、设备等资源出发,提出了2×17年新签合同额、营业收入、利润总额等年度经营目标、并经会议审议通过。

(3)会议听取了公司2×16年度预算执行情况的报告。财务部就公司2×16年的预算执行情况进行了全面分析、并选取行业内标杆企业M公司作为对标对象,从盈利水平、资产质量、债务风险和经营增长4个方面各选取一个关键指标进行对标分析(相关对标数据如表4-3所示),重点就本公司与M公司在某些方面存在的差距向会议做了说明。

表4-3

企业名称	营业收入净利率	总资产周转率	资产负债率	营业收入增长率
甲公司	3.93%	68.36%	82.79%	16.23%
M公司	3.92%	75.88%	78.53%	22.84%

(4)会议听取了关于采用"平衡计分卡"改进绩效评价体系的报告。会议指出:公司近年来单纯采用财务指标进行绩效评价存在较大局限性,同意从2×17年起采用"平衡计分卡"对绩效评价体系进行改进;同时要求加快推进此项工作,以更好地促进公司战略目标的实现。

假定不考虑其他因素。

【要求】

1.根据资料(1),指出甲公司采取的密集型战略的具体类型,并说明理由。

2. 根据资料（2），判断甲公司确定年度经营目标的出发点是否恰当，并说明理由。

3. 根据资料（3），针对4个关键指标，指出甲公司与M公司存在的差距，并提出相应的改进措施。

4. 根据资料（4），指出采用"平衡计分卡"方式进行绩效评价将有哪些方面的改进。

【解析】

1. 甲公司采取的密集型战略的类型：市场渗透战略及市场开发战略。

理由：提高现有产品与服务的市场占有率属于市场渗透战略；将提高现有产品与服务打入新国别市场属于市场开发战略。

2. 不恰当。

【理由】

企业年度经营目标的制定必须从企业的战略出发，而不是从企业所拥有的资源出发，以确保年度经营目标与公司战略、长期目标相一致。

3. 甲公司与M公司的差距：甲公司的资产周转率及营业收入增长率低于M公司、资产负债率高于M公司。

改进措施：加快资产周转速度，提高资产质量；提高营业收入水平，加快经营增长；合理控制资产负债率，防范债务风险。

4. 平衡计分卡采用多重指标、从多个维度或层面对企业或分部进行绩效评价。

平衡计分卡不仅是一个财务和非财务业绩指标的收集过程，还是一个战略业务单元的使命和战略所驱动的自上而下的过程，其体现战略目标，致力于追求未来的核心竞争力。

平衡计分卡对以下四个方面进行了平衡：财务业绩与非财务业绩的平衡；与客户有关的外部衡量与关键业务过程和学习成长有关的内部衡量的平衡；领先指标与落后指标设计的平衡；结果衡量（过去努力结果）与未来业绩衡量的平衡。

【案例7】甲集团公司（以下简称"集团公司"）下设A、B两个事业部，分别从事医疗化工、电子设备制造业务，2×17年7月10日，集团公司召开上半年工作会议，就算执行情况及企业发展的重要问题进行了专题研究，会议要点如下：

（1）预算执行方面，集团公司财务部汇报了1至6月份预算执行情况，集团公2×17年全年营业收人、营业成本、利润总额的预算指标分别为500亿元、200亿元、100亿元；上半年实际营业收入200亿元、营业成本140亿元、利润总额30亿元，财务部认为，要完成全年预算指标，压力较大。

（2）预算调整方面，集团公司全面预算管理委员会认为，努力完成全年预算目标仍是本年度的主要任务；在落实任务过程中，既要强化预算的刚性，又要切合实际进行必要的调整。

（3）成本管控方面，A事业部本年度对×药品实施了目标成本管理。目前，A事业部×药品的单位生产成本为9万元/吨，市场上主要竞争对手的×药品平均销售价格为8.8万元/吨，A事业部要求×药品的成本利润率为10%。

（4）项目投资方面，B事业部提出了一项投资计划，预计项目投资总额40 000万元，项目建成后每年息税前利润3 500万元。集团公司财务部认为，考虑风险因素后，该项目的加权平均资本成本为10%，项目投资决策时对此应予以考虑。

假定不考虑其他因素。

【要求】

1. 根据资料（1），计算集团公司2×17年1至6月份有关预算指标的执行进度，并指出存在的主要问题及应采取的措施。

2. 根据资料（2），指出集团公司预算应坚持的原则。

3. 根据资料（3），依据目标成本发展的基本原理，参照主要竞争对手同类产品的平均销售价格，分别计算A事业部×药品的单位目标成本及单位成本降低目标。

【解析】

1. ①营业收入预算执行率：200÷500＝40%

②营业成本预算执行率：140÷200＝70%

③利润总额预算执行率：30+100＝30%

存在的主要问题是：营业收入和利润总额预算执行率较低，营业成本预算执行率较高。应采取的措施：甲集团公司应进一步增加销售收入，加强成本管理，提高盈利能力。

2. 集团公司预算调整应坚持的原则：

①预算调整应当符合企业发展战略、年度经营目标和现实状况，重点放在预算执行中出现的重要的、非正常的、不符合常规的关键性差异方面；

②预算调整方案应当客观、合理、可行，在经济上能够实现最优化；

③预算调整应当谨慎，调整频率应予以严格控制，年度调整次数应尽量减少。

3. ×药品的单位目标成本＝8.8÷（1+10%）＝8（万元/吨）

×药品的单位成本降低目标＝9-8＝1（万元/吨）

或：×药品的单位成本降低目标＝［（9-8）÷9］×100%＝11.11%

【案例8】甲公司是一家生产经营多种电子元件的大型企业，下辖A、B、C三个事业部。2×16年，甲公司开展预算管理工作的部分情况如下：

（1）甲公司总经理认为，预算工作是财务部门职能的一部分，应该由财务部负责公司预算管理的所有工作。

（2）在预算执行过程中，由于市场环境较年初预计时发生了重大变化，与年初预算存在较大差异，但A事业部负责人认为，既然制定了预算，就要维护预算的严肃性和权威，必须严格按预算执行。

（3）B事业部负责人不赞成A事业部负责人的观点，认为预算也要根据需要随时进行调整，超出预算的费用经负责人审批后即可开支。

（4）C事业部负责人在编制本部门预算时认为，弹性预算较为灵活，因此，在前一年度固定预算的基础上规定一个0.5-1.5的系数，以实际执行数是否落在上下限之间来判断预算执行是否正常。

假定不考虑其他因素。

【要求】

根据资料（1）至资料（4），指出甲公司及其事业部在预算管理中存在的问题，并简要说明理由。

【解析】

1. 资料（1）中存在的问题：预算管理组织体系不健全。

理由：没有成立专门的预算管理委员会和预算管理委员会办公室，而是由财务人员兼任预算管理人员，预算的权威性不够。公司应该成立预算管理委员会，预算的编制、调整应经过预算管理委员会的审核。

2. 资料（2）中存在的问题：过于强调预算的刚性。

理由：当企业运营的外部环境发生重大变化时，管理者应及时、主动地调整预算。

3. 资料（3）中存在的问题：预算管理流于形式，重编制，轻执行，调整随意。

理由：对预算进行调整，必须按照一定程序进行。预算调整包括分析、申请、审议、批准等步骤。

4. 资料（4）中存在的问题：对弹性预算的认识错误。

理由：弹性预算是和固定预算相对应的一种方法，即基于弹性的业务量编制预算的一种方法。简单地用固定预算指标乘上两个弹性系数作为预算的上下限范围，这种做法并不是弹性预算。并且，C事业部弹性系数的确定太随意，缺乏科学依据。

【案例9】甲公司为一家智能制造集团公司，2×13—2×16年的销售收入和利润总额情况如表 4-4 所示。

表 4-4

期间（n）	年份	销售收入（亿元）	利润总额（亿元）
0	2×13 年	91	6.0
1	2×14 年	118	7.3
2	2×15 年	137	8.9
3	2×16 年	153	10.4

根据预测，2×17 年甲公司的销售收入预计较 2×16 年增长 15%，销售收入利润率预计较 2×16 年下降 0.1 个百分点。

此外，根据甲公司自身发展和分红政策等需要，预计 2×17 年甲公司需新增未分配利润 4 亿元，支付股利分配额 3.2 亿元。甲公司的盈余公积提取比例为净利润的 20%，所得税税率为 25%。

假定不考虑其他因素。

【要求】

1. 根据上述资料，采用利润增长率法预测甲公司 2×17 年的目标利润。

2. 根据上述资料，采用比例预算率法预测甲公司 2×17 年的目标利润。

3. 根据上述资料，采用上加法预测甲公司 2×17 年的目标利润。

4. 指出预算目标确定应遵循的原则和应考虑的因素有哪些。

【解析】

1. 预计 2×17 年的目标利润 = 10.4×（1+20%）= 12.5（亿元）

2. 预计 2×17 年营业收入 = 153×（1+15%）= 176（亿元）

预计 2×17 年营业收入利润率 =（10.4÷153）×100%-0.1% = 6.7%

预计 2×17 年利润总额 = 176×6.7% = 11.8（亿元）

3. 净利润 = （4+3.2）÷（1-20%）= 9（亿元）

预计 2×17 年利润总额 = 9÷（1-25%）= 12（万元）

4. 预算目标确定应遵循的原则：先进性原则、可行性原则、适应性原则、导向性原则、系统性原则。

预算目标确定应考虑的因素：出资人对预算目标的预期、以前年度实际经营情况、预算期内重大事项的影响、企业所处发展阶段的特点等。

【案例 10】 甲公司是一家集团公司，A、B、C 公司分别为其全资子公司。相关预算编制资料如下：

（1）A 公司 2×17 年销售收入预算目标如表 4-5 所示：

表 4-5

2×17 年第一期预算 预算编制日期：2×16 年 12 月 25 日		2×17 年第二期预算 预算编制日期：2×17 年 3 月 25 日	
季度	金额（亿元）	季度	金额（亿元）
2×17 年第一季度	20	2×17 年第二季度	16
2×17 年第二季度	16	2×17 年第三季度	15
2×17 年第三季度	15	2×17 年第四季度	22
2×17 年第四季度	22	2×18 年第一季度	21

（2）B 公司为一家 2×16 年 12 月刚成立的公司，因没有以往会计期间所发生的项目和费用金额作为参考，一切以实际需要和可能出发，然后逐项审议预算期内各项费用的内容及开支标准是否合理，在综合平衡的基础上编制了 2×17 年费用预算。

（3）C 公司为一家高端制造业企业，生产销售×产品。2×17 年预计×产品销量 1 000 件到 1 200 件之间，销售单价预计为 100 万元/件，单位变动成本为 75 万元/件，固定成本为 10 000 万元。2×17 年收入、利润预算目标如表 4-6 所示：

表 4-6

项目	单位	情形1	情形2	情形3	情形4	情形5
销售量	件	1 000	1 050	1 100	1 150	1 200
销售收入	万元	100 000	105 000	110 000	115 000	120 000
变动成本	万元	75 000	78 750	82 500	86 250	90 000
边际贡献	万元	25 000	26 250	27 500	28 750	30 000
固定成本	万元	10 000	10 000	10 000	10 000	10 000
利润	万元	15 000	16 250	17 500	18 750	20 000

假定不考虑其他因素。

【要求】

1. 根据资料（1），指出 A 公司采用的是哪种预算编制方法，并说明该种预算编制方法的优缺点。

2. 根据资料（2），指出 B 公司采用的是哪种预算编制方法，并说明该种预算编制方法的优缺点。

3. 根据资料（3），指出 C 公司采用的是哪种预算编制方法，并说明该种预算编制方法的优缺点。

【解析】

1. A 公司采用的预算编制方法：滚动预算法。

滚动预算法的主要优点：通过持续滚动预算编制、逐期滚动管理，实现动态反映市场、建立跨期综合平衡、从而有效指导企业营运，强化预算的决策与控制职能。

滚动预算法的主要缺点：一是预算滚动的频率越高，对预算沟通的要求越高。预算编制的工作量越大；二是过高的滚动频率容易增加管理层的不稳定感，导致预算执行者无所适从。

2. B 公司采用的预算编制方法：零基预算法。

零基预算法的主要优点：能促使管理者审查所有业务元素，有助于创造一个高效精简的组织。若业绩评价和激励制度科学合理，则还可以调动各部门降低费用的积极性。

零基预算法的主要缺点：一是管理者倾向于用光当前预算期间的全部已分配资源，从而造成不必费的采购和重大浪费，二是对预算合理性的审查需要耗费大量时间和费用。

3. C 公司采用的预算编制方法：弹性预算法。

弹性预算法的主要优点：一是能够适应不同经营情况的变化，在一定程度上避免了对预算的频繁修改，有利于预算控制作用的更好发挥；二是能够使各预算执行单位实施更为相致的差异分析，为业绩评价建立更加客观合理的基础。

弹性预算法的主要缺点：相对于固定预算法，弹性预算法编制工作量大，较为麻烦。

【案例 11】 甲公司 2×17 年 9 月底的预算例会上，财务部钱部长就公司预算执行情况进行主题发言，在肯定预算绩效的同时也指出了各部门预算执行方面存在的问题，但各部门负责人都发表了各自的看法和意见。下面是会议上相关部门领导的发言记录。

综合部郑部长说："我们部门 2×17 年的部门费用预算总额是 50 万元，这些费已经在年初的预算会议上讨论通过了，而且公司也下发了文件，为什么每次报销时有些金额稍大的费用开支还要找公司领导去批，这不是多此一举，浪费资源吗？而且我们部门每年这么多预算，将全年的部门费用总额控制在 50 万以内就可以了，到现在为止，我们部门总共才开支了 25 万元，财务部为什么通知我办公费超预算了。"

市场部肖部长说："我们部门到目前为止，已经签订了 10 000 万元合同额，同期增长了 20%，完成了全年指标的 80%，凭什么说我们没有完成预算指标？"

人力资源部柴部长说："我们部门到目前为止共发生了 30 万元费用，仅开全年预算的 60%，控制情况比较理想，就不用提交部门预算分析报告了吧。

各个部门领导都给钱部长提意见，认为财务部对预算控制"太死"，不利于大家开展工作，有许多事情根本没法预测那么准。

假定不考虑其他因素。

【要求】

1. 判断郑部长的观点是否正确，并简要说明理由。

2. 钱部长应当如何向市场部肖部长解释。

3. 钱部长应当如何给人力资源部柴部长解释。

4. 预算例会主要任务之一是对预算进行分析，预算分析有什么作用？

5. 对于各部门领导提出的预算控制太死的问题，钱部长该怎么做？在以后的预制中，钱部长该按什么原则指导预算控制工作。

【解析】

1. 郑部长的观点不正确，原因如下：

（1）预算费用不等于必须投入的资源。即使是预算内的费用，也需要经过相关审批流程。相关部门对重大的销售费用、管理费用支出要进行事前签报并按规定流程报相关领导审批。

（2）预算控制不仅指总额控制，也包括单项控制。在总额控制下，只要预算总项的额度不超出预算，此业务就可以进行；超出预算额度，业务是否可以进行，需要经过追加的程序进行审批。单项控制是指对每个预算项都分别加以控制。综合部部门费用总额虽没有超过部门费用总预算，但办公费费用超出单项预算了。

2. 钱部长应当向市场部肖部长解释：上年同期业绩相比，新签合同额增长了20%；从序时进度看，市场部签订合同额指标完成了全年预算的80%，超过序时进度5个百分点，应当说业绩不错。但从公司全年预算指标分解要求看，市场部新签合同额有没有达到三季度预算要求进度。

3. 钱部长应当向人力资源部柴部长解释：预算分析就是将企业的预算执行情况与预算目标或标准进行对比，找出差异，分析差异形成的原因，并根据差异的大小和性质，提出相应的改进性措施的过程。预算分析是为了找出预算节约或超支的原因，并为以后的预算执行提供信息，并不是预算控制在预算限额以内就不用进行分析。

4. 预算分析的主要作用有：预防作用、控制作用、评价作用和预测作用。

5. 钱部长应当考虑改进工作，合理采用刚性控制和柔性控制两种控制方式，对于一些不易区分、相对不重要的项目，可以通过总额控制实施柔性控制；对于一些重大项目的支出，则需要仔细审核其支出的合理性，实行刚性控制。

在以后的预算控制中，钱部长应当坚持以下原则：加强过程控制；突出管理重点；刚性控制和柔性控制相结合；业务控制和财务控制相结合。

【案例 12】甲公司是一家国务院国资委下属的中央企业，在国内拥有 31 家子公司，业务遍及全国。为强化内部控制，整合其他管理手段，公司从 2×10 年起在全系统推行全面预算管理，制定了预算管理制度，有关规定如下：

1. 预算组织体系。公司总经理对公司的预算管理工作负责。各职能部门具体负责本部门业务涉及的业务预算的编制，子公司负责本单位预算的编制，在此基础上，财务部门汇总形成公司年度预算草案，提交总经理办公会讨论通过后，下达各部门及子公司执行。

2. 预算编制范围。涵盖财务预算、业务预算、资本预算、筹资预算，共同构成公司的全面预算。

3. 预算管理的基本任务：确定公司的经营方针和目标并组织实施；明确公司内部各个层次的管理责任和权限；对公司经营活动进行控制、监督和分析；保证公司预算的全面完成。

4. 预算调整流程。预算一经正式批复下达，一般不予调整。如果在执行中由于市场环境、经营条件、政策法规发生重大变化，致使预算的编制基础不成立，或者将导致预算执行结果产生重大偏差的，可以调整预算数据。公司接到各子公司的预算调整报告后，应进行审核分析，根据分析结果编制预算调整方案，提交公司总经理办公会审议批准后下达子公司执行。

假定不考虑其他因素。

【要求】

1. 指出甲公司的预算组织体系是否合理，并简要说明原因。

2. 判断甲公司的预算结构是否完善，并简要说明原因。

3. 甲公司的预算管理的基本任务中"保证公司预算的全面完成"是否合理？

4. 判断甲公司预算调整审批流程是否存在缺陷，并简要说明理由。

【解析】

1. 甲公司预算组织体系不合理。

理由：预算组织体系应由预算决策、预算组织、预算执行单位三部分组成。一般预算决策机构是预算管理委员会，其成员包括公司的总经理和其他高管；而该公司由总经理办公会代替，总经理负责。预算组织机构是预算管理办公室，应由主管财务的副总兼任；而该公司的预算组织由财务部门负责。预算应由董事会进行审议，提交股东大会批后下达执行。

2. 甲公司预算结构比较完善。

理由：全面预算管理的内容主要包括经营预算、专门决策预算和财务预算。经营预算，是指与企业日常业务直接相关的一系列预算，包括销售预算、生产预算、采购预算、费用预算、人力资源预算等；专门决策预算，是指企业重大的或不经常发生的、需要根据特定决策编制的预算，包括投融资决策预算等；财务预算，是指与企业资金收支、财务状况或经营成果等有关的预算，包括资金预算、预计资产负债表、预计利润表等。该公司的全面预算涵盖了业务预算、资本预算、融资预算和财务预算。

3. 甲公司预算管理的基本任务中"保证公司预算的全面完成"不合理。

理由：预算管理制度不能够"保证公司预算的全面完成"，只能通过预算管理最大限度地实现预算目标。

理由：公司预算调整流程是由预算执行单位向预算管理办公室提出预算申请，而该公司是由预算执行单位直接向总经理办公会（预算管理委员会）审议批准，财务部门（预算管理办公室）没有发挥应有的作用。

【案例13】甲公司是家在上海证券交易所上市的汽车零部件生产企业，近年来由内部管理粗放和外部环境变化，公司经营业绩持续下滑。为实现提质增效目标，甲公司决定从2×16年起全面深化预算管理，优化业绩评价体系，有关资料如下：

（1）全面预算管理。

①在预算编制方式上，2×17年之前，甲公司直接向各预算单位下达年度预算指标并要求严格执行；2×17年，甲公司制定了"三下两上"的新预算编制流程，各预算单位主要指标经上下沟通后形成。

②在预算编制方法上，2×17年10月，甲公司向各预算单位下达了2×17年度全面预算编制指导意见，要求预算单位以2×17年度预算为起点，根据市场环境等因素的变化，2×16年度预算的基础上合理调整形成2×18年度预算。

③在预算审批程序上，2×17年12月，甲公司预算管理委员会办公室编制完成2×17年度全面预算草案；2×18年1月，甲公司董事会对经预算管理委员会审核通过的全面预草案进行了审议；该草案经董事会审议通过后，预算管理委员会以正式文件形式向各预算单位下达执行。

（2）业绩评价体系。

为充分发挥业绩考核的导向作用，甲公司对原来单纯的财务指标考核体系进行了改进，新业绩指标分为财务指标体系和非财务指标体系。其中：财务指标体系包括经济增加值、存货周转率等核心指标；与原来财务指标体系相比，经济增加值替代了净利润指标，并调整了相关指标权重。财务指标调整及权重变化如表

表 4-7

原财务指标体系		新财务指标体系	
指标名称	权重	指标名称	权重
净利润	50%	经济增加值	50%
存货周转率	15%	存货周转率	20%
……	35%	……	30%

假定不考虑其他因素。

【要求】

1. 根据资料（1）中的第①项，指出甲公司 2×16 年之前以及 2×17 年分别采取的预算编制方式。

2. 根据资料（1）中的第②项，指出甲公司全面预算编制指导意见所体现的预算编制方法类型，并说明该预算编制方法类型的优缺点。

3. 根据资料（1）中的第③项，指出甲公司全面预算草案的审议程序是否恰当，如不恰当，说明理由。

4. 根据资料（2），指出新业绩指标体系引入非财务指标的积极作用。

5. 根据资料（2），指出核心财务指标调整及权重变化所体现的考核导向。

【解析】

1. 甲公司 2×16 年之前的预算编制方式：权威式预算。

甲公司 2×16 年采取的预算编制方式：混合式预算。

2. 甲公司全面预算编制指导意见所体现的预算编制方法类型：增量预算法。增量预算法的主要优点：编制简单，省时省力。增量预算法的主要缺点：预算规模会逐步增大，可能会造成预算松弛及资源浪费。

3. 不恰当。理由：年度全面预算草案经董事会审议通过后，还需要股东大会批准。

4. 非财务指标被认为是能反映未来业绩的指标，良好的非财务指标的设计和应用有利于促进企业实现未来的财务成功。

5. 经济增加值替代净利润指标所体现的考核导向：更加注重企业价值创造能力的提升。

存货周转率权重提高所体现的考核导向：更加注重资产周转效率的提高。

【案例14】甲公司是一家大型高科技集团上市公司，主营手机、电脑以及其他电子科技产品，其生产、研发与销售部门遍及全球各地，产品特征与类型具有一定的地理特殊性。该公司的发展战略是系列电子产品多元化。从多板块、多渠道取得收益。甲公司重视研究开发，持续推出新产品，不断创新产品配套服务，以此推动消费者对产品进行升级，提高产品边际收益。近年来公司财务战略目标日益明晰，高度重视企业价值管理，构建了以经济增加值最大化为核心目标，持续盈利能力和长期现金流量现值为辅助目标的财务战略目标体系。按照财务战略目标要求，2×16年甲公司在2×15年的基础上，对部分业务板块追加了投资，其中A业务板块和B业务板块各追加投资10 000万元，C业务板块追加投资20 000万元。三个业务板块的基础财务数据如表4-8所示。

表4-8

项目	A业务板块		B业务板块		C业务板块	
	2×15年	2×16年	2×15年	2×16年	2×15年	2×16年
调整后资本	80 000	100 000	70 000	90 000	100 000	140 000
净资产收益率	12.5%	12.5%	17.5%	17.0%	14.0%	16.0%
平均资本成本率	15.0%	15.0%	15.0%	15.0%	15.0%	15.0%
税后净营业利润	10 000	12 500	12 250	15 300	14 000	22 400

假定不考虑其他因素。

【要求】

1. 根据甲公司业务情况，判断甲公司应采取何种组织结构类型。

2. 分别计算甲公司三个业务板块 2×16 年的经济增加值，并根据经济增加值对各业务板块的业绩水平由高到低进行排序（要求列出计算过程）。

3. B 业务板块 2×16 年的净资产收益率由 2×15 年的 17.5% 降低为 17%，评价甲公司 2×16 年对 B 业务板块的追加投资是否合理，并简要说明理由。

【解析】

1. 考虑公司多元化经营及公司规模大等特点，公司组织结构类型应为事业部制组织结构。

2. 2×16 年三个板块的经济增加值分别为

A 业务板块经济增加值 = 12 500 - 100 000 × 15% = -2 500（万元）

B 业务板块经济增加值 = 15 300 - 90 000 × 15% = 1 800（万元）

C 业务板块经济增加值 = 22 400 - 140 000 × 15% = 1 400（万元）

据此，B 业务板块业绩最好，C 业务板块次之，A 业务板块最差。

3. 甲公司 2×16 年对 B 业务板块的追加投资合理。

理由：B 业务板块 2×16 年的经济增加值比上年有所增长，按公司既定财务战略目标，对 B 业务板块追加投资是合理的。

【案例 15】甲公司是一家专门从事手机生产的上市公司，成立以来一直将盈利能力目标作为财务战略目标，并将利润作为业绩考核的核心指标。但近年来，公司产品市场占有率不断下滑，股票价格长期低迷，公司从资本市场的融资难度增加，资本成本上升。为了扭转这种局面，公司董事会决定转变财务战略目标，由利润最大化目标转变为经济增加值最大化目标，并确定以经济增加值作为其业绩考核的核心指标。经过充分的论证，该公司确定的明年目标经济增加值为 3 000 万元，目前该公司正在进行 2×18 年的财务规划，有关资料如下：

（1）2×18 年公司实现销售收入 30 000 万元，净利润 2 500 万元，平均资产总额 10 000 万元；平均无息流动负债 1 800 万元；

（2）2×18 年预计销售收入增长 10%，预计销售净利率、资产周转率不变，并且平均无息流动负债与销售收入的比例也不变；

（3）公司为推进技术创新，提高市场竞争力，2×18 年拟投入研发费用 600 万元（研发支出在计算 EVA 时不作为当期费用扣除）；

（4）公司目标资本结构为债务资本占比 60%，权益资本占比 40%，2×18 年将继续维持。在该资本结构下，公司债务资本的平均利率为 5%；

（5）公司所得税税率为 25%，加权平均资本成本为 10%。

假设不考虑其他因素。

【要求】

1. 根据上述资料，计算甲公司 2×18 年的经济增加值，并判断该公司能否实现 EVA 目标。

2. 为了提高经济增加值，甲公司拟采取如下行动，试判断哪种方法可最大程度提高 EVA；

（1）若减少不影响收入的 800 万元的经营费用；

（2）若重组资本结构（负债权益比率），将资本成本降为 5.5%。

3. 假如非经常性收益在计算 EVA 时减半计算，甲公司出售优质资产长期股权投资获取投资收益 1 600 万元是否能够提升 EVA，这一手段说明什么问题？

【解析】

1. 计算甲公司的经济增加值：

2×18 年平均资产总额 = 10 000×（1+10%）= 11 000（万元）

平均无息流动负债＝1 800×（1+10%）＝1 980（万元）

平均债务资本额＝11 000×60%＝6 600（万元）

利息支出＝6 600×5%＝330（万元）

税后营业利润＝净利润+（利息支出+研发费用）×（1-税率）＝2 500×（1+10%）+（330+600）×（1-25%）＝3 447.50（万元）

调整后资本＝11 000-1 980＝9 020（万元）

经济增加值＝3 447.50-9 020×10%＝2 545.50（万元）

由于预计的经济增加值低于目标经济增加值，因此，不能实现 EVA 目标。

2.（1）减少 800 万元的营业费用，可以增加税前利润 800 万元，增加税后利润＝800×（1-25%）＝600（万元），由于不改变资本成本，所以该决策可以增加经济增加值 600 万元。达到预计目标。

（2）将资本成本降为 5.5%，不改变税后净营业利润，但可以降低资本成本 9 020×（10%-5.5%）＝405.9（万元），所以该决策可以增加经济增加值 405.9 万元。来达到预计目标。

两相比较，选择（1）方法更可行。

3. 出售优质资产获取的收益，需要扣除 50%。然后还要考虑税率的影响。由于资本成本不变，因此经济增加值变动金额＝（1 600-1 600×50%）×（1-25%）＝600（万元）。这一指标将使得 EVA 增长到 3 145.5 万元，从而实现目标。公司可以通过创造非经常性收益实现公司 EVA 的增长。

【案例 16】甲公司为一家连锁酒店经营企业。近年来，随着市场竞争的日益激烈，甲公司业绩不断下滑。2×18 年，甲公司决定重建一套绩效管理系统。基于自身发展战略，并根据平衡计分卡的四个维度，甲公司总结了成功关键要素，提取了绩效指标，形成了下一年度关键绩效指标。

（1）关键成功要素。

财务层面：盈利水平的高低主要依赖于经营收入的增长和经

营成本的控制。

顾客层面：酒店的服务质量、服务项目的创新、酒店品牌建设是吸引新老客户的关键。

内部流程层面：安全、卫生是客户选择的首要因素，灵活的定价机制也是客户选择的关键。

学习与成长层面：人才是关键，尤其是核心员工，员工的培训对于工作标准化、服务专业化至关重要。

（2）关键绩效指标如表4-9所示。

表4-9

层面	指标	权重
财务层面	销售收入	30%
	成本费用利润率	10%
顾客层面	客户满意度	15%
	品牌忠诚度	15%
内部流程层面	动态定价机制	10%
	安全、卫生达标率	5%
学习与成长层面	核心员工流失率	10%
	员工培训时长	5%

假定不考虑其他因素。

【要求】

1. 根据上述资料，指出平衡计分卡中"平衡"的含义。

2. 根据上述资料，简要说明各个层面指标间的关系。

3. 根据上述资料，指出有效应用平衡计分卡应遵循的原则。

【解析】

1. 平衡计分卡中的"平衡"含义：

（1）财务业绩与非财务业绩的平衡；

（2）与客户有关的外部衡量以及与关键业务过程和学习成长有关的内部衡量的平衡；

（3）领先指标和滞后指标设计的平衡；

（4）结果衡量（过去努力的结果）与未来业绩衡量的平衡。

2. 各个层面指标间的关系：如果加强员工培训，留住核心人才，则有利于提高安全、卫生达标率，也可以制定更为科学合理的动态价格；如果酒店能够提供安全、卫生的居住环境，并拥有价格优势，则可吸引更多新老客户；如果新老客户增加，酒店销售收入将随之增长；如果酒店销售收入增长，经营成本得到有效控制，则酒店的盈利水平将提升。

3. 有效应用平衡计分卡应遵循的原则：各个层面的指标间具有因果关系；结果计量指标与业绩动因相关联；与财务指标挂钩。

【案例17】甲公司是一家位于北京的大型国有企业，在京津冀拥有多家子公司。2×18 年末公司年报显示，当年净利润 10.5 亿元，与年初预算 14.8 亿元相比，偏差较大，未能完成全年预算。为扭转利润下滑的趋势，甲公司董事会决定调整集团组织体系，整合现有资源，改变以前利润为主的业绩考核模式。为激励下属企业更加注重资本成本，提高资本利用效率，甲公司集团总部准备从 2×15 年起，以 EVA 为核心考核指标，子公司经理层的年薪直接与 EVA 考核结果挂钩。同时，改革组织机构，撤销原集团总部的生产部，成立新的事业部，将当地几个企业的直接经营权从集团总部职能体系中剥离。

假定不考虑其他因素。

【要求】

1. 简述业绩评价角度的类型，并分析甲公司采用的评价角度类型。

2. 简述业绩评价的功能和程序，以及成功的业绩评价体系的特征。

3. 评价甲公司的业绩评价体系。

【解析】

1. 业绩评价的角度分为外部维度（财务维度）和内部维度

（管理维度）。外部维度是指企业财务报告使用者对企业业绩的评价；内部维度是指企业的管理者需要定期和不定期的评估经营效率、资源利用情况，以及战略和目标的实现程度。甲公司采用的业绩评价指标是 EVA，采用的是内部维度（管理维度）。

2. 企业业绩评价主要具有价值判断功能、预测功能、战略传达与管理功能、行为导向功能。

企业业绩评价的程序包括：制定业绩目标、确定业绩标准、进行业绩辅导、业绩考核与评价、反馈业绩评价结果。

成功的业绩评价体系有如下特点：指标体系有战略高度；指标体系能以财务业绩为评价落脚点；财务指标与非财务指标的有机结合；突出知识创新对企业长期发展的影响；强化企业内部部门间的合作关系。

3. 甲公司以 EVA 为中心的目标管理体系，体现了以财务业绩为评价落脚点。EVA 与年薪制挂钩，克服了企业总部和内部单位之间目标冲突的现象，体现了突出知识创新对企业长期发展的影响，强化企业内部部门间的合作关系。组织结构改革，当地几个企业的直接经营权将从集团总部职能体系中完全剥离，体现了指标体系有战略高度。

【案例 18】甲集团公司召开 2×17 年度年终考核评议会，参加会议的有董事长、总经理、副总经理、集团本部各部门的负责人和下属公司的总经理。甲集团公司是直属北京市国资委的市国有企业，主要业务领域涉及房地产、金融业、信息产业、商品流通业和服务业等，有职工 10 000 多人，总资产高达 100 亿元，净资产为 30 亿元。2×17 年收入为 158 亿元，实现利润总额 5 亿元，EVA 为 2 亿元。市国资委要求的资本成本率为 6%，适用 25% 的所得税率。

甲集团公司本部设办公室、人力资源部、财务部、计划部、市场部、党群部和纪检法审部 7 个部门，5 家下属公司分别为：房地产公司，主要业务为房地产开发；物业公司，主要业务为物业管理；担保公司，主要业务为担保和大型运输设备融资租赁；商贸有限公司，主要从事日用洗涤用品的批发。

财务部负责人张部长发言说：市国资委 2×17 年给我们集团下达的经济指标为营业收入 150 亿元、利润总额 4.5 亿元、EVA 为 1.8 亿元、成本费用总额占营业收入比率为 97.5%，我们本年实现营业收入 158 亿元、利润总额 5 亿元、EVA 为 2 亿元、成本费用总额占营业收入比率为 97.4%，全面完成各项经济指标任务。

人力资源部负责人发言说：我们 2×17 年共发生人工成本 20 亿元，较年初预算 21 亿元节约了 1 亿元，成本控制有力，应当给我部考评加分。其中，在教育培训费用方面，加大了控制力度，全年仅开支 500 万元，较全年预算降低了 400 万元，较上年教育培训费开支节约了 500 万元，希望能按照节约额的 1% 给予部门奖励。

市场部负责人说：我们部门组织各公司全年签订合同金额高达 200 亿元，为完成全年经济指标奠定了坚实基础。

物业公司负责人说：在市场竞争激励的情况下，我公司全体员工"以客户需求为导向，全心全意为业主服务，提高服务意识"为原则，齐心协力，圆满完成了 2×17 年的任务，取得了业主的高度认可。全年实现收入 10 亿元，较收入预算指标 4 亿元超额完成 6 亿元，预算完成率为 250%，鉴于做出的突出贡献，是否可以考虑给予预算特别奖。

商贸有限公司负责人说：我们公司资产规模较去年翻了一番，全年实现收入 80 亿元，较去年增加了 30 亿元；全年实现利润总额 8 000 万元，较去年增加了 1 000 万元，增长总额较大，业绩优异、可否考虑增加工资总额指标。

房地产公司负责人说：我公司本年钢材成本控制方面成绩显著，原预计要开支钢材成本 4.2 亿元，最终开支了 3.6 亿元，节约了 0.6 亿元。按照预计施工进度（80%）和钢材耗用标准，需要耗用钢材 1.2 万吨。施工进度按预期（80%）完成，但由于改进了施工工艺，在保持建筑质量不变的前提下，钢材用量大大节约，只用了 1 万吨。

假定不考虑其他因素。

【要求】

1. 关于各位参会人员发言，如果你是董事长，将会产生怎样的思考？

2. 如果董事长询问人力资源部负责人关于公司人力资源建设方面的情况时，人力资源部负责人该如何汇报？

3. 为了表彰房地产公司在钢材成本节约方面的业绩，集团公司决定奖励房地产公司 10 万元，房地产公司负责人应如何分配该笔奖金？

【解析】

1. 针对各位参会人员发言，可能会有如下思考：

（1）对于人力资源部负责人的发言，董事长也许会进一步思考，人力成本和教育费节约了，究竟是好事还是坏事？

（2）对于市场部负责人的发言，董事长也许会想，这些合同是否经过经济可行性评价，后期若执行，能否产生足够的利润。

（3）对于物业公司负责人的发言，董事长也许会想，物业公司为什么会如此大幅超预算完成指标，是经营努力的结果还是预算指标不合理？

（4）对于商贸有限公司负责人的发言，董事长也许会想，为什么利润增幅大大小于收入增福，是因为让利于客户的营销政策导致收入增加，还是因为提供了过度的信用政策导致收入增加？

（5）对于房地产公司负责人的发言，董事长也许会想、钢材成本是否还有降低的潜力？

2. 人力资源部负责人应当从以下方面回答：员工满意度、员工保有率和员工生产效率。

3 按照相关数据，钢材预算价格 3.5 万元/吨，预计标准用量为 1.2 万吨，由于工艺改进，实际使用钢材 1 万吨，节约 0.2 万吨、钢材实际价格为 3.6 万元/吨。

由于钢材节约带来的成本降低额为 $0.2 \times 3.5 = 0.7$（亿元），由于采购价格上涨带来的损失为 $(3.6-3.5) \times 1 = 0.1$（亿元）。因此，虽然房地产公司的钢材成本降低了，但不同部门的工作业绩是不同的。由于工艺改进节约了 0.7 亿元，采购部门工作不力、导致成本上升 0.1 亿元。因此，按公平原则，该笔奖金应分配给施工工艺设计及相关部门，不应当奖励给采购部门。

【案例19】甲集团公司所属乙机电公司主要从事高低压配电柜的生产，注册资本 3 000 万元，资产总额 2 亿元，净资产 1 亿元，无对外负债性筹资，员工 310 人，年收入达 5 亿元。由于甲集团公司经营层对高低压配电柜领域不是很熟悉，同时乙机电公司经营层在该领域打拼多年，管理经验丰富，对公司战略把握到位。因此，甲集团公司授予乙机电公司完全的投资决策权。

乙机电公司预计 2×17 年息税前利润 3 400 万元，公司加权平均资本成本为 15%，适用所得税率为 20%。

乙机电公司决定投资一个新型高压柜生产线，需要甲集团公司给乙机电公司增资 2 000 万元，预计可以增加息税前利润 500 万元。

假设增资后乙机电的资本成本不变，无其他调整事项。

【要求】

1. 分别从投资报酬率和剩余收益两个角度对该项目进行评价。

2. 从经济增加值的角度评价是否应该投资该项目。

3. 简要说明相对于其他业绩评价方法，采用经济增加值指标的好处。

4. 会计净利润和 EVA 值作为两种反映经营结果的总量评价指标，同一公司经营业绩基础上计算出的指标存在一定的差距，请说明差距产生的原因。

【解析】

1.（1）从投资报酬率的角度对该项目进行评价

投资报酬率＝息税前利润÷投资占用的资本×100%

如果不投资该项目，投资报酬率＝3 400÷10 000×100%＝34%

如果投资该项目，投资报酬率＝（3 400＋500）÷（10 000＋2 000）×100%＝32.5%

结论：投资报酬率下降，不应该投资该项目。

（2）从剩余收益角度对该项目进行评价

剩余收益＝息税前利润－投资占用的资本×加权平均资本成本

如果不投资该项目，剩余收益＝3 400－10 000×15%＝1 900（万元）

如果投资该项目，剩余收益＝（3 400＋500）－（10 000＋2 000）×15%＝2 100（万元）

结论：剩余收益增加，应该投资该项目。

2. 经济增加值＝调整后的税后经营利润—加权平均资本成本×平均占用资本

如果不投资该项目，经济增加值计算如下：

经济增加值＝3 400×（1－20%）－10 000×15%＝1 220（万元）

如果投资该项目：经济增加值计算如下：

经济增加值＝（3 400＋500）×（1－20%）－（10 000＋2 000）×15%＝1 320（万元）

结论：应该投资该项目。

3. 相较于会计利润指标，用经济增加值指标来进行业绩评价，至少有三个好处：

（1）EVA 考虑了所使用资本的全部成本，将占用青本的成本作为指标计算的减项，有利于更加关注资本的使用效率；

（2）通过对税后净营业利润的计算调整，鼓励企业加强创新性投入，增强企业的持续发展能力，能够更加客观地反映出经营层的业绩。

（3）通过对占用资本的调整，可以更好地体现出企业的战略意围。

4. 会计净利润和 EVA 值上的差距主要源于是否在计算过程中

考虑了股权资本的成本。

在会计净利润计算过程中，没有考虑股权资本成本。有时会计利润指标显示企业盈利，但 EVA 可能为负。

在 EVA 指标设计中，则体现了经济利润的思想，在计算过程中合理对会计报表中的一些项目进行了调整，充分考虑了股权资本成本对企业价值的影响。与会计净利润指标相比，EVA 在衡量企业的价值创造能力和经营业绩时更为准确全面。

【案例 20】甲公司是一家著名的方便面生产企业。2×17 年 3 月底，该公司建立了一套绩效管理系统，其中包括市场占有率、销售收入、订单处理速度、员工保留率等基于平衡计分卡（BSC）的关键绩效考核指标体系，公司寄希望于绩效管理系统的实施，培养员工的责任意识，提升管理水平，增加企业竞争力。

然而，该系统在实施过程中却遇到一系列问题：部门员工反映考核太烦琐，每次要填很多表格，影响了正常工作；而且员工对考核的结果也不认同，认为考核有失公平，缺乏沟通，影响了工作积极性；部门领导也反映绩效考核过于复杂，缺乏弹性，不利于员工提高业绩，公司的绩效管理系统的实施遇到了很大的障碍。

假定不考虑其他因素。

【要求】

1. 平衡计分卡的指标体系包含哪四个层面？上述资料中列举的甲公司设计的各项考核指标分别属于哪个层面？

2. 分析甲公司绩效管理实施过程中所表现出来的问题。

【解析】

1. 平衡计分卡的指标体系包含四个层面：财务层面、客户层面、内部业务流程层面、学习和成长层面。

甲公司设计的各项考核指标中：

属于财务层面的指标：销售收入和销售利润；

属于客户层面的指标：市场占有率；

属于内部业务流程层面的指标：订单处理速度；

属于学习和增长层面的指标：员工保留率。

2. 甲公司绩效管理实施过程中所表现出来的主要问题如下：

（1）员工和管理人员对新的绩效管理系统不熟悉，缺乏培训；

（2）考核结果出现平均化倾向；

（3）绩效考核结果未与员工进行有效沟通；

（4）绩效管理程序过于复杂。

【案例21】2×16年7月，中国C公司和欧洲M国当地两家工程公司组成的承包商联合体竞得乙项目EPC（设计—采购—施工）总承包工程，合同总价约为35亿欧元，项目总工期18个月。

M国是一个政治环境敏感、经济形势复杂的国度，而且中国这家公同首次以联合体模式总承包，利益相关方多，沟通程序复杂，不确定性因素较多，不论是联合体还是作为在海外执行项目的××公司，都对风险管理寄予了较高期望，希望风险管理能发挥积极作用，为项目进度、费用等目标的实现提供保障并增加价值。

2×16年9月，乙项目EPC总承包合同正式生效，乙项目EPC总承包合同第四章"服务范围"约定，承包商应建立风险管理程序并在项目执行阶段自始至终降低风险对项目目标的负面影响；合同附件11"协调程序"要求承包商提交风险分析报告。在合同履行过程中，业主设置了风险经理岗位，经过专业培训，对口管理联合体风险经理，要求联合体风险经理按月提交进度风险分析报告，报告项目面临的主要风险以及风险的属性、对项目进度目标的影响、采取的应对措施以及措施的执行情况，并按月召开与业主项目主任、风险经理、项目管理委员会项目经理、项目管理委员会控制经理的风险协调会，以便对接有关风险事宜，及时采取应对措施，促成项目按期完工。

1. 项目风险管理组织。

根据项目管理组织结构，划分为7个风险中心进行管理，分别为3个设计执行中心（Operating Engineering Center，OEC）、采购、施工、商务以及项目管理高层（Project Directorate，PD），所有风险信息由这七个风险中心提交，重大风险经过风险管理部分析后提交项目风险管理委员会（Rik Management Committee，RMC）决策。项目风险管理委员会由项目管理高层、3个设计执行中心的项目经理、采购主任、施工主任、控制经理和风险经理组成，对重大风险的应对进行决策，并协调各风险中心之间的矛盾和冲突。

风险管理组织分为3个层级：决策层、分析/报告层和执行层。自下向上是风险信息流，从上往下是风险决策流，风险管理部门作为信息和决策的沟通，产生贯通上下的报告。

决策层由PD和RMC组成，主要职责是处理风险冲突和决定项目级的风险应对措施。

分析/报告层由风险经理、风险工程师组成，主要职责是创建风险管理工作文件（风险管理计划、程序和作业指导书）、收集风险信息、分析和报告以及风险监控。

执行层由各风险中心的风险提交人、风险责任人、风险协调员、部门经理组成，主要职责是风险识别、风险评估、风险应对措施的制定和实施。

2. 项目风险分类与风险评估标准。

按照项目阶段以及受影响的项目区域，对项目风险进行分类，以明确受不确定性最大的项目区域。

根据风险分类，对新识别风险进行归类，并判断风险类型是纯粹风险还是机会风险。同时，审查清单中所有风险状态，判断风险处于开启状态还是关闭状态，如果风险关闭，将不再进入下一步定量分析的范畴，如果属于机会风险，对项目目标的影响则是积极的、正面的，应该采取措施加大其发生概率、提高其影响。

风险评估标准。乙项目风险管理使用的概率和影响评估标准如下：

可能性

描述	发生可能性
很高	>70%
高	50%-70%
中	30%-50%
低	10%-30%
很低	<10%

影响（纯粹风险）

描述	进度影响	费用影响
很高	>45 天	>1 000 000 欧元
高	>30 天	>600 000 欧元
中	>20 天	>300 000 欧元
低	>10 天	>100 000 欧元
很低	<10 天	<100 000 欧元

影响（机会风险）

描述	进度影响	费用影响
很高	>60 天	>1 500 000 欧元
高	>45 天	>1 000 000 欧元
中	>30 天	>500 000 欧元
低	>15 天	>200 000 欧元
很低	<15 天	<200 000 欧元

乙项目决策层根据概率与影响结果组合后确定风险等级：高风险、中风险、低风险。

3. 日常风险管理工作。

乙项目的日常风险管理活动由风险识别评估、风险应对、风险审计、风险再评估以及风险管理提升 5 个部分组成。

（1）风险识别评估。主要参与者为风险提交人、风险协调员以及风险中心经理。首先风险提交人将识别的风险进行定性评估，并准备初步的应对措施，风险协调员负责根据风险分解结构将风险归类、编号并提交风险中心经理审核。风险中心经理对需要应对的风险做出判断，并组织风险提交人、风险协调员、控制经理等相关人员讨论，对风险进行定量评估。

乙项目执行阶段的进度风险量化分析和管理，首先通过定期风险再评估，初筛中高风险，并持续评估其对项目进度目标的影响；其次通过定量分析，精确筛选影响项目进度目标的关键风险和关键活动，以便集中项目资源进行重点整理和监控。

（2）风险应对。主要参与者为风险协调员、风险中心经理、风险工程师、风险经理。首先由风险中心经理组织风险提交人、风险协调员、控制经理、风险工程师和风险经理等相关人员讨论制定风险应对措施，并对应对措施实施后的风险发生可能性和影响进行定性、定量评估。风险工程师将评估结果输入相应风险分析软件，进行模拟分析，生成分析报告，提交风险经理。风险经理审核报告，并将修改后的报告提交给项目主任（需要时提交风险管理委员会）。根据分析报告，项目主任做出执行应对措施的决策，风险责任人执行风险应对措施。

（3）风险审计。风险审计跟踪监控风险应对措施的实施，并对应对措施的执行情况进行评估。主要参与人是风险工程师、风险经理和风险中心经理。

（4）风险再评估。首先由风险管理部门发起，每3个月将需要再评估的风险发给风险提交人，由他们根据风险的最新状态更新清单，并提交风险中心经理批准。风险再评估包括跟踪已识别风险、监测剩余风险和识别新风险。

第3年，乙项目进入施工高峰期，开始每月对进度风险进行再评估，主要针对设计收尾、采购、施工和商务问题。在全项目风险再评估基础上，对每个单元的中高进度风险进行量化分析。

（5）风险管理提升。根据项目的执行情况，以及风险管理执行中暴露的问题，对风险管理计划、程序等进行修改、完善，以适应项目管理的要求和新的形势。主要参与人为风险工程师、风险经理、风险中心经理以及项目主任。

4. 风险沟通与报告。

风险管理团队每月与项目组就再评估、应对策划、应对监控进行沟通，分析报告经风险经理、项目经理审核，主管风险管理高层审核后提交业主。第3年开始每月与业主召开风险协调会，业主项目主任、业主风险经理、项目管理委员会项目主管、项目管理委员会进度经理、联合体主管风险的管理高层、设计执行中心项目经理、采购有关负责人、施工有关负责人、进度计划经理以及风险管理团队参会讨论该月完成的风险报告、应对监控情况以及上期会议记录执行情况。联合体风险经理重点汇报各单元定量分析进度延期情况、风险评估情况、定量分析筛选出的主要风险因素和主要活动、应对策划、对前期识别风险的应对监控情况。通过沟通，联合体、业主达成对工期延误风险、应对计划以及应对执行情况的共识，按照应对责任采取行动。

按照项目组织机构，项目风险报告分四个层次：一是由风险工程师出具的供风险管理委员会进行应对决策的报告，由于其目的主要是为决策提供支持，内容主要包括风险冲突和风险应对情形分析，根据定性、定量分析结果，风险管理委员会决定最终采取的应对措施。二是风险中心报告，此报告在风险管理委员会决策之后，由负责各个风险中心的风险工程师出具，内容主要包括本风险中心本期风险状态、风险登记、风险应对情况。三是由风险经理提交的供项目高层（SC 和 PD，sc 即 Steering Committee 的缩写，项目指导委员会）参考的风险分析报告，内容主要包括整个项目的风险状态、费用风险量化分析、进度风险量化分析、与业主有关风险以及风险应对实施情况。四是按照进度月报要求向业主提交的风险管理报告，主要报告需业主采取应对措施的持续风险和本期新识别风险，并可按照业主要求出具与业主有关风险的进度分析。

【要求】

1. 简述建立项目风险管理组织的必要性。

2. 如果你是该项目的风险管理员，如何开展定性与定量分析，定量分析以蒙特卡罗模拟分析举例说明。

【解析】

1. 建立项目风险管理组织的必要性如下：

一是便于统筹协调项目风险管理工作。由于国际工程项目存在的风险涉及的范围广、来源多，风险一旦发生，将会给项目带来无法估量的损失。二是便于落实风险管理责任，配备专业风险管理人员。

建立良好的项目风险管理组织可以带来以下益处：一是落实风险管理责任，做到有人管理风险。二是可以有效配置管理风险的资源，节约项目成本，人力资源可以得到充分利用，有利于不同项目间的经验借鉴。不同的项目可能会遇到相似的风险问题，经验借鉴可以有效提高风险管理质量和效率，同时有利于风险管理人员综合能力的提升。三是有利于建立良好的风险信息沟通和协调机制，建立良好的项目风险管理程序和机制，建立顺畅的沟通报告机制。

2. 如果你是该项目的风险管理员，如何理解并开展定性与定量分析，定量分析以蒙特卡罗模拟分析举例说明。

一是定性分析。定性分析是评估并综合分析风险发生的概率和影响，对风险进行优先排序，从而为后续定量分析或应对规划、风险监控提供基础的过程。

对已识别的每条风险都要进行概率和影响评估，判定该风险处于概率——影响矩阵的哪个区域，并且随着项目进展、外部环境变化定期更新。一般通过与经验丰富的项目主任、项目经理，熟悉相应分类的设计经理、采购经理、施工经理、商务经理、控制经理等召开会议的方式进行评估。定性分析为重或高程度的风险，继续下一步定量评估和模拟分析。

二是定量分析。定性分析过程已经对风险影响的项目前两个层级进行了界定，并且评估了风险发生的概率和项目进度目标的影响区间。由于进度风险定量分析基于进度网络图和持续时间估算进行模拟，因此，需要把风险事件的影响影射到相应具有前后顺序逻辑关系的活动/任务层级，亦即首先要识别被该风险影响的所有活动/任务，其次，根据活动/任务之间的关系及风险特性，分配并调整具体影响的概率分布和参数。通过风险分析软件提供的功能，实现定量评估的赋值与调整。

采用蒙特卡罗（Monte Carlo）模拟技术进行定量风险分析，将各项不确定性和风险换算为对整个项目费用、进度目标产生的潜在影响。模拟时，根据每项变量的概率分布函数（如最小值、最可能值、最大值的三角/点连续分布），任意选取随机数，经过多次叠加，计算费用/工期目标的实现概率，以及既定置信度下的项目费用/工期。

【案例 22】 近年来，国内企业"走出去"步伐加快。作为中国企业进军发达国家市场的敲门砖，太阳岛度假村项目是中国 E 公司从工程总承包转向兼任项目投资人的一次尝试。2×15 年，位于加勒比岛国总投资达 35 亿美元的太阳岛度假村项目正式向美国法院申请破产保护。作为小股东和总承包商的中国 E 公司，却被大股东以多次未能按时完成工程为由告上了 S 国高等法院，要求赔偿超过 1.92 亿美元的经济损失。

【要求】

1. 这个案例凸显了中国企业"走出去"面临的什么风险？

2. 面对此风险的发生，企业应该如何应对？

【解析】

1. 该项目遭遇到较严重的海外项目法律风险。该企业与项目开发公司之间的法律关系是双重的：一是股权投资关系，二是建

462

设合同中承包商和业主的关系。这种双重关系涉及的公司法和建筑合同法律都是专业性强且与中国国内法律体系差距较大的，无疑增加了项目执行的复杂程度。

2. 海外投资和工程项目面临更为复杂的挑战，特别是陌生的法律体系带来了各种法律风险，稍有闪失都会带来巨大的损失。中国企业在应对此类法律风险时要充分注意以下几点：

（1）摒弃中国法律体系下的固有思维，应当更加重视合同内容，注重通过合同条款中合理的、有技巧的设置来保护自己的权益、防范不确定性风险，在项目正式开展前建立法律风险防范机制。

（2）准确把握谈判地位，争取更大利益，在进行投资和承接项目之前，要根据自身的优劣及项目实际判断自己在谈判中的地位，聘请有经验的商务律师协助进行谈判策略设计。

（3）寻求熟悉中外双重法律体系和跨境法律服务的律师提供专业意见，就项目涉及的重大架构、概念和问题使用中国客户可以理解的语言进行解释、转化，避免发生误解。

建设项目合同法律风险管理机制的时候按照风险管理基本原则和程序开展，包括：

（1）识别项目涉及的主要合同类型的法律事务（包括前期准备、合同谈判、合同文本、合同审核、合同签订、合同履行、合同变更、合同终结、合同归档）、授权委托管理（包括授权申请、授权事项、被授权人、授权审批、授权办理）、纠纷诉讼管理（包括纠纷处理、证据管理）等相关法律风险。

（2）从法律风险发生的可能性和发生后带来的影响两个维度评估法律风险的大小，识别重大、重要法律风险。

（3）设计和落实法律风险管理措施，制定具有可操作性的法律风险防控指引。

【案例23】甲公司为一家国有企业的下属子公司，主要从事X、Y两种产品的生产与销售，现拟新投产A、B两种产品。2×18

年年初，甲公司召开成本管控专题会议，有关人员发言要点如下：

（1）市场部经理：经市场部调研，A、B产品的竞争性市场价格分别为207元/件和322元/件。为获得市场竞争优势，实现公司经营目标，建议：①以竞争性市场价格销售A、B产品；②以15%的产品必要成本利润率［（销售单价−单位生产成本）/单位生产成本×100%］确定A、B的单位目标成本。

（2）财务部经理：根据传统成本法测算，制造费用按机器小时数分配后，A、B产品的单位生产成本分别为170元和310元。根据作业成本法测算，A、B产品的单位生产成本分别为220元和275元。根据A、B产品的生产特点，采用机器小时数分配制造费用的传统成本法扭曲了成本信息，建议按作业成本法提供的成本信息进行决策。

（3）企业发展部经理：产品成本控制应考虑包括产品研发、设计、制造、销售、售后服务等价值链各环节所发生的全部成本。如果只考虑产品制造环节所发生成本，而不考虑价值链其他环节所发生成本，将有可能得出错误的决策结果。根据企业发展部测算，A、B产品应分摊的单位上游成本（研发、设计等环节成本）分别为13元和18元，应分摊的单位下游成本（销售、售后服务等环节成本）分别为8元和12元。假定不考虑其他因素。

【要求】

1. 根据资料（1），依据目标成本法，分别计算A、B两种产品的单位目标成本

2. 根据资料（2），结合产品单位目标成本，指出在作业成本法下A、B两种产品哪种更具有成本优势，并说明理由。

3. 根据资料（3），结合作业成本法下的单位生产成本，分别计算A、B两种产品的单位生命周期成本。

4. 根据资料（1）至资料（3），在不考虑产品必要成本利润率的条件下，结合竞争性市场价格和作业成本法下计算的生命周期成本，分别判断A、B两种产品的财务可行性。

【解析】

1. A 产品的单位目标成本 = 207÷（1+15%）= 180（元）

B 产品的单位目标成本 = 322÷（1+15%）= 280（元）

2. B 产品更具有成本优势。

理由：A 产品的单位生产成本 220 元大于单位目标成本 180 元，B 产品的单位生产成本 275 元小于单位目标成本 280 元，所以 B 产品更具有成本优势。

3. A 产品的单位生命周期成本 = 220+13+8 = 241（元）

B 产品的单位生命周期成本 = 275+18+12 = 305（元）

4. A 产品的单位生命周期成本 241 元大于竞争性市场价格 207 元/件，不具有财务可行性。B 产品的单位生命周期成本 305 元小于竞争性市场价格 322 元/件，具有财务可行性。

【案例 24】甲公司为一家制造类企业，主要生产 X、Y 两种产品。X、Y 两种产品均为标准化产品，市场竞争非常激烈。甲公司高度重视战略成本管理方法的运用，拟通过成本领先战略助推企业稳步发展。相关资料如下：

（1）随着业务发展和生产过程的复杂化，甲公司制造费用占生产成本的比重越来越大，且制造费用的发生与传统成本法采用单一分摊标准的相关性越来越小。甲公司自 2×13 年以来采用作业成本法进行核算与管理。

2×17 年 6 月，X、Y 两种产品的产量分别为 500 台和 250 台，单位直接成本分别为 0.4 万元和 0.6 万元。此外 X、Y 两种产品制造费用的作业成本资料如表 4-10 所示。

表 4-10

作业名称	作业成本（万元）	成本动因	作业量		
			X 产品	Y 产品	合计
材料整理	200	人工小时	100	60	160
机器运行	400	机器小时	300	100	400

作业名称	作业成本（万元）	成本动因	作业量		
			X产品	Y产品	合计
设备维修	100	维修小时	50	50	100
质量检测	150	质检次数	25	25	50
合计	850	—	—	—	—

（2）通过作业成本法的运用，甲公司的成本核算精度大大提高。为此，甲公司决定通过作业成本法与目标成本法相结合的方式进行成本管理。通过市场调研，甲公司在综合考虑多种因素后，确定 X、Y 两种产品的竞争性市场单价分别为 1.85 万元和 1.92 万元；单位产品必要利润分别为 0.20 万元和 0.25 万元。

假定不考虑其他因素。

【要求】

1. 根据资料（1），结合作业成本法，分别计算 X、Y 两种产品的单位制造费用，并指出作业成本法及传统成本法下制造费用分摊标准的区别。

2. 根据资料（2），结合目标成本法，分别计算 X、Y 两种产品的单位目标成本，并说明甲公司确定竞争性市场价格应综合考虑的因素。

3. 根据资料（1）和资料（2），结合上述要求 1 和要求 2 的计算结果，指出甲公司应重点加强哪种产品的成本管控，并说明理由。

【解析】

1. X 产品的单位制造费用 =［100×（200÷160）+300×（400÷400）+50×（100÷100）+25×（150÷50）］÷500＝1.1（万元）

Y 产品的单位制造费用 =［60×（200÷160）+10×（400÷400）+50×（100÷100）+25×（150÷50）］÷250＝1.2（万元）

区别：作业成本法下，制造费用根据多种作业动因进行分配；

传统成本法下，制造费用主要采用单一分摊标准进行分配。

2. X 产品单位目标成本 = 1.85 - 0.20 = 1.65（万元）

Y 产品单位目标成本 = 1.92 - 0.25 = 1.67（万元）

应综合考虑的因素：客户可接受的价格、主要竞争对手情况、自身目标市场份额。

3. 甲公司应重点加强 Y 产品的成本管理。

理由：Y 产品的实际单位成本 1.8 万元大于目标成本 1.67 万元，而 X 产品的实际单位成本 1.5 万元小于目标成本 1.65 万元。

【案例 25】甲集团公司（以下简称"集团公司"）下设 A、B、C 三个事业部及一家销售公司。A 事业部生产 W 产品，该产品直接对外销售且成本全部可控；B 事业部生产 X 产品，该产品直接对外销售；C 事业部生产 Y 产品，该产品既可以直接对外销售，也可以通过销售公司销售。集团公司规定：各类产品直接对外销售部分，由各事业部自主制定销售价格；各事业部通过销售公同销售的产品，其内部转移价格由集团公司确定。为适应市场化改革、优化公司资源配置，2×17 年 7 月 5 日，集团公司组织召开上半年经营效益评价工作专题会。有关人员的发言要点如下：

（1）A 事业部经理：集团公司批准的本事业部上半年生产计划为：生产 W 产品 20 000 件，固定成本总额 10 000 万元，单位变动成本 1 万元。1-6 月份，本事业部实际生产 W 产品 22 000 件（在核定的产能范围内），固定成本为 10 560 万元，单位变动成本为 1 万元。为了进一步加强对 W 产品的成本管理，本事业部拟于 7 月份启动作业成本管理工作，重点开展作业分析，通过区分增值作业与非增值作业，力争消除非增值作业，降低产品成本。

（2）B 事业部经理：集团公司年初下达本事业部的年度目标利润总额为 10 000 万元。本事业部本年度生产经营计划为：生产并销售 X 产品 60 000 台，全年平均销售价格 2 万元/台，单位变动成本 1 万元。1-6 月份，本事业部实际生产并销售 X 产品

30 000 台，平均销售价格 2 万元/台，单位变动成本为 1 万元。目前，由于市场竞争加剧，预计下半年 X 产品平均销售价格将降为 1.8 万元/台。为了确保完成全年的目标利润总额计划，本事业部拟将下半年计划产销量均增加 1 000 台，并在全年固定成本控制目标不变的情况下，相应调整下半年 X 产品单位变动成本控制目标。

（3）C 事业部经理：近年来，国内其他公司研发了 Y 产品的同类产品，打破了本事业部对 Y 产品独家经营的局面。本事业部将进一步加强成本管理工作，将 Y 产品全年固定成本控制目标设定为 2 000 万元、单位变动成本控制目标设定为 1.1 万元。

（4）销售公司经理：本年度 Y 产品的市场销售价格很可能由原来的 2.1 万元/件降低到 1.8 万元/件，且有持续下降的趋势。建议集团公司按照以市场价格为基础进行协商的方法确定 Y 产品的内部转移价格。

假定不考虑其他因素。

【要求】

1. 根据资料（1），分别计算 A 事业部 2×17 年上半年 W 产品计划单位成本和实际单位成本；结合成本性态，从成本控制角度分析 2×17 年上半年 W 产品成本计划完成情况。

2. 根据资料（1），指出作为增值作业应同时具备的条件。

3. 根据资料（2），分别计算 B 事业部 X 产品 2×17 年全年固定成本控制目标，以及 2×17 年下半年 X 产品单位变动成本控制目标。

4. 根据资料（3）和资料（4），确定 C 事业部 Y 产品内部转移价格的上限和下限。

【解析】

1. 上半年 W 产品计划单位成本 =（20 000×1+10 000）÷20 000 = 1.5（万元）

上半年 W 产品实际单位成本 =（22 000×1+10 560）÷22 000 =

1.48（万元）

分析：上半年 W 产品的实际单位成本低于计划单位成本，完成了产品单位成本控制目标。但是，从成本控制角度分析，单位产品的实际变动成本与计划变动成本持平，而固定成本总额超支560 万元，未能很好控制地固定成本。

2. 作为增值作业应同时具备以下条件：

（1）该作业的功能是明确的；

（2）该作业能为最终产品或劳务提供价值；

（3）该作业在企业的整个作业链中是必需的，不能随意去掉、合并或被替代。

3. X 产品 2×15 年固定成本控制目标 = 60 000×2−60 000×1−10 000=50 000（万元）

调整后下半年 X 产品单位变动成本的控制目标 =（30 000×2+31 000×1.8−30 000×1−50 000−10 000）÷31 000＝0.83（万元/台）

4. Y 产品内部转移价格的上限是其市场价格 1.8 万元/件，下限是其变动成本 1.1 万元/件。

【案例 26】丙公司专门从事甲、乙两种产品的生产，有关资料如下：

（1）有关甲、乙两种产品的基本资料如表 4−11 所示。

表 4−11　　　　　　甲、乙两种产品的基本资料　　　金额单位：元

产品名称	产量（件）	单位产品机器小时	直接材料单位成本	直接人工单位成本
甲	1 000	4	5	10
乙	4 000	4	12	4

（2）丙公司每年制造费用总额为 20 000 元，甲、乙两种产品复杂程度不一样，耗用的作业量也不一样。丙公司与制造费用相关的作业有 5 个，为此设置了 5 个成本库。有关制造费用作业成本的资料如表 4−12 所示。

表4-12 　　　　　　　　**制造费用作业成本资料** 　　　　金额单位：元

作业名称	成本动因	作业成本	作业动因		
			甲产品	乙产品	合计
设备维护	维修次数	6 000	8	2	10
订单处理	生产订单份数	4 000	70	30	100
机器调整准备	机器调整准备次数	3 600	30	10	40
机器运行	机器小时数	4 000	400	1 600	2 000
质量检验	检验次数	2 400	60	40	100
合计		20 000	—	—	—

假定不考虑其他因素。

【要求】

根据上述资料，分别用传统成本计算法和作业成本法计算上述甲、乙两种产品的总成本和单位成本。

【解析】

1. 传统成本法下计算两种产品的制造费用（用"机器小时数"作为费用分配依据）：

已知甲、乙两种产品的机器小时总数分别为4 000小时和16 000小时，制造费用总额为20 000元，则：

制造费用分配率 = 20 000 ÷ 20 000 = 1（元）

甲产品的制造费用 = 4 000 × 1 = 4 000（元）

乙产品的制造费用 = 16 000 × 1 = 16 000（元）

2. 作业成本法下计算两种产品的制造费用。

首先计算各项作业的成本动因分配率，计算结果如表4-13所示。

表4-13 　　　　　　　　**作业成本动因分配率** 　　　　金额单位：元

作业名称	成本动因	作业成本	作业动因			
			甲产品	乙产品	合计	分配率
设备维护	维修次数	6 000	8	2	10	600

续表

作业名称	成本动因	作业成本	作业动因			
			甲产品	乙产品	合计	分配率
订单处理	生产订单份数	4 000	70	30	100	40
机器调整准备	机器调整准备次数	3 600	30	10	40	90
机器运行	机器小时数	4 000	400	1 600	2 000	2
质量检验	检验次数	2 400	60	40	100	24
合计	—	20 000	—	—	—	—

因此，利用作业成表法计算两种产品的制速费用。计算过程与结果如下：

甲产品制造费用 $= 8 \times 600 + 70 \times 40 + 30 \times 90 + 400 \times 2 + 60 \times 24 = 12\ 540$（元）

乙产品制造费用 $= 2 \times 600 + 30 \times 40 + 10 \times 90 + 1\ 600 \times 2 + 40 \times 24 = 7\ 460$（元）

3. 两种成本计算法计算的产品成本如表4-14所示。

表4-14 两种产品计算法下甲、乙产品总成本与单位成

全额单位：元

项目	甲产品（产量1 000件）				乙产品（产量4 000件）			
	总成本		单位成本		总成本		单位成本	
	传统方法	ABC方法	传统方法	ABC方法	传统方法	ABC方法	传统方法	ABC方法
直接材料	5 000	5 000	5	5	48 000	48 000	12	12
直接人工	10 000	10 000	10	10	16 000	16 000	4	4
制造费用	4 000	12 540	4	12.54	16 000	7 460	4	1.865
合计	19 000	27 540	19	27.54	80 000	71 460	20	17.865

上述计算结果表明，在传统成本法下分摊制造费用采用机器工时标准，乙产品的产量高，所以分摊的制造费用数额就高。在作业成本法下，制造费用的分摊根据多种作业动因进行分配，甲

产品的产量虽然不大，但生产过程作业难度较高，所以按照作业动因进行成本分摊反而分得较多的是制造费用。这种分配方法更精细，计算出的产品成本更准确，更有利于企业做出正确决策。通过计算可以得出，传统成本法下甲产品的单位成本19元，乙产品的单位成本20元，甲产品低于乙产品，单位成本相差不大；但在 ABC 法下，甲产品的单位成本为27.54元，乙产品的单位成本为17.865元，甲产品成本远远大于乙产品成本。

【案例27】M 公司的有关资料如下：

（1）M 公司主要生产甲产品，月计划生产500件，甲产品1月生产成本为117 000万元，具体直接成本与间接费用如表4-15所示。考虑到市场竞争激烈，为了配合低成本战略的销售价格下调计划，总经理办公会要求公司上下实施"成本削减计划"，拟将总成本在下个月削减20%，即总成本控制在93 000万元，并因此而制定标准成本的核算办法。

表4-15　　　　　1月实际产品成本与拟制定成本标准

金额单位：万元

成本项目	1月成本				计划成本标准			
	单位耗用	单价	单位成本	总成本	单位耗用	单价	单位成本	总成本
直接材料	10	9	90	45 000	9	8	72	36 000
直接人工	9	8	72	36 000	8	7	56	28 000
变动制造费用	8	7	56	28 000	7	6	42	21 000
固定制造费用			16	8 000			16	8 000
成本合计			234	117 000			186	93 000

（2）2月末生产完成后，M 公司生产产品500件，实际发生产品成本并没有完成预定下降20%的计划，实际成本发生额为105 100万元，如表4-16所示。

表4-16　　　　　　　　　　2月实际成本

成本项目	2月实际成本			
	单位耗用	价格（元/件）	单位成本（元）	总成本（万元）
直接材料	9.5	8.6	82	40 850
直接人工	8.6	7.5	65	32 250
变动制造费用	7.5	6.4	48	24 000
固定制造费用			16	8 000
成本合计			210	105 100

假定不考虑其他因素。

【要求】

1. 根据资料（1）与资料（2），计算计划成本、2月份实际成本与1月份相比的下降比率，并说明计划成本的确定可能存在的问题。

2. 根据资料（1）与资料（2），采用因素分析法，分析2月份实际成本与计划成本之间的成本差异，并找出导致这一差异的主要原因。

【解析】

1. M企业制定计划成本标准93 000万元

成本下降率 =（93 000 - 117 000）÷ 117 000 = -20.51%

公司制定成本标准的时候，并未充分考虑公司现有的生产条件，成本管控目标过于激进。

2. 实际成本下降率 =（105 100 - 117 000）÷ 117 000 = -10.17%

与计划成本的总差异 = 105 100 - 93 000 = 12 100（万元）

其中直接材料差异总额4 850万元，直接人工成本差异额4 250万元，制造费用差异为3 000万元，其中直接材料成本有以下因素造成：

直接材料价格差异 = 实际耗用量 ×（实际单价 - 标准单价）= 500 × 9.5 ×（8.6 - 8）= 2 850（万元）

直接材料数量差异＝实际耗用量×（实际单价-标准单价）＝（500×9.5-500×9）×8＝2 000（万元）

可以看出，与计划成本相比，直接材料未完成计划标准的主要原因是价格因素，其次是单位耗用。同样，其他直接人工与制造费用超支的成本因素分析结果如表4-17所示。

表4-17　实际成本—计划成本的差异分析与成本削减目标

项目	总成本			因素分析		单位成本	
	现时成本①	目标成本②	成本减控总目标③＝②-①	单位耗用差异④	采购单价差异⑤	单位耗用控制目标④/500	采购单价控制目标⑤/500
直接材料	40 850	36 000	-4 850	-2 000	-2 850	-4	-5.7
直接人工	32 250	28 000	-4 250	-2 100	-2 150	-4.2	-4.3
制造费用	24 000	21 000	-3 000	-1 500	-1 500	-3	-3
固定成本	8 000	8 000	0	0	0		
合计	105 100	93 000	-12 100	-5 600	-6 500		

【案例28】C公司是一家汽车制造企业，公司的新产品B型车正处于研发阶段，产品的目标售价最早确定为6万元/台，分析后发现仅材料的成本就超过4万元，该车新上市时处于亏损状态。而国内同等次的竞争车型的整车售价都只在4万元左右。如果B型车继续按照每台车6万元的目标售价进行开发，最后上市的产品肯定缺乏竞争力。

根据汽车行业的经验，研发过程所发生的成本虽然只占产品总成本的3%左右，但研发过程却决定着产品总成本的75%左右。为此，公司领导决定实施"面向成本设计"的"成本管理工程"，高强度控制整车成本并提升产品的价值。

资料一：支撑成本管理工程的组织保障

"面向成本设计的成本管理"工作的第一步是，搭建集成化的精细化设计推进工作管理平台，建立包括总会计师挂帅的成本管理工程"推进领导组"、"推进办公室"和各部门工作小组"等三层次组织机构和立体化矩阵式项目团队。

精细化设计的组织机构体现了并行工程和集成管理的思想、发挥了专家顾问的作用，以产品平台为基础组建了立体化矩阵式项目团队，将财务部主管成本价格工作的部分人员调入汽车研究院，辅助设计研究院对 B 产品价格的分析。根据 C 公司汽车研发的组织机构，B 型车的成本管理工程确定为七个推进组，技术人员担任推进组组长，财务人员担任副组长，质量人员负责产品的质量控制，采购人员负责供应商筛选，市场人员负责把握产品的功能配置，销售人员负责确定产品的卖点。通常情况下各推进组采用并行工作的方式，并定期向办公室汇报工作进展情况。

资料二：成本管理工程的工作流程

成本管理工程是个系统化的工作过程，主要内容包括：

（1）市场调研：在选定车型后，进行市场调研，广泛收集数据，收集数据主要是面向竞争车型。包括价格信息、功能配置、销售情况、主要用户群、汽车的造型、色彩搭配、结构等。

（2）目标售价确定：根据产品在市场上的定位，并与同类产品进行比较确定目标售价。成本管理工程各小组在分析中主要采用"对标"技术，即在市场上选择多台同类型车，开辟专门场地作为剖析和对标的工作场所，对优势竞争车型进行成本、价格、功能和质量等全方位的精细对比，通过对标寻找成本提升空间。

（3）功能分析：对产品进行功能定义和整理，对零部件进行功能分析和评价，进行价值计算等。任何功能的获取都必须为其支付费用，各小组、办公室的任务就是对产品的功能及获得这种功能所支付的成本费用进行综合分析，分析其是否合理、是否必要，进而寻求提高产品功能、降低产品成本的途径，达到提升产品价值的目标。例如，对于女士用车，点烟器往往就是冗余功能；对于城市用车，底盘自动升降就是冗余功能。功能分析在成本管理工程中占有非常重要的地位，因此在功能分析时，不能只靠技术人员来进行，它需要将相关部门的人员（特别是市场和销售部门）都集中起来，采用跨团队联动作业的方式，充分发挥各部门人员的专业优势，共同为功能分析进行把关。

（4）建立目标价格体系：确定各个功能获得需要付出的成本体系。

（5）价值分析：提升产品的功能价值系数 V（即功能取得和成本付出之比）是成本管理工程的目标。价值分析的目的就是找到 V<1 的功能进行分析，尽可能将其功能价值系数提升到 1 以上。

（6）选定成本设计的对象：汽车是一类复杂的产品，不可能对全部零件进行设计，因此应选择最有研究与应用价值的成本设计对象。按照作业成本法的测算原理，对 B 车型而言，生产该型汽车的主要零配件有 2 000 多个，这些零配件其实就是成本设计所关注的主要对象。

（7）创新方案：它是产生新方案的过程。在产生新方案时，要充分考虑产品的档次和功能的匹配、要充分考虑用户的需求、充分运用竞争机制来控制成本，例如，在对 ABS 系统进行分析时发现，该零件属于独家供货，价格居高不下，后来采用引进第二家供应商的策略，成功地将价格降低了 200 元/车，单件价值提高了 20%。

（8）方案评价：通过方案验证的新方案可能有多个，需要进一步优选。优选的目标函数是成本或价值，约束条件是质量、性能等。即新方案确实降低了产品的成本，但该方案是否有效，还取决于是否满足用户对质量和性能的要求。方案优选时，应聘请技术、质量、采购、销售、财务、供应商等各方面的人员参加，站在各自的角度对方案进行把关，选出最佳方案。

（9）分析计算和实验检验：所选新方案可能需要采用新设计、新材料、新工艺等新技术，必须通过计算机仿真和试验检验才能得出是否可行的结论。

（10）目标售价反算：经过方案分析和试验后，将全部价值分析后的所有零部件进行整合，计算出现有整车成本，然后与原定的目标成本售价相对比，以比较设计方案的可行性。如果不可行，则降低利润或抬高售价，如果目标售价过高，则需要重新制订方案。

成本管理工程彻底改变了 C 公司新产品开发决策思路，它使新产品开发决策由主观判断转变为价值和目标成本否决，降低了新产品开发的风险。C 公司将成本管理工程推广应用到所有新产品开发和 B 型车的持续改进中，成效显著。以 B 型车为例，该型车累计产量达 7 万辆，产品毛利和市场竞争力均大幅提升。

假定不考虑其他因素。

【要求】

1. 根据上述资料，指出 C 公司采用的是什么成本管理方法，并简述其成本管理的核心流程。

2. 设定成本目标是目标成本管理的第一个阶段，结合 B 型车的经验，简述应当如何设定目标成本。

3. C 公司成本管理工程的关键是将已确定的目标成本落到实处，一是指事前将目标成本落实到产品设计中，二是指将产品设计"图纸上"的目标成本真正转化成产品制造过程中的发生成本。请结合 B 型车的成本管理案例，您对目标成本的落实与实现过程有何建议。

【解析】

1. C 公司采用的是目标成本管理方法，即确定成本目标并围绕目标成本落实而展开的一系列活动的总称。它不仅是一种成本控制方法，也是企业在既定的营销策略下进行利润规划的一种方法。目标管理过程由价格引导，关注客户，以产品和流程设计为中心，并依赖跨职能团队。目标成本管理的核心流程包括：

（1）在市场调查、产品特性分析的基础上，确定目标成本；

（2）组建跨职能团队，并运用价值工程方法，将目标成本嵌入产品设计、工程、外购材料的过程控制之中；

（3）将设计究的产品生产方案投入生产制造环节，并通过制造环节的"持续改善策略"进一步降低产品制造成本。

2. "目标成本"是基于产品的竞争性市场价格，在满足企业从该产品中取得必要利润的情况下，所确定的产品或服务的最高期望成本。目标成本的设定经历三个阶段：

（1）市场调查：通过市场调查，真实了解顾客对产品特性、功能、质量与销售价格的需求。

（2）竞争性价格的确定。竞争性价格是指在卖方市场下，由竞争对手和顾客所决定的产品价格。竞争性价格的确定需要考虑顾客的可接受价格、同类或相近类型竞争对手的产品价格、预期要达到的市场份额。确定竞争性价格的具体方法有市价比较法和目标份额法。

（3）必要利润的确定。必要利润指企业在特定战略下所要求的利润水平，它客观上表现为投资者的必要报酬率，从资本市场角度则体现为企业的加权平均资本成本。根据产品的目标价格与必要利润即可测定产品的目标成本。

3. 目标成本的实现过程。

（1）用目标成本约束产品设计。正如本案例中所说，汽车的研发过程所发生的成本虽然只占产品总成本的3%左右，但研发过程却决定着产品总成本的75%左右。即一旦设计完成，产品制造环节的材料投入与用料结构等流程工艺都被"固化"，发生在制造环节的各成本项目也均被事前设定。因此，通过精细化的产品设计，设计环节植入成本控制意识，是实现目标成本的必要手段。

（2）应用价值工程技术进行产品设计。价值工程主要应用于产品设计时的"产品特性、产品功能"与"产品成本"之间的分析。价值工程的目的在于最大化顾客价值的同时，减少产品成本。在本案例中，B型车的成本管理工程成本设计在产品功能分析、功能目标成本与价值分析就充分利用了这个技术，将产品某项功能的获得与付出的成本相匹配，发现价值功能系数小于1的冗余功

478

能，尽可能节约成本。

（3）产品制造与持续改进。目标成本正在实施过程中不是一次性的，而是一个连续的循环过程，企业总是循着目标成本的"确定——分解——实现——再确定——再分解"这样一个循环过程，达到对成本的持续改进。

附　　录

企业会计准则第 14 号——收入

第一章　总　则

第一条　为了规范收入的确认、计量和相关信息的披露，根据《企业会计准则——基本准则》，制定本准则。

第二条　收入，是指企业在日常活动中形成的、会导致所有者权益增加的、与所有者投入资本无关的经济利益的总流入。

第三条　本准则适用于所有与客户之间的合同，但下列各项除外：

（一）由《企业会计准则第 2 号——长期股权投资》、《企业会计准则第 22 号——金融工具确认和计量》、《企业会计准则第 23 号——金融资产转移》、《企业会计准则第 24 号——套期会计》、《企业会计准则第 33 号——合并财务报表》以及《企业会计准则第 40 号——合营安排》规范的金融工具及其他合同权利和义务，分别适用《企业会计准则第 2 号——长期股权投资》、《企业会计准则第 22 号——金融工具确认和计量》、《企业会计准则第 23 号——金融资产转移》、《企业会计准则第 24 号——套期会计》、《企业会计准则第 33 号——合并财务报表》以及《企业会计准则第 40 号——合营安排》。

（二）由《企业会计准则第 21 号——租赁》规范的租赁合同，适用《企业会计准则第 21 号——租赁》。

（三）由保险合同相关会计准则规范的保险合同，适用保险合同相关会计准则。

本准则所称客户，是指与企业订立合同以向该企业购买其日常活动产出的商品或服务（以下简称"商品"）并支付对价的一方。

本准则所称合同，是指双方或多方之间订立有法律约束力的权利义务的协议。合同有书面形式、口头形式以及其他形式。

第二章　确　认

第四条　企业应当在履行了合同中的履约义务，即在客户取得相关商品控制权时确认收入。

取得相关商品控制权，是指能够主导该商品的使用并从中获得几乎全部的经济利益。

第五条　当企业与客户之间的合同同时满足下列条件时，企业应当在客户取得相关商品控制权时确认收入：

（一）合同各方已批准该合同并承诺将履行各自义务；

（二）该合同明确了合同各方与所转让商品或提供劳务（以下简称"转让商品"）相关的权利和义务；

（三）该合同有明确的与所转让商品相关的支付条款；

（四）该合同具有商业实质，即履行该合同将改变企业未来现金流量的风险、时间分布或金额；

（五）企业因向客户转让商品而有权取得的对价很可能收回。在合同开始日即满足前款条件的合同，企业在后续期间无需对其进行重新评估，除非有迹象表明相关事实和情况发生重大变化。合同开始日通常是指合同生效日。

第六条　在合同开始日不符合本准则第五条规定的合同，企业应当对其进行持续评估，并在其满足本准则第五条规定时按照该条的规定进行会计处理。

对于不符合本准则第五条规定的合同，企业只有在不再负有向客户转让商品的剩余义务，且已向客户收取的对价无需退回时，才能将已收取的对价确认为收入；否则，应当将已收取的对价作为负债进行会计处理。没有商业实质的非货币性资产交换，不确认收入。

第七条　企业与同一客户（或该客户的关联方）同时订立或在相近时间内先后订立的两份或多份合同，在满足下列条件之一时，应当合并为一份合同进行会计处理：

（一）该两份或多份合同基于同一商业目的而订立并构成一揽子交易。

（二）该两份或多份合同中的一份合同的对价金额取决于其他合同的

定价或履行情况。

（三）该两份或多份合同中所承诺的商品（或每份合同中所承诺的部分商品）构成本准则第九条规定的单项履约义务。

第八条 企业应当区分下列三种情形对合同变更分别进行会计处理：

（一）合同变更增加了可明确区分的商品及合同价款，且新增合同价款反映了新增商品单独售价的，应当将该合同变更部分作为一份单独的合同进行会计处理。

（二）合同变更不属于本条（一）规定的情形，且在合同变更日已转让的商品或已提供的服务（以下简称"已转让的商品"）与未转让的商品或未提供的服务（以下简称"未转让的商品"）之间可明确区分的，应当视为原合同终止，同时，将原合同未履约部分与合同变更部分合并为新合同进行会计处理。

（三）合同变更不属于本条（一）规定的情形，且在合同变更日已转让的商品与未转让的商品之间不可明确区分的，应当将该合同变更部分作为原合同的组成部分进行会计处理，由此产生的对已确认收入的影响，应当在合同变更日调整当期收入。

本准则所称合同变更，是指经合同各方批准对原合同范围或价格作出的变更。

第九条 合同开始日，企业应当对合同进行评估，识别该合同所包含的各单项履约义务，并确定各单项履约义务是在某一时段内履行，还是在某一时点履行，然后，在履行了各单项履约义务时分别确认收入。

履约义务，是指合同中企业向客户转让可明确区分商品的承诺。履约义务既包括合同中明确的承诺，也包括由于企业已公开宣布的政策、特定声明或以往的习惯做法等导致合同订立时客户合理预期企业将履行的承诺。企业为履行合同而应开展的初始活动，通常不构成履约义务，除非该活动向客户转让了承诺的商品。

企业向客户转让一系列实质相同且转让模式相同的、可明确区分商品的承诺，也应当作为单项履约义务。

转让模式相同，是指每一项可明确区分商品均满足本准则第十一条规定的、在某一时段内履行履约义务的条件，且采用相同方法确定其履约进度。

482

第十条　企业向客户承诺的商品同时满足下列条件的，应当作为可明确区分商品：

（一）客户能够从该商品本身或从该商品与其他易于获得资源一起使用中受益；

（二）企业向客户转让该商品的承诺与合同中其他承诺可单独区分。

下列情形通常表明企业向客户转让该商品的承诺与合同中其他承诺不可单独区分：

1. 企业需提供重大的服务以将该商品与合同中承诺的其他商品整合成合同约定的组合产出转让给客户。

2. 该商品将对合同中承诺的其他商品予以重大修改或定制。

3. 该商品与合同中承诺的其他商品具有高度关联性。

第十一条　满足下列条件之一的，属于在某一时段内履行履约义务；否则，属于在某一时点履行履约义务：

（一）客户在企业履约的同时即取得并消耗企业履约所带来的经济利益。

（二）客户能够控制企业履约过程中在建的商品。

（三）企业履约过程中所产出的商品具有不可替代用途，且该企业在整个合同期间内有权就累计至今已完成的履约部分收取款项。

具有不可替代用途，是指因合同限制或实际可行性限制，企业不能轻易地将商品用于其他用途。

有权就累计至今已完成的履约部分收取款项，是指在由于客户或其他方原因终止合同的情况下，企业有权就累计至今已完成的履约部分收取能够补偿其已发生成本和合理利润的款项，并且该权利具有法律约束力。

第十二条　对于在某一时段内履行的履约义务，企业应当在该段时间内按照履约进度确认收入，但是，履约进度不能合理确定的除外。企业应当考虑商品的性质，采用产出法或投入法确定恰当的履约进度。其中，产出法是根据已转移给客户的商品对于客户的价值确定履约进度；投入法是根据企业为履行履约义务的投入确定履约进度。对于类似情况下的类似履约义务，企业应当采用相同的方法确定履约进度。

当履约进度不能合理确定时，企业已经发生的成本预计能够得到补偿的，应当按照已经发生的成本金额确认收入，直到履约进度能够合理确定为止。

第十三条 对于在某一时点履行的履约义务，企业应当在客户取得相关商品控制权时点确认收入。在判断客户是否已取得商品控制权时，企业应当考虑下列迹象：

（一）企业就该商品享有现时收款权利，即客户就该商品负有现时付款义务。

（二）企业已将该商品的法定所有权转移给客户，即客户已拥有该商品的法定所有权。

（三）企业已将该商品实物转移给客户，即客户已实物占有该商品。

（四）企业已将该商品所有权上的主要风险和报酬转移给客户，即客户已取得该商品所有权上的主要风险和报酬。

（五）客户已接受该商品。

（六）其他表明客户已取得商品控制权的迹象。

第三章　计　量

第十四条 企业应当按照分摊至各单项履约义务的交易价格计量收入。

交易价格，是指企业因向客户转让商品而预期有权收取的对价金额。企业代第三方收取的款项以及企业预期将退还给客户的款项，应当作为负债进行会计处理，不计入交易价格。

第十五条 企业应当根据合同条款，并结合其以往的习惯做法确定交易价格。在确定交易价格时，企业应当考虑可变对价、合同中存在的重大融资成分、非现金对价、应付客户对价等因素的影响。

第十六条 合同中存在可变对价的，企业应当按照期望值或最可能发生金额确定可变对价的最佳估计数，但包含可变对价的交易价格，应当不超过在相关不确定性消除时累计已确认收入极可能不会发生重大转回的金额。企业在评估累计已确认收入是否极可能不会发生重大转回时，应当同时考虑收入转回的可能性及其比重。

每一资产负债表日，企业应当重新估计应计入交易价格的可变对价金额。可变对价金额发生变动的，按照本准则第二十四条和第二十五条规定进行会计处理。

第十七条 合同中存在重大融资成分的，企业应当按照假定客户在取得商品控制权时即以现金支付的应付金额确定交易价格。该交易价格与合同对价之间的差额，应当在合同期间内采用实际利率法摊销。

合同开始日，企业预计客户取得商品控制权与客户支付价款间隔不超过一年的，可以不考虑合同中存在的重大融资成分。

第十八条　客户支付非现金对价的，企业应当按照非现金对价的公允价值确定交易价格。非现金对价的公允价值不能合理估计的，企业应当参照其承诺向客户转让商品的单独售价间接确定交易价格。非现金对价的公允价值因对价形式以外的原因而发生变动的，应当作为可变对价，按照本准则第十六条规定进行会计处理。

单独售价，是指企业向客户单独销售商品的价格。

第十九条　企业应付客户（或向客户购买本企业商品的第三方，本条下同）对价的，应当将该应付对价冲减交易价格，并在确认相关收入与支付（或承诺支付）客户对价二者孰晚的时点冲减当期收入，但应付客户对价是为了向客户取得其他可明确区分商品的除外。

企业应付客户对价是为了向客户取得其他可明确区分商品的，应当采用与本企业其他采购相一致的方式确认所购买的商品。企业应付客户对价超过向客户取得可明确区分商品公允价值的，超过金额应当冲减交易价格。向客户取得的可明确区分商品公允价值不能合理估计的，企业应当将应付客户对价全额冲减交易价格。

第二十条　合同中包含两项或多项履约义务的，企业应当在合同开始日，按照各单项履约义务所承诺商品的单独售价的相对比例，将交易价格分摊至各单项履约义务。企业不得因合同开始日之后单独售价的变动而重新分摊交易价格。

第二十一条　企业在类似环境下向类似客户单独销售商品的价格，应作为确定该商品单独售价的最佳证据。单独售价无法直接观察的，企业应当综合考虑其能够合理取得的全部相关信息，采用市场调整法、成本加成法、余值法等方法合理估计单独售价。在估计单独售价时，企业应当最大限度地采用可观察的输入值，并对类似的情况采用一致的估计方法。

市场调整法，是指企业根据某商品或类似商品的市场售价考虑本企业的成本和毛利等进行适当调整后，确定其单独售价的方法。

成本加成法，是指企业根据某商品的预计成本加上其合理毛利后的价格，确定其单独售价的方法。

余值法，是指企业根据合同交易价格减去合同中其他商品可观察的单独售价后的余值，确定某商品单独售价的方法。

第二十二条 企业在商品近期售价波动幅度巨大，或者因未定价且未曾单独销售而使售价无法可靠确定时，可采用余值法估计其单独售价。

第二十三条 对于合同折扣，企业应当在各单项履约义务之间按比例分摊。

有确凿证据表明合同折扣仅与合同中一项或多项（而非全部）履约义务相关的，企业应当将该合同折扣分摊至相关一项或多项履约义务。

合同折扣仅与合同中一项或多项（而非全部）履约义务相关，且企业采用余值法估计单独售价的，应当首先按照前款规定在该一项或多项（而非全部）履约义务之间分摊合同折扣，然后采用余值法估计单独售价。

合同折扣，是指合同中各单项履约义务所承诺商品的单独售价之和高于合同交易价格的金额。

第二十四条 对于可变对价及可变对价的后续变动额，企业应当按照本准则第二十条至第二十三条规定，将其分摊至与之相关的一项或多项履约义务，或者分摊至构成单项履约义务的一系列可明确区分商品中的一项或多项商品。

对于已履行的履约义务，其分摊的可变对价后续变动额应当调整变动当期的收入。

第二十五条 合同变更之后发生可变对价后续变动的，企业应当区分下列三种情形分别进行会计处理：

（一）合同变更属于本准则第八条（一）规定情形的，企业应当判断可变对价后续变动与哪一项合同相关，并按照本准则第二十四条规定进行会计处理。

（二）合同变更属于本准则第八条（二）规定情形，且可变对价后续变动与合同变更前已承诺可变对价相关的，企业应当首先将该可变对价后续变动额以原合同开始日确定的基础进行分摊，然后再将分摊至合同变更日尚未履行履约义务的该可变对价后续变动额以新合同开始日确定的基础进行二次分摊。

（三）合同变更之后发生除本条（一）、（二）规定情形以外的可变对价后续变动的，企业应当将该可变对价后续变动额分摊至合同变更日尚未履行的履约义务。

第四章　合同成本

第二十六条　企业为履行合同发生的成本，不属于其他企业会计准则规范范围且同时满足下列条件的，应当作为合同履约成本确认为一项资产：

（一）该成本与一份当前或预期取得的合同直接相关，包括直接人工、直接材料、制造费用（或类似费用）、明确由客户承担的成本以及仅因该合同而发生的其他成本；

（二）该成本增加了企业未来用于履行履约义务的资源；

（三）该成本预期能够收回。

第二十七条　企业应当在下列支出发生时，将其计入当期损益：

（一）管理费用。

（二）非正常消耗的直接材料、直接人工和制造费用（或类似费用），这些支出为履行合同发生，但未反映在合同价格中。

（三）与履约义务中已履行部分相关的支出。

（四）无法在尚未履行的与已履行的履约义务之间区分的相关支出。

第二十八条　企业为取得合同发生的增量成本预期能够收回的，应当作为合同取得成本确认为一项资产；但是，该资产摊销期限不超过一年的，可以在发生时计入当期损益。

增量成本，是指企业不取得合同就不会发生的成本（如销售佣金等）。

企业为取得合同发生的、除预期能够收回的增量成本之外的其他支出（如无论是否取得合同均会发生的差旅费等），应当在发生时计入当期损益，但是，明确由客户承担的除外。

第二十九条　按照本准则第二十六条和第二十八条规定确认的资产（以下简称"与合同成本有关的资产"），应当采用与该资产相关的商品收入确认相同的基础进行摊销，计入当期损益。第三十条与合同成本有关的资产，其账面价值高于下列两项的差额的，超出部分应当计提减值准备，并确认为资产减值损失：

（一）企业因转让与该资产相关的商品预期能够取得的剩余对价；

（二）为转让该相关商品估计将要发生的成本。

以前期间减值的因素之后发生变化，使得前款（一）减（二）的差额高于该资产账面价值的，应当转回原已计提的资产减值准备，并计入当期损益，但转回后的资产账面价值不应超过假定不计提减值准备情况下该资产在转回日的账面价值。

第三十一条　在确定与合同成本有关的资产的减值损失时，企业应当首先对按照其他相关企业会计准则确认的、与合同有关的其他资产确定减值损失；然后，按照本准则第三十条规定确定与合同成本有关的资产的减值损失。

企业按照《企业会计准则第 8 号——资产减值》测试相关资产组的减值情况时，应当将按照前款规定确定与合同成本有关的资产减值后的新账面价值计入相关资产组的账面价值。

第五章　特定交易的会计处理

第三十二条　对于附有销售退回条款的销售，企业应当在客户取得相关商品控制权时，按照因向客户转让商品而预期有权收取的对价金额（即，不包含预期因销售退回将退还的金额）确认收入，按照预期因销售退回将退还的金额确认负债；同时，按照预期将退回商品转让时的账面价值，扣除收回该商品预计发生的成本（包括退回商品的价值减损）后的余额，确认为一项资产，按照所转让商品转让时的账面价值，扣除上述资产成本的净额结转成本。

每一资产负债表日，企业应当重新估计未来销售退回情况，如有变化，应当作为会计估计变更进行会计处理。

第三十三条　对于附有质量保证条款的销售，企业应当评估该质量保证是否在向客户保证所销售商品符合既定标准之外提供了一项单独的服务。企业提供额外服务的，应当作为单项履约义务，按照本准则规定进行会计处理；否则，质量保证责任应当按照《企业会计准则第 13 号——或有事项》规定进行会计处理。

在评估质量保证是否在向客户保证所销售商品符合既定标准之外提供了一项单独的服务时，企业应当考虑该质量保证是否为法定要求、质量保证期限以及企业承诺履行任务的性质等因素。客户能够选择单独购买质量保证的，该质量保证构成单项履约义务。

第三十四条　企业应当根据其在向客户转让商品前是否拥有对该商品的控制权，来判断其从事交易时的身份是主要责任人还是代理人。企业在向客户转让商品前能够控制该商品的，该企业为主要责任人，应当按照已收或应收对价总额确认收入；否则，该企业为代理人，应当按照预期有权收取的佣金或手续费的金额确认收入，该金额应当按照已收或应收对价总额扣除应支付给其他相关方的价款后的净额，或者按照既定的佣金金额或比例等确定。

企业向客户转让商品前能够控制该商品的情形包括：

（一）企业自第三方取得商品或其他资产控制权后，再转让给客户。

（二）企业能够主导第三方代表本企业向客户提供服务。

（三）企业自第三方取得商品控制权后，通过提供重大的服务将该商品与其他商品整合成某组合产出转让给客户。

在具体判断向客户转让商品前是否拥有对该商品的控制权时，企业不应仅局限于合同的法律形式，而应当综合考虑所有相关事实和情况，这些事实和情况包括：

（一）企业承担向客户转让商品的主要责任。

（二）企业在转让商品之前或之后承担了该商品的存货风险。

（三）企业有权自主决定所交易商品的价格。

（四）其他相关事实和情况。

第三十五条　对于附有客户额外购买选择权的销售，企业应当评估该选择权是否向客户提供了一项重大权利。企业提供重大权利的，应当作为单项履约义务，按照本准则第二十条至第二十四条规定将交易价格分摊至该履约义务，在客户未来行使购买选择权取得相关商品控制权时，或者该选择权失效时，确认相应的收入。客户额外购买选择权的单独售价无法直接观察的，企业应综合考虑客户行使和不行使该选择权所能获得的折扣的差异、客户行使该选择权的可能性等全部相关信息后，予以合理估计。客户虽然有额外购买商品选择权，但客户行使该选择权购买商品时的价格反映了这些商品单独售价的，不应被视为企业向该客户提供了一项重大权利。

第三十六条　企业向客户授予知识产权许可的，应当按照本准则第九条和第十条规定评估该知识产权许可是否构成单项履约义务，构成单项履约义务的，应当进一步确定其是在某一时段内履行还是在某一时点履行。

企业向客户授予知识产权许可，同时满足下列条件时，应当作为在某一时段内履行的履约义务确认相关收入；否则，应当作为在某一时点履行的履约义务确认相关收入：

（一）合同要求或客户能够合理预期企业将从事对该项知识产权有重大影响的活动；

（二）该活动对客户将产生有利或不利影响；

（三）该活动不会导致向客户转让某项商品。

第三十七条　企业向客户授予知识产权许可，并约定按客户实际销售或使用情况收取特许权使用费的，应当在下列两项孰晚的时点确认收入：

（一）客户后续销售或使用行为实际发生；

（二）企业履行相关履约义务。

第三十八条　对于售后回购交易，企业应当区分下列两种情形分别进行会计处理：

（一）企业因存在与客户的远期安排而负有回购义务或企业享有回购权利的，表明客户在销售时点并未取得相关商品控制权，企业应当作为租赁交易或融资交易进行相应的会计处理。其中，回购价格低于原售价的，应当视为租赁交易，按照《企业会计准则第21号——租赁》的相关规定进行会计处理；回购价格不低于原售价的，应当视为融资交易，在收到客户款项时确认金融负债，并将该款项和回购价格的差额在回购期间内确认为利息费用等。企业到期未行使回购权利的，应当在该回购权利到期时终止确认金融负债，同时确认收入。

（二）企业负有应客户要求回购商品义务的，应当在合同开始日评估客户是否具有行使该要求权的重大经济动因。客户具有行使该要求权重大经济动因的，企业应当将售后回购作为租赁交易或融资交易，按照本条（一）规定进行会计处理；否则，企业应当将其作为附有销售退回条款的销售交易，按照本准则第三十二条规定进行会计处理。

售后回购，是指企业销售商品的同时承诺或有权选择日后再将该商品（包括相同或几乎相同的商品，或以该商品作为组成部分的商品）购回的销售方式。

第三十九条　企业向客户预收销售商品款项的，应当首先将该款项确认为负债，待履行了相关履约义务时再转为收入。当企业预收款项无需退回，且客户可能会放弃其全部或部分合同权利时，企业预期将有权获得与客户所放弃的合同权利相关的金额的，应当按照客户行使合同权利的模式按比例将上述金额确认为收入；否则，企业只有在客户要求其履行剩余履约义务的可能性极低时，才能将上述负债的相关余额转为收入。

第四十条　企业在合同开始（或接近合同开始）日向客户收取的无需退回的初始费（如俱乐部的入会费等）应当计入交易价格。企业应当评估该初始费是否与向客户转让已承诺的商品相关。该初始费与向客户转让已承诺的商品相关，并且该商品构成单项履约义务的，企业应当在转让该商品时，按照分摊至该商品的交易价格确认收入；该初始费与向客户转让已承诺的商品相关，但该商品不构成单项履约义务的，企业应当在包含该商品的单项履约义务履行时，按照分摊至该单项履约义务的交易价格确认收入；该初始费与向客户转让已承诺的商品不相关的，该初始费应当作为未来将转让商品的预收款，在未来转让该商品时确认为收入。

企业收取了无需退回的初始费且为履行合同应开展初始活动，但这些活动本身并没有向客户转让已承诺的商品的，该初始费与未来将转让的已承诺商品相关，应当在未来转让该商品时确认为收入，企业在确定履约进度时不应考虑这些初始活动；企业为该初始活动发生的支出应当按照本准则第二十六条和第二十七条规定确认为一项资产或计入当期损益。

第六章　列　报

第四十一条　企业应当根据本企业履行履约义务与客户付款之间的关系在资产负债表中列示合同资产或合同负债。企业拥有的、无条件（即，仅取决于时间流逝）向客户收取对价的权利应当作为应收款项单独列示。

合同资产，是指企业已向客户转让商品而有权收取对价的权利，且该权利取决于时间流逝之外的其他因素。如企业向客户销售两项可明确区分的商品，企业因已交付其中一项商品而有权收取款项，但收取该款项还取决于企业交付另一项商品的，企业应当将该收款权利作为合同资产。

合同负债，是指企业已收或应收客户对价而应向客户转让商品的义务。如企业在转让承诺的商品之前已收取的款项。

按照本准则确认的合同资产的减值的计量和列报应当按照《企业会计

准则第 22 号——金融工具确认和计量》和《企业会计准则第 37 号——金融工具列报》的规定进行会计处理。

第四十二条　企业应当在附注中披露与收入有关的下列信息：

（一）收入确认和计量所采用的会计政策、对于确定收入确认的时点和金额具有重大影响的判断以及这些判断的变更，包括确定履约进度的方法及采用该方法的原因、评估客户取得所转让商品控制权时点的相关判断，在确定交易价格、估计计入交易价格的可变对价、分摊交易价格以及计量预期将退还给客户的款项等类似义务时所采用的方法、输入值和假设等。

（二）与合同相关的下列信息：

1. 与本期确认收入相关的信息，包括与客户之间的合同产生的收入、该收入按主要类别（如商品类型、经营地区、市场或客户类型、合同类型、商品转让的时间、合同期限、销售渠道等）分解的信息以及该分解信息与每一报告分部的收入之间的关系等。

2. 与应收款项、合同资产和合同负债的账面价值相关的信息，包括与客户之间的合同产生的应收款项、合同资产和合同负债的期初和期末账面价值、对上述应收款项和合同资产确认的减值损失、在本期确认的包括在合同负债期初账面价值中的收入、前期已经履行（或部分履行）的履约义务在本期调整的收入、履行履约义务的时间与通常的付款时间之间的关系以及此类因素对合同资产和合同负债账面价值的影响的定量或定性信息、合同资产和合同负债的账面价值在本期内发生的重大变动情况等。

3. 与履约义务相关的信息，包括履约义务通常的履行时间、重要的支付条款、企业承诺转让的商品的性质（包括说明企业是否作为代理人）、企业承担的预期将退还给客户的款项等类似义务、质量保证的类型及相关义务等。

4. 与分摊至剩余履约义务的交易价格相关的信息，包括分摊至本期末尚未履行（或部分未履行）履约义务的交易价格总额、上述金额确认为收入的预计时间的定量或定性信息、未包括在交易价格的对价金额（如可变对价）等。

（三）与合同成本有关的资产相关的信息，包括确定该资产金额所做的判断、该资产的摊销方法、按该资产主要类别（如为取得合同发生的成本、为履行合同开展的初始活动发生的成本等）披露的期末账面价值以及本期确认的摊销及减值损失金额等。

（四）企业根据本准则第十七条规定因预计客户取得商品控制权与客户支付价款间隔未超过一年而未考虑合同中存在的重大融资成分，或者根据本准则第二十八条规定因合同取得成本的摊销期限未超过一年而将其在发生时计入当期损益的，应当披露该事实。

第七章　衔接规定

第四十三条　首次执行本准则的企业，应当根据首次执行本准则的累积影响数，调整首次执行本准则当年年初留存收益及财务报表其他相关项目金额，对可比期间信息不予调整。企业可以仅对在首次执行日尚未完成的合同的累积影响数进行调整。同时，企业应当在附注中披露，与收入相关会计准则制度的原规定相比，执行本准则对当期财务报表相关项目的影响金额，如有重大影响的，还需披露其原因。

已完成的合同，是指企业按照与收入相关会计准则制度的原规定已完成合同中全部商品的转让的合同。尚未完成的合同，是指除已完成的合同之外的其他合同。

第四十四条　对于最早可比期间期初之前或首次执行本准则当年年初之前发生的合同变更，企业可予以简化处理，即无需按照本准则第八条规定进行追溯调整，而是根据合同变更的最终安排，识别已履行的和尚未履行的履约义务、确定交易价格以及在已履行的和尚未履行的履约义务之间分摊交易价格。

企业采用该简化处理方法的，应当对所有合同一致采用，并且在附注中披露该事实以及在合理范围内对采用该简化处理方法的影响所作的定性分析。

第八章　附　则

第四十五条　本准则自 2018 年 1 月 1 日起施行。

企业会计准则第 16 号——政府补助

第一章 总 则

第一条 为了规范政府补助的确认、计量和列报，根据《企业会计准则——基本准则》，制定本准则。

第二条 本准则中的政府补助，是指企业从政府无偿取得货币性资产或非货币性资产。

第三条 政府补助具有下列特征：

（一）来源于政府的经济资源。对于企业收到的来源于其他方的补助，有确凿证据表明政府是补助的实际拨付者，其他方只起到代收代付作用的，该项补助也属于来源于政府的经济资源。

（二）无偿性。即企业取得来源于政府的经济资源，不需要向政府交付商品或服务等对价。

第四条 政府补助分为与资产相关的政府补助和与收益相关的政府补助。

与资产相关的政府补助，是指企业取得的、用于购建或以其他方式形成长期资产的政府补助。

与收益相关的政府补助，是指除与资产相关的政府补助之外的政府补助。

第五条 下列各项适用其他相关会计准则：

（一）企业从政府取得的经济资源，如果与企业销售商品或提供服务等活动密切相关，且是企业商品或服务的对价或者是对价的组成部分，适用《企业会计准则第 14 号——收入》等相关会计准则。

（二）所得税减免，适用《企业会计准则第 18 号——所得税》。

政府以投资者身份向企业投入资本，享有相应的所有者权益，不适用本准则。

第二章　确认和计量

第六条　政府补助同时满足下列条件的，才能予以确认：

（一）企业能够满足政府补助所附条件；

（二）企业能够收到政府补助。

第七条　政府补助为货币性资产的，应当按照收到或应收的金额计量。

政府补助为非货币性资产的，应当按照公允价值计量；公允价值不能可靠取得的，按照名义金额计量。

第八条　与资产相关的政府补助，应当冲减相关资产的账面价值或确认为递延收益。与资产相关的政府补助确认为递延收益的，应当在相关资产使用寿命内按照合理、系统的方法分期计入损益。按照名义金额计量的政府补助，直接计入当期损益。

相关资产在使用寿命结束前被出售、转让、报废或发生毁损的，应当将尚未分配的相关递延收益余额转入资产处置当期的损益。

第九条　与收益相关的政府补助，应当分情况按照以下规定进行会计处理：

（一）用于补偿企业以后期间的相关成本费用或损失的，确认为递延收益，并在确认相关成本费用或损失的期间，计入当期损益或冲减相关成本；

（二）用于补偿企业已发生的相关成本费用或损失的，直接计入当期损益或冲减相关成本。

第十条　对于同时包含与资产相关部分和与收益相关部分的政府补助，应当区分不同部分分别进行会计处理；难以区分的，应当整体归类为与收益相关的政府补助。

第十一条　与企业日常活动相关的政府补助，应当按照经济业务实质，计入其他收益或冲减相关成本费用。与企业日常活动无关的政府补助，应当计入营业外收支。

第十二条　企业取得政策性优惠贷款贴息的，应当区分财政将贴息资金拨付给贷款银行和财政将贴息资金直接拨付给企业两种情况，分别按照本准则第十三条和第十四条进行会计处理。

第十三条　财政将贴息资金拨付给贷款银行，由贷款银行以政策性优惠利率向企业提供贷款的，企业可以选择下列方法之一进行会计处理：

（一）以实际收到的借款金额作为借款的入账价值，按照借款本金和该政策性优惠利率计算相关借款费用。

（二）以借款的公允价值作为借款的入账价值并按照实际利率法计算借款费用，实际收到的金额与借款公允价值之间的差额确认为递延收益。递延收益在借款存续期内采用实际利率法摊销，冲减相关借款费用。

企业选择了上述两种方法之一后，应当一致地运用，不得随意变更。

第十四条 财政将贴息资金直接拨付给企业，企业应当将对应的贴息冲减相关借款费用。

第十五条 已确认的政府补助需要退回的，应当在需要退回的当期分情况按照以下规定进行会计处理：

（一）初始确认时冲减相关资产账面价值的，调整资产账面价值；

（二）存在相关递延收益的，冲减相关递延收益账面余额，超出部分计入当期损益；

（三）属于其他情况的，直接计入当期损益。

第三章　列　报

第十六条 企业应当在利润表中的"营业利润"项目之上单独列报"其他收益"项目，计入其他收益的政府补助在该项目中反映。

第十七条 企业应当在附注中单独披露与政府补助有关的下列信息：

（一）政府补助的种类、金额和列报项目；

（二）计入当期损益的政府补助金额；

（三）本期退回的政府补助金额及原因。

第四章　衔接规定

第十八条 企业对2017年1月1日存在的政府补助采用未来适用法处理，对2017年1月1日至本准则施行日之间新增的政府补助根据本准则进行调整。

第五章　附　则

第十九条 本准则自2017年6月12日起施行。

　　第二十条　2006 年 2 月 15 日财政部印发的《财政部关于印发〈企业会计准则第 1 号——存货〉等 38 项具体准则的通知》（财会〔2006〕3 号）中的《企业会计准则第 16 号——政府补助》同时废止。

　　财政部此前发布的有关政府补助会计处理规定与本准则不一致的，以本准则为准。

企业会计准则解释第 9 号
——关于权益法下有关投资净损失的会计处理

一、涉及的主要准则

该问题主要涉及《企业会计准则第 2 号——长期股权投资》（财会〔2014〕14 号，以下简称第 2 号准则）。

二、涉及的主要问题

第 2 号准则第十二条规定，投资方确认被投资单位发生的净亏损，应以长期股权投资的账面价值以及其他实质上构成对被投资单位净投资的长期权益（简称其他长期权益）冲减至零为限，投资方负有承担额外损失义务的除外。被投资单位以后实现净利润的，投资方在其收益分享额弥补未确认的亏损分担额后，恢复确认收益分享额。

根据上述规定，投资方在权益法下因确认被投资单位发生的其他综合收益减少净额而产生未确认投资净损失的，是否按照上述原则处理？

三、会计确认、计量和列报要求

投资方按权益法确认应分担被投资单位的净亏损或被投资单位其他综合收益减少净额，将有关长期股权投资冲减至零并产生了未确认投资净损失的，被投资单位在以后期间实现净利润或其他综合收益增加净额时，投资方应当按照以前确认或登记有关投资净损失时的相反顺序进行会计处理，即依次减记未确认投资净损失金额、恢复其他长期权益和恢复长期股权投资的账面价值，同时，投资方还应当重新复核预计负债的账面价值，有关会计处理如下：

（一）投资方当期对被投资单位净利润和其他综合收益增加净额的分享额小于或等于前期未确认投资净损失的，根据登记的未确认投资净损失的类型，弥补前期未确认的应分担的被投资单位净亏损或其他综合收益减少净额等投资净损失。

（二）投资方当期对被投资单位净利润和其他综合收益增加净额的分享额大于前期未确认投资净损失的，应先按照以上（一）的规定弥补前期未确认投资净损失；对于前者大于后者的差额部分，依次恢复其他长期权益的账面价值和恢复长期股权投资的账面价值，同时按权益法确认该差额。

投资方应当按照《企业会计准则第 13 号——或有事项》的有关规定，对预计负债的账面价值进行复核，并根据复核后的最佳估计数予以调整。

四、生效日期和新旧衔接

本解释自 2018 年 1 月 1 日起施行。本解释施行前的有关业务未按照以上规定进行处理的，应进行追溯调整，追溯调整不切实可行的除外。本解释施行前已处置或因其他原因终止采用权益法核算的长期股权投资，无需追溯调整。

企业会计准则解释第 10 号
——关于以使用固定资产产生的收入为基础的折旧方法

一、涉及的主要准则

该问题主要涉及《企业会计准则第 4 号——固定资产》（财会〔2006〕3 号，以下简称第 4 号准则）。

二、涉及的主要问题

第 4 号准则第十七条规定，企业应当根据与固定资产有关的经济利益的预期实现方式，合理选择固定资产折旧方法。可选用的折旧方法包括年限平均法、工作量法、双倍余额递减法和年数总和法等。

根据上述规定，企业能否以包括使用固定资产在内的经济活动产生的收入为基础计提折旧？

三、会计确认、计量和列报要求

企业在按照第 4 号准则的上述规定选择固定资产折旧方法时，应当根据与固定资产有关的经济利益的预期消耗方式做出决定。由于收入可能受到投入、生产过程、销售等因素的影响，这些因素与固定资产有关经济利益的预期消耗方式无关，因此，企业不应以包括使用固定资产在内的经济活动所产生的收入为基础进行折旧。

四、生效日期和新旧衔接

本解释自 2018 年 1 月 1 日起施行，不要求追溯调整。本解释施行前已确认的相关固定资产未按本解释进行会计处理的，不调整以前各期折旧金额，也不计算累积影响数，自施行之日起在未来期间根据重新评估后的折旧方法计提折旧。

企业会计准则解释第 11 号
——关于以使用无形资产产生的收入为基础的摊销方法

一、涉及的主要准则

该问题主要涉及《企业会计准则第 6 号——无形资产》（财会〔2006〕3 号，以下简称第 6 号准则）。

二、涉及的主要问题

第 6 号准则第十七条规定，企业选择的无形资产摊销方法，应当反映与该无形资产有关的经济利益的预期实现方式。无法可靠确定预期实现方式的，应当采用直线法摊销。

根据上述规定，企业能否以包括使用无形资产在内的经济活动产生的收入为基础进行摊销？

三、会计确认、计量和列报要求

企业在按照第 6 号准则的上述规定选择无形资产摊销方法时，应根据与无形资产有关的经济利益的预期消耗方式做出决定。由于收入可能受到投入、生产过程和销售等因素的影响，这些因素与无形资产有关经济利益的预期消耗方式无关，因此，企业通常不应以包括使用无形资产在内的经济活动所产生的收入为基础进行摊销，但是，下列极其有限的情况除外：

1. 企业根据合同约定确定无形资产固有的根本性限制条款（如无形资产的使用时间、使用无形资产生产产品的数量或因使用无形资产而应取得固定的收入总额）的，当该条款为因使用无形资产而应取得的固定的收入总额时，取得的收入可以成为摊销的合理基础，如企业获得勘探开采黄金的特许权，且合同明确规定该特许权在销售黄金的收入总额达到某固定的金额时失效。

2. 有确凿的证据表明收入的金额和无形资产经济利益的消耗是高度相关的。

企业采用车流量法对高速公路经营权进行摊销的，不属于以包括使用无形资产在内的经济活动产生的收入为基础的摊销方法。

四、生效日期和新旧衔接

本解释自 2018 年 1 月 1 日起施行，不要求追溯调整。本解释施行前已确认的无形资产未按本解释进行会计处理的，不调整以前各期摊销金额，也不计算累积影响数，自施行之日起在未来期间根据重新评估后的摊销方法计提摊销。

企业会计准则解释第 12 号
——关于关键管理人员服务的提供方
与接受方是否为关联方

一、涉及的主要准则

该问题主要涉及《企业会计准则第 36 号——关联方披露》（财会〔2006〕3 号，以下简称第 36 号准则）。

二、涉及的主要问题

根据第 36 号准则第四条，企业的关键管理人员构成该企业的关联方。

根据上述规定，提供关键管理人员服务的主体（以下简称服务提供方）与接受该服务的主体（以下简称服务接受方）之间是否构成关联方？例如，证券公司与其设立并管理的资产管理计划之间存在提供和接受关键管理人员服务的关系的，是否仅因此就构成了关联方，即证券公司在财务报表中是否将资产管理计划作为关联方披露，以及资产管理计划在财务报表中是否将证券公司作为关联方披露。

三、会计确认、计量和列报要求

服务提供方向服务接受方提供关键管理人员服务的，服务接受方在编制财务报表时，应当将服务提供方作为关联方进行相关披露；服务提供方在编制财务报表时，不应仅仅因为向服务接受方提供了关键管理人员服务就将其认定为关联方，而应当按照第 36 号准则判断双方是否构成关联方并进行相应的会计处理。

服务接受方可以不披露服务提供方所支付或应支付给服务提供方有关员工的报酬，但应当披露其接受服务而应支付的金额。

四、生效日期和新旧衔接

本解释自 2018 年 1 月 1 日起施行，不要求追溯调整。

小企业内部控制规范（试行）

第一章 总 则

第一条 为了指导小企业建立和有效实施内部控制，提高经营管理水平和风险防范能力，促进小企业健康可持续发展，根据《中华人民共和国会计法》《中华人民共和国公司法》等法律法规及《企业内部控制基本规范》，制定本规范。

第二条 本规范适用于在中华人民共和国境内依法设立的、尚不具备执行《企业内部控制基本规范》及其配套指引条件的小企业。

小企业的划分标准按照《中小企业划型标准规定》执行。

执行《企业内部控制基本规范》及其配套指引的企业集团，其集团内属于小企业的母公司和子公司，也应当执行《企业内部控制基本规范》及其配套指引。

企业集团、母公司和子公司的定义与《企业会计准则》的规定相同。

第三条 本规范所称内部控制，是指由小企业负责人及全体员工共同实施的、旨在实现控制目标的过程。

第四条 小企业内部控制的目标是合理保证小企业经营管理合法合规、资金资产安全和财务报告信息真实完整可靠。

第五条 小企业建立与实施内部控制，应当遵循下列原则：

（一）风险导向原则。内部控制应当以防范风险为出发点，重点关注对实现内部控制目标造成重大影响的风险领域。

（二）适应性原则。内部控制应当与企业发展阶段、经营规模、管理水平等相适应，并随着情况的变化及时加以调整。

（三）实质重于形式原则。内部控制应当注重实际效果，而不局限于特定的表现形式和实现手段。

504

（四）成本效益原则。内部控制应当权衡实施成本与预期效益，以合理的成本实现有效控制。

第六条　小企业建立与实施内部控制应当遵循下列总体要求：

（一）树立依法经营、诚实守信的意识，制定并实施长远发展目标和战略规划，为内部控制的持续有效运行提供良好环境。

（二）及时识别、评估与实现控制目标相关的内外部风险，并合理确定风险应对策略。

（三）根据风险评估结果，开展相应的控制活动，将风险控制在可承受范围之内。

（四）及时、准确地收集、传递与内部控制相关的信息，并确保其在企业内部、企业与外部之间的有效沟通。

（五）对内部控制的建立与实施情况进行监督检查，识别内部控制存在的问题并及时督促改进。

（六）形成建立、实施、监督及改进内部控制的管理闭环，并使其持续有效运行。

第七条　小企业主要负责人对本企业内部控制的建立健全和有效实施负责。

小企业可以指定适当的部门（岗位），具体负责组织协调和推动内部控制的建立与实施工作。

第二章　内部控制建立与实施

第八条　小企业应当围绕控制目标，以风险为导向确定内部控制建设的领域，设计科学合理的控制活动或对现有控制活动进行梳理、完善和优化，确保内部控制体系能够持续有效运行。

第九条　小企业应当依据所设定的内部控制目标和内部控制建设工作规划，有针对性地选择评估对象开展风险评估。

风险评估对象可以是整个企业或某个部门，也可以是某个业务领域、某个产品或某个具体事项。

第十条　小企业应当恰当识别与控制目标相关的内外部风险，如合规性风险、资金资产安全风险、信息安全风险、合同风险等。

第十一条　小企业应当采用适当的风险评估方法，综合考虑风险发生的可能性、风险发生后可能造成的影响程度以及可能持续的时间，对识别的风险进行分析和排序，确定重点关注和优先控制的风险。

常用的风险评估方法包括问卷调查、集体讨论、专家咨询、管理层访谈、行业标杆比较等。

第十二条 小企业开展风险评估既可以结合经营管理活动进行，也可以专门组织开展。

小企业应当定期开展系统全面的风险评估。在发生重大变化以及需要对重大事项进行决策时，小企业可以相应增加风险评估的频率。

第十三条 小企业开展风险评估，可以考虑聘请外部专家提供技术支持。

第十四条 小企业应当根据风险评估的结果，制定相应的风险应对策略，对相关风险进行管理。

风险应对策略一般包括接受、规避、降低、分担等四种策略。

小企业应当将内部控制作为降低风险的主要手段，在权衡成本效益之后，采取适当的控制措施将风险控制在本企业可承受范围之内。

第十五条 小企业建立与实施内部控制应当重点关注下列管理领域：

（一）资金管理；

（二）重要资产管理（包括核心技术）；

（三）债务与担保业务管理；

（四）税费管理；

（五）成本费用管理；

（六）合同管理；

（七）重要客户和供应商管理；

（八）关键岗位人员管理；

（九）信息技术管理；

（十）其他需要关注的领域。

第十六条 小企业在建立内部控制时，应当根据控制目标，按照风险评估的结果，结合自身实际情况，制定有效的内部控制措施。

内部控制措施一般包括不相容岗位相分离控制、内部授权审批控制、会计控制、财产保护控制、单据控制等。

第十七条 不相容岗位相分离控制要求小企业根据国家有关法律法规

的要求及自身实际情况，合理设置不相容岗位，确保不相容岗位由不同的人员担任，并合理划分业务和事项的申请、内部审核审批、业务执行、信息记录、内部监督等方面的责任。

因资源限制等原因无法实现不相容岗位相分离的，小企业应当采取抽查交易文档、定期资产盘点等替代性控制措施。

第十八条　内部授权审批控制要求小企业根据常规授权和特别授权的规定，明确各部门、各岗位办理业务和事项的权限范围、审批程序和相关责任。常规授权是指小企业在日常经营管理活动中按照既定的职责和程序进行的授权。特别授权是指小企业在特殊情况、特定条件下进行的授权。小企业应当严格控制特别授权。

小企业各级管理人员应当在授权范围内行使职权、办理业务。

第十九条　会计控制要求小企业严格执行国家统一的会计准则制度，加强会计基础工作，明确会计凭证、会计账簿和财务会计报告的处理程序，加强会计档案管理，保证会计资料真实完整。

小企业应当根据会计业务的需要，设置会计机构；或者在有关机构中设置会计人员并指定会计主管人员；或者委托经批准设立从事会计代理记账业务的中介机构代理记账。

小企业应当选择使用符合《中华人民共和国会计法》和国家统一的会计制度规定的会计信息系统（电算化软件）。

第二十条　财产保护控制要求小企业建立财产日常管理和定期清查制度，采取财产记录、实物保管、定期盘点、账实核对等措施，确保财产安全完整。

第二十一条　单据控制要求小企业明确各种业务和事项所涉及的表单和票据，并按照规定填制、审核、归档和保管各类单据。

第二十二条　小企业应当根据内部控制目标，综合运用上述内部控制措施，对企业面临的各类内外部风险实施有效控制。

第二十三条　小企业在采取内部控制措施时，应当对实施控制的责任人、频率、方式、文档记录等内容做出明确规定。

有条件的小企业可以采用内部控制手册等书面形式来明确内部控制措施。

第二十四条　小企业可以利用现有的管理基础，将内部控制要求与企业管理体系进行融合，提高内部控制建立与实施工作的实效性。

第二十五条 小企业在实施内部控制的过程中，可以采用灵活适当的信息沟通方式，以实现小企业内部各管理层级、业务部门之间，以及与外部投资者、债权人、客户和供应商等有关方面之间的信息畅通。

内外部信息沟通方式主要包括发函、面谈、专题会议、电话等。

第二十六条 小企业应当通过加强人员培训等方式，提高实施内部控制的责任人的胜任能力，确保内部控制得到有效实施。

第二十七条 在发生下列情形时，小企业应当评估现行的内部控制措施是否仍然适用，并对不适用的部分及时进行更新优化：

（一）企业战略方向、业务范围、经营管理模式、股权结构发生重大变化；

（二）企业面临的风险发生重大变化；

（三）关键岗位人员胜任能力不足；

（四）其他可能对企业产生重大影响的事项。

第三章　内部控制监督

第二十八条 小企业应当结合自身实际情况和管理需要建立适当的内部控制监督机制，对内部控制的建立与实施情况进行日常监督和定期评价。

第二十九条 小企业应当选用具备胜任能力的人员实施内部控制监督。实施内部控制的责任人开展自我检查不能替代监督。

具备条件的小企业，可以设立内部审计部门（岗位）或通过内部审计业务外包来提高内部控制监督的独立性和质量。

第三十条 小企业开展内部控制日常监督应当重点关注下列情形：

（一）因资源限制而无法实现不相容岗位相分离；

（二）业务流程发生重大变化；

（三）开展新业务、采用新技术、设立新岗位；

（四）关键岗位人员胜任能力不足或关键岗位出现人才流失；

（五）可能违反有关法律法规；

（六）其他应通过风险评估识别的重大风险。

第三十一条 小企业对于日常监督中发现的问题，应当分析其产生的原因以及影响程度，制定整改措施，及时进行整改。

第三十二条　小企业应当至少每年开展一次全面系统的内部控制评价工作，并可以根据自身实际需要开展不定期专项评价。

第三十三条　小企业应当根据年度评价结果，结合内部控制日常监督情况，编制年度内部控制报告，并提交小企业主要负责人审阅。

内部控制报告至少应当包括内部控制评价的范围、内部控制中存在的问题、整改措施、整改责任人、整改时间表及上一年度发现问题的整改落实情况等内容。

第三十四条　有条件的小企业可以委托会计师事务所对内部控制的有效性进行审计。

第三十五条　小企业可以将内部控制监督的结果纳入绩效考核的范围，促进内部控制的有效实施。

第四章　附　则

第三十六条　符合《中小企业划型标准规定》所规定的微型企业标准的企业参照执行本规范。

第三十七条　对于本规范中未规定的业务活动的内部控制，小企业可以参照执行《企业内部控制基本规范》及其配套指引。

第三十八条　鼓励有条件的小企业执行《企业内部控制基本规范》及其配套指引。

第三十九条　本规范由财政部负责解释。

第四十条　本规范自 2018 年 1 月 1 日起施行。

关于印发《会计专业技术人员
继续教育规定》的通知

财会〔2018〕10 号

各省、自治区、直辖市、计划单列市财政厅（局）、人力资源社会保障厅（局），新疆生产建设兵团财政局、人力资源社会保障局，中共中央直属机关事务管理局，国家机关事务管理局，中央军委后勤保障部财务局：

为了规范会计专业技术人员继续教育，保障会计专业技术人员合法权益，不断提高会计专业技术人员素质，根据《中华人民共和国会计法》和《专业技术人员继续教育规定》（人力资源社会保障部令第 25 号），我们制定了《会计专业技术人员继续教育规定》。现予印发，请遵照执行。

附件：会计专业技术人员继续教育规定

财政部　人力资源社会保障部
2018 年 5 月 19 日

会计专业技术人员继续教育规定

第一章　总　则

第一条　为了规范会计专业技术人员继续教育，保障会计专业技术人员合法权益，不断提高会计专业技术人员素质，根据《中华人民共和国会计法》和《专业技术人员继续教育规定》（人力资源社会保障部令第25号），制定本规定。

第二条　国家机关、企业、事业单位以及社会团体等组织（以下称单位）具有会计专业技术资格的人员，或不具有会计专业技术资格但从事会计工作的人员（以下简称会计专业技术人员）继续教育，适用本规定。

第三条　会计专业技术人员继续教育应当紧密结合经济社会和会计行业发展要求，以能力建设为核心，突出针对性、实用性、兼顾系统性、前瞻性，为经济社会和会计行业发展提供人才保证和智力支持。

第四条　会计专业技术人员继续教育工作应当遵循下列基本原则：

（一）以人为本，按需施教。会计专业技术人员继续教育面向会计专业技术人员，引导会计专业技术人员更新知识、拓展技能、完善知识结构、全面提高素质。

（二）突出重点，提高能力。把握会计行业发展趋势和会计专业技术人员从业基本要求，引导会计专业技术人员树立诚信理念、提高职业道德和业务素质，全面提升专业胜任能力。

（三）加强指导，创新机制。统筹教育资源，引导社会力量参与继续教育，不断丰富继续教育内容，创新继续教育方式，提高继续教育质量，形成政府部门规划指导、社会力量积极参与、用人单位支持配合的会计专业技术人员继续教育新格局。

第五条　用人单位应当保障本单位会计专业技术人员参加继续教育的

权利。

会计专业技术人员享有参加继续教育的权利和接受继续教育的义务。

第六条 具有会计专业技术资格的人员应当自取得会计专业技术资格的次年开始参加继续教育，并在规定时间内取得规定学分。

不具有会计专业技术资格但从事会计工作的人员应当自从事会计工作的次年开始参加继续教育，并在规定时间内取得规定学分。

第二章　管理体制

第七条 财政部负责制定全国会计专业技术人员继续教育政策，会同人力资源社会保障部监督指导全国会计专业技术人员继续教育工作的组织实施，人力资源社会保障部负责对全国会计专业技术人员继续教育工作进行综合管理和统筹协调。

除本规定另有规定外，县级以上地方人民政府财政部门、人力资源社会保障部门共同负责本地区会计专业技术人员继续教育工作。

第八条 新疆生产建设兵团按照财政部、人力资源社会保障部有关规定，负责所属单位的会计专业技术人员继续教育工作。中共中央直属机关事务管理局、国家机关事务管理局（以下统称中央主管单位）按照财政部、人力资源社会保障部有关规定，分别负责中央在京单位的会计专业技术人员继续教育工作。

第三章　内容与形式

第九条 会计专业技术人员继续教育内容包括公需科目和专业科目。

公需科目包括专业技术人员应当普遍掌握的法律法规、政策理论、职业道德、技术信息等基本知识，专业科目包括会计专业技术人员从事会计工作应当掌握的财务会计、管理会计、财务管理、内部控制与风险管理、会计信息化、会计职业道德、财税金融、会计法律法规等相关专业知识。

财政部会同人力资源社会保障部根据会计专业技术人员能力框架，定期发布继续教育公需科目指南、专业科目指南，对会计专业技术人员继续教育内容进行指导。

第十条 会计专业技术人员可以自愿选择参加继续教育的形式。会计专业技术人员继续教育的形式有：

（一）参加县级以上地方人民政府财政部门、人力资源社会保障部门、新疆生产建设兵团财政局、人力资源社会保障局，中共中央直属机关事务管理局，国家机关事务管理局（以下统称继续教育管理部门）组织的会计专业技术人员继续教育培训、高端会计人才培训、全国会计专业技术资格考试等会计相关考试、会计类专业会议等；

（二）参加会计继续教育机构或用人单位组织的会计专业技术人员继续教育培训；

（三）参加国家教育行政主管部门承认的中专以上（含中专，下同）会计类专业学历（学位）教育；承担继续教育管理部门或行业组织（团体）的会计类研究课题，或在有国内统一刊号（CN）的经济、管理类报刊上发表会计类论文；公开出版会计类书籍；参加注册会计师、资产评估师、税务师等继续教育培训；

（四）继续教育管理部门认可的其他形式。

第十一条　会计专业技术人员继续教育采用的课程、教学方法，应当适应会计工作要求和特点。同时，积极推广网络教育等方式，提高继续教育教学和管理的信息化水平。

第四章　学分管理

第十二条　会计专业技术人员参加继续教育实行学分制管理，每年参加继续教育取得的学分不少于 90 学分。其中，专业科目一般不少于总学分的三分之二。

会计专业技术人员参加继续教育取得的学分，在全国范围内当年度有效，不得结转以后年度。

第十三条　参加本规定第十条规定形式的继续教育，其学分计量标准如下：

（一）参加全国会计专业技术资格考试等会计相关考试，每通过一科考试或被录取的，折算为 90 学分；

（二）参加会计类专业会议，每天折算为 10 学分；

（三）参加国家教育行政主管部门承认的中专以上会计类专业学历（学位）教育，通过当年度一门学习课程考试或考核的，折算为 90 学分；

（四）独立承担继续教育管理部门或行业组织（团体）的会计类研究

课题，课题结项的，每项研究课题折算为 90 学分；与他人合作完成的，每项研究课题的课题主持人折算为 90 学分，其他参与人每人折算为 60 学分；

（五）独立在有国内统一刊号（CN）的经济、管理类报刊上发表会计类论文的，每篇论文折算为 30 学分；与他人合作发表的，每篇论文的第一作者折算为 30 学分，其他作者每人折算为 10 学分；

（六）独立公开出版会计类书籍的，每本会计类书籍折算为 90 学分；与他人合作出版的，每本会计类书籍的第一作者折算为 90 学分，其他作者每人折算为 60 学分；

（七）参加其他形式的继续教育，学分计量标准由各省、自治区、直辖市、计划单列市财政厅（局）（以下称省级财政部门）、新疆生产建设兵团财政局会同本地区人力资源社会保障部门、中央主管单位制定。

第十四条 对会计专业技术人员参加继续教育情况实行登记管理。

用人单位应当对会计专业技术人员参加继续教育的种类、内容、时间和考试考核结果等情况进行记录，并在培训结束后及时按照要求将有关情况报送所在地县级以上地方人民政府财政部门、新疆生产建设兵团财政局或中央主管单位。

省级财政部门、新疆生产建设兵团财政局、中央主管单位应当建立会计专业技术人员继续教育信息管理系统，对会计专业技术人员参加继续教育取得的学分进行登记，如实记载会计专业技术人员接受继续教育情况。

继续教育登记可以采用以下方式：

（一）会计专业技术人员参加继续教育管理部门组织的继续教育和会计相关考试，县级以上地方人民政府财政部门、新疆生产建设兵团财政局或中央主管单位应当直接为会计专业技术人员办理继续教育事项登记；

（二）会计专业技术人员参加会计继续教育机构或用人单位组织的继续教育，县级以上地方人民政府财政部门、新疆生产建设兵团财政局或中央主管单位应当根据会计继续教育机构或用人单位报送的会计专业技术人员继续教育信息，为会计专业技术人员办理继续教育事项登记；

（三）会计专业技术人员参加继续教育采取上述（一）、（二）以外其他形式的，应当在年度内登陆所属县级以上地方人民政府财政部门、新疆生产建设兵团财政局或中央主管单位指定网站，按要求上传相关证明材料，申请办理继续教育事项登记；也可持相关证明材料向所属继续教育管理部门申请办理继续教育事项登记。

第五章　会计继续教育机构管理

第十五条　会计继续教育机构必须同时符合下列条件：

（一）具备承担继续教育相适应的教学设施，面授教育机构还应有相应的教学场所；

（二）拥有与承担继续教育相适应的师资队伍和管理力量；

（三）制定完善的教学计划、管理制度和其他相关制度；

（四）能够完成所承担的继续教育任务，保证教学质量；

（五）符合有关法律法规的规定。

应当充分发挥国家会计学院、会计行业组织（团体）、各类继续教育培训基地（中心）等在开展会计专业技术人员继续教育方面的主渠道作用，鼓励、引导高等院校、科研院所等单位参与会计专业技术人员继续教育工作。

第十六条　会计继续教育机构应当认真实施继续教育教学计划，向社会公开继续教育的范围、内容、收费项目及标准等情况。

第十七条　会计继续教育机构应当按照专兼职结合的原则，聘请具有丰富实践经验、较高理论水平的业务骨干和专家学者，建立继续教育师资库。

第十八条　会计继续教育机构应当建立健全继续教育培训档案，根据考试或考核结果如实出具会计专业技术人员参加继续教育的证明，并在培训结束后及时按照要求将有关情况报送所在地县级以上地方人民政府财政部门、新疆生产建设兵团财政局或中央主管单位。

第十九条　会计继续教育机构不得有下列行为：

（一）采取虚假、欺诈等不正当手段招揽生源；

（二）以会计专业技术人员继续教育名义组织旅游或者进行其他高消费活动；

（三）以会计专业技术人员继续教育名义乱收费或者只收费不培训。

第六章　考核与评价

第二十条　用人单位应当建立本单位会计专业技术人员继续教育与使

用、晋升相衔接的激励机制，将参加继续教育情况作为会计专业技术人员考核评价、岗位聘用的重要依据。

会计专业技术人员参加继续教育情况，应当作为聘任会计专业技术职务或者申报评定上一级资格的重要条件。

第二十一条　继续教育管理部门应当加强对会计专业技术人员参加继续教育情况的考核与评价，并将考核、评价结果作为参加会计专业技术资格考试或评审、先进会计工作者评选、高端会计人才选拔等的依据之一，并纳入其信用信息档案。

对未按规定参加继续教育或者参加继续教育未取得规定学分的会计专业技术人员，继续教育管理部门应当责令其限期改正。

第二十二条　继续教育管理部门应当依法对会计继续教育机构、用人单位执行本规定的情况进行监督。

第二十三条　继续教育管理部门应当定期组织或者委托第三方评估机构对所在地会计继续教育机构进行教学质量评估，评估结果作为承担下年度继续教育任务的重要参考。

第二十四条　会计继续教育机构发生本规定第十九条行为，继续教育管理部门应当责令其限期改正，并依法依规进行处理。

第七章　附　则

第二十五条　中央军委后勤保障部会计专业技术人员继续教育工作，参照本规定执行。

第二十六条　省级财政部门、新疆生产建设兵团财政局可会同本地区人力资源社会保障部门根据本规定制定具体实施办法，报财政部、人力资源社会保障部备案。

中央主管单位可根据本规定制定具体实施办法，报财政部、人力资源社会保障部备案。

第二十七条　本规定自 2018 年 7 月 1 日起施行。财政部 2013 年 8 月 27 日印发的《会计人员继续教育规定》（财会〔2013〕18 号）同时废止。

关于加强会计人员诚信建设的指导意见

财会〔2018〕9号

各省、自治区、直辖市、计划单列市财政厅（局），新疆生产建设兵团财政局，中共中央直属机关事务管理局，国家机关事务管理局财务管理司，中央军委后勤保障部财务局，有关会计行业组织：

为加强会计诚信建设，建立健全会计人员守信联合激励和失信联合惩戒机制，推动会计行业进一步提高诚信水平，根据《中华人民共和国会计法》规定和《国务院关于印发社会信用体系建设规划纲要（2014—2020年）的通知》（国发〔2014〕21号）、《国务院办公厅关于加强个人诚信体系建设的指导意见》（国办发〔2016〕98号）、《国务院关于建立完善守信联合激励和失信联合惩戒制度加快推进社会诚信建设的指导意见》（国发〔2016〕33号）等精神，现就加强会计人员诚信建设提出如下指导意见。

一、总体要求

（一）指导思想

全面贯彻党的十九大精神，以习近平新时代中国特色社会主义思想为指导，认真落实党中央、国务院决策部署，以培育和践行社会主义核心价值观为根本，完善会计职业道德规范，加强会计诚信教育，建立严重失信会计人员"黑名单"，健全会计人员守信联合激励和失信联合惩戒机制，积极营造"守信光荣、失信可耻"的良好社会氛围。

（二）基本原则

——政府推动，社会参与。充分发挥财政部门和中央主管单位在会计人员诚信建设中的组织管理和监督指导作用，加强与相关执法部门统筹协调，建立联动机制，引导包括用人单位在内的社会力量广泛参与，充分发挥会计行业组织作用，共同推动会计人员诚信建设。

——健全机制，有序推进。建立健全加强会计人员诚信建设的体制机制，有序推进会计人员信用档案建设，规范会计人员信用信息采集和应用，稳步推进会计人员信用状况与其选聘任职、评选表彰等挂钩，逐步建立会计人员守信联合激励和失信联合惩戒机制。

——加强教育，奖惩结合。把教育引导作为提升会计人员诚信意识的重要环节，加大守信联合激励与失信联合惩戒实施力度，发挥行为规范的约束作用，使会计诚信内化于心，外化于行，成为广大会计人员的自觉行动。

二、增强会计人员诚信意识

（一）强化会计职业道德约束

针对会计工作特点，进一步完善会计职业道德规范，引导会计人员自觉遵纪守法、勤勉尽责、参与管理、强化服务，不断提高专业胜任能力；督促会计人员坚持客观公正、诚实守信、廉洁自律、不做假账，不断提高职业操守。

（二）加强会计诚信教育

财政部门、中央主管单位和会计行业组织要采取多种形式，广泛开展会计诚信教育，将会计职业道德作为会计人员继续教育的必修内容，大力弘扬会计诚信理念，不断提升会计人员诚信素养。要充分发挥新闻媒体对会计诚信建设的宣传教育、舆论监督等作用，大力发掘、宣传会计诚信模范等会计诚信典型，深入剖析违反会计诚信的典型案例。引导财会类专业教育开设会计职业道德课程，努力提高会计后备人员的诚信意识。鼓励用人单位建立会计人员信用管理制度，将会计人员遵守会计职业道德情况作为考核评价、岗位聘用的重要依据，强化会计人员诚信责任。

三、加强会计人员信用档案建设

（一）建立严重失信会计人员"黑名单"制度

将有提供虚假财务会计报告，做假账，隐匿或者故意销毁会计凭证、会计账簿、财务会计报告，贪污、挪用公款，职务侵占等与会计职务有关违法行为的会计人员，作为严重失信会计人员列入"黑名单"，纳入全国信用信息共享平台，依法通过"信用中国"网站等途径，向社会公开披露相关信息。

（二）建立会计人员信用信息管理制度

研究制定会计人员信用信息管理办法，规范会计人员信用评价、信用信息采集、信用信息综合利用、激励惩戒措施等，探索建立会计人员信息纠错、信用修复、分级管理等制度，建立健全会计人员信用信息体系。

（三）完善会计人员信用信息管理系统

以会计专业技术资格管理为抓手，有序采集会计人员信息，记录会计人员从业情况和信用情况，建立和完善会计人员信用档案。省级财政部门和中央主管单位要有效利用信息化技术手段，组织升级改造本地区（部门）现有的会计人员信息管理系统，构建完善本地区（部门）的会计人员信用信息管理系统，财政部在此基础上将构建全国统一的会计人员信用信息平台。

四、健全会计人员守信联合激励和失信联合惩戒机制

（一）为守信会计人员提供更多机会和便利

将会计人员信用信息作为先进会计工作者评选、会计职称考试或评审、高端会计人才选拔等资格资质审查的重要依据。鼓励用人单位依法使用会计人员信用信息，优先聘用、培养、晋升具有良好信用记录的会计人员。

（二）对严重失信会计人员实施约束和惩戒

在先进会计工作者评选、会计职称考试或评审、高端会计人才选拔等资格资质审查过程中，对严重失信会计人员实行"一票否决制"。对于严重失信会计人员，依法取消其已经取得的会计专业技术资格；被依法追究刑事责任的，不得再从事会计工作。支持用人单位根据会计人员失信的具体情况，对其进行降职撤职或解聘。

（三）建立失信会计人员联合惩戒机制

财政部门和中央主管单位应当将发现的会计人员失信行为，以及相关执法部门发现的会计人员失信行为，记入会计人员信用档案。支持会计行业组织依据法律和章程，对会员信用情况进行管理。加强与有关部门合作，建立失信会计人员联合惩戒机制，实现信息的互换、互通和共享。

五、强化组织实施

（一）加强组织领导

财政部门和中央主管单位要高度重视会计人员诚信建设工作，根据本地区（部门）关于社会信用体系建设的统一工作部署，统筹安排，稳步推进。要重视政策研究，完善配套制度建设，科学指导会计人员诚信建设工作。要重视监督检查，发现问题及时解决，确保会计人员诚信建设工作政策措施落地生根。要重视沟通协调，争取相关部门支持形成合力，探索建立联席制度，共同推动会计人员诚信建设工作有效开展。

（二）积极探索推动

财政部门和中央主管单位要紧密结合本地区（部门）实际，抓紧制定具体工作方案，推动会计人员诚信建设。要探索建设会计人员信用档案、建立严重失信会计人员"黑名单"等制度，及时总结经验做法；对存在的问题，要及时研究解决。

（三）广泛宣传动员

财政部门、中央主管单位和会计行业组织要充分利用报纸、广播、电视、网络等渠道，加大对会计人员诚信建设工作的宣传力度，教育引导会计人员和会计后备人员不断提升会计诚信意识。要积极引导社会各方依法依规利用会计人员信用信息，褒扬会计诚信，惩戒会计失信，扩大会计人员信用信息的影响力和警示力，使全社会形成崇尚会计诚信、践行会计诚信的社会风尚。

财政部

2018 年 4 月 19 日